U0107042

十力丛书

原儒

熊十力 著 ////

上海古籍出版社
上海书店出版社

图书在版编目(CIP)数据

原儒 / 熊十力著. —上海：上海古籍出版社,
2019.3(2023.8重印)
(十力丛书)
ISBN 978-7-5325-9104-6

Ⅰ.①原… Ⅱ.①熊… Ⅲ.①儒家-哲学思想-研究
Ⅳ.①B222.05

中国版本图书馆 CIP 数据核字(2019)第 028495 号

原儒

熊十力　著

上海古籍出版社出版、发行

(上海市闵行区号景路 159 弄 1-5 号 A 座 5F　邮政编码 201101)

(1) 网址:www. guji. com. cn

(2) E-mail:guji1@guji. com. cn

(3) 易文网网址:www. ewen. co

常熟市文化印刷有限公司印刷

开本 635×965　1/16　印张 23.75　插页 2　字数 287,000
2019 年 3 月第 1 版　2023 年 8 月第 5 次印刷
印数:5,701—6,500
ISBN 978-7-5325-9104-6
B·1092　定价:68.00 元
如有质量问题,请与承印公司联系

"十力丛书"出版缘起

大约在 2006 年,我动念想出版熊十力先生的书,遂与熊先生后人联系。其时我不过是初入出版界的资浅编辑,没想到万承厚女士欣然慨允,给予我极大的信任。万女士为此事咨询王元化先生,元化先生又委托时任上海书店出版社社长的王为松先生主持出版事宜,事情很快落实,由当时我所在的世纪文景公司与上海书店出版社联合出版。

熊十力先生的曾孙女熊明心博士参与了丛书的编校工作,现代新儒家的传人罗义俊先生担任丛书的学术顾问。罗先生不顾久病体弱,亲自参与审稿或复校。王元化先生则将旧文中有关熊先生的片段连缀成《读熊十力札记》以代丛书序,并在前面写了一段引言,据说这是王先生亲撰的最后文字。丛书自 2007 年 8 月起陆续出版,历时两年,而王先生于 2008 年 5 月去世,未及见到丛书出齐。

转眼间十多年过去了,万女士也于今年仙逝。今由上海古籍出版社联合上海书店出版社再版"十力丛书",因记其始末。新版"十力丛书"改正了不少初版未校出的错讹和不当的标点,将初版遗漏的《论六经》与《中国历史讲话》《中国哲学与西洋科学》等合为一册,《熊十力论学书札》增补了若干新发现的书信,"十力丛书"庶几完备焉。

当时为初版所撰"出版说明",仍录于下:

1947 年门人刘虎生、周通旦等于熊先生家乡谋印先生著作,名之曰"十力丛书"。盖先生亲定名焉。丛书原拟印先生前期主要著作,因

1

赀力不继，仅印出《新唯识论》语体本及《十力语要》各千部。先生晚年自筹付印《与友人论张江陵》《原儒》《体用论》《乾坤衍》诸书，亦以十力丛书为名，显见先生续成之意。然亦止成数百部以便保存而已。今汇集出版先生前后期主要著作，成为一完整系列，仍决定沿用"十力丛书"之名，亦为完成先生夙愿云。

本丛书编辑体例如下：

一、采用简体横排，以广流传。

二、以原始或原校较精之版本为底本，并参考其他版本点校。

三、依熊先生原文之句读，重施标点。通假字保留；异体字酌改为通行字；凡显系手民误植者，径改不出校记。

四、引文约引、节引或文字与出典稍有出入处，一般保持原貌；与出典差异较大者，予以说明。引文或正文少数缺略的内容有必要补出者，补入文字加〔　〕。原版个别无法辨识的文字以□示之。

补记：《新唯识论》立"翕闢成变"之义，系熊十力哲学的重要概念，为尊重故，丛书中与此相关的"闢"字不简化成"辟"，而写作"闢"。另外适当照顾作者的用字习惯，如"执著"之"著"熊先生习惯写成"着"，古印度论师世亲之兄，熊先生也写作"无着"，今亦仍其旧。

刘海滨

2018 年 12 月 5 日

目录

题　记

　　本书上下二卷,作于一九五四年至一九五五年。此次以一九五六年上海龙门书局印本为底本,并参照其他版本点校。

原儒再印记

《原儒》书成,只印二百部储存。欲俟五六年内,《易经新疏》《周官经检论》写定,方可聚而公之于世,此余之本愿也。故下卷初秋印就,犹未作发行计。不意秋后,忽患脑空,脑闷似极亏乏而不安,时以手抚摸,不得运思,不耐看书,吾时呼脑空。今夏,沪上酷热,报载为百年来所未有。余方念及《易疏》,种种思想,自由活动于脑际不可抑止,未几而疾作矣。心脏病复厉。余自度来日无多,遂决定以《原儒》再印发行。冬来脑空患稍减,而心脏病似少转机。汉儒卢植欲著礼书而竟不就,余今之厄,适与彼同。此亦无可奈何,安之而已。《大易》之道,通内圣外王而一贯,广大如天地无不覆载,变通如四时迁运无穷。大哉《易》乎!斯为义海。《周官经》乃春秋拨乱之制,所以为太平世开辟洪基,其化源在礼乐。乐本和而忘人我,仁也;礼主序而人我有别,然治人必先治我,义也。礼乐修而仁义行,万物齐畅其性,方是太平之鸿休,人道之极盛。若其制度,则依于均与联之两大原理。且先言均。均者平也。自然界可谓平乎? 天险不可升,地险不可通,不平极矣。惟人克尽人能,人能见《易大传》。铁轨敷山,潜艇入海,而地失其险;飞机翔空,而天失其险。如是,则天地皆除其大不平,而底于平矣。人事之不平远过于自然,贫富智愚强弱种

1

种区别,富夺贫,智欺愚,强侵弱,不平惨状无可形容。老子故有"天地不仁"之叹也。若非改制、更化,消除其不均不平而归于均平,人道之惨,其有止息之一日乎?次言联。人群涣散,各自私而不相为谋。既导之以建立新制,必勉之以互相联比,_{比者,互相亲辅义。}弘其天地一体之量,_{天地一体,晚周惠子语。}方可登人类于康衢。故均与联相辅而行也。均平之制本乎人情之公,联比之法本乎人性之正。故领导人群者,虽不能无机权,要当以仁义为本。《周官》崇礼乐之化,其旨深远极矣!余于《大易》《周官》二经怀无量义,惜乎衰病,不堪作述,后有达者,倘成吾志,余亦可无憾耳。《原儒》初次印数极少;今虽再印而始以行世,当以此次为初版。又初次印存之上卷,稍有错误及遗字处,此次悉改正。夏历丙申年仲冬,公元一九五六年十二月吉日,漆园老人记于上海淮海中路苍莽之楼。

原 儒 序

本书分上下卷。上卷《原学统》《原外王》，下卷《原内圣》。

《原学统篇》约分三段：一、上推孔子所承乎泰古以来圣明之绪而集大成，开内圣外王一贯之鸿宗。二、论定晚周诸子百家以逮宋、明诸师与佛氏之旨归，而折中于至圣。《史记·孔子世家》赞称孔子为至圣。后世因之。三、审定六经真伪。悉举西汉以来二千余年间，家法之墨守，今古文之聚讼，汉、宋之嚣争，一概屏除弗顾。独从汉人所传来之六经，穷治其窜乱，严核其流变，求复孔子真面目，而儒学之统始定。

《原外王篇》以《大易》《春秋》《礼运》《周官》四经，融会贯穿，犹见圣人数往知来，为万世开太平之大道。格物之学所以究治化之具，仁义礼乐所以端治化之原。天地万物同体之爱，仁也。博爱有所不能通，则必因物随事而制其宜，宜之谓义。义者，仁之权也，权而得宜，方是义。义不违于仁也。老子曰"失仁而后义"，此不仁之言耳。失仁焉得有义乎？其流为申、韩非偶然也。乐本和，仁也；礼主序，义也。《春秋》崇仁义以通三世之变，《周官经》以礼乐为法制之原，《易大传》以知物、备物、成物、化裁变通乎万物，为大道所由济。《大传》曰"知周乎万物"，曰"备物致用"，曰"曲成万物"及化裁变通云云，《原外王篇》释之已详。夫物理不明，则无由开物成务。《礼运》演《春秋》大道之旨，与

1

《易大传》知周乎万物诸义，须合参始得。圣学，道器一贯，大本大用具备，诚哉万世永赖，无可弃也！本书言仁义礼乐，其辞皆散见。欲作《周官疏辨》更详之。

《原内圣篇》约分三段，从开端至谈天人为第一段，谈心物为第二段，总论孔子之人生思想与宇宙论而特详于《大易》是为第三段，《原儒》以此终焉。《原内圣篇》皆是发《大易》之缊，不独第三段文也，乃至《原外王篇》亦莫非根据《易》道，故第三段只云特详。

"大哉圣人之道！洋洋乎发育万物，峻极于天。"此《中庸》赞圣之辞，非真于圣学洞彻渊奥者，莫能言也。内圣外王大备之鸿规。本体现象不二，遗现象而求本体，是宗教之迷也。道器不二，道者本体之目，器谓物质宇宙。准上可知。天人不二，天者道之异名，是人生之大原也。人生与其所由之大原不二，正如众沤与其所由生之大海水，不可析为二也。心物不二，心物，本实体流行之两面。理欲不二，后儒严于天理、人欲之分。朱子"人欲尽净，天理流行"之说，乃理学诸儒所共宗也，然非孔子之旨。动静不二，动而不乱，是动亦静也；静而不滞，是静亦动也，大化流行之妙如是。人生不可屏动而求静，亦未可嚣动而失静。知行不二，《中庸》言修学之方，曰"博学""审问""慎思""明辨""笃行"，此阳明子"知行合一"之论所祖也。《春秋》曰："我欲载之空言，不如见之于行事之深切著明也。"理论不践之于行事，则其理论空浮而无实，佛云戏论是也。德慧知识不二，正智无迷妄，与道德合一，故云德慧。通常所云知识，未足语此，而圣学则启导人深造乎知识即德慧之地。成己成物不二。治心、养心之道，是成己之实基也；裁成天地，辅相万物，乃至位天地，育万物，是成物之极致也。人心与天地万物，本通为一体。故圣学非是遗天地万物而徒返求诸心，遂谓之学也。故字至此为句。治心者，治其僻执小己之私，去迷妄之根也；养心者，充养其本心天然之明，而不遗物以沦于虚。不遗物以沦于虚，故穷物理，尽物性，极乎裁成辅相位育之盛。故成己成物是一事，非可遗天地万物而徒为明心之学也。成己成物，是人人所应自勉之本分事。三篇之文，其要旨可略言者，提控如上。余所不能详者，学者自求之六经可也。上卷以甲午春，起草于北京什刹海寓庐，中秋脱稿。约十五万余字。余始来海上，依吾儿居止。寓上海闸北青云路。乙未，以上卷稿印存百部。是年秋季，始起草下卷，今岁夏初脱稿。约十五万字。印存如前。从来治国学者，惟考核之业，少招浮议，至于义理之言，不遭覆瓿，即是非纷至。余造《原儒》，宗经申义，言所欲言，上酬先圣，他非所计。老子不云乎："道大，似不肖。夫唯大，故似不肖；若肖，久矣其细也夫！"夏历丙申，立秋日。公历一九五六年八月七日漆园老人序于沪西寓舍。

上卷初出，因评及孝治论，颇有议者。殊不知，纲常之教本君主所利用以自护之具，与孔子《论语》言孝，纯就至性至情不容已处，以导人者，本迥乎不同。中国皇帝专制之悠长，实赖纲常教义，深入人心。此为论汉以后文化学术者，所万不可忽也。纲常为帝者利用，正是凿伤孝弟，今犹不悟可乎？余谈历史事实，与毁孝何关？人类一日存在，即孝德自然不容毁也。十力附记。

上　卷

绪言第一

余年三十五,始专力于国学,实为哲学思想方面。上下数千年间颇涉诸宗,尤于儒佛用心深细。窃叹佛玄而诞,儒大而正,佛氏上驰于玄,然玄者实之玄也,游玄而离实,则虚诞耳。此意,难与佛之徒言。从来名士好佛者必抑儒,非惟不知儒,实未知佛耳。卒归本儒家《大易》。批判佛法,援入于儒,遂造《新论》。《新唯识论》省称《新论》。他处仿此。更拟撰两书,为《新论》羽翼。曰《量论》,量者知义,见《因明大疏》。量论犹云知识论。曰《大易广传》。两书若成,儒学规模始粗备。余怀此志,历年良久。向学已晚,成学迟而且孤。汪大绅自叹"学既成而日孤也",大绅有卓识,独惜其未能超宋、明而上追洙、泗,未尽其才也。然《三录》在宋、明学中,规模较阔。

自四十五十以至七十之年,长厄于疾,又经国难,先后草创《新论》二本。文言本及语体本。最近乃就语体本删为定本,了此一段心事。《量论》早有端绪,原拟为二篇:曰《比量篇》,比量,见中译因明书。量犹知也。比者比度,含有推求、简择等义。吾人理智依据实测而作推求,其所得之知曰比量。此与因明不全符,只从宽泛解释。曰《证量篇》。证者知也。然此知字之义极深微,与平常所用知识一词绝不同旨。略言之,吾人固有炯然焴明离诸杂染之本心,其自明自了,是为默然内证。孔子谓之默识,佛氏说为证量。而此证量,无有能所与内外同异等

3

等虚妄分别相，是造乎无对之境也。

《比量篇》复分上下。上篇论辨物正辞，实测以坚其据，实测者，即由感觉亲感摄实物，而得测知其物。《荀子·正名篇》所谓五官簿之云云亦此义。此与辩证唯物论之反映说亦相通。推理以尽其用。若无实测可据而逞臆推演，鲜不堕于虚妄。此学者所宜谨也。

辨物正辞之学始于《易》《春秋》，而二经传记亡失殆尽，鲜可稽。据汉初司马谈言，六艺经传以千万数，《易》《春秋》为群经所宗。而《易》尤尊于《春秋》。孔门三千七十之徒，其为《易》《春秋》传记以记述与发挥师说者必不可胜数，惜乎吕秦、刘汉之际毁绝无余。晚周名学有单篇碎义可考者，《荀子·正名》、墨氏《墨辨》、《公孙龙》残帙及《庄子》偶存惠施义。韩非有综核名实之谈，此其较著也。诸家名学思想皆宗主《春秋》，大要以为正辞必先辨物。《春秋繁露》曰："《春秋》辨物之理，以正其名。名物如其真，不失秋毫之末。故名霣石则后其五，《僖公十六年传》：闻其磌然，实也。视之则石，察之则五。言退鹢则先其六，《僖公十六年传》孔丛子平原君曰：至精之说可得闻乎？答曰：其说皆取之经传。《春秋》记六鹢退飞，睹之则六，察之则鹢。圣人之谨于正名如此。君子于其言，无所苟而已，五石六鹢之辞是也。"五石六鹢之辞，据五官所感。《荀子·正名篇》言五官能簿记物象，如画师写实，正申《春秋》义。据此，《春秋》正辞之学，归本辨物。后来荀卿乃至墨翟等家皆演《春秋》之绪，以切近于群理治道，实事求是为归。从诸家孤篇残帙中考之，其宗趣犹可见也。孤篇如《荀子·正名》，残帙如《墨辨》等。宗趣犹云主旨。荀卿为七十子余裔无待论。墨子曰："夫辨者，将以明是非之分，审治乱之纪，明同异之处，察名实之理，处利害，决嫌疑焉。摹略万物之然，案即掌握自然规律之谓。论求群言之比，以名举实，以辞抒意。"详此所云，不谓为《春秋》之嫡嗣得乎？惟至惠施、公孙龙，似已趋近玄虚。而惠施能明于《易》，要非公孙之侪矣。明季傅青主独称道公孙，当名理衰绝二千数百年而有斯识，不得不惊其巨眼，然青主犹未能究宣其义。近自章太炎以来颇有引述庄子、惠施诸条加以训释，要皆章句之技耳。夫治古学者，贵乎好学深思，心知其意，而复验之于物理人事，辨其然否。循其真是处而精吾之思，博学于文，古者以自然现象谓之文。人事亦曰人文，故博文为格物之功，非只以读书为博学也。曲畅旁通，推而广之。创明大义，得其一贯。孔子以述为作，道在斯也。名学倡于中国最早，诸家坠绪犹有可寻。余在抗日战前颇思作述，无何中原沦陷，急遽奔蜀，嘉州寇弹焚吾积稿，予念灰矣。旧业中弛，今衰难理。

下篇论穷神知化。神者，不测之称，所以形容变化之妙。穷神知化，见《易·系辞传》。吾人如本诸一般日常经验的知识以测物，必有如是与不如是之分。如是，犹云如此；不如是，犹云反乎此者。申言之，即于一切物皆作固定相想，相者相状。后皆准知。作各各离异相想。今试深进而体察一切物，则知凡物皆属变动不居之过程，都无固定相，亦无各各离异相。一切物刹那刹那，变化密移，方其如是即已不如是，如是与不如是相反而相俱，相俱者，相反而实相成。盖莫得而分焉。如言物生，而当其生之一刹那顷却已即灭；如言灭已，而次刹紧续前刹已有新生，是则生灭二相都不决定，亦互不相离异。例如麦禾并非以其初生时名生，亦非以其灰烬已尽名灭，实则麦禾从其由种生芽，由芽成禾，以迄灰烬垂尽，其中间所经历之长岁月中确是刹那刹那，才生即灭，才灭即生，未尝有一刹那顷守其故。麦禾经过无量转变，每一刹顷新故推移皆无固定相可得，诡异至极。麦禾如是，凡物准知。然则变化之道，非通辩证法固不可得而明矣。大地上凡有高深文化之国，其发明辩证法最早者莫有如中国。羲皇画卦在洪古期，岂不奇哉！辩证一辞并非始于外方。《广雅》："辩，变也。"《易·坤卦·文言》："犹辩之不早辩也。"《荀》本辩作变，古以辩字与变字互通，最有深意。辩本有对，而必归和同。宇宙间变化之道亦犹是。辩证语源极可玩。

余尝言，宇宙论中此云宇宙是广义，即通本体与现象而言。无对与有对相反也；而无对统摄有对，乃反而相成。统摄者，统谓统一，摄谓含受而主领之也。后凡言统摄者，皆仿此。

本体是无对。本体之流行至健无息，新新而起，其变万殊，是名为用。用既万殊，便是有对。由体成用，即无对已含有对，相反在是。然赖有此反，乃以显发本体之盛德与大化。用毕竟不违体，故曰无对统摄有对。

无限与有限相反也；而无限统摄有限，乃反而相成。

体唯浑全，故无限；用乃分化，即有限。然有限之诸行相，行相者，行是迁流义，相者相状。从一方面说，无始时来恒是刹那刹那，才生即灭，都无故物暂住，或疑灭灭可怖。从另一方面说，无始时来，故故不留，新新而起，实乃生生不已。生生不已者，有源而不竭也。源不竭者，其源非外有，盖其本体内在之源深远而无穷尽也。是则无限有限正以反而相成，故曰无限统摄有限。

克就用言，心物相反也；而心统摄物，乃反而相成。

心有主宰义及升进等义，物有坠退性。心本虚灵，无在而无不在。中译《楞严经》，七处征心等文，善发斯旨，可玩。物成形象，有方所。心物相反甚明。然心能斡运乎物，斡者，主领义及运转义。改造乎物，物亦随心转而浑融无碍，是则心物毕竟不二，故曰心统摄物。

能质亦是相反相成，兹不及详。其余问题尚多，学者触类而通可也。

附识：体用本不二而亦有分，心物本不二而亦有分，此是哲学追本穷源到尽头处，吾数十年体认至此，深得《大易》之启发。识得有分，即见矛盾，此中有无穷义蕴难道得。

人生论中，天人相反也；而人道统摄天道，乃反而相成。

绪言第一

说者曰：天人之际苟求其异，异即相反。则其义广远至极，难以析举。必不得已而欲言之，略陈以二：一曰，天道高明悠久无穷，高者绝对之称；明者虚灵，无杂染故。悠久者，至诚无息；无穷者，盛德妙用无穷尽故。而人生陷于有对之域，不得无穷，其异一。二曰，天道鼓万物，一切任物之自然，非为斯人之乐利而始生物也。万物诚有可资益于人，其危害于人者则尤多而且厉。天人之不相为谋也彰彰矣，其异二。

答曰：尽言天道乃宇宙本体之称，非谓神帝。吾子之论，似亦见及此，惜乎其未彻也。未彻者，犹未免视本体为超越于人类而独在，惊叹其无穷，是犹宗教以神道统治人道之余习也。如其实悟吾人之真性即是遍为天地万物本体，天地万物之本体即是吾人真性，则高明悠久无穷者皆吾性分上所固有，孰谓天人对立不得融而为一耶？惟人之生也，已成为个体，而迷执之为小己，则以妄习障蔽真性，而令其不得显发。生命之有矛盾由斯，说者第一义据亦在此耳。然吾人真性恒不泯绝，一旦怵然内省则本来面目赫然呈露。本来面目系禅家语，即真性之代词。孔子曰："人能弘道，非道弘人。"言人能弘大其道，道不能弘大吾人。道者，即本体或真性之称。真性虽是吾人所固有，而吾人恒迷执小己以障蔽之，则真性虽自存，却不能使吾人弘大。必吾人内省而自识本来面目，存养而扩充之，则日用云为之际皆是真性炽然流行，是则人能弘大其道。斯义广大渊微至极，其否认有超越吾人与天地万物而独尊之神道，使神道不复能统治吾人。哲学精神至此完全脱去宗教尽净，遂令人道天道融合为一，不可于人之外觅天也，其功诚巨哉！

已答第一义，次及第二。《易·系辞传》曰：天道"鼓万物而不与圣人同忧"。富哉斯言！天道者，宇宙本体之称，已如前说。本体流行，灿者万物。自万物而言，固皆承本体之流行而各有其生；自本体而言，则是真实之动力鼓动万物，如大洋水鼓众沤然。真实，谓本体。动力，谓本体之流行，乃克就用而言。本体是万物之体不在万物外，譬如大洋水是众沤之体不在

7

众沤外。真实动力鼓动万物，真实，谓本体，亦即天道。本无有作意，无有选择，故万物之发展至不齐，如大自然千形万态矣。地、水、火、风四大变幻，印度古代说地、水、火、风四大，即分析物质界为此四种，坚劲名地大，流湿名水大，轻动名风大，温燥名火大。大者，以其相状大，故云。无量奇险奇峻，及至诡怪，至可恐怖之阻碍与灾害不可胜穷。甚至动物界之凶毒尤难殚举。惟人类从万物中发展至最高级，却是真实动力之表现达于最高度，虽为万物之灵长，谓人至灵，而为万物之首长也。毕竟不可一息离实际生活。而大自然之威逼或万物之迫害，其予人生以百千磨难，无穷困厄者，显然为真实动力鼓万物而令其不齐，遂以致此。易言之，即天人之际有矛盾存焉。真实动力是谓天。圣人之忧，忧此矛盾也，而天道固不与圣人同其忧。天道即真实动力。天道无作意，无选择，其鼓万物也，直行乎其所不容已。惟其鼓之不容已，而无意无择也，则其对于人生之矛盾遂伏于此矣。圣人忧之，是故启导广博无量之人类期成人能，人自成其人之能，曰人能。本《易·系传》。即以人道统摄天道。《易》曰："范围天地之化而不过，汉人训范围一词为拟范，伊川训为模量，皆取法乎天地也，并误。此中天地一词，即大自然之总称。言吾人当制驭自然之变化，使其无有过差。范围者，即以人力制限之耳。自然科学发明以来，征服与利用自然之功绩已卓著，《易》之理想已实现。曲成万物而不遗。"曲成者，因万物固有之性能而成就之，如辨土宜以利农事，采金木以制器具，雷电亦可操纵与发挥其功能以备用，乃至动植物皆可变化其品种以日进于优良，皆曲成也。且不唯成物而已。若乃人类亦有资禀不齐，则为之政制、群纪，纳于共同生活之中。妥筹教养，使贤智尽其材，而愚不肖者亦可勉企于贤智。如此，则人类莫不曲成而无遗。又曰："裁成天地之道，辅相万物之宜。"准上可解。辅相之义最要，只是顺物之性，而扶勉之已耳，决不以私意私见宰制万物也。然后人生乃开拓其天地万物一体之德量，而矛盾悉已化除，故曰人道统摄天道。如上二义，天人相反相成之妙已可见。

性善性恶，二说相反也；而善统治恶，乃反而相成。

孟子言性善，就吾人与天地万物共同之真源而言也。真源，谓宇宙本体。真源无有不善。本体无有作意，无有杂染，故无恶。荀卿言性恶，就吾人有生以后，妄执小己而言也。真源之流犹云本体之流行。不得不分化，分化故有小己，小己不得无欲。欲动而徇于小己之私，且狂迷不反者，其变也。小己之私欲，狂逞不反即障蔽真性，真源在吾人分上言，即是吾人真性。此所以成乎矛盾也。然复须知，小己之私欲，虽足以障蔽真性，而真性毕竟不坏灭，譬如浮云虽能蔽日而日光未尝不在，浮云消散则大明遍照无穷矣。大明谓日。儒家求己之学，此中己字，是大己，非小己。大己者真性也。儒学节制私欲，在求认识大己而已。节制私欲，以完复其固有之真性，则矛盾化除而真性常得为四体之主。即小己之欲毋妄逞，而亦莫非真性流行无所谓私也，故性恶论者虽足以纠正性善论之忽视矛盾，而性善论究不因有矛盾而失其据。且凡言性恶者无有肯许恶行为人生之当然，仍归本于为善去恶，是则因去恶之勇而益见吾人固有善根之发展不容已。善恶适以反而相成，故曰：善统治恶。

上来就宇宙人生诸大问题略为举隅，可见辩证法是无往而不在，学者随处体察可也。举隅者，如桌子有四隅，只举其一隅则其余之三隅不待举而可知。

谈宇宙论，略括以十六句义，学者宜知。

一为无量，无量为一。

全中有分，分分是全。

始则有终，终而复始。

此转为彼，彼亦莫往。

发展无竭，譬彼洪流。

自由必然，无想有鹄。

伟哉造化，怒者其谁。

相反相成，万有公则。

附注：一谓本体，无对故名一；无量谓用，用乃万殊，故名无量；全与分，亦谓体用；分分是全，可玩《新论·明宗章》大海水与众沤喻。始则有终以下诸句，并就用言。无想者，谓无意想；有鹄者，谓有目的。《庄子·齐物》云："怒者其谁耶？"怒，盛动貌。怒者，犹云主动者，盖谓无主动之神也。

知识论当与宇宙论结合为一，离体用而空谈知识，是于宇宙人生诸大问题不相干涉，是乃支离琐碎之论耳，何足尚哉？学者必通辩证法而后可与穷神。

感觉、量智、亦云理智。思维、概念等所由发展与其功用，在上篇《辨物正辞篇》固应论及，本篇《穷神知化篇》当进一步讨论量智、思维等如何得洗涤实用的习染而观变化，但二篇今皆未能作。实用的习染，将一切物析为各别与固定的，以此而测大化必极不相应。

《证量篇》论涵养性智。性智者，人初出母胎堕地一号，隐然呈露其乍接宇宙万象之灵感。此一灵感决非从无生有，足征人性本来潜备无穷无尽德用，是大宝藏，是一切明解之源泉，即依此明解之源说名性智。

问：云何证量？答：吾人唯于性智内证时，内自证知，曰内证。禅家云自己认识自己。大明洞彻，外缘不起，神明内敛时，不缘虑外物故。夐然无对，浑然与天地万物同体，故无对。默然自了，是谓证量。吾人须有证理之境，方可于小体而识大体。小体犹言小己；大体谓宇宙本体。二词并见《孟子》，今借用之。于相对而悟绝对，于有限而入无限，是乃即人即天也。天者，本体之称，非神帝。人生不获证量境界，恒自视其在天地间渺小如大仓之一粒，庄生所以有"人生若是芒乎"之叹。

证量，止息思维，扫除概念，只是精神内敛，默然返照。默然者，寂定貌；照者，澄明之极；返照者，自明自了之谓。孔子默识即此境界。人生惟于证量中浑然与天道合一。《易》云与天合德。天道谓本体。合一是形容词。其实人即是天，非以此合彼也。有问：如何方可得到证量境界？答曰：思维与修养交致其力，而修养所以立本。思修交尽，思而无修只是虚见；修而不思终无真解。久而后有获也。佛道二家方法皆宜参考，然道颇沦虚，佛亦滞寂。沦于虚，滞于寂，即有舍弃现实，脱离群众之患。孔子之道确不如此，故须矫正二氏以归儒术。今此不及详。

孟子上下与天地同流，象山自谓精神稍一提缀便与天地相似，此皆学人上达初机。上达，谓上达于证量之境。然此诣非大贤以下之资所可企也。

从来颖悟之伦，莫不求趣证量，直彻根源，然易流于僧侣主义，倾向出世，乖于大道，不可为训。孔子以人道弘天道，从天地万物浑然一体处立命，此中天地万物，即包含吾人在内。故有裁成辅相之功，《易》曰裁成天地，辅相万物。不以孤往独善为道也。

吾原拟作《量论》，当立证量一篇者，盖有二意：一、中国先哲如孔子与道家及自印度来之佛家，其学皆归本证量，但诸家虽同主证量，而义旨各有不同。余欲明其所以异，而辨其得失，不得不有此篇。二、余平生之学不主张反对理智或知识，而亦深感哲学当于向外求知之余，更有凝神息虑，默然自识之一境。《礼记》曰："不能反躬，天理灭矣。"郑玄注："反躬，反己也。"《论语》录孔子之言，以默而识之，与学而不厌，分作两项说。学者，即物穷理，知识之事；默识者，默然反己自识也。此所云己者，非小己之谓，乃通天地万物为一体之真己也。默然之际，记忆、想像、思维、推度等等作用一切不起，而大明炯然自识。自识者，禅家云自己认识自己是也。阳明所谓"无声无臭独知时"，正是此境。庄子云："尸居而龙见，渊默而雷声。"差可形容孔子默识境界。尸者，形容妄想灭尽。尸居，谓一切念虑不起，是默然也。龙者，古代以其为神灵之物，以喻默然之中神明昭朗。渊默者，形容其深静。雷声，形容万化万动之几，已伏于静默中，

11

故静非死灰之静也。阳明恐未到此。余谈证量，自以孔子之道为依归，深感为哲学者，不可无此向上一着，未知将来有同斯意者否？

《量论》二篇—《比量篇》，二《证量篇》。大意略说如上。今精力已衰，虽欲写一纲要而不可能，后有作者能偿余之愿，功不必自我成，予何憾焉！

《大易广传》原拟分《内圣》《外王》二篇，宗主《大易》，贯穿《春秋》以逮群经，旁通诸子百氏，斟酌饱满，发挥《易》道，当为一巨著。遭逢日寇，负疾流亡，《量论》未能起草，遑论此书。惟幸暮年适承新运，颇锐志述作，顾自昨岁删《新论》毕事，忽感精力疲困，闲居无事，亦不感苦。偶一用思，脑闷微疼。长夜失眠，尤不可耐。人到衰境，记忆力减退，向时胸际所含藏而未及发抒者今乃日益失亡，不复可追忆。时或考文征义，莫忆来历，每至苦搜不获，故《易传》一书《大易广传》，省称《易传》。今亦决不能作。老来遗憾，此为最甚。洪惟孔子，集古圣之大成，开万世之学统。虽自吕秦、刘汉以来二三千年，儒生早失其真，而微言仅存于《易》《春秋》诸经及故籍者，犹可推索其要略。余既不获修《易传》，因欲写一极简略之小册为儒学粗具提要，名曰《原儒》，约为三分：一原学统，二原外王学，三原内圣学。内圣外王二词，俟入正文当释之。每下一义，必有依据，不敢逞臆妄说，余诚弗忍负所学以获罪于先圣也。

抑余尤有言者，晚周所遗一切故籍毁灭于吕秦，废弃于刘汉，今欲考论晚周学术发展之程度与诸子百家之理论或格物之创见，今皆无文籍可稽。《大学》格物，程、朱解为是，谓穷究物理。夫秦火之毒，古今共愤，而汉人废学之害后世犹不悟也。汉初司马谈《论六家要旨》，其说曰"夫儒者以六艺为法。艺者，知能。古言艺有二解：一者，如格物的知识与一切技术，通名为艺。二者，孔子六经亦名六艺。六经者，《易经》《春秋经》《诗经》《书经》《礼经》《乐经》。司马谈所云六艺，盖专指六经。凡经有孔子亲作者，有孔子口说而弟子记之者亦名为经。六艺经传以千万数，六艺，专指孔子六经。见前注。传者，弟子依据经义而推广之是名传。司马谈云'经传以千万数'，自是亲考目录，而见经与传各类之书目有千万数之多也。累世不能通其学，当年不能究其礼，礼当作理。礼理古通用。故曰博而寡要，劳而少功"云云。司马谈此论，见于其子司马迁《史记》自序，古今称诵之。其言"六艺经传以千万数"本诸目睹，可见晚周故籍非秦火可毁尽。盖迁自称司马氏世典周史，其家藏典册当不少。汉兴，谈复掌史职。惠帝、武帝之世除秦挟书律，民间献书于朝者必多，故谈得睹"六艺经传以千万数"而叹其博也。但谈一人所阅家藏及公府之目录究有限，其散在民间之书甚众，而其书目为谈所不及窥者岂少也哉！且不独儒籍广博而已，晚周诸子百家风起云扬，异帜分途，各为大国，譬如五星丽天，十日并出，光焰万丈，其作述宏富，自不待论。由司马谈见六艺经传千万数之言而推之，则诸子百家之书，值汉初惠、武二帝除秦挟书律，其出自山岩屋壁，或献阙廷，或行民间者必不可数计。马融传称武帝除挟书律，皮锡瑞谓惠帝始除此律，马说误。余谓皮说非也。惠帝虽除此律，而其时距秦祸太近，人情不无观望，武帝复申除挟书律之令自是事所应有。马融以汉人说汉事，当不误。然事之极可异者，司马谈所睹六艺经传千万数，在武帝时似已缺损脱亡大半，或徒存其目耳。《汉书·艺文志》云："汉兴，改秦之败，大收篇籍，广开献书之路。迄孝武世，书缺简脱，书册腐败缺失。偶存者，其简编亦散脱不完。礼坏乐崩，此举礼乐崩坏而言，亦可见先世之学术思想与所发明制作等，皆无可征也。圣上闵焉。据此，则六艺群书千万数，司马谈所睹者当为太史博士之藏，或内廷秘室诸目录耳。其书之未坏者亦罕矣。考《艺文志》，凡六艺，一百三家，三千一百二十三篇，实则六经皆被汉人改窜，而诸传记又多出汉世老师或博士手。司马谈所睹千万数之六艺书目，皆是未经汉人窜乱之晚周故籍，乃《艺文志》所不载也。《艺文志》所载六艺群书之目，其出于谈之后者不必论，若其出于文、景、武诸帝之世，则为谈之同时长者或其同辈

13

所造。谈既是批判古六家得失，必不涉及其近人或并时人之书也，故知谈所睹之六艺诸经传千万数，必是未经汉人改窜之故籍，至可宝贵。然可惜者，孔门群籍虽自汉兴多献于朝，而汉朝固任其废弃莫肯护惜。所以然者，汉武与董仲舒定孔子为一尊，实则其所尊者非真孔学，乃以禄利诱一世之儒生，尽力发扬封建思想与拥护君主统治之邪说，而托于孔子以便号召，故汉儒所弘宣之六艺经传实非孔门真本。易言之，孔门真本汉廷必废弃之，方可售其伪也。朝臣与博士之徒既如此，则草野之士揣摩风会，欲其钻研真孔学必不可得也。晚周一切故籍无不灭绝，职此之由。此非余之臆说，当于《原学统》《原外王》中略举其证。

向拟作《六经发微》一书辨其真伪，而《量论》及《易传》未能执笔，卒无暇及此。

由孔门六艺及诸子百家之书，并亡于秦、汉，而吕秦以前之中国文化学术其真相不可得而明。清季迄民国，后生游海外者，其议国学之根本缺点，略有三：一曰无科学思想。西洋科学源出希腊，而吾晚周儒学以及百家，不见有关于科学知识之载籍。是一缺点。二曰无民主思想。六经及法家言皆拥护君统，道家虽恶专制，奖自由，亦未尝昌言民主。是二缺点。三曰持论无系统。西洋著述贵乎理论宏密，一本众干枝叶扶疏，说理详明启人思路。中国古籍或微言而不尽意，或众义杂集纷然无有体系，难以导人造于精思之境。是三缺点。此等议论吾侪当清季已熟闻，且与之同调，及余年四十以后始自悔其浅妄。请先言科学。数学为各科基本。伏羲画八卦在鸿古时代，世代太远，称曰鸿古。而汉人言八卦与《九章》相表里，今之通数学者莫能否认其说。夫《九章算术》造诣已深，而见于鸿古期岂不奇哉？指南针作者，有云黄帝，有云周公，或黄帝首创，周公继述，二说皆不无根。若非明于电磁断不能有此创制，安得谓黄帝、周公全无格物之术乎？木鸢，则墨翟、公输并有制作，是亦飞机之始，谓其纯出偶然之巧可乎？且《墨经》中有物理学，今人固有发见之者。公输机械精妙见称《孟子》，惜其所发明者皆不传于后，为可惜耳。化学始于炼丹，汉世已有为之者，其源盖在战国。张衡东汉初人，著《灵宪》《算网论》，网络天地而算之，制候地震仪，可见古代天文学甚精。张衡所凭藉者厚也。李冰战国时秦人，其水利工程著神绩于蜀，迄今二三千年永享其利。抗战时外人睹之惊叹莫及，则工程学盛于古代可知。医学与药物发明并在太古，逮春秋之世扁鹊、仓公精察腑脏经络，则解剖术已盛行。《周官》有《壶涿氏》秋官之属。掌除水虫，可见古代对于微生物之研究必不浅。地圆之论见于《曾子·天员篇》，详《大戴礼》。《周髀算经》亦言之。五洲之说邹衍首唱于战国时。此皆就鸿古以至战国略征数事，可证中国古代无科学思想之说纯是妄自菲薄，毫无事实根据。此皆二字，至此为长句。尤奇者，《尚书·帝典》称帝尧之言曰"天工，人其代之"。初民皆惊叹上天有创造万物之神工不可思议，帝尧却谓吾人当发挥自己力量来代上天而奏改造宇宙之神工，故曰："天工，人其代之。"此等高明圣智，伟大气魄，不谓为科学思想之导源，何可乎？孔子祖述之，有以也。吕秦、刘汉将故籍毁弃尽净，后之人遂臆断古代无科学思想，此为中国文化史上大不幸事。

其次，民主思想，谈者谓不见于六经，予当于《原外王》中正其迷谬，此姑不详。

第三，说者谓古籍无有成系统之理论，今且就晚周儒家六艺群书言。司马谈在汉初所睹千万数之目录，而其书西汉已无存，诸子百家故籍一切废绝更不待论，晚世后生乃轻议古籍无成系统之理论，悬空臆断，征考无由，非大妄欤？六经虽遭汉人窜乱，而以《大易》较之他经，其保存真相处较多。六十四卦含藏万有，摄无量义，直如天地之无不覆载，此既不可以散漫无系统议之，更未可以系统一词赞之也。凡成系统之理论，其含义便尽于其所持之论，更无余蕴，而六十四卦之妙直是无尽藏，此意难为不知者言，呜乎深微乎！

司马谈讥儒者"博而寡要，劳而少功"。谈于儒学实未之有闻也。

谈尝受《易》于杨何。《易》为五经之原，含藏万有，广大悉备，_{广则无不包，}大则无有外。悉备则小大精粗其运无乎不在，此《系辞传》赞《易》之词。而归本穷理尽性以至于命，穷理云云，详在《原学统》中。正是博而有要。谈乃茫然莫省何耶？汉世《易》家同主象数，实皆古术数家枝流。《艺文志》言："汉兴言《易》者皆本之田何。"可知田何以术数开宗，其于孔子之《易》无预也。谈之师杨何，本田何再传弟子，故谈于儒学全无所知。

谈于道家确有得。道家反知而遗物，訾文明。儒者六艺以格物备物、化裁变通乎万物为用，_{详《易·系传》}。故谈以为竭其知而劳其神，博而无当，道家之观点则然。

中国文化学术毕竟当求之于吕秦以前。_{自六国全亡，吕政统一天下之岁起，至二世亡时止，是为吕秦。吕政方为秦王时，犹属战国，马迁《史记》为嬴秦作本纪，殊无义。}晚周诸子百家，其书虽亡绝，然残篇碎义偶存者，亦足珍贵。孔子六经虽遭窜乱，然由《大易》《春秋》《周官》三经，参以《礼记》诸经，谨于抉择，犹可窥见内圣外王之大体。惟汉以来经生多注重家法及今古文之争，赵宋以下更有汉、宋之争，此皆奴儒或迂儒以钻鼠穴为辽阔，而不睹天地之广大也。此类争端，当于以后随文涉及时略为辨正。

原学统第二

中国学术导源鸿古，至春秋时代，孔子集众圣之大成，巍然为儒学定宏基。春秋战国之际，诸子百家蜂起，如十日曜天，九州布地，繁赜极矣！而儒学实为正统派，乃任异部争鸣无息，旁行不离，如太阳居中，八纬外绕也，皇矣大哉！可以观宇宙之广博无穷也。十日并出，上古史之神话。异部，借用佛家名词，谓众多不同的学派。

孔子之学，殆为鸿古时期两派思想之会通。两派者：一、尧、舜至文、武之政教等载籍足以垂范后世者，可称为实用派。二、伏羲初画八卦，是为穷神知化，与辩证法之导源，可称为哲理派。穷神，解见《绪言》中。孔子五十岁以前之学大概专精于实用派。《论语·述而篇》曰："子所雅言，《诗》、《书》、执礼，皆雅言也。"朱《注》："雅，常也。"又云："礼，独言执者，以人所执守而言，非徒诵说而已。"余按《史记·孔子世家》曰"古者诗三千余篇"，此孔子未删之诗也。古诗皆采自民间歌谣。上世劳动之民生息于天子、诸侯、大夫累级统治之下，征敛之轻重，政令之宽猛，力役之缓急，表率之仁暴，表率，谓在上者，以其所行，风示天下，期于共由之也。《礼记》曰："尧、舜率天下以仁，桀、纣率天下以暴。"而民有休戚苦乐种种不同之感。情思动于中，讴吟出诸口，此诗之由来也。故不学《诗》

则不悉天下最大多数劳动民众之疾苦，何以图治？孔子删《诗》定为三百篇，其原本三千篇，当亦并行不废。

古书三千二百四十篇，《汉书·艺文志》言孔子删书为百篇。《庄子·天下篇》曰"书以道事"，此中道字，犹云叙述。或曰：上世圣王，建国缮群之大经大法，群者，犹言社会；缮，谓组织与完美之也。乃至一切洪纤巨细之务，通名为事。余谓古代圣王领导民众互相团结而遂其生，因天之化，因地之利，顺时之变，而开物成务，开辟自然界之物资，创成过去所绝不能有之种种大业要务。经纬万端，造起世界。综诸所为，不论小大精粗，总名为事。史官叙述其事，布在简策以诏后世，名之为书，故曰书之所道者事。古之建言，"前事不忘，后事之师也"，不学书则暗于前事，将无以改造现世事，又何以进趋未来乎？书者万事之宝藏，后人为实事求是之学必资乎是。庄子称"书以道事"。此事字含义无穷尽，从来读者只浑沌滑过去，殊可惜。非有宏通之识者，难与语此。余解事字，却是从《尚书·帝典》体会得来的。

执字连下礼字读，谓礼当执守也，此乃自昔相沿之大误。晚明方密之《通雅》释此章曰："《诗》、《书》、执、《礼》，四者平列，不可以执字作执守解。执与艺古可通用，此中执字当作艺读。"余谓方说是也。古言艺者，其旨甚宽泛，盖含有知能或技术等义。六经亦名六艺，取知能义也。格物之学及一切器械创作，则取技术义。此章执字当属后义。《论语·子罕篇》，记孔子之言曰："吾少也贱，故多能鄙事。"鄙犹俗也。格物的知识与器械的创制皆应实际生活之需要而发展，故谓之俗事。孔子自言少时微贱，故多能鄙俗之事。又记："牢曰：子云：'吾不试，故艺。'"牢，孔子弟子。试，用也。牢曾闻孔子自言，由不为世用，故得习于艺而通之。据此，可见孔子于艺多通，其以此教三千七十之徒决无疑。由此可证，《大易》言"知周万物"，言吾人之知，可周通万物。《大学》言"致知在格物"，与此章雅言艺之旨皆一贯。孔子不反知，极注重科学，此等精神盖远承尧、舜，尧曰"天工，人其代之"，解见《绪言》中。《孟子》曰："舜明于庶物，察于人伦。"其言必本于古之传记。尧、舜精于格物可知。

《礼经》据今存者，约有三：曰《仪礼》、曰《周官》、曰《大小戴记》。《仪礼》当是周公之制作。《周官》余认为孔子所创，盖与《春秋》相发明。《大小戴记》却是七十子后学展转传授，其中多记孔子口义，亦有杂采古礼籍者，其由记述者以己意增益处当复不少。孔子雅言礼，或时称说古礼，或时开演己之新礼学，己者，设为孔子之自谓。此等情境可以想见。夫礼与乐恒相反相成，并行而不可相离，故一言乎礼，已有乐在。此章虽未列乐名，而乐自为礼之一名所摄，学者宜知。《乐记》曰："乐者为同，礼者为异。同则相亲，异则相敬。乐胜则流，乐胜者，和而无节，易至流荡。礼胜则离。礼胜者，有彼我之异，持之以敬，而易疏离。合情饰貌者，礼乐之事也。"旧注，合情者，乐之和于内，所以救其离之失；饰貌者，礼之检于外，所以救其流之失。余按于乐言同者，《记》有云"欣喜欢爱，乐之官也"。官者主义。乐以欣喜欢爱为主，此欣喜欢爱之情即是宇宙生生不已，动荡不息真几。荡字有作劣义用，如前注流荡是；有作胜义用，此中动荡是活活跃跃义，非劣义。几者，生机潜动之谓；真者，非虚妄故。原夫于人生命本与宇宙大生命浑然为一，不可分割，但人自有生而后已成独体，谓成为独立的个体。如张人便与其自身以外之人人或天地万物互相对立。易言之，即势成矛盾，却迷失其本来浑一之大体，大体一词见《孟子》，此借用之，犹云大生命。几于不可复。言几于者，非究竟不可复也。吾人惟于领会音乐时，发生一种无私无染之情感，无染者，无迷妄执着。一似大宇之内，唯是欣喜欢爱所充满。此时远离虚妄分别，无有人相，无有我相，无有一切物相，直以小己融入天地万物互通为一，化除矛盾，而复其本来浑一之大体，离差别相，故曰"乐者为同"。

云何"礼者为异"？如前已说，一切有生之类各成独体互相对立，是谓异相。异故矛盾，宇宙为斗争之场，众生界为罪恶丛林，将奈何？

自昔有厌生死海众生生死流转，沉没苦海，名生死海。而愿趣无生，以超脱矛盾者，佛氏之出世法是也。此法字，犹云教理。其愿诚宏，而生死海毕竟无尽，将复如何？"有主利出一孔"，韩非语，不惮湮塞异途，以绝矛盾者，卫鞅、韩非之法术是也。然老氏不云乎，"反者道之动"，此义宏深，天化、物理、人事无不包络，兹不及详。余敢断言者，绝其反，即绝灭矛盾。而大道亦死。鞅、非固不悟也，然道家虽云"反者道之动"，而唯以因任自然为宗，道家以宇宙之变化不由神造，亦不容人力参加，更不可问其所由，自然而已。吾人对于自然只有因而任之已耳。故曰"苟免于咎"，曰"不敢为天下先"，曰守雌、守辱，此乃僧侣主义者逃避矛盾，以为个人自全之计。而于民群为大害，不可法也。然则如何处理矛盾？曰：礼而已矣。礼者，以敬为主，以序为用，以时为衡。《曲礼篇》曰："毋不敬。"《礼经》三部蔽以一言，"毋不敬"而已矣。不敬则肆，肆者恣肆。将有老氏所伤以百姓为刍狗之患；不敬则偷，道家独与天地精神往来，而遗世离群，其下流更趋委靡，卒致群生无所托命，偷之为害已极。江左玄流，是其征也。敬乃不肆，能与群生同体；视天下大多数人民之疾苦，若在其身，是同体也。敬乃不偷，能与群生共患。如领导群众革命。世间本矛盾重重，惟以礼导天下人，共由于敬慎之中，则一般矛盾不难即事以精其义。正义伸而彼此各抑其私，则矛盾可化除矣，若乃非常巨大之矛盾，如庶民对于君主及贵族统治阶级，无产阶级对于剥削阶级，弱国对于帝国主义国家。自不得不革命之事。荀卿善言礼，主张上下易位然后贞，此其证也。革命乃非常巨变，此时言礼亦是变礼。余举荀卿、孟轲二子之言斟酌其间，庶乎敬慎无过。荀卿曰："夺然后义，杀然后仁，上下易位然后贞。"《荀子·臣道篇》《孟子》曰："行一不义，杀一不辜而得天下，不为也。"又曰："民为贵，君为轻。"孟言民贵君轻，亦同荀卿"上下易位"之论。其不忍行一不义，杀一不辜以得天下，其不忍三字，一气贯下。则严防私欲与偏差，盖敬慎之道也。

云何"以序为用"?《诗》曰"有物有则",则，犹云理则或规律。《易》曰"至赜而不可乱"，言万物虽繁赜至极，而莫不有规律可寻，非紊乱无理则也。况人为万物之灵长，而谓人群无序可乎?序，亦有理则等义，《乐记》曰："礼者天地之序也。"序，故群物皆别。又曰："大礼与天地同节。"节亦序义。《大戴记》曰："礼者理也。"理者条理，亦序义。荀卿曰"民生在群"，言民不可孤立，必互相结合为群而后得生。群而无序，即散无友纪。散者涣散。无友者，不相爱合。无纪者，不相维系。人各孤行其意，而无合群公认与应守之序，则人与人之矛盾处必多，将无从解决，是故以礼导民群，使其共知夫序之当然不可无。同懔于序之森然，不忍叛，此礼治之盛也。

云何"以时为衡"? 礼者序也，已说如前。然序非一成不变，所以者何? 礼所由制必因人群之情而酌其通。通者，不可徇少数人之私欲，必须顾到人与人之间，或小己与团体之间，及团体与团体之间，皆可通行而无害者，是谓之能。然群变日新，礼之序自不得不随时变易。《礼器篇》曰"礼，时为大"，此制礼之公则也。群品方在据乱世，品者品质，群之品质有优劣也。《春秋》通万世之变，而设三世，曰据乱、升平、太平。详在《原外王学》中。故有上下尊卑贵贱之序。此在宗法社会与封建社会，皆视为天秩。其始制也，本出于不得不然，积习相沿日久，乃不胜其弊。及至升平世，民智已开，深知统治阶级与剥削阶级之为祸胎，却破除之，不得不灭裂据乱世之所谓序。而荀卿"上下易位"与孟子"民贵"之论，自是悬记不爽。悬记者，盖远瞩万世之下，而预言其事也。若乃世进太平，群品大进，民智民德俱优，《春秋》经所谓天下之人人皆有士君子之行。于斯时也，则是《大易》所谓"群龙无首"之象，古代以龙为灵物，有阳刚之德。《乾卦》六爻皆取象于龙，故曰"群龙"。无首者，群龙平等，无有为首长者，此言太平世人人平等互助犹如一体。人皆互相尊重，互相扶导，故无有为首者。全人类莫不平等，故曰太平。太者赞词。太平之世，以平为序，是礼治之极也。《礼记·大学篇》言平天下，其义即求至乎

21

《春秋》太平世也。世运至于以平为序，天地位，万物育，盛无复加，故曰极也。礼之序，随时而变。《礼器篇》曰"时为大"，诚哉其然也。

　　上来以三义之礼，曰敬、曰序、曰时，大体略备，三义并见《礼记》，盖孔子创说而七十子后学记之。余谨据《大易》《春秋》以逮《孟》《荀》，略为推演如上。然于本源处犹未暇及，既恐文繁，又虑时俗莫肯措意，姑置之云尔。

　　《诗》、《书》、执读艺、《礼》四部，盖尧、舜、禹、汤、文、武领导先民，肇开华夏，其所有一切经验与政教或道艺之记录，汇为此四，孔子自其少时志学，以至五十，所以修己与教人者，大概以此四部之学为根据。《论语》记其雅言在此，雅犹常也。足为确证，《中庸》曰："仲尼祖述尧、舜，宪章文、武。"祖述者，远宗之也。宪章，犹云取法。伏羲、神农、黄帝诸圣之道术，至尧、舜而大备，故上举尧、舜足为代表。禹、汤上承尧、舜，下启文、武、周公，故下举文、武，而禹、汤诸圣不待言。盖七十子亲炙圣人，故能言其渊源，的然无妄。

　　《诗》、《书》、艺、《礼》四学，皆上世迄三古圣王之遗绪，三古，谓夏、商、周三代。切于实用，孔子从十五志学，以至知命之年，孔子自言"五十知天命"。其所殚精博究者，大概在是。

　　已说实用派。次哲理派者，伏羲始画八卦，因而重之，乃举天道、物理、人事。天道，以宇宙本体之德用言，非谓有造物主。无穷无尽之理蕴，悉包络于其中，诚哉智慧宝藏也。羲皇当日神悟天启，当不由积测而获，后来历圣相承，颇多推演，有夏《易》、殷《易》等。至孔子而简择益精，会通益广，创作之隆，迥超前古。大哉孔子《周易》也！周者，古训，周普义，非周代之称。人天大典，镇国之宝。人天云云，玄奘赞《般若经》之辞，今以赞《易》。

　　余谓孔子五十岁以前，其学盖本于尧、舜、文、武诸圣政教之宝录，所谓《诗》、《书》、艺、《礼》，今称实用派。其证安在？盖由《论语》及《史记》参考之，则孔子学《易》确在五十之年，故知其五十以前，只是《诗》、《书》、艺、《礼》四部之业而已，犹未治《易》也。自五十学《易》，而后其思想界别开一新天地,从此上探羲皇八卦,而大阐哲理,是其思想之一大突变也。《论语·述而篇》记孔子曰:"加我数年,五十以学《易》,可以无大过矣。"朱注,引刘元城尝读他《论》,"五十"作卒。此必宋时浪人所改,朱子从之,大误。《为政篇》记孔子曰:"五十而知天命。"据此二篇所记孔子自述之辞,则圣人学《易》之年正是知命之岁,证据明确,坚定不摇。司马迁《史记·孔子世家》曰:"孔子晚而喜《易》。中略。读《易》韦编三绝。曰:假我数年,若是我于《易》则彬彬矣。"彬彬者,博征众义,不持偏见。今据《史记》,以与《论语》对校,有二事不同。一、《论语》无"读《易》韦编三绝"事。二、《史记》有孔子自言"我于《易》则彬彬矣",而《论语》无此语。《论语》有"可以无大过",而《史记》无此语。虽有二事不同,而有相同者,则《史记》称"孔子晚而喜《易》"与《论语》五十学《易》毕竟可相印证。《礼记·王制篇》曰:"五十始衰。"又曰:"五十不从力政。"谓之晚也固宜。力政,力役之政也。不从者,五十已是晚年,故官府免其力役。《史记》所记者,当采自别种记载,而非引据《论语·述而篇》之文。且《史记》所载"假我数年"云云与《述而篇》所记"加我数年"云云决非一时语,盖孔子欲延年以学《易》,其感喟屡发。而弟子各记所闻,一则曰可无大过,再则曰"我于《易》则彬彬矣",是皆其感想之所应有,决非一时语,而两记有乖违也。决非二字,一气贯下。

或有难曰:"五十以学《易》",据《释文》《鲁论》,《易》作亦。亦字连下句读。惠栋云:外黄今高彪碑云,恬虚守约,五十以学。此从《鲁论》亦字连下读也。今本五十学《易》,盖从《古论》。汉时鲁共王坏孔子旧宅,于其壁中得古文经传,即《论语》等。言古文者,周时科斗书也,汉初人则谓之古文。《鲁论语》本有亦字连下句读,而无易字。《古文论语》本有易字连上句读,而无亦字。《鲁》亦、《古》易,是非难定,犹不当据《古论》以为孔子学《易》之明证也。答曰:若如《鲁论》五十以学断句,则与《论语》所记孔子自述之言,全无相合。子曰"吾十有五而志于学,三十而立,四十而不惑"云云。又曰："十室之邑，必有忠信如丘者焉，不如丘之好学也。"孔子何为忽焉以五十始学诳人乎？圣人决不自语相违至此。以理推之，《鲁论》当是遗落一易字，《古论》出孔壁中而有易字，连上句读，决定无误，不应妄疑。然《鲁论》有亦字，连下句读，此可校定《古论》下句首遗落一亦字，故两本对校，而此章始无遗字。至孔子作《易》，则《史记·孔子世家》称孔子序《彖》《系》《象》《说卦》《文言》，是其作《易》之诚证。迁父谈受《易》杨何，去孔子之世未远，其说自可信。余就《论语·子罕篇》"子畏于匡"章，更发见孔子实继文王而作《易》，详在《新唯识论·壬辰删定记》，此姑不赘。又《史记·蔡泽传》，泽，燕人。对秦应侯云："圣人曰'飞龙在天，利见大人'，'不义而富且贵于我如浮云'。"详蔡泽所称飞龙云云见《易·乾卦》。不义云云见《论语·述而篇》。泽以此二文联属之而总称圣人曰，可见战国时皆以圣人尊孔子。其联缀《易》与《论语》之文总称圣人曰，则可证战国时盛行之《易》书，即是孔子所作之《易》，而非孔子以前之古《易》。余《新论·壬辰删定记》引"子畏于匡"章，明孔子实作《易》，证以《蔡泽传》之文，可谓铁案不容倾动。孔子既发明《易》道，于是以其旧所习实用之学与《易》理相融会，而大倡内圣外王之道，此其学脉分明，可追索也。

问：云何内圣外王？答曰：成己说为内，成物说为外。其实，成物即是成己，本无内外可分，而复言内外者，乃随俗假设耳。世俗皆以己为内，以天地万物为外在，故不得不随俗假说内外。圣者，智仁勇诸德皆备之称。王者往义。物皆向往太平，其愿望无已止也。

问：成圣必须学，云何是圣学？答曰：《易·说卦传》言："穷理尽性以至于命。"此言已为圣学明义界矣。

理者，一本而万殊，一本者，就此理为万化根源而言之也；万殊者，就此理散着为万化万物万事或一切事物之律则而言之也。万殊而一本也。譬如大海水现作众沤，众沤即是一水也，万殊一本之理由此譬可悟。

24

性者,约理之为一本而言。吾人得此理以生,故此理在人,即谓之性。

命者,流行义。此理流行不息,德用无穷,是为吾人与天地万物共有之本体。

先谈穷理,其观点略说有二:一、假定万殊之物界为实在,而分门别类以穷其理者,是为格物学之观点。古之格物学,犹今云科学。二、由万殊以会入一本,虽重在穷极根源,而亦不遗万殊,是为圣学之观点。

次尽性者。上言穷理,果能由万殊以会入一本,学至此已究竟乎?设问也。曰:圣学当更进在。哲学家谈本体者,唯任理智与思辨之术,以推求宇宙真理,此中真理,为本体之代词。颇有自信为已见到一本者。如诸一元论者,虽其持论之内容互有不同,而一本之主张颇相近。实则若辈纯是意想妄构,意中起想,曰意想。犹如盲人摸象,终不识象之真相也。圣人曰:"吾尝终日不食,终夜不寝以思。"见《论语·卫灵公篇》。又曰:"慎思之,明辨之。"《中庸》第二十章述孔子之言。圣人本不反理智,不废思辨,然穷理至万化根源,即由万殊以会入一本处,决非仅恃理智思辨可获证解。决非二字,一气贯下。证解一词,意义深微,与通俗所言知解者绝不同旨,此是尽性工夫成熟已后之实证实解,非浮泛知见。夫格物之学,其观点在万殊,所谓物界。阳明学派反对程、朱《大学·格物补传》而讥其向外求理,实则就格物学而言,非向外求理固不可。陆、王后学误陷于反知与遗物之迷途,而不自悟其失也。然复须知,圣学本不反知,却须上达于证解之境;本不遗物,却须由万殊以会入一本。夫穷理至万化根源处,至真至实,而万德皆备。无封无畛,而万有资始。无封畛者,无在无不在故。此理之在我者,亦即在天地万物者也;其在天地万物者,亦即在我者也,是故谓之一本。即此一本,在吾人分上言,便名为性。穷理至此,已知吾人自性即是天地万物之性,天地万物之性即是吾人自性。已知二字,一气贯下。从此应知,理智思辨于性分上无复功用,唯有尽性工夫不容稍懈。尽者,吾人以精进力《易》曰"自强不息"。显发自性固有之无穷德用,毫无亏欠,故说为尽。吾人一切善行与智慧等等德用,皆是自性固有潜因在。若本无其因,云何凭空发展得来? 尽之工夫,正是无尽。《大般若经》有善譬,如箭射空,箭箭相承而上,永不退坠,如此方是尽。

已说尽性,今谈至命。命者,吾人与天地万物共有之本体。至者,还复义。譬如游子还至其家,此至字义,亦犹是。吾人有生而后便为形骸所拘,迷执小己,日益堕没,堕者下坠,没者沦没,不可救拔,遂至亡失其本来与天地万物共有之本体,即与天地万物互相对峙。佛说,人间世为苦海,三界为火宅,其故皆在此。人生不能还复其本命,本命,犹言本体。释迦氏亦见及此,而兴大悲,有反人生之希愿,是则流于宗教情感。孔子却不如此,其学在由穷理而归本尽性。尽性工夫做到无亏欠,即已还复其本命,譬如游子还至其家,得大安稳,家,以喻本命。游子,以喻亡失本命者。何用反人生为学至于尽性至命,方是究竟位。究竟位,借用佛经名词。然已至此位,还须加功,永不退转,《易·乾》之《象》曰:"君子自强不息。"

附识:《庄子·天下篇》以内圣外王称孔子,却是囊括大宇。孔子与儒学之广大在此。然此四字昔人以来皆作陈言笼统胡混过去,不问如何是内圣,如何是外王。且外王骨髓在内圣,不解内圣休谈外王。余于此四字,参究之日久,最后乃悟得《说卦传》穷理尽性至命一语,含摄内圣学无量义,无有不尽。然此语,从来亦无人落实会得。姑以穷理言,此一理字如只就万殊处说,便遗了一本,如或直目一本又遗了万殊,而且万殊与一本若割截为二界更成大过。余释穷理处却是彻上彻下,无漏洞,无混淆。非知言者,难与语此。尽性至命,正是圣学之所以为圣学处,若只说到穷理而止,则圣学与中外古今哲学家言亦无甚区别。西洋哲学家谈本体者，只是驰逐知见，弄成一套理论，甚至妄以其理论即是真理，而真理直被他毁弃。吾非反对理论，然若以为弄成一套理论便是哲学，则余所不能许可。须知，哲学不当以真理为身外物而但求了解，此中真理，谓一本。不当二字，一气贯下。正须透悟真理非身外物而努力实现之。圣学归本尽性至命，此是圣学与世间哲学根本区别处，哲学家不可不勉而企也。有问：《诗经》云"有物有则"，故事物之规律可名为理，今公以本体亦名为理，何耶？答曰：此不自我始，佛家真如即本体之名，而真如亦名真理，经论皆有明文。宋、明儒所说理字，有时亦用为本体之名。夫本体可名之为理者，正以本体涵备万理，故得为万化之源耳。

已说内圣，次及外王。王者往义，群生共向往太平之道，而其功力无止境，故曰往也。圣学归根，在天地万物一体处立命，外王学之骨髓在此。其创化、敷治，极于裁成天地，辅相万物，又曰位天地，育万物。其道广大，其智广大，其规模宏阔，其前识深远，孰是有慧，忍不服膺。余尝言，西洋唯心论派，黑格尔最杰出，惜乎其不闻吾孔子之道也。黑氏怀抱德国民族之优越感，无天下一家之胸量，无衣养万物而不为主之德度。圣人之于万物也，衣之养之，而不自有其功，不自居优越，不肯为万物主，使万物各畅其性，共进于太平也，黑氏不见及此。德国人受其影响，卒自取覆败，吾以是益信孔子之道终为人类所托命也。外王鸿旨，据往事以推未来，经纬万端，诚哉奇绩！汉初人犹及闻《春秋》义旨，有数千之多。惜古籍久亡，无从详考，当于《原外王学》中略为提要。

孟子称孔子集大成，见《孟子·万章篇》。则孔子所承于古代者，当不止尧、舜、文、武一派之绪。伏羲远出尧、舜以前而为《大易》之开山，孔子五十学《易》既有明征。其享年七十有四，七十犹大进，见《论语》。学之大成，当在学《易》后之二十余年。此二十余年中，盖融通古代圣王实用与哲理之两派，而神明变化，以创开内圣外王之学统，猗欤盛哉！

神明二字，本《易·系传》。《易》曰"神而明之"，盖言哲人天机自发，妙与理会，不待推求而得也。古代圣王相传之学术思想本不外前述两派，实用与哲理。孔子尽吸收而融化之，故孟子称其集大成。宰我、子贡、有若皆智足以知圣人。"宰我曰：'以予观于夫子，贤于尧、舜远矣。'"子贡、有若皆曰："自生民以来，未有盛于孔子也。"《孟子·公孙丑篇》所引。孔子之所承藉者极其宏博，其所开创者极其广远，广者广大，远者深远。巍然儒学宗师。自春秋、战国久为华夏学术思想界之正统，诸子百家靡不为其枝流余裔，譬如太阳居中，众星外绕矣。清末学人乃谓董生、汉武始定孔子为一尊，良由不考古代学术源流，故有此谬说耳。然汉人尊孔，乃以窜乱之经书及其伪说，假藉孔子以达其拥护皇帝之私图，自是伪儒学兴，而孔门相传之真儒学不可睹矣。此一问题，当俟后文别论。

余尝以晚周学派多不可考，引为深恨。今据残缺偶存之故籍，上索春秋战国之际哲学派别，其最伟大者当推六家：曰儒，曰墨，曰道，曰名，曰农，曰法。儒家宗孔子，为正统派，自余五家其源皆出于儒。今先言墨。《淮南·要略篇》云："墨子学儒者之业，受孔子之术。"汉初，去孔、墨之时代未远，其言必有据。《别录》云："《墨子》书有文子。"文子本子夏之弟子，而问于墨子。如此，则墨子盖生于孔子之晚年，其年辈或稍后于子夏耳，是否受业于七十子今不可考定，其习孔子之术则无疑。孔子雅言执。执读艺，解见前。古以格物之学与器械创作，皆谓之艺。《墨子·经上》等篇，有数学、物理学等，曾创造翔空之木鸢与守城之云梯，而木鸢即晚世飞机之始，科学天才固卓绝，亦未尝不资于孔子艺教之启发也。《墨子·大取》等篇，名学甚精，其源出于《春秋》尚可考也。《庄子·天下篇》称墨子"好学而博不异，不与先王同"。郭象注甚误。案"博不异"者，言墨子每立一义必博求其故。《墨子·经说上》曰："故者，所得而后成也。"今举一例，如云某甲必死，何以知之？因凡人皆有死，某甲是人，故断定某甲必死。此中凡人皆有死云云，即是某甲必死之一断案所以得成之故，犹因明三支比量所谓因也。然复须知，故之得成为故者，必其中无异类，如上举凡人皆有死之故，倘人类中果有长生不死者，则此故不得成。是以举故，必先博求其无有异类，而故始成。故成，而后断案得成。庄子以"好学而博不异"许墨，盖真知墨之深于名学，其识亦不可及也。"不与先王同"者，墨子实事求是，故不必求同于先王之遗教与旧法，墨子为富于天才之科学家，惜乎其书不传。今存《墨子》残帙，名学犹可见其概，而科学方面有无专著已无从考定。墨子于科学应有专著。墨子之政治哲学以现存《墨子》诸篇与《汉书·艺文志》叙述墨子之说相校并无不合，可见墨子论治道之文无甚阙亡。所散失者独其科学著述耳。余以为墨子是科学天才，而不必长于哲学。《天下篇》赞之为才士，而不满其政治理论。兼爱兼利，未尝不本于孔子之仁道。然言仁而不酌以义，则仁道不可通也。孔子论《诗》，曰"可以怨"。庶民对于剥削阶级而有怨。因怨起争，因争得以荡平阶级，然后仁道通，兼爱兼利之公道大行矣。墨子非儒，殊不知其所非者，乃当时政俗之敝，正由儒者之道未行耳。

道家之学原本《大易》，孔子之枝流也。《庄子·天下篇》以关尹、老聃并为一派而评论之，可见二人并为道家之祖。然《天下篇》叙述二人，先关而后老必非无故。或关尹年辈稍长，或庄子所心契者尤在关，今亦无从考辨。汉初以黄、老并称而不及关，老学遂独传。或者申、韩之术从老氏转手，大显于六国季世，韩非书且为吕政所取法，老学遂藉申、韩以盛行，而关学乃式微欤。老子之年代当后于孔子，而前于孟子。孔子早年其群俗尚存质朴，中年以后则文伪日滋，而朴风凋丧殆尽矣。《论语·先进篇》："子曰：'先进于礼乐，野人也；按先进犹言前辈。孔子言先进于礼乐，文质得宜，今嫌其朴，呵为野人。野人，乡村庶民之称。后进于礼乐，君子也。按后进犹言后辈。后进之于礼乐，文过其质，今乃谓之君子。君子，贤士大夫之称。如用之，则吾从先进。'"按孔子自言从先进，恶时俗之文过其质。据此，可见孔子晚年时，社会日趋于文侈。《老子》之书，忿嫉文明，而欲返之太古,痛诋智慧出,有大伪,则其文饰、诈巧,更为孔子所不及睹。故就《论语》《老子》二书比较,知老后于孔也。其前于孟子者何?《老子》书中随处可玩味其时代之尚文、斗靡、竞巧、逐利,至《孟子》书则可见六国崩溃之势已亟,民"救死而恐不赡"。见《孟子·梁惠王篇》。"上无礼,下无学,贼民兴,丧无日",[1] 篇名,兹不及检。则已无文可尚,无巧可竞也。故以《孟》《老》二书比较,则知老前于孟也。《天下篇》称关尹、老聃俱为古之博大真人,则两人年代当相近。《史记·老子传》载老子去周至关为关令尹著书事,当不足信。春秋时士人已有伪造之风。孔子曰:"吾犹及史之缺文也",言犹及见古史记事,有难征者,则缺文以存疑,不妄传也。"今亡已夫"。亡读无。孔子叹今之治史者好造伪,而不肯缺文存疑。迄战国而此风更盛,孟子言"尽信书则不如无书",见《孟子·尽心章》。与孔子同感也。或六国时,老子后学伪造老子为关尹著书事,以见关学犹禀于老,此与孔子入周问礼于老事,同为老之后学伪造。马迁不考而载入《史记》,甚矣其妄也!

《天下篇》论晚周学派,于各家皆深入,其天才卓绝,慧解极高。关尹、老聃,庄子特叙论之于其自述之前,明示师承所在,其重要可知已。今节录其说而逐句为之注,如下:

"以本为精。"注曰:本谓道,道者,万物之本源,夐然无对,寂然无象,精之至也。精者微妙义。

"以物为粗。"注曰:《大戴礼·哀公问篇》有曰:"大道者,所以变化而凝成万物者也。"此孔门相传之义,而道家所承也。但道家"以物为粗",则有道与物歧为二,精与粗不相融之过,故老聃叹"万物为刍狗",而庄周亦"以人为小也"。道家学《易》毕竟有未彻在,其持论时见矛盾,此不及论。

---

[1] 整理者按:此段引文见《孟子·离娄上篇》。

"以有积为不足。"注曰：此就吾人体道之功而言。老云："为学日益，为道日损。"损者，用力于内。损去惑障，方可悟道，而自足于内，其充实不可以已。益者，为学则用力于外，即物穷理。其功日积，而所获乃多。然复须知，若云为学之功，即可见道，则是本格物之术，以推求大道，推求益深，迷眩愈增。所以者何？大道者，所以变化而凝成万物者也。道究不即是物，执物以求道，何可见道？夫学之用力于外者，固日有所积矣，而欲由此见道则知识愈积多者，将愈为大道之障。其学无本，其中无主，故知有积者正是不足于内也。

"澹然独与神明居。"注曰：澹然者，损去惑障。知识止乎其所不及，毋妄猜度，则神明昭彻矣。

"古之道术有在于是者，关尹、老聃闻其风而悦之。"注曰：《天下篇》叙述诸家，其开端皆曰"古之道术有在于是者"云云，此盖假设之辞，不必古代果有此等学派也。然人类思想本不囿于一途，总有若干派别。道家虽始于关、老，而此派思想必不由关、老一二人偶然创发，其前乎关、老者，盖已造此端，但未能深造与发挥耳。

"建之以常无有。"注曰：常无有者，无有二字，各连上常字成词，即作常无、常有解。郭象注误，不可从。建者建立。常无、常有，相反相成。谁其建之？自然而已。穷理到至极处，不可复问因由，故云自然。自然者，无建而自建。常无者，斥心而为名；常有者，斥物而为言。夫心斡运物而无有形，故说常无；物含缊心而显其质，故云常有。然物以成质而名有，其质不固定，则非坚住不易之有，心以无形而名无，则无非空无之无。道家有无之论，准《大易》乾坤而立，乾无形而坤有质，是心物所由分。

"主之以太一。"注曰：太者，赞词。一者，绝对义，即本体之名，此《易》之所谓太极也。心物同为太一之发用，太一是心物之实体，故道家之学在摄用归体，以主一为究竟。道家学《易》，而终别乎儒，其故在

31

此。《易·系辞传》曰:"天下之动,贞夫一者也。"孔子之学要在于用而识体,即于万变万动而逢其原。原者,谓一。于用识体者,譬如于众沤而识大海水。孟子触处逢原之说亦此旨。夫万变逢原即万变而皆不失其正,是乃称体起用。称字去声。此义深微,强为取譬,如冰由水成,而冰却不失去水之湿润等德性,故应说冰之起,恰恰是与其本来的水相称而起,以其未失水性故。今以冰喻用,以水喻体。此与摄用归体意义迥别,姑略言之。摄用归体,将只求证会本体,皈依本体,将对本体起超越感,而于无意中忘却本体是吾人自性,不悟本体无穷德用即是吾人自性德用。不悟二字,一气贯下。虽复不承认本体为有人格之神,而确已将本体从吾人自身推向外去。关、老之学"主之以太一",太一,即本体之名。见前注。确有谬误在。后来庄子承其流,遂以为本体即是外界独存,变化无穷的大力,而吾人与万物皆外在大力之变化所为,此言万物,即天地皆在内。太空无量天体,乃物之大者耳。方其为是人是物也则偶然已尔。《庄子·至乐篇》曰:"种有几,按种者物种。几字,即后文机字,其缺木旁,盖传写误耳。后结'人又反入于机'云云,可证此节首句一几字即结处之三机字,前后相贯也。胡适解几字,甚误。盖此节言物种变化,实由有外在之大力阴司其机。得水则为继,此言万物所以能随环境而变化者,以有阴司其机者故也。以下准知。得水土之际则为蛙蠙之衣,生于陵屯则为陵舄。中略。程生马,马生人,马是高等动物,由高等动物而进至最高之人类,故曰马生人。人又反入于机。人死则精气消散,又反入于造物之机。万物皆出于机,皆入于机。"凡发动所由,皆名为机。详此所云,则以物种变化,实由有外界独存之唯一力量阴司其机。"万物皆出于机",又皆反"入于机",则万物直是造化之玩具。《大宗师篇》曰:"伟哉造物,又将奚以汝为,将奚以汝适? 以汝为鼠肝乎? 以汝为虫臂乎?"又曰:"浸假而化予之左臂以为鸡,予因以求司夜;鸡之司夜,待晨而先鸣也,造化之机,若化我之左臂为鸡,我则因而司夜。此言吾人只有被动已耳,下文亦此意。浸假而化予之右臂以为弹,予因以求鸮炙;言化我之右臂为弹子,我因击鸮以供烹炙。浸假而化予之

32

尻以为轮,以神为马,予因而乘之,岂更驾哉!"言化我之尻为车轮,化我之神为马,我则因而乘之也。又曰:"以生为附赘悬疣,赘疣者,头面皮肤上赘生之结肉,状隆凸,俗名斑点者,即此类,乃不应有而有者。或曰结肉,名附赘。手生枝指亦名赘。疣则瘤之最大而成球状者,面部或颈部偶有之,故曰悬疣。以死为决疣溃痈。"言人死,则如疣之决毁,如痈毒之溃散,不足惜也。详庄周之论,盖惊叹有外界唯一之大力,独司造化之机,吾人或万物皆出于机,又皆反入于机,只是造化之玩具。人生无一毫自主自动力,无一毫意义,无一毫价值,故生如赘疣,无足贵,无所乐,死如痈之自溃,疣之自决,亦非所惜。《秋水篇》曰:"号物之数曰万,人处一焉。此其比于万物也,不似豪末之在于马体乎?"其哀人之微小也如是。此等下劣思想,关、老固已开其端,而犹未至若此之甚也。

有难余者曰:《庄子·德充符篇》有云"官天地,府万物",公尝称之,其与《大宗师》等篇不符,何耶?答曰:《德充符》"官天地"云云者,就此心之知,冥然顺化而言。知与化一,固已忘小己。夫忘小己而与化为一,则不谓为"官天地,府万物"得乎?庄子自以为其归宿在此,然而误矣。庄子本以大化为外界独存的力量,而以人为小。由其说,吾人与大化根本不一,今乃谓以其知,恒与化相俱,即知与化为一,庄子以为,知与化为一,即心未尝死。以知与化俱,非无知故。然此知,实乃亡物我,外生死,直与化冥合为一,故非普通所谓知识之知。庄子自以为,其最高无上之境在此。从来罕有识其意者,唯郭象注得之。何自相矛盾已甚哉?庄子盖以吾人本不得与化为一,因欲以其心知,专系于化,不悟化非死物,系之则化亦死矣。知系于化,谓心未死得乎?庄子天才甚高,而于道未彻在。吾有时称庄子语盖节取之,以达吾旨耳。其实,吾与庄子究判天渊。须知,庄子之宇宙论实只承认外在大力司造化之机耳,吾人或万物皆出于机,皆入于机,直同大造之玩具,无足算也。

孔门之学于用而识体,即于万化万变万物,而皆见为实体呈现。

易言之,实体即是吾人或一切物之自性,元非超脱吾人或一切物而独在。大化无穷德用,即是吾人自性固有。大化,犹云实体之流行。实体即是吾人自性,故大化非外在。吾人或一切物之变化创新,即是人与物各各自变自化,自创自新,未有离吾人或一切物而独在之化源也。然则我之臂与尻,何至不能操之自我,谁谓有外力化之以为鸡为弹为轮耶?而况我之神,讵有外力化之以为马耶?又复应知,吾人或一切物各各皆得一源以为其自性,一源,犹云实体。譬如众沤,各各皆得大海水为其自体。如甲沤以圆满的大海水为其自体,乙沤亦以圆满的大海水为其自体,乃至无量沤莫不皆然。吾人或一切物各各皆得一源以为其自性,可由此譬而悟。是故人各足于其性分,性分,就其自性而言,即是就一源而言。至大无匹。无匹者,绝对义。庄周不见自性,妄以人为小,岂不惜哉!人者万物之灵长,裁成天地,曲成万物,位天地,育万物,参赞造化者,人道之盛也,顾可自小哉?夫摄用归体,为不悟一源者说,此是一种方便,然终必归诸体用不二。于用而识体,即是体用不二。如或二之,则不可于用上识体也。《新唯识论》学者须究。关尹、老聃摄用归体,遂"主之以太一",尊一源于吾人与天地万物之上,虽反神教,而人与太一隔截,遗世之意义颇重。其流至于庄子,人道颓废已极。自汉以来,诗文名士有聪慧者鲜不中其毒,而群俗衰敝无可振拔,余尝以漆园名吾居,盖引以为戒,非敢效之也。

综前所说,道家以主一开宗,其在宇宙论、人生论诸方面皆有偏蔽在。偏者,谓其所见偏于一方。蔽者,谓其有所不通。道家已悟本体,惜乎其于体用不二处未能澈了。此处一差,则流弊不堪言矣。司马迁《史记》以申不害、韩非与老聃同传。其赞辞曰:"申子卑卑,施之于名实。韩子引绳墨,切事情","其极惨礉少恩,皆原于《道德》之意,《老子》书,一名《道德经》。而老子深远矣。"马迁父子,汉初人。《汉书·郊祀志》云:"武帝初即位,汉兴,六十余岁耳。"迁父子并仕于武帝朝,其去韩非之年代甚近,申、韩之术本于老子必非妄传。余按老氏之学分为二派:曰庄周,曰申、韩。庄周当受关尹影响,而其私淑于老子之遗教者必深。庄生犹是道家派下巨子。申、韩虽源出于老,而别辟途径,则老氏之庶孽耳。老氏之道何以流为申、韩?此一问题极不简单,余兹不及谈,唯于此中有须提及者,则关、老以主一开宗,申、韩袭取而变之,用明治术,则以国之主权,一操于君上。韩非曰:"道不同于万物,君不同于群臣。"按道者,本体之名。臣者,为百官与庶民之通称。《诗》曰:"普天之下,莫非王土,率土之滨,莫非王臣。"又曰:"道无双,故曰一。"又曰:"明君贵独道之容。"道无双,故曰独道。君贵独裁,以取法乎独道。据此,则道家之本体论,乃为韩非之君主极权思想凿通道路,岂不奇哉?道家非尧、舜,薄汤、武,其言治本近乎无政府主义,而韩非一变至此,则关、老所不能预料也。韩非以利出一孔,为其一切施为之最大原则,臣民之思想与意志,皆一宗于君上。非之书有曰:"顺上之为,从主之法,虚心以待令而无是非也。故有口不以私言,有目不以私视,而上尽制之。"此亦可谓政治上之极端主义论已。非之说行于吕政,而其效亦可睹。惜乎非之不悟民主也。民主政治之领袖同情天下庶民疾苦,博采天下庶民舆论,悉其好恶,辨其是非,而后斟酌饱满,以归一是。既得一是,则奉以号召,持以力行。天下有口有目者,又何容私视私言乎?此亦未尝不一也,然以视韩非之所谓一相去何止天渊。或问:韩非学老而误,何耶?答曰:老氏亦有病在,此意非短文可达。韩非思想与老子之关系欲说明之,却须另为一书。然非深于老者,虽著书授之,恐其浏览一过终不会耳。

"以濡弱谦下为表。"注曰:以濡弱谦下为盛德。表者,德容也。诚于中者形于外,故以盛德之容为表。关、老之学归敬太一。天大而人小,此中天者,即太一或实体之代词,非谓神帝。由关、老尊天之旨而推之,别人不得同天。庄子以人为小,确是祖述关、老。故人惟以濡弱谦下,为德之基。人之所以自修与应物者,无在不率循此德,若乃儒者之学,体用不二,于用识体,是乃即体即用,即用即体,故不二。故吾人唯应发展自性所固有之刚大中和与创造诸德。自性，谓实体。可覆玩前文。乾之德，曰刚、曰大、曰中正、曰太和，皆表自性之德用也。创造者，《易·系传》曰："富有之谓大业。"富有者，言自性之德用盛大，故能发起大业。儒者推万德之源，皆是自性固有，世未有无根之木也。此与道家根本异趣，道家之德惟僧侣主义者，可以之独善自利，不足以辅相万物。

"以空虚不毁万物为实。"注曰：关、老"主之以太一"，即于无意中将万物之实体推向外去，则万物毕竟降为下层，与太一融合不得。万物既合不上实体，则万物便空虚。然虽空虚，而万物究出自太一之化机，化机之义，虽盛张于庄子，而关、老确已伏有此种推演之根据在。故不可毁坏万物而不承认其存在。是故应说万物亦空亦有。从其合不上实体说为空虚；从其出于太一之化机说不可毁，即认为有。因此，统一空有，总说为实，此关、老之胜义也。余自治佛学而后，对于宇宙人生有所观解，宇宙者，万物之总称。人则万物之灵长，故特别提出言之。常太息，凡情执有固是痴迷，智者观空亦成过患。如我所知，凡物都无定相，不容执故，应说为空；一切物都无固定的自相，不容迷执为实物也。虽无实物，惟真实流，刹那刹那，故灭新生，无有断绝，应说为有。真实，谓本体。本体之流行，曰真实流。流行的势用，每一刹那，都是故者方灭，新者续生，新故密密变易，恒不断绝。然则吾方观有，未尝不空。所以者何？刹刹相续之流，虽无断绝，而实刹刹不曾暂住，故无实物可得，应说即有即空。然吾方观空，亦未尝不有。所以者何？物相虽空，而真实之流不断绝故，应说即空即有，是故空不碍有，而有亦不碍空。观有不观空是堕迷妄，非真知有；观空不观有亦是邪执，非真了空。空有相反，而实相因。无空则有之名不立，无有则空之名亦不立，故空有相因也。毕竟有统摄空，化矛盾而成中道，此龙树中观之论，所以为人天胜义也。自"如我所知"四字至此，皆据拙著《新唯识论》之旨趣而谈，其说空说有之出发点或依据处，与龙树学派之本义不必相符。《新论》宗《大易》，其立义根据，与理论体系本与佛家迥异。然对于宇宙人生之观解，不能不归于空有统一之中道,则《新论》与佛法殊途而同归也。空有理趣深远无极,不悟者或诋为玄谈,下士闻道而笑,可悲而不足怪也。关尹、老聃以空虚不毁万物为实,亦是空有统一之旨,吾于此有感焉。至其说空说有之出发点或依据处,则为吾所不必契者,此不足计。余由其空有统一之结论,而默会其言外意,庶几脱然悬解也欤。

《天下篇》总叙关尹、老聃学说,虽寥寥数语,而提控纲要,抉发幽微,罄无不尽,若非具大本领,何能为此?惜乎自昔以来,无能读者,余故录而注之。其首段以下,分别叙述关、老均极精要。然其称关尹养心之学,至于动若水,静若镜,应若响,水动、镜静,及响之应声而发,俱无思无为也。关尹其至矣乎!然其去人不亦远乎!此其学之所以绝欤!其述老处与今存《老子》书相校,无一语不相应者。余曾闻后生疑《老子》书多窜杂,只是不学之过耳。述老诸条兹不及录,因录必附注,恐文字益繁耳。然有二三条须提及者,其曰:"无藏也,故有余。"郭象注曰:"付万物使各自守,故不患其守。"郭氏斯解犹不解也。近世富豪阶级与侵略主义者,皆纵其私欲以夺取天下人之利,而务厚藏之于己。天下人皆苦不足,而厚藏者终亦必亡。故《春秋》经主张天下一家,此语见《礼记·礼运篇》。建立人类共同生活之规制,即天下之财公之于天下之人人,则社会上厚藏之阶级必先夷灭务尽,而后全人类皆无不足之患。老云"无藏也,故有余",正符斯旨。惜乎老氏自相矛盾,又欲守雌,雌性柔,守则不争。守辱,亦无争。猥以人皆取先,己独取后为要道。则藏者常自厚其藏,而无可革,天下人何由得有余乎?郭注云:付万物各自守。万物若不争,其谁付之乎?又或无共同生活规制,则人各孤立而生财之道穷,将何所守?且群涣而无纪,则私藏之患亦复不免,郭象不悟老之失,徒为华辞,以自文其短耳。

又有曰:"无为也,而笑巧。"郭注:"无为者,因其自生,任其自成,万物各得自为。蜘蛛犹能结网,则人人自有所能矣,无贵于工倕也。"

详此所云,实为极端之放任主义。群涣而互不相辅,天下不平之祸根终无可去耳。老之道本以放任为贵。其小国寡民之理想本欲万物各得自为,郭氏实演其旨。孔子"裁成天地,辅相万物",辅相者,平等互助义,非干涉也,更与劫持之术迥异。此为万古常新之大道。惜乎老氏学《易》而不深究此理。

又有曰:"常宽容于物,不削于人,不侵削人以自遑也。可谓至极。"余按庄子述及此条,而赞为至极,其意深远矣哉!《春秋》之大同社会,必天下之人人互相宽容,无有逞大欲以侵削人者,而后太平可保。

道家之学本出于孔子《易经》。道家言道,言阴阳变化,明明自《易》出。墨子初为孔子之学,《淮南·要略》已言之。道家亦出于孔。余谓关尹、老聃为道家之祖者,《天下篇》称关、老为古之博大真人,其年代去孔子当不远,故道家之兴必自关、老始。向者有后生谓《老子》书纯由后人窜乱及杂袭而成,其愚妄固不足道。近闻友人以《老子》书作于李耳,且谓其成书宜在庄子后荀子前,故每取庄文以入其书云云。道家高文典册甚多,今其书目在班《志》者尚不少,耳造伪老何必独取庄书乎?以此持论,余未知其可也。独谓李耳非老聃,不当混作一人,余亦素怀此意。见《十力语要》。耳当为老聃之后学,而《史记》以聃为李耳之谥,则马迁之疏谬而不考也。迁既合李耳、老聃为一人,于是以李耳之世系说为老聃之世系。《传》称老子之子名宗,宗为魏将,封于段干。汪中以为即魏世家安釐王四年之魏将段干崇,其说当不误。证以《庄子·天下篇》称关尹、老聃并为古之博大真人,则李耳在庄子后,何可以李耳为老聃乎?友人谓刘《略》、班《志》皆以《老子》书为李耳作,要为得之。殊不知,刘、班之说并缘马迁《史记》以李耳、老聃混作一人,乃迷谬相承而不辨耳。友人乃袭刘、班之迷谬,轻信《老子》书作于李耳,何弗思之甚耶?战国时学人好尊其师传,而假古人以为重,如孔子问礼老聃,必缘于老之后学,欲绌孔以尊老,始造此谣。老聃为关尹著书,亦必老之后学欲尊老于关之上。老子之名既尊，妄人之假托者，其情益诡，于是李耳、老莱、史儋辈之后学，各各诡称其本师即老子。而老聃之化身遂多，马迁不考，俱载之《老子传》，遂成千古疑案。《史记·乐毅传》称乐臣公学黄帝、老子，其本师号曰河上丈人，不知其所出云云。诡托者众，真传益难知，河上果何所承，马迁之父亦不必能悉也。迁谨而缺疑，友人乃谓其诡词，迁何故作此诡耶？

友人臆说，颇可怪者，尚有三事：一事，谓凡称黄、老皆出汉人书，晚周无言黄、老者云云。殊不知，六国未灭尽，吕政未统一，其时代犹属晚周也。友人已举《乐毅传》载老子传授之序。今据《乐毅传》称乐臣公善修黄帝、老子之言，显闻于齐，称贤师。据此，可见晚周末叶，治道家言者，已是黄、老并称，马迁乃据事直书耳。且道家学派演变，至以黄帝、老子标宗明示师承有专主，此在学派上为重大变迁，决非短期成熟之事。晚周故籍沦丧，覆看本书绪言。今难考辨，然略可推征者，《庄子·在宥》《天运》《天地》《知北游》《徐无鬼》诸篇皆称述黄帝，其引老聃之言尤多。余窃疑晚周道家始以黄帝、老子并立为宗者，当是《庄子》书风行以后之事。《庄子》文学之神妙，空前绝后，其宣扬力量极大，道家之徒由是以黄帝为远祖，以老聃为大宗师，而道家学统始确定。庄子以前之道家纵有欲推本黄帝以与老子并称，其说当未普遍也，要至庄子而影响始大。《汉志》载黄帝书颇不少，当是庄子同时或后出之道家所造。黄、老之称，决不始于汉初，吾敢断言。今存《老子》书恐非完本，其有简策脱损，或后人增窜处，皆属可能。若谓由李耳伪造，则无稽之谈，不可持也。

二事，友人以孟子称杨墨之言盈天下，而杨氏无传，遂欲为杨朱觅后学，甚至以田骈、慎到出于杨朱。其所据以作决定者，皆残文碎义，未可信为足征也。孔子能言夏、殷之礼，而犹以杞、宋不足征为憾。圣人之严于论古也如此。夫遍千马而各取一毛，谓千马皆同，人莫敢说异。立五马于通衢，聚众人而观之，众人于五马各得睹其全貌，皆曰五马互异，无一人肯说同。所以者何？五马各有其全貌，以互相较，则只见大异，不辨有小同也。于千马各取一毛而论，则只见小同，不悉有大异也。此事虽小，可以喻大。论学派异同者，若未窥各家之全，遽取一二义之近似轻下断案，是以千马皆有一毛之同而遂概之曰，一切无不同也。且杨朱本无可征，友人惟据《淮南·氾论篇》全性保真四字，乃持此以遍考《吕览》《管》《庄》《荀》诸书中称及晚周诸子之言，遂一一求其强合于全性保真之旨，务为展转牵引，归诸杨朱学派，而实不可通。倘辨正之，则文字不胜其繁，不如姑置。余于此不能无言者，因友人尊杨朱为道家大哲，恐眩惑后学耳。

三事，友人尊田骈、慎到、宋钘、尹文，以为诸家之学，皆较庄子为深广。田、慎、宋、尹之学今已不足征，余不知其所谓深广于庄子者果何所据？且友人引书未免横通，如以《白心》《心术》为慎到之书，足以发杨朱之蕴，即是一例。夫于《白心》《心术》诸文中，摘句以求其有合于慎到仅存之碎义，自有可合者在，然遂断为慎到所著书，足发杨朱之蕴，则不谓之横通不得也。古人书虽亡，若有残篇碎义存者，后人就其仅存之一语一义，推演发挥，是为切要。若不此之图，而好此牵彼引，任意附会，则治古学者所宜戒也。又友人尊田骈、慎到因循之义，以为庄周所无，然《庄子·齐物篇》明言"无适焉，因是已"。据此，则以无所适而非因，故曰"无适焉，因是已"。圣人不以己宰物，任万物之各畅其性，此之谓因。《秋水篇》曰："何谓天？何谓人？北海若曰：'牛马四足，是谓天；络马首，穿牛鼻，是谓人。人络马首而乘之，穿牛鼻而令其操作，疑于不因牛马之天性矣。然牛马皆四足，是劳作之性也，人乃络之穿之，又何尝不因牛马之天性欤？故曰无以人灭天，穿之络之，是因牛马之天性固已。若令其劳作过分，以暴力驱役之而不惜，则天理灭矣，是伤牛马之性，不可谓因也。无以者，禁止之辞。无以故灭命。'"故者，谓人以己意宰制万物，而不任万物之自为，是乃故意毁灭物之性命,则大恶莫如不因也。无以,同上。谈因义最深远者,莫如庄子。田骈、慎到之言因,大要归于用人必因其情,成务必因其势,义非无当,而霸者之术亦未尝不如此也。庄子洞彻本源,则尊重万物之真性、本命,而不忍且不敢伤之,是以贵因。本命,犹言真性。庄子知本,似有契于儒,惜其无儒者裁成、辅相诸大作用,所贵求其长而舍其短也。余尝言,由晚周至今近三千年,真能知庄子者,唯荀卿一人。《荀子·解蔽篇》曰:"庄子蔽于天而不知人。"天者,宇宙实体之名。道家所谓道或太一,荀子则谓之天。庄子承关尹、老聃之学,已彻悟太一,不可谓其不知天也。然虽知天,而乃尊天于吾人之上,即天大而人小,天有威力而人无能。是其知解,适为天之一方面所蔽,不复能知人也。此意深微,宜覆玩前文。昔大慧禅师言,手持寸铁可以杀人,朱子喜其语。荀卿以一言断定庄子得失,绝不多费力量。寸铁杀人,差可方其猛利。庄子于天化天化,犹言本体之流行。证会深远,于世变观察入微,其神解卓,其境界高,其大谬在不悟天人为一。世或尊《内篇》,其实《外篇》《杂篇》,并极精微,唯《让王》以下五篇殊不类。向者文昌云颂天以《庄子》难读,请择要疏释,余终鲜暇。然而庄子宏深矣,未可以田、慎、宋、尹辈与之论长幼也。

道家在晚周,与儒家抗衡。《史记·老子传》曰:"世之学老子者则绌儒学,儒学亦绌老子。"战国衰季,道家影响遍于诸子百家,大儒如荀卿亦吸收其精粹。时六国亡象已著,秦人以暴力横行,天下聪慧之伦多归道家,飘然遗世,独与天地精神往来,盖与儒学争统矣。然遗世高风,其流毒至不堪问,汉以后名士涉玄言者,习为浮虚、放荡,流风播于社会,酿成委靡不振之恶果。余于道家嗜之重之,而亦不能不惩戒其末流之敝也。

名家之学,其源出于《易》《春秋》。《易·系辞传》曰:"夫《易》彰往而察来,往,谓所已知者;彰者,明著义;来者,事理无穷尽,现所未知,犹待将来之谓也。今据所明著已知之理,以考察所未知,是云彰往察来。微显而阐幽,微有二义:曰微细,曰隐微。理之至微而难穷者,欲显发之,固必由分析之术,更须深切体察事物之内缊。使微者显，则幽深而不可知者，亦将阐发无遗。开而当名辨物，开而二字处，疑有脱文。当字去声。名者，所以命物。名，必如其物之真而不乱，曰当。辨者辨析。辨析术精，则物理无所遁。正言断辞，则备矣。"《春秋繁露》曰："《春秋》辨物之理，以正其名。"《庄子·天下篇》曰："《春秋》以道名分。"从来经生皆以名分为辨上下之等，此以帝制思想说经，实非《春秋》旨也。案分者分理。辨物之理，以正其名，是曰名分。二经为名家大祖，其学脉分明可辨也。《汉志》名家有邓析二篇。郑人，与子产并时。据《左传·定公九年》，"驷颛杀邓析，而用其竹刑"。竹刑，刑书也，犹今法律之书。古者书用竹简，故曰竹刑。则邓析当是刑名家，刑法之名，曰刑名。《荀子·正名篇》曰："刑名从商。"大概商代刑法精当。刑名一词本此。固非《大易》所谓辨物、正言、断辞，与《春秋》辨物之理以正其名之学。《汉志》列邓析于名家殊不合。汉人于学术尚不知分类，无足怪也。荀卿《非十二子》以邓析与惠施合论，则克就为治纲纪之观点，而并论之耳，其曰好治怪说，玩琦辞，辩而无用，则訾惠施之辞也。曰甚察而不惠，多事而寡功，则訾邓析之辞也。而总断之曰"不可以为治纲纪"，则其合论惠、邓二子之观点在此。本非就学派上着眼以惠、邓同为名家也。儒家经传亡失殆尽，名学之籍已不可考。今存《荀子》有《正名篇》，其言"心有征知"，征者，征验，言心能考验万物而知之也。"必待天官之当簿其类，然后可也"。天官，谓耳目等官能也。当，主也。簿，簿书也，谓天官各主掌其类而簿记之，不杂乱也。如眼官唯主簿记其所感摄之色，耳官唯主簿记其所感摄之声，心之于万物也，必待天官各掌其类而簿记之，然后可据诸官簿，以征验万物而知之也。此在名学上自有不朽之价值在。其《解蔽篇》嫉名家之流于玩弄虚辞，而斥之曰："由辞谓之，道尽论矣。"谓，犹言也。论者，辨说。名家以玩弄虚辞为能事。由此言之，则是以大道只尽于其辨说中，何异以蚁子之智而测道乎？晚世治逻辑者，徒玩弄名词为务，当以荀子之言为戒。

诸子之以名家著闻者，《汉志》仅七家，邓析不当入名家已说如前。尹文粗涉名理。《汉志》，尹文说齐宣王，先公孙龙。刘向云：文与宋钘俱游稷下。

毛公、黄疵、成公生之徒，当非专攻名学者。《汉志》，毛公赵人，与公孙龙等并游平原君赵胜家。刘向称其论坚白同异，以为可以治天下。据此，则以坚白同异之辨，而妄谈治道。黄疵为秦博士，作歌诗。成公生与黄疵同时，游谈不仕。七家之中惟惠施巍然巨子，其以天才之科学家，而精哲学，善言名理，诚旷代之孤雄。六国时学人盖罕能识之者，独庄子与之为友。《汉·艺文志》载其书一篇。余决不信其书只一篇也，或六国时人已莫能读其书，或汉初人不知重其书，故湮绝无余耳。《汉志》列惠子于名家。余以为惠子必深于格物之学，不止名家而已。庄子言："南方有畸人焉，曰黄缭，畸，异也。问天地所以不坠不陷，风雨雷霆之故。惠施不辞而应，黄缭能研究自然科学，其所问风雨雷霆之故，与天地所以不坠不陷，当时必无能应答者，惠施乃不辞避而直应之。不虑而对，不惟应其问而已，且不待思虑而对也。遍为万物说，注意遍字。黄缭能发天地所以不坠不陷之问，其平日对于物理世界之探索已甚深，否则不能提出大问题。惠子不复待彼之问，遂为黄缭普遍广说万物之理。说而不休，多而无已，犹以为寡，益之以怪。惠子平日无可倾吐，一旦遇黄缭故欲泄其蕴耳。庄子云益之以怪，当是据其时庸众之论。科学家之大发明，恒为庸众所不喻，不喻即惊以为怪。以反人为实，而欲以胜人为名，是以与众不适也。惠子只是好奇心盛，而富于求知欲耳，非故意反人与胜人也。自庸众视之，则疑其以反人为实，以胜人为名。弱于德，强于物，其途隩矣。"隩，曲也。西洋科学之发展正赖诸科学家有强于物之精神。中国有一惠子而无继者，惜哉！庄子，道家也。道家不肯强于物，实亦未能强于德者也，而讥惠子可乎？又言："惠施日以其知，与人之辩，言惠施日以其知，与人往复辩难。特与天下之辩者为怪。谓其与人辩也，只好为诡怪之论，欲以胜人。惠施不能以此自宁，散于万物而不厌，谓其竭尽心力，以向外追求万物之理，是耗散其神智于万物也。卒以善辩为名。惜乎！惠施之才，骀荡而不得，骀，放也。逐万物而不反。"综上所引庄子之言，惠子强于物，散于万物而不厌，逐万物而不反，其对黄缭遍为万物说，可见惠子之学是向大自然里努力追求，并非不根于实测而徒为诡辩者。当时庸众以辩者目之,庄子亦以其善辩而惜之。惠子岂好辩哉？夫惠子猛于求知,笃于爱智,伤众人息息与天地万物接触,而一切习焉不察,故日以其知开导众人。众人卒不喻,乃以辩者訾之耳。惠子确有大科学家之热诚与风度,在晚周诸子百家中似罕有其匹。庄子与之友,彼此所学绝不同途,虽有相非,而实有相契之美。此其宏识伟量,古今罕觏也。惠子强于物,而又乐众人之共进于知,其遍为万物说当有甚多博大之创见,决无不著书之理,而皆无传,岂不惜哉？庄子称惠子之妙语曰:"天地其壮乎！施存雄而无术。"天地犹云宇宙。壮者大也。宇宙之大,理道无穷无尽,积全球上古今人之智力,或各种学术之所研究与发明,虽有许多理道可说,然以视夫无穷无尽之大宝藏,则所掘发者终有限。惠了自叹,欲以一己之智力,泄尽宇宙之秘藏。虽存此雄心,而终无术以尽知之也。美哉斯言！以一人之智敌宇宙之壮,欲尽知之,卒无术,而存雄毋沮焉可也。积世积人积智而为之,亦何患其壮。

《公孙龙子》十四篇,今亦仅存残帙。《庄子·秋水篇》曰:"公孙龙问于魏牟曰：龙少学先王之道,长而明仁义之行;合同异,离坚白;然不然,可不可;困百家之知,穷众口之辩;吾自以为至达已。今吾闻庄子之言,汒焉异之。不知论之不及欤,知之弗若欤？今吾无所开吾喙。"后略。据此,则公孙龙少习儒学,而后为名家之雄,终亦为庄周所移而近乎道矣。《史记·仲尼弟子传》有公孙龙,年代远隔,或以其为七十子后学而误入之欤。

墨子亦名家大师。虽墨学为独立之一大学派,而于名家不妨并见。《天下篇》称"相里勤之弟子,五侯之徒,南方之墨者,苦获、己齿、邓陵子之属,苦获、己齿、李云二人姓字也。俱诵《墨经》,而倍谲不同,胡远濬曰：谓分离乖异。相谓别墨。墨学之中又各别分派也。以坚白同异之辩相訾,以觭偶不仵之辞相应"。觭同奇。仵音五。不仵,犹云不同。可见墨家后学治名理者,亦受公孙龙之影响。

名家在晚周甚盛,今可略考者,儒有荀卿,墨子及其后学别墨皆名家大师也。而名家精于格物者,则有惠施。公孙龙本儒者,而其专长究在名学,故言名家者必举公孙氏,《天下篇》亦以桓团与公孙子并举。晚周名家硕师必不少,惜古籍沦丧,今无从考。汉人最不通名学,班《志》疏谬,不足责耳。

农家之学,当出于《诗经》。三百篇自变雅以至列国之风,小民呻吟穷困,无以为生,其怨恨王侯卿大夫贪污侵剥之诗占大多数。孔子删定为经,以教三千七十之徒,传播民间,此农家所由兴也。晚周诸子创说皆假托古圣王以为重,故农家亦托神农。《孟子·滕文公篇》曰"有为神农之言者许行,自楚之滕"云云。晚周农家可考者,只许行与其弟子陈相之姓字幸存于《孟子》书,此外无可考矣。《汉志》,农家有九,书百一十四篇,皆秦、汉间人拥护统治阶级者所为,与晚周农家思想无关。《汉志》叙农家有曰:"及鄙者为之,以为无所事圣王,师古曰:'言不须圣王,天下自治。'欲使君臣并耕,按农家本主张天下之人人皆并耕而食,不许有统治阶级存在,无所谓君臣。而班固以己意叙述农家,则曰欲使君臣并耕耳。诤上下之序。"诤,乱也。农家废君,正欲破除上下之序,使人类皆平等互助,而建立共同生活之制。班固乃以为叛乱也。班固此数语正是斥破晚周农家,而《汉志》所列农九家及其书,皆与真农家无关。当于后文更论之。许行思想,亦俟《原外王》中附说。

法家成为独立之大学派,大概在春秋战国之际。盖自周室东迁,王道衰而霸业起。霸者之治,必以法整齐其臣民,使莫不肃守纪律而勤其职事。管仲相齐桓,匡正天下,为五霸首。由此道也,《管子》之书虽后人所造,然必齐、鲁间儒生感礼让为治,不可起衰救敝,于是变而崇法,创成学说,托为管子之所著书。自其书行,而后法家学派始张矣。所以知其始于齐、鲁儒生者,深玩《管子》一书,则见其根本大义,不离孔子六经。《易·系辞传》曰"吉凶与民同患",即此一言已括尽六经外王根柢。《管子·牧民篇》曰："政之所兴，在顺民心；政之所废，在逆民心。民恶忧劳，我佚乐之；民恶贫贱，我富贵之；民恶危坠，我存安之；民恶灭绝，我生育之。"此非吉凶与民同患而何？综观《管子》书括囊大宇，经纬万端，要皆从与民同患出发。至于"仓廪实则知礼节，衣食足则知荣辱"，此即本于孔子先富后教之意。见《论语·子路篇》。通玩全书，随处可见其未脱儒学骨髓，故知创作者必是七十子之徒，始变儒术而别立法家赤帜也。然《管子》书盖屡经增窜，非一手所作，并非一时所就。《汉志》，《管子》八十六篇，今多散亡。列在道家。盖战国时，有道、法混合之派，慎到辈是也。亦有法、道、名三家混合之派，则申、韩之徒是也。至于《管子》书之创作当在春秋末叶或战国初期。其后，法家吸收道家思想者，根据原本修订则内容更扩充矣。《汉志》以之入道家却未妥。此书究是法家巨典也，然亦杂兵家或权谋家、阴阳家言。其取材广博，而自有匠心独运，不碍一贯，未可目以杂家而轻之也。印度大乘著述多此类，如《瑜伽师地论》为有宗根本大典，何尝不是会聚众说而成？中国人一向轻忽《管子》，适自安其陋耳。《管子》书之精要须抉择，惜吾衰矣。鲁为秉礼之国，流于文胜，而委靡不振。齐与鲁为邻，故法家思想源出齐、鲁之儒。其后尸佼亦产于鲁，为商鞅师，复改变从前之法家思想而造成帝制极权，扫荡唐、虞、三代之政教与文化，自尸、鞅启之也。晚周鲁人思想守中和者，难造时势；儒家孝治论者有此患。趋偏激者，招大祸败。尸、鞅之作风，使中国自吕秦以后，皇帝专制历世近三千年，民生与政教学术，一切腐坏，不求进。两不相同之思想并兴于鲁，岂不怪哉？

　　《汉·艺文志》，尸子名佼，鲁人，秦相商君师之。鞅死，佼逃蜀。《史记》，楚有尸子。刘向《别录》，疑谓其在蜀。王应麟以为晋人。王先谦以《艺文志》注，鲁乃晋字之讹。案《后汉书》注，佼作书二十篇，内十九篇陈道德仁义之纪，内一篇言九州险阻水泉所起。据其十九篇之说,当是生于鲁,而习闻先王之遗教。其人本策士之流,曾游晋、楚,而居晋或久耳。

《管子》书诚知尊重民意,然犹无民主思想,此其短也。慎到辈亦然。余以为晚周思想发展甚盛,法家分派必众,当有倡明民主者,惜古籍亡失无可考。然《淮南·主术训》有云:"法籍、礼义者,所以禁君,使无擅断也。人莫得自恣,则道胜;道胜而理达矣,故反于无为。无为者,非谓其凝滞而不动也,以其言莫从己出也。中略。法生于义,义行于众适,众适合于人心,此治之要也。故通于本者不乱于末,睹于要者不惑于详。法者,非天堕,非地生,发于人间,而反以自正。"据《淮南》此段文字当是从晚周法家民主论派之遗说援引得来,非淮南幕友所能创也。《淮南》书由众手纂辑。汉初人能搜罗故籍,无独创之见。淮南怀纂志亦欲自帝耳,其幕友不必有反帝制之思也。余由上所引文,而推定为法家民主论派之说。略申三义:一曰,君主专政之制,则法生于君。《管子·任法篇》曰:"有生法,有守法,有法于法。夫生法者君也,房注:'君始制法,故曰生法。'守法者臣也,房注:'臣则守法而行。'法于法者民也。"上法字犹言取法,下法字谓君所制之法,言人民之思想行动惟取法于君之法。是为法家君主专政论派之理论。今如前引,法生于义,义生于众,则为废君而行民主之制。明白彰著,无可疑也。夫君主以私意制法而宰割万物,未尝不自以为义也,然则义与不义如何辨?民主论派则直断之曰义生于众,此真一语破的也。以独夫之意制法,迫天下亿兆之众以必从,虽欲勿陷于不义,不可得也。由天下亿兆之众各本其公欲、公恶,互相扶助、互相制约以立法,则不义之萌绝矣。义生于众,不生于独夫。大哉斯言!吕秦以来二三千年,学人莫之省,何耶?

二曰,民主政治或难骤致,则本群众公意制法以限制君权,是亦民主之始基也。故曰法籍、礼义所以禁君使无擅断,则君宪之治,晚周法家民主论派固发明最早矣。

三曰，晚周法家民主论派必由儒者首创，所以者何？儒学本有民主思想，其变儒而为法亦甚易。又如前所引，以法籍、礼义并重，不纯主乎法也，可窥其渊源所在。又其言曰："法者发于人间，如吾若只知有己、不知有人，则举手投足乃至一切行动，将无往而不侵犯人。如此，则人必来诘问，法之发生即以此故。而反以自正。"如吾不知有人而人来责问，则吾当反己自正，所谓恕道是也。吾人守法而不敢叛者，惟推己及人故尔，非由畏刑罚及物议而姑饰于外也。此真儒学骨髓，亲切至极，超脱至极。吾人不视法为外力强制，则奉法而行，一皆循礼蹈义。浩然之气塞乎天地，即有误犯反己自正，何伤日月之明？是超脱至极也。若畏罚、畏讥，虽不犯法亦常不自在也。民主政治之任法必遵乎此，而后《春秋》太平之盛可期矣！

　　附识：《管子》书之《心术》《白心》《内业》诸篇，胡适等以为错简，殆未深究耳。此书原本儒家融会道家，盖随在可窥见。但《心术》诸篇道家旨趣较多，文字亦稍别。此书本不成于一时一手，无足异也。

商鞅、申不害、韩非，《汉志》列法家，甚误。或如汪大绅说，以兵刑家位之较合。

综前所说，晚周六大学派，儒为正统，墨、道、名、农、法，同出于儒而各自成家，各辟天地，猗欤盛矣！宇宙真理无穷无尽，非一家之学所能测，譬如大洋水非一人之腹所能饮。然复须知，凡成家之学，其于无穷无尽之真理本不能见其大全，而决非绝无所见，若绝无所见，即不得成为学术。故每一家之学，即就其所见到处逐渐推广求精求详，然其推广之领域终属有限。易言之，凡成一家之学者，即是自辟一天地，而亦自囿于其天地之内。

六大派者，又各有旁支。旁支者，如木干有旁支而向外发展，若与其干不相

48

属故云。如宋钘、尹文之徒于墨氏为旁支，而不即是墨家也；田骈、慎到于道家为旁支，而不即是道家也。举一二例可概其余。或有问言：墨、道、名、农、法五家，皆源出于儒，亦是儒之旁支否？答曰：五家虽出于儒，而其开宗之哲并是创作之天才，其成就伟大，故是独创而不得谓为儒学之旁支。旁支者，虽能不守一先生之言，而未足以穷大极深，非真能自树也。又战国时学人博涉乎儒、墨、道、名、法诸大学派，而以杂家著称者，当必不少。如其贯综百家，择善而不无主，自不愧为博才通人。《吕览》未足语此。晚周杂家或有巨集，汉人未搜求耳。

凡大学派其派内亦复有分。《韩非·显学篇》曰："自孔子之死也，有子张之儒，有子思之儒，有颜氏之儒，有孟氏之儒，有漆雕氏之儒，有仲良氏之儒，有孙氏之儒，有乐正氏之儒。自墨子之死也，有相里氏之墨，有相夫氏之墨，有邓陵氏之墨。故孔、墨之后，儒分为八，墨分为三，取舍相反不同，而皆自谓真孔、墨。"据此而推，韩非所云八儒、三墨，当是据其闻见所及者言之耳。而儒必不止于八，墨必不止于三也。姑就儒言，子贡、曾子、闵子、子游、子夏、有子诸贤，皆圣门高弟，都不在八儒之内。且此八儒，惟子张、颜氏、当是颜渊。漆雕氏，可确认为尼父真传弟子，自余多属三传或至五传。《仲尼弟子列传》记七十七人姓名年岁甚详。纵有一二不必可靠，而孔门有三千之众及高材七十余人则不容疑，何至绝无传授。而韩非无所述，可见韩非所举八儒当是就三晋流行最盛者言之，非儒家内部分歧止此八派也。儒家如是，墨家发展决不止三派。道、名、农、法，各各内部有分，皆可准知。荀卿《非十二子》只评论其所最留意者耳。当时诸子百家岂止十二子乎？

晚周学派自以六大派为主干，而儒家为墨、道、名、农、法五家之源，是为正统，此其彰著可考者也。惟诸家各有旁支，如宋、尹、田、慎诸子见称庄周、荀卿。庶几巨子矣！何可轻乎？其他湮灭于秦、汉之际者，当不少可贵之述作，是可惜耳。若乃诸家内部分派之发展，汉人俱不搜考。马迁虽为《仲尼弟子列传》，而无一字道及学术，直同账簿耳。迁无史识，其书详于武人、卿相及游说之徒，而忽视学术。虽以通史为名，而其内容实难言通史。尤谬者，于晚周列国，竟忘其为建国久远之国家，而只为其君主立世家，视同汉世侯王，后人遂无从考论古代列国民习与政教、文化等等情形。

孔子上承伏羲、尧、舜以至文、武之道，下启晚周诸子百家之学。《中庸》赞曰"洋洋乎发育万物，峻极于天"，诚哉然也！庄子以百家分散，暗于大道，宜更有高深学术，包通众家殊能，包通者，探万化之根源，故无所不包，此内圣学之要也；握万变之理则，故无所不通，此外王学之要也。以端其向而一其趋，于是欲以孔子儒学为百家之统宗。《天下篇》曰："不离于宗，谓之天人。宗者，宇宙本体之称，非超脱天地万物而独在。曰天，曰道，曰万化根源，皆宗之异名耳。人之生也，形气限之，渐离其宗矣。能不离者，则即人即天，故曰天人。不离于精，谓之神人。精者，谓天之德用，纯善不杂。不离于真，谓之至人。真者，谓天之德用，至诚无息。以天为宗，宗犹主也。天之在人，谓之性，人能率性而行，即是天性常主宰乎形骸，而不至离其宗也。以德为本，人能体现天德于己，是能固其本也。以道为门，道亦天之异名，人生日用中一切率由乎天理，即自然有则而不乱，故道者是人之所必由，如人出外必由乎门也。兆于变化，兆者，变化之几，犹未形也。体道之人，心无挂碍，故能造起万化而无滞也。谓之圣人。天人、神人、至人、圣人，不可作四等人看。郭象曰：凡此四名，一人耳，直所从言之异。案从言异者，如从其不离于宗言，则名天人。及从其以天为宗，至兆于变化言，则名圣人。故四名，实只就圣人身上而从四方面言之，以显其盛德耳。以仁为恩，仁，故有恩爱及人也。以义为理，仁者广恩，若不裁之以义，则恩滥而不当于理。理者，事物当然之则，如作恶者，有应得之罚，此理也。仁者将恩遇之而无罚是不合理，唯有义以裁之，则因其罪恶重轻而施罚，是为理。以礼为行，自暗室居处言动，以至施乎天下国家一切作为或事业皆是行。行必由礼，无非礼之行。以乐为和，和者，私欲不萌，中心安和。《论语》云'君子坦荡荡'是也。乐以达其内心之和。薰然慈仁，薰然者，其德容足以感人也。谓之君子。《春秋》太平社会必天下之人人有士君子之行，非有仁义礼乐之化不可几也。**以法为分**，民生在群，群必有分。分者，万物各得其所。易言之，物各尽所能，各足所需，各遂其志，各畅其性，无彼有余而此不足之患，是谓有分。法之立本乎民群之互相维系，互相制约，所以使群道有分，而无不平之患也。儒术未尝不贵法，但以礼为本耳。**以名为表，以参为验，以稽为决，其数一二三四是也**，名者，即《易》所谓辨物、正言、断辞之学。今云逻辑，亦属名学。然古之名学其包含甚广，逻辑殊不足与之相当。古者布化立政，经纬万端，而其别白善恶，辨正得失，无不咨于名学，以正名核实为先。表者，犹言准则。以名为准则，而核其实，使名皆如其实，而不可乱，则是非彰。民志定，而化道可成矣。以参为验者，《说文》：三人相杂曰参。古以三为多数。民治常规，凡辨得失必从多方面求征验也。以稽为决者，《老子》下篇六十五章云：'知此两者亦稽式。'王弼注：'稽，同也。'既征验之多数，必所见共同而后其得失可决也。其数一二三四者，事物莫不有数量，举一二三四以明数之相生，不待悉举也。《易》曰：'备物致用。'物之数量，增至大备，其用乃益大也。**百官以此相齿**，承上文而言，综核名实，开物成事，必赖百官各供其职。齿者，序列义。百官因职务之巨细，而组成序列。**以事为常**，事者，凡天下事，天下人共为之，必持之以常。常者恒也。恒则可久可大，无偷而荒，无躁而败。**以衣食为主，蕃息畜藏**，衣食者，万化所由起，万事所由立，故曰为主。非深于儒学者，不能窥及此。务蕃息则生财不竭，谨畜藏则用之不匮。**老弱孤寡为意，皆有以养，民之理也**。自以仁为恩至此非精究《春秋》《周官》诸经不能道只字。**古之人其备乎！**古之人谓孔子也。**配神明**，神明者即庄子所云天地精神。然天地精神即是遍在乎一切人或一切物之精神，非超脱天地万物而独在。须善会。**醇天地，育万物，和天下，泽及百姓，明于本数**，有问：庄子多有难解语，如此中本数二字亦困于讲明。本者对末而言，如木之根是本，干及枝弃其末也。本字之下却用一数字，何耶？答曰：善哉此问。末者，本之发展。如干及千枝万叶是从根发展得来。易言之，即根中已含蕴多数的众干与千枝万叶在。本数二字意义深远。**系于末度**，郭象曰：'本数明，故末不离。'案系者，不离义。末自本生，故不离本。前文有云，不离于宗。宗即本也。政教设施，经纬万端，皆末也。**六通四辟，小大精粗，其运无乎不在**。孔子之道所以无不备也。**其明而在数度者，旧法世传之史，尚多有之**。孔子承古圣王之道而开儒学之宗。圣王心术之微，其著在数度可考明者，史多有之。数者制数。度者法度。制数者，一切制作，不离于数，故云。其在于《诗》《书》《礼》《乐》者，邹鲁之士、缙绅先生，多能明之。此中《诗》《书》《礼》《乐》，则指孔子所修之六经也。下文更分言之。《诗》以道志，《书》以道事，《礼》以道行，《乐》以道和，《易》以道阴阳，《春秋》以道名分。名分有二义：一、名理，见前文谈名家处。二、据乱世，严上下尊卑之分，《春秋》破除之也。其数散于天下而设于中国者，百家之学时或称而道之。其数者，谓六经文义各有数，如云《春秋》文成数万，其旨数千是也。旨者，义旨。设者，悬拟之辞。圣人作六经，为中国设拟之，欲由中国实现之也。然百家虽道之，但视为古人之陈言而姑说之已耳，非能通圣意也。天下大乱，不求真知，不务实践，故乱。贤圣不明，贤圣之道不明也。道德不一，各逞偏曲之见，各张浅薄之论，故言道德者不可得一真是。天下多得一察焉以自好。郭注以'天下各得一'断句，谓各得一偏也，未妥。一字当连察字读。一察者，即是察于一偏而不可得其大全，如科学中某一专门之学，哲学中某一宗派之论，皆一察也。春秋战国之际，思想发达，诸子百家已分门别类，各察一偏而昧于大道，庄子所以叹也。譬如耳目鼻口皆有所明，不能相通。耳明于声，乃至口明于味，而互不相通。犹百家众技也，皆有所长，时有所用。虽然，不该不遍，不能该备，不能周遍。一曲之士也。曲者偏曲。判天地之美，判，剖析也。剖析之，则失天地之全美。析万物之理，分析万物，将只见片片断断的死物，而不悟宇宙万象元是活泼泼地。庄子之意，殆与晚世尚直觉者同。察古人之全，察者，犹言穿凿。读古人书欲窥其全，须了解其文言之后，而虚怀以默会其大旨。若寻章摘句，空凿求通，如何可得古人意？寡能备于天地之美，称神明之容。是故内圣外王之道，暗而不明，郁而不发，天下之人各为其所欲焉以自为方。悲夫！百家往而不反，必不合矣！后世之学者，不幸不见天地之纯，古人之大体，道术将为天下裂。"庄子此段文字亦不无病，如"判天地之美，析万物之理"云云，未免反理智，反科学，不足为通论。然其穷高极远而测深厚，焆然见圣人之大体，则非小知所及喻也。此段文字，首举四名，四名者：天人、神人、至人、圣人。明内圣之极诣,自以仁为恩,至皆有以养民之理也,本仁义礼乐之意,而辅以崇法、正名与参稽之方,推原于衣食为主,虽寥寥数语,而字字句句都含无量义,外王之宏规远模具于此矣。余尝言,晚世科学分工极细,学者各专一门之业,合而观之则世愈进于智,分而核之则愈进于智者,实愈趋于暗耳。合则见智者,各科之学所发明者,日益精密,故合观之则见宇宙各方面之秘藏,将发泄寝多,而人智猛进,可惊也。分则见暗者,科学家之眼光与心力,各各偏注于宇宙之某一方面,即不可窥测其他众多方面,是故天下众家之学,凡为其智之所在者,即其暗之所由成。犹复应知,合则见智固已,而其智终亦有限。科学之所探究者,毕竟止于现象界,若乃万化根源,要非科学之术所可达也。倘谓各科之学,对于现象界各有部分之知,集而愈多便识万化根源,此说殊不应理。各部分之知虽多集,其所知者仍是现象界而已,未可识根源也。庄子悼百家众技各察一偏,暗于大道,故欲弘宣孔子内圣外王之道,以总揽众学,而示以会归,卓哉前识! 吾侪今日犹未可忽而不察也。夫内圣之学,不离用以求体,体者,宇宙本体之省称。用者,谓现象界。参考余之《新论》壬辰删定本。亦不至执用而迷其体。《新论》以大海水喻体,以众沤喻用。小孩临洋岸只见众沤为实物,而不悟众沤以大海水为体。哲学家谈宇宙论,若执用迷体,则其失与小孩同。执用迷体,则宇宙人生无根柢,理不应然。离用以求体,将超脱万物,遗弃现实世界而别寻真宰,其失与宗教同。儒者内圣学,体用不二,而亦有分,虽分而仍不二,参考《新论》壬辰删定本。由是义故,不执用迷体,迥异俗谛之见。世俗所认为实理者,曰俗谛。不离用求体,自无出世之迷,此所以为人间智炬也。至于外王学以平天下、位天地、育万物为极则。《大学》言平天下,治化之道,要在为人群去一切不平,以归于平而已。如有不平者存,则天下无由大同,而乱不可止。《易·系传》言"范围天地之化而不过",又言裁成天地,《中庸》位天地之义本乎此。自私之个人主义,《论语》言"克己",即克治小己之私。自骄之英雄思想,管仲有匡正天下之丰功,而未免骄盈。自骄者必轻人,轻人者必将大不利于人,此祸根也,故孔子讥仲之器小。离群遗世之高隐,或僧侣主义,荷蓧丈人诸隐士,孔子皆欲开喻之。《中庸》曰:"道不远人,人之为道而远人,不可以为道。"后儒反老、佛者,皆根据此义。狭隘褊私之国家思想或种族思想,可深究《春秋》三世义。一切涤除尽净,蕲进于全人类大同太平之盛,懿欤休哉。其言化也。仁与义相反相成,仁主博爱,义则对于害群者将怒之,而不可爱也。礼与乐相反相成。礼敬而乐和,故相反。和以敬而不流,敬以和而不束,故相成。礼为治本,而辅以法,亦相反相成。宽为要道,而济以猛,亦相反相成。衣食为主,正所以发扬灵性。灵性之发,必由于学。世未有肢体困毙,犹可为学也。《中庸》曰:"博学之,审问之,慎思之,明辨之,笃行之。"见《中庸》第二十章。真积力久,自性昭然,须知吾人自性,即是天地万物之自性,无二本也。乃至与天地合德,天之德高于万物无不覆也,地之德厚于万物无不载也。与日月合明,斯其至矣! 日月之明,无私照也。此与上语,见《易·乾卦》。是故良食之资,似与灵性无预,而灵性实待之以发展,亦相反相成也。广大深远哉,儒者外王学也。孰是有智,不饮甘露,忍弃之哉? 一切学术,一切知识,必归本内圣外王,始遵王路,余不信此学遂为过去已陈刍狗也。王路犹云大路,见《书经》。

春秋战国之际,列国互谋吞并,战祸日亟,民生困悴。孔子盖深知唐、虞、三代之法制,不得不随时更变,始以改造思想为要图,而创发贬天子、退诸侯、讨大夫之新学说。损去之曰贬,黜废之曰退,诛灭之曰讨,详在《原外王》中。在野讲学,不为世用。《论语·子罕篇》:"牢曰:'子云,吾不试。'"牢,孔子弟子,姓琴。牢,其名也。牢尝闻孔子自云不试。不试者,不为世用也。虽尝周游列国,终不苟合于时君。三千七十之徒来自异邦远域,其声教亦已广矣。后来,诸子百家蜂起并作,虽其源皆出于儒,而各持异论,各自开宗,莫不反戈以攻儒,殆若虫生于木而反蚀其木也。庄子智足以知圣人,已叹内圣外王之道,暗而不明,郁而不发,其为当时与后世虑也深矣。战国时期,正是生民以来非常巨变,而六思想界之纷裂最甚,儒家内部复不一致，后文另详。孔子之新学说在六国社会不能发生影响。前文已云，晚周六大学派除正统派及农家而外，正统派即儒家。墨、道、名、法四大学派，俱挟宏大势力，以对抗儒家。维时儒家以一敌四，其无能为也何疑。法家君主专政之根本大义，恰与贬天子、退诸侯、讨大夫之新学说，正相反对。虽有民王论派，其势力当甚微。名家则惠施、公孙龙之徒最为杰出，其辨说足以风动一世。然惠施言泛爱万物，天地一体也，是乃知有仁而不知有义。由其道，则对于在上者之横暴唯有忍受而无忿恨，则天子诸侯大夫以少数人统治天下之敝制，虽万世不易可也。荀卿《非十二子》毁惠施曰："好治怪说，玩琦辞，辩而无用"，"不可以为治纲纪"。是则就政治思想言，荀卿固以名家为吾儒之敌也。庄子视惠施为畏友，于公孙龙则直教诲之耳。荀卿亦讥惠而不及公孙，可见惠施为名家巨子也。道家遗世思想值六国昏乱，发展最盛。盖聪慧之伦，不能合群力以戡乱，则退而"独与天地精神往来"，固必然之势也。"独与天地精神往来"，庄子之自述也。然庄子固是大哲，其下者则志行薄弱，莫能独善，直以逃虚饰其颓废耳。战国时诸子阻碍孔门新学说之发展者，当以道家为最甚。贤者脱然孤往，不肖者自甘腐化，社会相习成风，儒者虽欲实现其贬天子、退诸侯、讨大夫之理想，终亦不可几也。墨子好格物之学，犹秉儒术，而其非斗则与《大易》昌言革命之旨相违反。庄子称墨氏"以自苦为极"，以此化民，是使居上横暴者晏然无患也。故自政治理想言，墨子为儒家之敌，其恶劣之影响并不逊道家也。孔子改造思想之希愿既不易达，而自西周之衰，迄于春秋，王道既坠，霸术代兴，降至战国，则霸者之业亦崩溃而不可支。孔子之新学说，既受众家阻碍，而不能警觉群众，于是昏扰之社会临非常时代，遂有大彗星出现。彗星后曳长尾，如扫尘之帚，古言大变革，每举彗星为喻。卫鞅、尸佼之徒，用事于秦，始大开独夫专政，鞭笞宇内黎民之局，举唐、虞、三代以来之政教、度制与学术思想，乃至一切扫荡尽净。中国自此凝滞、无变化、无进步者二千数百年，岂不异哉？晚周诸子百家思想纷歧，既未探内圣之真髓，更难悟外王之新义。孔子之道不行，非无故也。贬天子、退诸侯、讨大夫，是为孔子创发之新义，而晚周诸子除农家外，余皆不悟。

　　儒学既不行于晚周，而六艺经传以千万数又亡失于汉初，余于绪言中已详之，兹可不赘。今存之五经，《乐经》无单行本，故云五。虽自西汉传来，其实皆遭汉人改窜，决非七十子传授之原本也。所以知由汉人改窜者，六经之外王学，实不容许有少数人宰割天下最大多数人之统治阶级存在。吕政已吞六国，统一天下，即焚书坑儒，颜师古曰：今新丰县温汤之处，号愍儒乡。温汤西南三里有马谷，谷之西岸有坑，古老相传以为秦坑儒处也。当是儒生有反抗帝制之思想，吕政闻而患之，故严为镇压，否则何故独坑儒乎？余观《礼记·儒行篇》有曰："适弗逢世，儒者之所靳向，与昏世不合，云弗逢世。上弗援，不为居上位者所援救。下弗推，下民不能了解其志事，亦弗推戴。谗谄之民有比党而危之者，凡革命志士之所遇，皆如以上所说。身可危也，而志不可夺也。虽危，起居竟信其志。"郑玄注：起居犹言举事动作。信，读伸。此言儒者虽遇危难，而行事举动，犹能伸己之志谋不变易也。据此所云，当是有革命行动之儒，故虽身危而能伸其志也。《儒行》一篇盖出于六国时，七十子后学所作。《儒行篇》所说，有十五儒。惟上文所引者是革命之儒，上弗援，下弗推，谗谄之民比党而谋危害，在革命运动尚未为群众所共了解时，正如此耳。六国昏乱，惟儒家有革命一派，能继述孔子之志。而诸子百家之后学不闻有此，是可以观学术得失矣。儒者当六国时，已有密图革命者，至吕政统一后，诸儒自当不懈所志。虽党与不盛，而其影响已在社会，吕政不能不重摧残之，以绝其萌，此坑儒之祸所由作也。坑儒一事，自昔史家莫有究其故者。余十岁时，侍先父其相公。先父为说古史，至吕政坑儒，不肖问曰："莫是儒生造反否？"先父笑而不应，似默认造反为是也。先父平生精史学，不肖少孤，而入军营，先父说史之启发为多。

　　秦并六国，仅十五年而亡。刘季之初起兵也，见诸客冠儒冠而来者,辄取其冠溲溺其中,与人言常大骂,溲溺,俗云小便也。大骂者,骂儒也。见《史记·郦生传》。其所以重挫儒生之气者,用意亦同吕政耳。汉初,帝制既稳固,诸儒以秦时焚坑之祸为戒,大都变易前儒之操,一致拥护帝制,于是改窜孔子之六经以迎合时主。今就汉初人文籍中犹可考见者,如司马谈《论六家要指》,其说儒有曰:"然其序君臣父子之礼,列夫妇长幼之别,不可易也。"此即三纲说之所由始。三纲者:君为臣纲,父为子纲,夫为妻纲。其本意在尊君,而以父尊于子、夫尊于妻配合之,于是人皆视为天理当然,无敢妄疑。夫父道尊,而子当孝,天地可毁,斯理不易。子之思想行动不背于正义者,父母不当干涉,而子可自行其志,要不可失孝道。虎狼有父子,况于人乎? 但以父道配君道,无端加上政治意义,定为名教,由此有王者以孝治天下,与移孝作忠等教条,使孝道成为大盗盗国之工具,则为害不浅矣! 详玩《论语》,孔子答门人问孝,皆就至性至情不容已处启发之,如曰:"父母惟其疾之忧。"曰:"至于犬马皆能有养,不敬,何以别乎?"此例不胜举。自三纲之说出,只以父子说成名教关系,而性情之真乃戕贼无余矣! 古义,妻者齐也,妇者匹也,夫妇平等昭然矣。今以尊夫者配合于尊君,又何理欤? 夫五伦之教始于上古,《尚书·帝典》可考。至孔子则于孝亲敬长外,已言泛爱众,泛犹博也,见《论语·学而篇》。言不独亲亲,不独子子,见《礼记·礼运篇》。与《论语》老安幼怀意思一贯。《论语》言"老者安之",是举天下之老者皆安之也;曰"幼者怀之",是举天下之幼者皆怀爱之也,正是不独亲亲,不独子子之意。此乃大同世之道德,与封建社会之道德相去天渊。乃至位天地,育万物,人类之爱德当发展无量,本不限于上古五教之范围。且君臣一伦不可为典要。《易》著革命之义,《春秋》升平世,君在所黜。汉人始唱三纲,以维护皇帝,司马谈之论已开其端,显然背叛孔子六经新义,显然不是儒家要旨。

司马谈,道家也。道家源出于《大易》,本主张废除君臣之名分。

晚明傅青主亦道家,其说老子道常无名章,有云:"始制有名。制即制
度之制,谓治天下者初立法制,则一切名从之而起,正是与无名之朴相
反。人类原始,本无治人与治于人者等名,人与人以真朴相与,无上下贵贱之分也。
及有治人者起,制作一切名,而上下贵贱以分,故与无名之朴相反。无者有之,朴者
散之,无名而忽有名,则上凌下,贵侮贱,散失其朴矣。而有天下者之名,如皇帝
王侯等名,皆以天下或国为己有者也。于是始尊。治人者拥尊名,天下众民莫得与
之匹也。后世之据崇高者,只知其名之既立,尊而可以常有。殊不知,
天下者非一人之天下,天下人之天下也。"青主此说,深得老氏意,不愧
为道家后嗣。司马谈论儒家,既背叛孔子,其论法家亦曰:"正君臣上
下之分,不可改矣。"其维护帝制坚决如此。谈之论六家也其所归仰与
宗主者实唯道家。道家本废除君臣名分,而谈于此又不惜背叛道家,
何忍自负所学不以为耻乎? 盖自吕政焚坑惨毒,天下知识之伦皆畏祸
而变其所学。汉兴,承秦帝制,改秦之暴而参以怀柔,学子益乐于拥
戴,遂以君臣上下之分为天序天秩不可改易,一唱百和,相习成风,久
而不知其非。汉初道家已将其本师非尧、舜,薄汤、武之伟抱,消失殆
尽。本师谓晚周道家。尧、舜且非之,汤、武且薄之,其不许立君可知,秦、汉间道家便
无此意。黄、老之徒,在汉世确已脱胎换骨。司马谈背其所宗而不以为
耻,无足怪也。

　　道家一变而拥护帝制,以此远害而已。儒生求用于世,其改操易
虑,自更甚于道家。改操者,改其所持守。易虑者,变易其思想。朝野名儒传
经者,必求合于时之所需,而不敢孤持正义,以招不测之忧。博士诸生
《汉书·儒林传》:孝文好刑名之言,孝景不任儒,"诸博士具官待问,未有进者"。可见
文、景之世,已立博士,后来增立更广耳。挟经术以干禄利,经义之不利于帝
制者,必删削而改易之,此必然之势也。

　　犹复应知,六经窜乱当不始于汉初,战国时儒生或已有窜易处。
韩非云:"孔、墨之后,儒分为八,墨离为三,取舍相反不同,而皆自谓真

孔、墨。"据此则七十子及其后学分派,各自谓真孔,而各派对于孔子之六经必各以己意增窜,明其所承为真孔之证。且窜乱之必不能免者,莫如安现状而惮急进之儒。孔子作《春秋》,张三世义,要在离据乱,以进升平、太平,详在《原外王》。非以据乱世之度制为可久也。七十子后学多无远略,每迁就当时社会现状,弥缝缺失。陶诗云:"弥缝使其淳。"此派犹笃守宗法社会之德律,虽曾闻孔子《春秋》,明知民贵君轻,而不欲遽废君主制度,常思依附王侯以行仁政,如孟子游齐、梁,荀卿仕于楚,皆为畏惮大变革之迂想所误也。此派虽宗六经,其于先师原本,决不无窜乱。又晚周末叶,秦国已有儒生为博士者,亦必有改窜经文之事,如《尚书》终以《秦誓》,必秦博士所为也。《汉书·儒林传》言,伏生"故为秦博士"。又言秦时禁书,"伏生壁藏之,其后大兵起,流亡。汉定,伏生求其书"云云。据此,秦自吕政未王以前,其先君必已置博士之官。吕政统一,更定官制,当尽废之矣。伏生为秦博士,当在吕政未吞六国,方居王位时。何以征之?《传》言,秦禁书,伏生壁藏。此时伏生当早退归济南,若尚为秦博士,秦之禁网严密,伏生能于京城作壁藏计乎? 总之,孔子六经,七十子后学必稍有改窜,当未敢大乱其真,及至汉初,群儒拥护帝制,自不得不窜乱孔子六经以为忠君思想树立强大根据。诸儒大概采用孟轲、荀卿一派所传承之经本,而复有窜乱,此种推索决不远离事实。

余尝言,汉人拥护帝制之教义,约分三论:一曰三纲五常论,二曰天人感应论,三曰阴阳五行论。第一种论之所本,则由孟轲而上索曾子,其脉络分明可考。《汉书·艺文志》言:"《孝经》者,孔子为曾子陈孝道也。"《志》称治《孝经》者有十一家。今考《论语》记孔子言孝,皆就人情恻然不容已处指点,令其培养德本,勿流凉薄。德本者,孝为一切道德之本源。人未有薄其亲而能爱众者也。至《孝经》一书,便务为肤阔语,肤泛、阔大而不切于人情,非所以教孝也。以与政治相结合,而后之帝者孝治天下与移孝作忠等教条,皆缘《孝经》而立。《戴记》中言孝道,亦多出于曾子,吾不知孝治之论果自曾子发之欤？抑其门人后学假托之欤？今无从考辨，姑承认曾子为孝治论之宗师。孟子言："尧、舜之道，孝弟而已矣。"《孟子·告子篇》。又曰："人人亲其亲，长其长，而天下平。"《孟子·离娄篇》。其为曾子学派决无疑。汉人说经无往不是纲常大义贯注弥满，其政策则以孝弟力田，风示群众。奖孝弟，使文化归本忠孝，不尚学术。奖力田，使生产专归农业，排斥工商。其愚民政策，曲顺人情，二千余年帝者行之无改，虽收统治之效而中国自是无进步。曾、孟之孝治论，本非出于孔子六经，而实曾门之说，不幸采用于汉，流弊久长，极可叹也。荀卿主礼治，其说要归养欲给求。养人之欲，给人之求。揆之《春秋》义是乃求离据乱，其贤于孟轲远矣。孟轲犹滞于宗法社会思想，故不及荀卿也。然荀卿似亦疑升平未可骤致，乃欲改造宗法思想而不彻底，故不肯作废除君主制度之主张，此所以与孟轲同一谬误。吾以孟、荀合为一派，即此故耳。然荀卿不守宗法社会教条，究贤于孟。孟子言尽心则知性知天，确甚亲切，不于人之外求天也。至其言治化却迂陋，不达《易》《春秋》之宏旨。马迁《史记》以孟子、荀卿合传，而于孟子特尊之，可见汉人师承独在孟。孟子富于宗法社会思想，故为拥护帝制者所取也。至于天人感应论，与阴阳五行论，皆本于阴阳家之术。阴阳家盖上古术数之大宗，古代天文学虽发源于此，而阴阳家本身毕竟是术数，《艺文志》谓其"牵于禁忌，泥于小数"云云。天人之论，以神道设教，大悖孔子六经，其言阴阳亦与孔子《大易》无关。《易》言阴阳是哲学上甚深宏大之义，可参考余之《新论》。阴阳家言阴阳则为占休咎而设，其事起于迷信。五行见《尚书·洪范》。五行者，水、火、木、金、土。唐、虞、夏、商诸圣，于自然界利用此五种资源以厚民生，是经国济民之本图也。箕子故以告武王。汉人始以五行应用于宇宙论、人生论、运会论诸方面，增长一切邪迷，流毒社会。运会者，如五德转移等。《艺文志》有"《黄帝泰素》二十篇"，刘向《别录》云："或言韩诸公孙所作，其言阴阳五行，以为黄帝之道也，故曰泰素。"此外诸家共有三百六十八篇。大概汉人言阴阳五行，皆以战国之阴阳家为宗。汉人治《易》者，同主象数，其源悉出阴阳家。夫《易》为五经之原，既为阴阳家所乱，而五经皆丧其原矣。余探汉学之源，发见其三论：第一纲常论，亦可云孝治论，此从曾子门下传至孟轲，而汉人始专主之。次及第三，天人感应与阴阳五行论，则导源战国时阴阳家，而汉人大推演之。综观汉世儒生为拥护帝制计，而倡三论，实以曾、孟孝治思想与阴阳家之术数互相结合，而饰其名曰孔子六经之道也。自两汉迄清世，二千数百年儒生，疏释群经，皆以三论为骨子，可谓不约而同。所谓朝廷之教令，社会之风习，无不本于三论之旨意者。宋儒名为反对汉学，实则宋学之异于汉者，只是存养心性工夫。而天人感应与阴阳五行之论，宋、明理家始终夹杂其间，未能解其蔽也，唯象山、阳明于此存而不论。曾、孟之孝治思想则宋学派奉持之严，宣扬之力，视汉学派且有过之，无不及也。宋学一词并非专目宋代理学，而宋代以后凡为程、朱与陆、王之学者，皆称宋学。汉学一词则自两汉以及清人凡为考据之业者，皆称汉学。或复有问：三论之名，汉人未有，但就群经注疏中求之，可如公言，总括以此三种义耳？答曰：汉人无三论之名，诚然。今吾子已承认汉人注疏群经实有此三种义，是已无疑于余之说也。昔人有言，名以义起，余总括三种义而名以三论，奚为不可耶？

朱子《论语集注》，释子张问十世章有曰"愚按三纲五常，礼之大体，三代相继皆因之而不能变"云云。此非朱子一人之见，实二千余年汉、宋群儒之共同信守也。其实孔子说"殷因于夏礼，所损益可知也；周因于殷礼，所损益可知也；其或继周者，虽百世可知也"，此段话极宏通。此中因字，是因由义。殷人制礼本由夏礼改变得来，因殷之时势大异于夏，故不得不有所损革，不得不有所新益，可知者此耳。周之于殷，乃至后之继周者，均可类推。详此章之义，本注重损益，而朱子竟将三纲五常填入因字中去，便说成不损不益，其尊重汉人纲常之论可谓至极。有问：五常，谓仁义礼智信，乃人性固有之德，云何可毁？答曰：余非毁五常也。汉、宋群儒以五常连属于三纲，即五常亦变成名教，而人乃徇仁义之名，不出于本性之自然矣。此言仁义，即摄礼智信等德。徇者，以身没入于仁义美名之中，如贪夫以身没入于财利中也。如孝德在五常中是仁之端也，为子者以束于名教而为孝，则非出于至性之不容已，其贼仁不已甚乎！又如夫妇有别是义之端也，今束于名教而始为有别，是使天下之为夫为妇者皆丧其情义之真也。五代梁人有初除丧入朝，以椒末涂眼出泪者，盖惮丧礼之名教伪作戚容，而礼亡矣。自汉世张名教，皇帝专政之局，垂二千数百年，无有辨其非者。人性虽有智德，竟以束于名教而亡之矣。曾涤生刊《船山遗书》非无族类之爱也，然终不肯倾覆清之帝制者，以君臣名分未可叛故。涤生忠信于其主，是乃名教之奴，未可谓忠信也。夫五常之教所以育德，要不可与政治相结合。汉人以三纲张为名教，实是一种政治作用。易言之，即以尊君、忠君为天经地义故。余少时谋革命，与诸少年訾毁三纲五常，以为出于六经，而共诋六经为帝制之护符，其后深究六经，始悟此非六经之旨也。曾、孟盖引其端而汉人盛张之以乱经耳。前有谈三纲一节，须与此参看。

　　汉人三论，奉为教条，学者只有受持而无研究，故其心力唯可用于考核之业。考核所施只限于经籍或古籍中之名物度数。考名者，训诂是也。考物者，如古籍中有涉及天文、地理与动植诸物，及人造物如衣服、宫室、兵器或诸用具，皆一一核求其实，但不向大自然留心，亦不于人造物上研究利钝。度谓制度，考制度之范围最广。汉人于《礼经》中之制度颇有解说，而不必能详。不独三代之制难详，即春秋诸国之制亦莫详也。后世史家考制度者，如《通志》《通典》《通考》诸书较备，然于一切法度所从出之根本制，即皇帝专政之制却绝不怀疑，于小民疾苦无有同情，于强敌侵陵不起民族正义感，只考故事而已。唯晚明顾亭林、王船山、黄宗羲，由治史而发生民主与民族思想，清人复斩其绪。考数者，古代数学发明甚早，汉以来虽有涉及此业，但不求进步，如张平子、祖冲之则凤毛麟角耳。

汉学之名目本自清人始。清人业考核者高自标榜，则鄙弃宋学而上宗汉师，尊考核之业曰汉学。二千余年学人所业者，大概不外汉学。宋学之徒亦多精考核也。

六经皆孔子创作，其体裁虽不一致，而亦有其大同。大同者，如《易经》之卦辞、爻辞，大概为上古卜辞。孔子乃别为《彖》《象》《文言》《系辞传》《说卦》《序卦》等，以发挥己之哲学思想。己者，设为孔子之自谓。如是，则卦辞、爻辞完全改变古代卜辞之意味，而另赋以新义，则卦爻辞已成为孔子之自作，不得视为占卜家遗文也。又如《春秋》，其经文则鲁史之文，其事则鲁国与列国之大事皆载焉。孔子则借鲁史所记之事，而发挥自己对于政治社会之高远理想。如是，则《春秋》已不是史，而实为孔子创作。二经体裁大同，其思想皆一贯。《易》备内圣外王之道，《春秋》特详外王，而根源在《易》。《繁露·重政篇》云："《春秋》变一谓之元。元犹原也。其义以随天地终始也。"按谓天地万物所以成始成终，皆元为之也。此即《大易》乾元始物义。《易·乾卦》曰："大哉乾元，万物资始。"故治《春秋》不可不学《易》。《春秋》义处处与《易》通，不明《易》则不能观阴阳消息，易言之，即不能深察物理人事迁变之始终，以御大变而造起大业。即不能，至此为句。此中始终者，始犹言因，终犹言果，始则有终，终复为始，变化密移，常新而不用其故。御者，谓能了然于物理人事迁变之因果，则在大变中能自主，而控御此变也。不明《易》则履万变而任机权，或离中道，非所以正始也。《易》道广大无所不包，《春秋》与《易》相表里。治《春秋》而不明《易》则空疏无底蕴。底者底里，蕴者含藏无尽。康有为于《大易》全无所究，空揭《春秋》三世名目，故识不真者，其守不定，终以复辟败也。

《礼经》旧称三礼，曰《仪礼》、曰《周官》、曰《礼记》及《大戴礼》。余谓《仪礼》非孔子所定，盖始制自周公，而两周后王或稍有增改处，当无大更变。故求周公制礼之意者，当以《仪礼》为信据。若论孔子六经中之《礼经》，则《仪礼》自当别出为一书，不容淆乱六经。

《周官》一经盖孔子于《春秋》外，更发明升平世之治道，以为太平开基。其书以职官为经，以事为纬，而广大深密之义旨，则隐寓于条文里面。书之结构与《大易》《春秋》颇相类。《易》之卦爻辞，《春秋》之经文，《周官》之设官分职，都如一件一件之条文，而无穷义旨隐寓其间。先圣立言简要，不以铺张理论为务，将使读者深思自得，其不能用思，则亦未如之何也。

《周官》本孔子所作，以为《春秋》羽翼。而自刘歆称为周公作，其后疑之者则谓出于六国时人，何休首持此说。更有诋为刘歆伪作，皆浅妄之见耳。此经囊括大宇，经纬万端，非圣智出类而有为万世开太平之宏愿者，何能为？刘歆才则考核，行则党奸，何能创作此经？何休辈谓出于六国时人亦大谬。六国时言治者，儒家孝治派如孟子等，唯重孝弟农桑，汉人孝弟力田政策本此。新霸术则并民力于耕战。春秋五霸，犹未甚离于王道。商鞅、韩非之论则不独反王道，亦与五霸极端相反，是为新霸术。《周官》思想是六国时人所梦想不及者，如何能造此经？何休以为六国阴谋之书，盖纯出私意，此经在汉为古文之学，故《说文叙》称《周官》为古文。何休与临硕之徒皆今文经师。汉世今古文之争甚厉，其所以然者，今文学先立学官而抵拒古文学不得立，此乃今文家独据禄利之途，惟恐有通古文学者起将形己之短，其抵拒之主因在此，可谓卑劣至极。东汉，章帝建初八年，《周官》与《古文尚书》《毛诗》始同置弟子，厥后传授渐盛，此必为何休、临硕之徒所嫉妒，是以摈斥不遗余力。休之排《周官》也，则以为六国阴谋之书，何休独言六国者，盖秦国僻陋，向无学术思想，其主横暴亦不容有反专制之学说存在，故谓《周官》出于六国也。盖深知此书反对少数人统治天下最大多数人。易言之，即不许有统治阶级存在，故谓此书是六国时儒生有反暴秦之阴谋。此书初出，汉武帝已诋为渎乱不经之书，故投之秘府，无得见者。休之说亦大同汉武。实则此书本为孔子发挥其革命改制之理想。六国时儒生当有倡明其说以抗秦者，而休

64

诋以阴谋，则其居心卑污极矣。总之《周官经》非六国时人所伪造，更非刘歆所能伪造，稍有识者当不为愚妄之谈所移。近人康有为说《春秋》，虚揭三世名目而不求其义，其所为诸书皆抄胥之业，非真有得于《春秋》也。真了《春秋》必能知《周官》与《春秋》为一贯，何忍摈斥《周官》？有为于《春秋》《周官》两无实得，而以抄胥之技妄毁《周官》，多见其不知量也。此用《论语·子张篇》语。朱注："不知量，谓不自知其分量。"

荀悦《汉纪·成帝篇》云：刘歆以《周官经》六篇为《周礼》。《马融传》云：此经既出于山岩屋壁，复入于秘府，五家之儒莫得见焉。五家者，高堂生、萧奋、孟卿、后仓、戴德、戴圣。至孝武皇帝，刘向子歆校理秘书，始得列序，著于录略。然亡其《冬官》一篇，以《考工记》足之。时众儒并出共排，以为非是，唯歆独识其年尚幼，务在广览博观，又多锐精于《春秋》。末年，乃知其周公致太平之道，迹具在斯。据此，则向、歆父子并以《周官经》说为《周礼》，而信为周公所作。郑玄亦云：周公居摄，而作六典之职，谓之《周礼》。《周官经》立六官，故云六典。其说实宗刘歆，独谓周公摄政时所作则臆想又过于歆耳。此经自汉以来，除疑谤者外，汉武帝与临硕、何休辈皆毁《周官》，唐赵匡、陆淳以及宋、元儒生谤议尤众，清季康有为犹攻之不已。其尊信之者，皆定为周公所作《周礼》，而无有知此经为孔子创作者，岂不异哉？从来经生为考核之业，或从晚周故籍发见若干条，与此经有合者，如清人汪中所举六征即其一例。实则考核家所寻求者，皆枝节细故。未从大处着眼，未玩索《周官经》之高远理想与其持说之体系，是以臆想此经即是周公所制之《周礼》曾实行于成周者。殊不知，文、武、周公之政，至成、康没世便已衰。盖君主专政得贤主则政举，其亡也则政息。息，犹废灭。若行《周官》之法度则民治力量养成，政之举废不系于一人，变雅何由作乎？《诗经》有变雅，起于周王失道，民不聊生。成周时不能有《周官经》之治制，此不待论也。或谓周公创制而未实行，此说亦大谬。周公生长商、周之际，远不如孔子当春秋时代，群俗大变,学术思想大盛,可引发灵思也。远不如三字,至此为句。且周公为周室创业垂统之人,果有《周官经》之理想,何不躬亲行之,而以空文遗后世乎? 故此经断定非周公作确然不容异议。又日本汉学家林泰辅以此经多用古字及古官名等,因判为西周人之作。王国维氏颇赞其说。余谓林说非是。后人理想之政制,其官名参用古名,此乃极寻常事。使用古字更不足奇。孔子自谓信而好古与温故知新,其因卦爻之象而演《易》,因鲁史而作《春秋》皆托古也,安得以《周官经》有古字、古官名,遂疑非孔子作而断为西周人作乎? 林氏不究《周官经》之理想,故有此误断。余决定《周官经》为孔子作者。《春秋》三世义,在离据乱以进升平而底于太平。升平世之治法最极重要,望过去则求离据乱,望未来则力趋太平。升平世之规模,如未尽美善则据乱不可离,太平将不可趋。《周官经》恰是继《春秋》而阐明升平之治法,所以为太平立其基也。且此经规模广大,裁成辅相之道,无所不备,非上哲莫能为。《易》曰裁成天地,辅相万物,其道莫备于《周官》。又此经虽建王号以领六官,而王实为虚位。《春秋》于升平世,则以天子为爵称。此据公羊义,左、榖虽有异说,而皆不传《春秋》,不可据。爵之者,所以去其无上威权与世及之制,但为公选之行政首长而已。此经王为虚号,正与《春秋》合,亦可证其作于孔子。汪中云:汉以前《周官》传授原流皆不能详,故为众儒所排。汪却未深究其故。案《马融传》云:秦自孝公以下用商君之法,其政酷烈,与《周官》相反,故始皇禁挟书、特疾恶,特恶《周官》也。欲绝灭之,搜求焚烧之独悉。悉,尽也。独此经被搜求焚烧殆尽。是以隐藏百年,孝武帝始除挟书之律,皮锡瑞谓惠帝已除秦时挟书律,疑马融称武帝有误。余谓皮氏过疑。惠帝时,去吕政之祸尚近,虽除挟书律,民间或不无观望,武帝时或重申此令。既出于山岩屋壁,复入于秘府云云。又林孝存即临硕。谓武帝知《周官》为战国渎乱不经之书,摈斥不行,因作十论、七难以排弃之。据此,可见此经既厄于秦,又厄于汉,儒生盖莫敢诵习,此其传授所由绝也。余更有一种推测，此经以《周官》名，盖亦孔子托古以避世主嫉恶。六国时，儒家当有革命一派奉持此经。《马融传》称始皇特嫉恶，欲绝灭之，必非无故。此经，汉以前传授原流，汉初人非必不可详，盖秦、汉间儒生早已畏祸而变其所学，其于革命诸儒，或不敢称道耳。

此经缺《冬官》一篇，是否初出时已缺亦一疑问。《汉书·河间献王传》称献王得古文先秦旧书有《周官》等，而未详其有无缺篇。郑君《六艺论》则谓河间献王得《周礼》六篇。《汉·艺文志》载《周官经》六篇，并注云：王莽时，刘歆置博士。案注不言缺篇。至唐颜师古注，始云亡其《冬官》，以《考工记》补之，可见此经缺篇当是献入汉朝以后之事。郑君称《周礼》六篇盖据当时事实，非不精检也。汉人重农，或诸博士有意毁绝此篇亦未可知。《冬官》亡缺，是否为献入汉朝以后之事，自后汉迄于近世颇多逞臆为说，兹不及辨。又《艺文志》载《周官传》四篇，不著撰人，或疑即刘歆所为。案郑注时引故书之文，其所谓故书，或是汉以前之《周官传》亦难确定。

《礼记》者，七十子及其后学记礼之说也。孔子所作《周官》为经，七十子治经有得，经谓《周官》，下经字仿此。或闻孔子燕闲，宣发经义，必皆有记。如《礼运篇》便是《春秋》《周官》二经之义。孔子有时说古礼，门人后学亦必有记之者。古礼，谓周公所制礼，今称《仪礼》者是。有谓《仪礼》为孔子所定者，甚误。《仪礼》始制自周公，后王虽不无更易，而大体固秉周公之制。《仪礼》所载，为天子、诸侯、卿大夫、士与社会所习行之礼，孔子自当诵习之。若谓由孔子一手撰述，则此等典则文仪当随时变易，孔子何至以一己之意想为当时王侯士庶制一切之礼，期万世奉为常规耶？邵懿辰、皮锡瑞欲以《仪礼》归之孔子，未免于陋矣。今存大小《戴记》，乃新故杂糅，新者，谓孔子发明之义；故者，谓古礼。且每篇文字亦多脱遗或淆杂。今后业考核者，诚当谨慎辨别。然治礼之要，在乎通礼之大原，反己以尽性而尽物性，反己以陶情而类万物之情。类者类别。物情欲恶万端，终必复于正则，须类别也。通其万变，识其大常，而后可得圣人礼化之意。若夫古代之典则文仪,圣人本不以为万世常宪。汉以来治礼者,殚精于枝节之考索,而不务深究礼之大原。宋儒自谓涵养本原,而实专注于一己动静语默间,求寡过,无忤于物而已,毕竟未能体物,未能成物。此意深广,安得解人而与之论乎？君子隆礼,不唯独善,而兼善为要。兼善者,谓能辅相群众,除独夫专制之害,使万物皆遂其生养,而皆得发扬其灵性,即全人类无有不由乎礼义之中者,如此方是体物、成物。《春秋》太平世,天下之人人有士君子之行是也。晚周说礼之书必甚多,《汉·艺文志》所载者已少,而亦罕传,是可惜也。荀卿书虽别为诸子类,而在记礼说之诸家中确与曾、孟等孝治论迥异其旨,此当列在《礼经》无疑。

　　汉初人以《仪礼》为经,《礼记》为记。《河间献王传》称献王所得书,《周官》、《尚书》、《礼》、案礼者,《汉·艺文志》所称礼古经,即《仪礼》也。《礼记》、《礼记》者,七十子之徒记礼之说也。是其征也。及至郑玄则以《周官》为周公作,而尊之为经。《礼记》仍为记。近人皮锡瑞以为《周官》言官制,不专言礼,当别出《周官》自为一书。《仪礼》为经如故。两《戴记》附之。案锡瑞说甚谬。《仪礼》当别出,已说如前。《周官》为经,郑说不可易。两《戴记》与《荀子》俱宜删定为传,附《周官》以行,但原本皆不可废。锡瑞谓《周官》言官制,所见太陋。《周官》囊括大宇,经纬万端,所以裁成天地,辅相万物,参赞化育者,无所不备。锡瑞乃视为官制之书,绝不通其义蕴,何固钝至是哉？

　　《尚书》一经,盖借古帝王之行事,以发挥其所怀抱之理想,故孔子删定之书是经而非史。《书》始唐、虞二帝,二帝,尧及舜。其终于周代何王则不可知。《汉·艺文志》云:"《书》之所起远矣,至孔子纂焉,纂音撰。上断于尧,下讫于秦,凡百篇,而为之序,言其作意。"案《志》云,下讫于秦,盖据伏生所传二十九篇之书,此未足征信。齐桓、晋文并有高功,《论语》更以正而不谲许桓,楚庄德量尤弘,此三公者,皆非秦穆所敢望,而二十九篇不载其善言,独以《秦誓》侪于二帝三王典诰之列,决非圣意也。此必秦时诸博士所增窜，伏生亦秦博士。伪书习用已久，遂妄传之于汉耳。

六经唯《尚书》亡失颇怪，造伪最显。汉初，伏生传二十九篇，其真伪且不深论。河间献王得古文先秦旧书，颜师古曰：先秦犹言秦先，谓未焚书之前。内有《尚书》。《汉·艺文志》称武帝末，鲁共王坏孔子宅，得《古文尚书》。据上述二事，可见孔子《古文尚书》在汉武时，其真本确已出现于世。《论衡·正说篇》谓孔壁之书武帝遣使者取视，莫能读者，遂秘于中，外不得见。至孝成时，东海张霸案百篇之序，空造百两之篇，献之成帝。帝出所秘百篇以校之，皆不相应，于是下霸于吏。帝惜其文而不灭，故百两篇传在世间云云。又马、郑注古文《尚书》十六篇，或以为孔壁真古文，或谓其绝无师说，真伪难明。又后汉杜林于西州得漆书《古文尚书》一卷，传之卫宏、徐巡。世儒亦多疑漆书为杜林伪作。至东晋有《伪孔古文》，唐、宋皆盛行。《尚书》之多伪造甚显明可考。而事之最可怪者，孔壁《古文尚书》藏于中秘，刘向曾以之校三家经文，汉初，以《尚书》名家者，有欧阳及大小夏侯三家。刘向以孔壁《古文尚书》校三家所传之书。成帝以之校张霸书，可见《古文尚书》真本自西汉武帝时藏于中秘，未曾散失。东汉未亡之前，孔壁真本当犹存，何以两汉治《尚书》者，不闻有诵习孔壁《古文尚书》真本，更不闻有写以今文，流通于世者乎？自汉迄今，二千数百年，无人发此疑问，不谓之大怪事不得也。王充言武帝遣使取视，莫能读者，遂秘于中，外不得见云云。余由此推知，孔壁《古文尚书》之内容必于皇帝大有妨害，故武帝不许流通耳，此与其以《周官》入秘府之事同一阴毒。王充言莫能读者遂秘于中，此乃心存忌讳，不敢直言武帝禁孔子之书耳。武帝初即位，汉兴才六十余年，老儒能读古文者决不少，何至因莫有读者，遂秘于中乎？其后，刘向犹以此秘本校三家，向奉命校正群书，凡中藏秘本，皆得取用。成帝犹以此秘本校张霸书，皆可反证武帝时决无莫能读者之事。吾由此而推定，伏生之二十九篇是秦时伪书,决非孔子《古文尚书》真本。皮锡瑞坚信伏生所传为真,乃大谬也。伏生所传而外,无一不伪,又不待言。古者书三千二百四十篇,孔子删为百篇,孔子未删之书,先秦必流通未泯。凡造伪书者,大抵取材古书,而托之孔子耳。古书,为孔子未删之书。当知孔子删定之书,是孔子自发表其哲学思想之创作,是经典,非历史。古书则是古史而已。二者不容混也。孔子六经唯《书经》全亡,真可惜也!

　　伏生所传二十九篇,《帝典》当近真,[1] 六经皆有传。孔子之意俱见于传,如《易经》倘只有卦辞、爻辞而无彖、象等传,则卦爻辞不知作何解也。又如《春秋经》倘只有经文而无传,则经文亦断烂朝报耳。孔子所定百篇之书,每篇必皆有传,经入秘府而毁,传亦随之俱毁,后人读《帝典》亦无从窥孔子之义也。余由《帝典篇》首《序》言[2] 略测其全书旨要。案《序》言"粤若稽古"以下,[3] 有云:"克明俊德,以亲九族;九族既睦,平章百姓;百姓昭明,协和万邦,黎民于变时雍。"此必为孔子书之序言,非古书所有也。孔子修《书》首以《帝典》,创明社会发展之序。上古部落之世,人民聚族而居,宗族之情最笃,其后部落相并,形成若干国家。有国则有统治者起,是为君主与贵族阶级所由成。百姓者,贵族也。中国古代社会惟贵族有姓氏,庶民则称名而已,其以百姓目庶民乃三代以后之事。平章,犹云分辨,谓辨上下尊卑之等。诸贵族上事其君,下临其民,等级不紊,故曰昭明。黎,黑也。庶民劳动于野,头面皆黑,故曰黎民。郑玄云"民者冥昧无知也",以其劳苦而常受上层之侵暴,其知识难发达,故谓之民。万邦犹云世界。协和云云者,谓世界万国之劳苦众民互相协助,互相和爱,建立共同生活制度,

----

[1] 整理者按:《大学》引作《帝典》;《孟子》引作《尧典》。

[2] 整理者按:依阮刻本有《尚书序》,各篇篇首有序。孔颖达疏:安国以孔子之序附篇端。熊十力这里引用句见《尧典篇》中,非在《尚书序》中。

[3] 整理者按:粤与曰通。通行本为"曰若稽古"。

是时大地黎民皆变动光明,成雍和之治,将由升平而底于太平也。自亲九族以至百姓昭明,皆有君长与贵族,是《春秋》所谓据乱世。至万邦协和云云,则杂据乱而入升平。黎民崛起为主,君主贵族俱倾覆,阶级消灭,而太平可期矣!孔子志在黎民于变之盛,必须有盛德者领导之,故因尧有德而假托之,以寄其愿。《论语》曰:"大哉尧之为君也!巍巍乎!唯天为大,唯尧则之。民无能名焉。"夫天之于万物无不覆也,无私意故也。尧之为君也,扶导万物,而任物之各畅其性,未尝有私意参于其间,是以庶民不知所以名其德也。详此《序言》首云"粤若稽古",明非唐、虞史臣之文,故知孔子假托于尧隐寓领导黎民之意,以诏后世。尧有盛德,不肯以帝位传子,不忍贪天下以遂其私,大公如天,故可领导黎民也。孔子之书起于尧,用意在此。倘作史评看则尧虽圣王,而当远古时代,鸿荒犹未大启,何可语于"万邦协和,黎民于变"之盛乎?孔子修辞立诚,见《易·乾卦》。必不浮诞至此,且孔子所修之《书》是发表其为万世开太平之高远理想,非史评也。《书》与《春秋》《周官》必一贯也。

《诗经》,孔子依古诗三千余篇而删定之,凡三百五篇。参考《史记·孔子世家》。古者诗采自民间。上失其道,民不聊生,则有哀怨之声作。圣人与民同患,故自王朝变雅,以迄《国风》,所存怨诗颇多。圣人视天下群黎疾痛,若在己身,此《诗》教所由重也。群黎犹言众民。孔子必有《诗》传,惜其亡失殆尽。汉世传《诗》诸家不过治训诂,习故事,非能达圣人之意者也。《论语》涉及《诗》者有数处,兹不及详,姑举一处。《八佾篇》:"子曰:'《关雎》乐而不淫,哀而不伤。'"此二语深远无极,非于人生境界有甚深解悟者,无从识圣意。夫以乐不淫、哀不伤说《关雎》,是作此诗者于一心一时中哀乐俱有也。从来说此诗者,皆欲就诗之本事上索哀乐之由,于是有以为咏太姒之德,有以为康王政衰之诗,此皆臆想,无从考定。案岐周国尽于渭地,《诗》不言在渭而云"在河之洲",当是采自大河流域诸国。朱《传》,河者,北方流水之通名。盖朱子必欲说为宫人颂太姒,而亦知作者起兴于河上雎鸠之不可通,乃不惜曲解河字,以就己意耳。余谓此诗当与《汉广》之诗一例看。《汉广》之作者称美游女之不可求,《关雎》之作者睹淑女而思得以为配,其情一也。此皆民间之作,必欲附会于太姒或康王,则秦、汉以来儒生只知有人主故耳。若知此诗本事元是民间男子遇淑女而感怀之作,则可想见当时女子有贞静之德,男子求贤偶,而未尝稍涉于邪思。发乎情,止乎义,郁郁乎礼化之社会,吾不知所以赞之矣! 至孔子以乐不淫、哀不伤言此诗,盖阐明此诗之表现人生已臻极地。第一章,见窈窕而兴好逑之思,好,善也。逑,匹也。是有乐在,然乐得以为匹而已,不流于情欲之感,是不淫也。第二章,言"求之不得",至于"寤寐思服,悠哉悠哉,辗转反侧",不谓之哀不得也。然虽辗转反侧,亦未失其悠悠之度。第三章,则已明明求之不得,不复言求,而犹曰"琴瑟友之,钟鼓乐之",是乃其精神界最高尚纯洁之爱耳,何至因求之不得而或伤乎? 朱子释第三章曰:此窈窕之淑女既得之,则当亲爱而娱乐之。殊不知,诗人明明求之不得,亦不复言求,而犹爱乐。朱子无端言既得乃爱乐,直以凡俗迷情诬此诗耳。夫既得,则已成夫妇,犹云淑女乎? 孔子删定《诗经》,以此诗冠三百篇之首,明性情之真净,真诚,纯净。见道德之崇宏,显发人生无上甚深境界。至矣,妙哉! 后人疑一心一时中不得哀乐俱有,如郑《笺》擅改《论语》之文,以哀字为衷字之误。朱子注《论语》"《关雎》章"亦云:求之不得,则宜其有寤寐反侧之忧。盖嫌哀字过重,而改言忧,其失与郑玄同。夫圣人之心,元与天地万物通为一体,不以后起小己之私蔽其本来。吾人有生而后,已成为独立的个体,所谓小己。因此,一切为小己计算,便有自私,故私心是后起。吾人本来灵明的心,亦云本心,是与天地万物通为一体。凡属无私的感情皆本心之发,此可反己自识。若能不以私心障蔽本心,便是圣人。无小己之私故,其心恒乐注意恒字。而乐自不过。不过,谓不淫。天地万物一体故,其心不忍遗物,即恒哀,不忍云云者,谓于物不忍遗弃。不忍即是哀。孔子曰:"吾非斯人之徒与而谁与?"深玩其辞,便知其于人类有恻然不容已之哀闵。**而哀亦不至于过。**不至于过,即不伤之谓。夫心之乐而至于淫者,必其发于小己之私,而有所系也。心之哀而至于伤者,亦发认小己之私,而有所系也。唯本心哀乐赅备之几,随触而发,不杂己私者,自然乐不淫,哀不伤。庶民未凋其朴者,得有此境,但与圣人学养所至者,不可同日语。此意难言,学人每以知识凿其情性,若非敦笃于礼化之中者,未有能葆其朴也。儒学重格物致知,而必归本礼乐。未来世有识斯意者乎?虽远在万岁后,犹旦暮遇之也。

孔子《诗》传全亡,余尝欲取《论语》言《诗》处疏通而发明之,以存其概。或嫌取材太少,余曰:孔子谓伯鱼曰:"汝为《周南》《召南》矣乎?《诗经》始二《南》也。人而不为《周南》《召南》,其犹正墙面而立也欤?"见《论语·阳货篇》。朱《注》云:正墙面而立者,一物无所见,一步不能行。此中确有无量义,须深玩二《南》也。方知儒家之人生观是从二《南》体会得来。又如"诗可以兴、观、群、怨"一章。亦见《论语·阳货篇》。须深玩三百篇,洞悉生民穷困悲吟之所由,便信得圣人对于社会政治之高远理想不是凭空突发。汉、宋群儒治《诗》者,莫有求圣人之意,其诸传疏,除训诂有可参考者外,更无旨义可究。

《乐经》汉以来不见单行本。汉文帝时,有窦公者,年百八十岁,六国时魏文侯之乐人也。文帝召见之,窦公献其书,乃《周官经·大宗伯》之《大司乐章》也。此事见《汉·艺文志》。颇有谓《周官》已出于文帝时者。或曰:否,否,不然,窦公献书在先,《周官》后出。刘向及子歆乃校定窦公书即是《周官》之《大司乐章》而追记之耳。余案《艺文志》云"汉兴,改秦之败","广开献书之路,迄孝武世书缺简脱"云云。据此,则《周官经》出于文帝时非不可能。后儒以《大司乐章》为《乐经》,此章自六国魏文侯时已由乐人从《周官经》抽出别行,自是《乐经》之一种。《论语·阳货篇》云:"子曰:'礼云礼云,玉帛云乎哉?乐云乐云,钟鼓云乎哉?'"据此,可见孔子深虑世人惟以习于玉帛等仪文、钟鼓等乐器，便谓礼乐在是，当进而探求礼乐之根本大义始得耳。孔子既作《礼经》，即《周官》。亦应有说乐之专经，《大司乐章》仅是《礼经》之涉及乐教而已。又《礼记》中有《乐记》一篇，甚多宏大深微之义，后人或莫能省悟，当与《大司乐章》并行。《乐记》亦有汉人窜乱处，须抉择。

《庄子·天下篇》曰"《乐》以道和"，此中道字当作导引义。乐之作，所以引发吾人本性固有之和而已。老子演《大易》之义曰："万物负阴而抱阳，冲气以为和。"案阴者，以言乎形也。阳者，以言乎心灵也。万物负荷形体，而含抱心灵，以斡运乎百体之中。运者，运行。斡者，兼运行及主领二义。阴阳和同而成化，是名冲气。气者，作用之称，详在余之《新论》。冲气为和，是万物生生之本然也。诚知万物之生，莫不本和，则人生不可一息失其和。失和则生理绝矣，是故圣人作乐使人有以达其本性之和。《乐记》曰"乐由中出"，深远哉斯言也。老子非礼而未尝非乐。《庄子·天下篇》则不以墨翟之非乐为然，其于人性之和盖不无所见矣。礼之本亦性也，非强制于外也。老氏所非者，只是统治者所立之仪文度制耳。礼之本，讵可非哉？

圣人之言化道也，因人之性而制礼，亦因人之性而作乐。礼乐之大本同，而作用有异，礼主敬而检于外，乐主和而诚于中。内外交养，相反相成，此乃人道之极则。人道不息，吾未见礼乐可废也。

上来考定六经皆孔子作，义据无妄。或有问言：今之六经自汉人传来，然司马谈云，六艺经传以千万数，今此六经安知非七十子之徒依据师说而推演之欤？不必信为孔子自作也。答曰：七十子之徒据师说而推演者，当亦名经或传。征之印度佛家大乘、小乘经论，大都为后学推演，而名为佛说，孔门当亦不无类此者。但汉人传来之六经，唯《易》《春秋》并称出于孔子。汉初，去孔子年代未远，其说自有据，何用狐疑？《仪礼》则《艺文志》称《礼古经》，并未说孔子作，后人始有此臆说而已。《周官经》则自刘歆以至郑玄皆归之周公，如其说。则孔子雅言之礼竟未有著作。其然，岂其然乎？余定为孔子作，义据详前，可无复赘。《诗》《书》二经，一依古史删定，一依古诗删定，皆孔子平生雅言。惜乎《书》之经与传都亡，《诗》则三百篇尚存，而孔子之传，汉初人已无授者。乐经有《周官·大司乐章》可信，或别有专经，无可考矣。至于七十子据师说而推演之经与传有千万数之多，而皆毁绝无余，其中岂无宝物？奈汉人委弃何？六经窜乱不自汉始，而汉人盖集窜乱之大成，余已于前文言之矣，《汉·艺文志》言"秦燔书，而《易》为筮卜之事，传者不绝"云云。昔人多信《易经》最可靠，余以为《易经》被窜乱处当较少，而亦非绝无秦、汉间人窜乱者。《系辞传》宏阔深远，而来人颇于其中有疑，但所疑皆碎义，无关弘旨。余窃怪《系辞传》开宗明义云："天尊地卑，乾坤定矣。卑高以陈，贵贱位矣。动静有常，刚柔断矣。"此数语者，显然背叛《易》义。古之术数家以天或君皆为《乾》之象，地或臣民皆为《坤》之象。其言天尊地卑者，即谓君居上位为至尊，而臣民卑下也。此必非圣人之言，《论语·里仁篇》："定公问：'君使臣，臣事君，如之何？'孔子对曰：'君使臣以礼，臣事君以忠。'"[1] 定公，鲁国之君也。详玩孔子之意，则君与臣在人格与道义上纯属平等。君不以礼使臣，则臣当反抗无道之君，不以奴颜婢膝为忠也，何至以君尊臣卑为一定之分乎？且《革卦》明明主张革命，若尊卑有定分，臣民可行革命之事而弑其君乎？故知其背叛《易》义也。卑高云云，与上语同义，无须复驳。动静有常，刚柔断者，虞翻曰：断，分也，《释名》：断，段也。分为异段也，故曰断，分也。乾刚常动，坤柔常静云云。参考《虞氏易》。案乾坤者，实依本体之流行而立名。流行有二势，以相反而相成。二势者，乾坤也，谓乾之德刚，坤之德柔者，以乾统坤故也。柔者，顺而不失其贞，非卑柔之谓。《坤卦》言"利永贞"，可玩。谓乾常动，坤常静，则大悖。如彼所说，

---

[1] 整理者按：此段引文应在《八佾篇》。

一方常动，一方常静，两相违反，而无可成变化。此为知《易》者乎？总之，汉人治《易》皆主象数。象数者，术数家遗法。《汉·艺文志》云："秦焚书，《易》为筮卜之事，传者不绝。"汉兴，田何传之。大概六国及秦时言《易》者皆宗术数，何以征之？一、据《艺文志》，《易》以筮卜之事得不焚，可知六国时易家专尚术数，故吕政不焚《易》也。倘当时易家弘扬孔子之哲学思想，则《易经》必招吕政之忌也无疑。二、六国衰乱，故术数易于风行，吕政用愚民之策不禁术数，汉廷承吕政遗策。儒生治《易》者同祖田何，田何为齐国遗民，历秦以至汉初，得传《易》。讳言孔氏本义，而专演象数以为藏身之固。孔子之《易》虽幸存，然谓经文中必无术数家之窜乱则大谬不然。汉人象数之业，用卦气、纳甲、爻辰、飞伏及卦变、互卦、之卦、旁通、消息、升降诸说，而拘拘于卦与卦、爻与爻之间，穿凿以求通，其结果则任何说皆有所通不去，终见其敝精疲神，钩心斗角于爻象中，而于易道全无所究明，岂不冤哉？《系辞传》曰："以言者尚其辞，孔子《易经》之全文，通谓之辞。学者言《易》当以孔子之辞为主，汉人堕入术数圈套正不悟此。以动者尚其变。"究明物理人事之万变者，其如《易》。真知《易》者，自当应用《易》之道于行动实践中。圣人明示学《易》者以指南，而人顾不省何耶？航行者，赖指南针定方向，学《易》之指南即上所引文也。夫《易》自伏羲画卦而后，经历群圣，哲学思想虽渐发展，大概常与术数家之方术相杂，要至孔子作《周易》周者，周普义，谓其道无所不在也，此为古说。亦有以周为周代之称者，不足据。始完全屏弃术数。后之学《易》者，自当依《周易》而玩其辞。田何以来言象数者，种种构画，纷如乱丝，直以快刀斩断为是耳。倘有好古者董理之，为后学稽古者解其困，亦一佳事。夫乾坤者易之缊，反对与统一自是万化之玄极，乾坤相反也，然乾德以刚健中正而统坤，坤以贞固而顺乾，卒归统一。惟升降、消息、旁通三义，亦未尝不传自孔门。若即物游玄便悟斯理无所不在，倘泥于卦与卦、爻与爻之间以索解，将执筌蹄而昧鱼兔，无可与观化也。呜乎！老者迂陋，后生唾弃圣文，予谁与言？惟此孤心，常悬天壤而已。升降义，余于《新论》附录中略提及，可参看。消息义，当别论。旁通者，随举一物而言，即此一物遍通于一切物而非孤立，又一切物都与此一物相涵相容，互不相离，通为一体。《易·乾卦·文言》曰："六爻发挥，旁通情也。"宜深玩。筌者所以得鱼，而筌非鱼也；蹄者兔之迹，可因之以得兔，而蹄非兔也。若执筌蹄以为即鱼兔，非大妄欤？卦、爻所以显理，犹筌蹄也，滞于卦爻之间，其犹迷执筌蹄莫识鱼兔，则无可悟理矣！

《春秋经》，《汉·艺文志》所叙述，其辞颇朦混，盖班固不敢明言孔子为万世开太平之本志，乃欲以《春秋》为史书，而臆说孔子与左丘明观鲁史记。又谓丘明恐弟子各安其意以失真，故论本事而作传，明夫子不以空言说经。案固之所以宗刘歆而尊《左氏》为《春秋》正传者，实因孔子作此经，主张废除天子、诸侯、大夫等统治阶层，故恐触汉廷之忌而以此经为史书。复因《左传》本记事之史，遂尊《左氏》以承《春秋》，此盖固之隐衷也。刘歆私结于莽，早知莽欲篡帝位，其抑《公羊》而谓左氏传《春秋》，亦不欲张无君之义耳。向、歆父子传《汉书·楚元王传》内附见。有云"歆以为左丘明好恶与圣人同，亲见夫子，而《公羊》《穀梁》在七十子后"云云。案陈澧谓穀梁生公羊之后，而研究《公羊》之说，或取之，或不取，或驳之，或与己说兼存之，其所发见确然不诬，足证穀梁出生年代在公羊后。但澧之说亦本于晁说之、刘原父而考核加详耳。公羊氏者，《汉·艺文志》班固自注曰："公羊子，齐人。"徐彦《春秋传注疏》引戴宏《序》云："子夏传与公羊高，高传其子平，平传其子地，地传其子敢，敢传其子寿。至汉景帝时，寿乃共弟子齐人胡毋子都著于竹帛。"案徐《疏》引戴《序》，详公羊氏五世之传，明白彰著，自无可疑。何休《公羊解诂》：隐二年，"纪子伯、莒子盟于密"下有云："孔子畏时远害，又知秦将燔《诗》《书》，其说口授相传。至汉，公羊氏及弟子胡毋生等乃始记于竹帛。"据此，则何注虽较戴《序》为略，而其言至汉，公羊氏及弟子始记于竹帛，则公羊氏五世，皆口授相传可知，足证戴

《序》与何注实相符合，夫子夏亲受《春秋》于孔子，而公羊高亲受之于子夏，世守勿失。刘歆乃以公羊与穀梁并论，以为皆在七十子后，其说毫无根据。或者以公羊寿与胡毋子都之记于竹帛，在汉景之世遂谓在七十子后欤，而公羊氏五世口授之事实，要不可否认。歆以党莽之私意，抑《公羊》而尊《左氏》，欲以变乱《春秋》。班固朋歆，朋，犹党也。迷惑后人，不可不辨正也。然固似亦不忍完全埋没《春秋》真相，故又云"《春秋》所贬损大人，当世君臣有威权势力，其事实皆形于传，是以隐其书而不宣，所以免时难也。及末世，口说流行，故有《公羊》《穀梁》《邹》《夹》之传"云云。案固所云《春秋》贬损当世君臣有威权势力者，必非如董狐直笔不讳其恶而已，其于社会政治必有从根本上大变革之理论。固称其事实皆形于传，此为公羊氏五世口授之传无疑，但非公羊寿与胡毋共著竹帛之传耳。两汉相传，惟《公羊》有非常异义可怪之论，而不闻《穀梁》《邹》《夹》有是也。夫公羊氏独传《春秋》，五世口授，固非不知，而乃云"末世口说流行"，始有《公羊》与三家之传何耶？三家者：穀梁氏、邹氏、夹氏也。东汉特重纲常名教，以维君统，其说皆托于儒，固乃不得不掩《公羊》之真相以迎合朝廷，不承认《公羊氏》先世有独传之秘也。固曲为此说，仍是本刘歆以《公羊》《穀梁》同出七十子后之意。然其说太朦混，试问：末世口说，有根据否？谓无根据则不可，谓有根据则不得不承认公羊氏五世之传也。固叙述《春秋》本依从刘歆，而又欲稍存真相，其结论复归本于歆，措辞朦混，作伪心劳而拙耳。左氏不传《春秋》，汉博士以此驳刘歆实不刊之论。《穀梁》，昔人以为小书，颇与后世史评相类，其于《春秋》本义绝无关系。公羊寿与胡毋合作之传，亦非其先世口授之传，当论之如后。

　　古之说《春秋》者云，伏羲作八卦，丘合而演其文，渎而出其神，孔子名丘。伏羲作八卦，历圣相传，孔丘皆融合之，以发新义，而作《周易》。渎，谓河。出神，谓龙马负图而出，此神物也。上古传说，伏羲画八卦，取则于河图。孔子演《易》追其源，实自伏羲之取则河图也。作《春秋》以改乱制。孔子既作《易》，复作《春秋》以改乱制。天子、诸侯、大夫以少数人而统治天下最大多数人，此谓乱制。圣人欲改革之，所以作《春秋》。是公羊《疏》引古说。据此，《春秋》通万世而权其变，以制治法，宏远至极，不可杂《左》《榖》陋史之文，以测圣意，亦至明矣。然复有辨者，公羊氏五世口说相传，是孔子本义，固不容疑，至公羊寿与弟子胡毋子都所记于竹帛者，必将隐没本义，而以己意立说，求容当世，殆意中事也。如《春秋纬》云：得麟之后，孔子作《春秋》，至西狩获麟而绝笔。此引用其事。天下血，书鲁端门，曰趋作法，趋，疾也。疾作王者之法也。孔圣没，周姬亡，周姬姓。彗东出，古时以为彗星出，则天下有大祸乱。秦政起，秦始皇名政。胡破术，二世名胡亥，继其父政，而破毁先圣之道术。书记散，孔不绝。书籍记传皆散亡，惟有孔子《春秋》口相传者，独存而不绝。子夏明日往视之，血书飞为赤鸟，化为白书，署曰《演孔图》，中有作图制法之状。孔子仰推天命，俯察时变，却观未来，豫解无穷，豫解，犹云前知。知汉当继大乱之后，故作拨乱之法以授之云云。据此所云为汉制法，可知纬书此文必为公羊家所造作，托于神话以媚汉皇。盖吕政焚坑之祸，儒者犹怀恐怖。《春秋》为改革乱制之书，本于帝者不利，安知刘氏不复加害。公羊氏托言孔子作《春秋》是为汉制法，而造神话以动朝野之听，其用心诚苦，而行将丧失孔子本义，未免获罪于先圣也。公羊寿与胡毋生号为以口说著竹帛，即世所称《公羊传》，其行世比纬书《演孔图》或稍后。《传》成于汉景帝之世，胡毋生时为博士，则《演孔图》当出于文、景二帝之际。《演孔图》言孔子作《春秋》是为汉制法，此即公羊寿、胡毋生作《传》之密意。密者秘密，既畏祸而不敢发表孔子本义，亦欲将孔子本义隐存若干使不甚显著，故云密意。汉以来学人皆信《公羊传》为孔子之真，此乃不深考而轻信，将无可推见孔子本义。譬如秕糠蔽目，而天地莫睹，岂不惜哉！

《公羊传》不是直述孔子之《春秋》传，以字数考之可见。《史记·太史公自序》称《春秋》"文成数万，其旨数千"。实闻之董生。张晏曰：

"《春秋》万八千字,当言减,而云成,数字误也。"裴骃谓张晏但据经文而说,只一万八千字,若合经文、传文而言,共有四万四千余字,故史迁云文成数万也。司马贞引小颜云:《春秋经》一万八千字,亦足称数万。案三家皆误。张云"当言减",则文句甚不通,如易减字为不及二字,更变乱《史记》之文。裴骃合经、传,共计四万四千余字,其所云传者,即公羊寿、胡毋生师弟合作之传,所谓《公羊传》是,此非公羊寿先世所口授之孔子《春秋》传也。小颜谓经文一万八千字,足称数万。司马贞引之,甚无理。夫三家所由误者,皆以为公羊寿师弟合作之传,即是公羊高所受于子夏之孔子《春秋传》。真伪不分,故谬解重重耳。董生语史迁,《春秋》文成数万云云,是指孔子自作之《春秋传》而言,非就公羊寿、胡毋生所写定之经传,共四万四千余字者而言也。孔子作《易》,其卦辞、爻辞,本借用古之占卜辞,而作《十翼》,以发己意,则完全改变占卜家之底蕴,而《大易》乃为哲学界之根本大典矣。孔子作《春秋》,其经文亦借用鲁史,而自作传以发己意,则完全改变鲁史之底蕴,而《春秋》亦为哲学界根本大典矣。古籍明言孔子作《春秋》者,今可考见,最先莫如孟轲。孟轲去孔子仅百余年,邹、鲁近若比邻,其言决可靠。孟轲书中言孔子作《春秋》者,有二处:一、《滕文公篇》。二、《离娄篇》。《离娄篇》之言尤详。其文曰:"王者之迹熄而《诗》亡,_{东周承幽、厉之后,文、武、周公之遗教久废绝,故云王迹熄。民间讽刺之谣,不得上达,故云《诗》亡。}《诗》亡然后《春秋》作",_{《诗》亡则人民之公好公恶不得宣达,不平之制度,不良之习俗,皆莫得改革,故《春秋》不得不作。}"其事则齐桓、晋文,_{《春秋》元是鲁国史记之名,其书所记鲁国与列国之事皆以霸者为主,而五霸以齐桓、晋文为最盛,故云其事则桓、文。}其文则史",孔子之《春秋》经文,原是依鲁史记之文而加修正也。"其义则丘窃取之矣"。孔子依鲁史记而作《春秋》,其贬削天子,黜退诸侯,诛讨大夫及改革乱制诸义,则是孔子自发明之。而依于鲁史以作传,仍以《春秋》名其书,其内容实非史书也,故孔子自谓其义则丘窃取之。据此,可见孟轲于孔子作

《春秋》之本末,其所知最详最确。至汉则公羊寿、胡毋生所作传,有云:"《春秋》之信史也,其序则齐桓、晋文,其会则主会者为之也,其词则丘有罪焉耳。"此见《公羊传·昭十二年传》。详此所云,与上引孟子语虽有详略之殊,而大体实相符合。公羊高受《春秋》于子夏,传至玄孙寿。孟子学《春秋》,其师承不可知。孔门传《春秋》者决不止子夏一人,孟子不必为子夏后学也。然孔子作《春秋》之事,公羊与孟氏两家所说竟无不合,则此事断不容疑。惟《公羊》述孔子之言曰:"其词则丘有罪焉耳。"孟轲述孔子之言曰:"知我者其惟《春秋》乎!罪我者其惟《春秋》乎!"见《孟子·滕文公篇》。两家所述孔子语意大不相同。由《公羊》所述,则孔子为反躬罪己之辞;由孟轲所述,则孔子之意盖曰有威权势力者将罪我也。孔子作《春秋》本欲改乱制,废黜天子、诸侯、大夫,达乎天下为公而已。故知之者,当为天下劳苦庶民,罪之者,必为上层有权力者。是故以两家所述者相对照,显然大不相同,而皆称为孔子之言,孰是孰非,惟有断以《春秋》之义则是非自见。断以《春秋》之义,则孟轲所述,的然是孔子语;《公羊》则以私意曲改孔子语,以苟媚人主而已。孟子时,六国衰敝,犹未若秦之酷,故可直述圣言。公羊寿师弟生于汉初,闻秦世焚坑之祸而有戒心也。余谓《公羊传》必改变孔子之真,即于此处已得铁证。

汉以后学人竟不知有孔子自作之《春秋传》,而妄信《公羊传》为直达孔子之本义,铸九州铁以成大错。其迷雾则自刘歆、班固之伪说相承,害天下后世不浅也。孔子《春秋》本义不明,而皇帝专政之局将三千年而不悟其非。《汉·艺文志》称孔子"以鲁、周公之国,礼文备物,史官有法,故与左丘明观其史记,据行事,仍人道。仍,亦因也。因兴以立功,败以成罪","有所褒讳贬损,不可书见,口授弟子。弟子退而异言",谓各人传说渐异也。丘明故论本事而作传云云。据此,则孔子只是与丘明共习鲁史记,观其所载当国者行事成败,有所褒贬,不便写出为史评之书,只

81

口授弟子而已。《艺文志》本据刘歆《七略》。歆党于王莽。《春秋》主张改乱制，废黜天子、诸侯、大夫，自为莽之所不利，故歆不肯承认孔子有作《春秋》一事，亦不肯承认公羊高受经于子夏，传及五世，只谓孔子读鲁史记有所褒贬之词，口授弟子。于是孔子改乱制，除阶级，为万世致太平之经典，被歆、固二竖相继否认，以为无有其事。至魏、晋时，杜预党于司马氏，复申歆、固之伪说，直尊《左传》为真《春秋》，以奸谋小慧，妄为《左传》寻求凡例，以为周公之垂法。而左氏《春秋》忽由杜竖拥之以上接周公，孔子且被抑而不得比于丘明矣。近世谈今古文者，遂据此而谓古文家宗周公，无端弄出一无聊公案。汉以来学人无头脑，而好张皇无甚意义之事，以为大问题，真不足一哂。皇帝专政之制度愈稳定，则奴儒注经籍者，秽杂迂陋之说日滋，至可恨也！吾侪当清季，辄与党人忿詈中国一向无思想，未免自卑之习，及问学而后，始悟国学当求之于吕秦以前，不宜妄自菲薄。汉、宋群儒所为传注，多无陋不堪，或须全毁，或须删节，是所望于后之有识者。或有问曰：《公羊注疏》谓孔子《春秋》之说，口授子夏。此或因刘歆、班固之伪说流行日广，而后之治《公羊》学者亦为其所惑，遂臆度子夏受于孔子者，亦只是口义而无传软？余曰：以理度之，孔子作传以授子夏，亦应有口义授子夏。《易》曰"书不尽言，言不尽意"，倘谓孔子只授子夏以《春秋传》，别无口义，亦不必然也。子夏以传授公羊高，必并授口义固事理之当然也。余不反对《春秋》有口义，但如歆、固之徒擅造伪说，以为孔子未尝作《春秋传》，则与《孟子》《公羊》之说极相反，必不可受其欺。孟子之时与地，皆近圣人。公羊氏传授源流，分明不紊。今不信孟子、公羊而信歆、固有是理乎？董生为《公羊学》。史迁"《春秋》文成数万"之言，闻诸董生，其为指孔子自作之《春秋传》而言，断然无疑也。公羊寿师弟同作之传，其字数合经文万八千字计之，不过四万四千余字，可知《公羊传》绝不是子夏受之孔子以传于公羊高者也。

史迁称董生言《春秋》"其旨数千"，是指孔子所作之《春秋传》而言。后之为公羊学者以为董生盖就《公羊传》而说,则谬误极矣！今略为辨正。董言《春秋》"其旨数千",如就《公羊传》求之,则无论如何探索,终不可得数千之旨。《公羊传》之旨要,尽于三科九旨,此自昔为《公羊》学者所共传也。徐彦《公羊注疏》曾设为问答。其文云:问曰:《春秋》说云,《春秋》设三科九旨,其义如何？答曰:何氏之意,何氏,谓何休。休有《公羊解诂》。以为三科九旨正是一物。若总言之,谓之三科。科者,段也。若析而言之,谓之九旨。旨者,意也。言三个科段之内,有此九种之意,故何氏作文谥例云。三科九旨者,新周,故宋,宋为殷后。周已代殷而王天下,故周为新而宋为故。以《春秋》当新王,孔子作《春秋》,改乱制,贬天子,退诸侯,讨大夫,故曰《春秋》当新王。《公羊传》则反之,乃曰《春秋》为汉制法,宜以《春秋》当作新王也。此一科三旨也。又云所见异词,所闻异词,所传闻异词,以上须详三世义,兹不及详,二科六旨也。又内其国而外诸夏,内诸夏而外夷狄,是三科九旨也。问曰:宋氏之注《春秋》,说三科者,一曰张三世,二曰存三统,三曰异外内,是三科。九旨者,一曰时,二曰月,三曰日,四曰王,五曰天王,六曰天子,七曰讥,八曰贬,九曰绝,时与日月,详略之旨也。王与天王、王子,是录远近亲疏之旨也。案王者,因远近亲疏而异其称,乃左氏义,左《疏》引贾逵云,诸夏称天王,畿内曰王,夷狄曰天子,宋氏盖以左氏家说附于《公羊》。实则《公羊》家义,以天子为爵称,此非左氏所及知。详余著《读经示要》。讥与贬、绝,则轻重之旨也。如是三科九旨,聊不相干,何故然乎？此问宋氏说,与前一说不同,有何故也？答曰:《春秋》之内具斯二种理,故宋氏又有此说。贤者择之。上来所述三科九旨,徐《疏》设为问答颇明概要,虽有余义,要是枝节,毋悉举也。故知董生所称"其旨数千",必是孔子所作之《春秋传》。公羊寿师弟所著竹帛者,即世所称《公羊传》。既改变孔子知我、罪我之语,而纯为罪己之辞,见前文。则其不敢直达孔子《春秋》本义已可明见。《公羊传》虽有三科九旨,若详核之,当以三世义犹存《孔传》名目。孔子所作之《春秋传》,省称《孔传》。下仿此。三世义自是《孔传》之要领,其在《周易》,先天而天弗违,后天而奉天时之大用,实寓诸三世义。裁成天地、辅相万物之无量功能与制度,亦寓诸三世义。《革卦》曰"革去故也",《鼎卦》曰"鼎取新也",无不寓诸三世义。《同人》《大有》,亦寓诸三世义。《同人》之卦明人类归于大同也,《大有》之卦明所有者大。人类改造自然之力量,与灵性生活之发扬,无不极其大也。《春秋》之旨与《大易》通,其大无所不包。董生称之曰"其旨数千",亦形容其含蓄深广耳。《公羊传》仅存三世名目,而绝不究宣其义旨。三世之名目虽存,而其实义已亡,此无可为讳也。三科九旨多属史家记事与褒贬之法例,通玩其书之大体,可谓史评一类之杰构,殊失圣人经典之内容,幸有何休《解诂》略明孔子三世本义。学者由此可以窥见,天纵之圣远在古代而已立定改造世界之宏规大计,其前识高远,岂不奇哉?何休补救《公羊》,以略揭《孔传》之要领,其功甚大。《公羊传》本为汉制法,确已改变孔子之骨髓与面目。其于《孔传》义旨未尝不欲保存几分,而若干碎义之散见,后人亦难辨识,倘无何休注,则后之学者虽欲于公羊寿之书而寻《孔传》之鳞爪,将何从得乎?

何休精学十五年,专以《公羊》为己业。其自序《公羊解诂》有云:"传《春秋》者非一。"此中传字,为传授之传。可见其闻见甚博。《孔传》底本,公羊氏五世秘藏,决不轻示人。胡毋生、董仲舒当是公羊寿入室弟子,皆见于图识,自得亲窥《孔传》。及伪《公羊传》行世后,《孔传》必更为公羊氏所秘,其不忍失圣人之真,只有以口说私授门人耳。景、武之际,《公羊学》惟胡、董并号大家。胡以景帝时博士,归教于齐。齐之言《春秋》者宗事之,公孙弘亦颇受焉。董之传授尤盛。余以为胡、董之门人、后学,必皆世以口说相授受,而不必能睹《孔传》,久之而《孔传》湮灭也。然孔子本义实赖口说以存。胡、董后学日盛,口说流传,或不无变异,而本源要自可寻。何休张三世,其义当从胡、董后学得来。然汉世帝制已坚固,《公羊传》自是曲顺时机。何休为传作注,而依胡毋生条例，其据口说真相以释传处自不能多。要之，有何注而后可由《公羊传》以推求《孔传》，虽不得其数千之旨，犹可获一二焉，亦有幸矣！则何氏之功不可没也。

孔子之《春秋传》不独公羊寿、胡毋生师弟改易其本义，秦、汉间传习《春秋》者，大概都有寿等之意。今观《公羊传》中，有子沈子曰，子司马子曰，子女子曰，子北宫子曰，又有高子曰、鲁子曰，盖皆从诸家书中引出。然寿之《传》独行，而诸家之书无闻焉，此其故有二：沈子诸家之书必成于前，故寿得引其说；寿《传》成于诸家之后，则其有所资藉，以引发思虑与鉴观得失，自当后胜于前。寿《传》独行之故一也。寿弟子胡、董皆显闻于朝野，徒众甚盛。寿《传》独行之故二也。寿《传》非阐明《孔传》本义，盖以鲁史记为主，《传》中所谓不修《春秋》，即鲁史记。而略存《孔传》微言使不显著，求符于其所伪造孔子为汉制法之图识而已。

何休《解诂序》称《春秋》多非常异义可怪之论。此乃指《孔传》说耳，《公羊传》何曾有此？徐彦注疏竟据《公羊传》作解，以为非常异义者，即庄四年齐襄复九世之仇而灭纪，僖元年实与齐桓专封是也。其可怪之论者，即昭三十一年邾娄叔术妻嫂，而《公羊》善之是也。案齐襄复仇、齐桓专封二事，《公羊》皆详明其有当于义，不得谓之非常异义。参考徐彦《疏》。《公羊》贤叔术能让国，不以妻嫂掩其善，亦非可怪之论。徐彦不知何休此语是说《孔传》，乃欲强通之于《公羊》，所以陷于谬误。孔子作《春秋传》，欲改乱制而建天下为公之制，改乱制，见徐《疏》引古《春秋》说。"天下为公"，见《礼运篇》。《礼运》即记孔子之《春秋》说。此不惟自汉代奴儒视之以为非常异义可怪之论，吾侪回忆清季学人思想，正是左氏家所谓义深君父，如与之说明孔子《春秋》本义，其不詈为怪异者几何？

孔子《春秋》之旨在消灭阶级，不许有君主、贵族统治天下庶民，此非无据之臆说，当于《原外王》中举其证。董仲舒受学公羊氏，深知此为根本大义,而其所撰《春秋繁露》一书,正与此义极端相反。向者康有为弘扬董学,皮锡瑞考经较廖、康为审,廖平、康有为。友人林宰平所称也。然皮氏谓何休作《解诂》,义据亦大同《繁露》,如三世义亦《繁露》所说也。余窃谓康有为未免抄胥之习,其于《繁露》不甚了然,无足怪。皮氏颇称宋儒读书能深玩其义,顾于《繁露》独不解义,何耶?《繁露》说三世,见《楚庄王篇》。今节录如下:

"《春秋》分十二世,以为三等,有见,有闻,有传闻。此谓三世。有见三世,此言三世者,谓三公之世。下四世、五世,可准知。有闻四世,有传闻五世。故哀、定、昭,君子之所见也。君子,《公羊》盖谓孔子,实则鲁史臣之笔耳。下仿此。襄、成、宣、文,君子之所闻也。僖、闵、庄、桓、隐,君子之所传闻也。所见六十一年,所闻八十五年,所传闻九十六年。于所见微其辞,于所闻痛其祸,于传闻杀其恩,与情俱也。是故逐季氏而言又雩,微其辞也。参考《公羊·昭公二十五年经传》。鲁昭欲杀其大夫季氏,假雩祭以聚众。昭素失民心,不胜而出亡。《春秋》书又雩者,隐微其辞,明过在君。微辞者,臣子不忍直斥君之恶,而实罪君不能先自正。子赤杀,弗忍言日,痛其祸也。参考《公羊·文公十八年经传》。子赤被杀,《春秋》不书其日。子赤为史臣所及闻之世,相去未远,其情亲,故不忍言其日。子般杀,而书乙未,杀其恩也。参考《公羊·庄公三十二年经传》。子般卒,书乙未日,因是史臣所传闻之世,较疏远,不同子赤之近。杀者,降也。恩情降低,故忍书日。屈伸之志,详略之文,皆应之。如不直书君之恶,而微辞以见意是屈也。子赤、子般或略其被杀之日,或详其卒日,凡此皆应乎人情之自然。吾以知其近近而远远,亲亲而疏疏也。史臣记事,于其所亲事之君最切近则情亦亲近,先君较远则情自平淡,故曰近近、远远、亲亲、疏疏也。亦知其贵贵而贱贱,重重而轻轻也。"史官记事,于人之地位尊贵者,其书法亦从而贵之,曰贵贵。贱贱可准知。事之重大者,如宗庙朝廷典礼及用人行政有关治乱兴亡之事,其书法必从而慎重其辞,曰重重。轻轻可准知。书法者,谓其记载不苟,每下一字必有法度也。

据此,则《繁露》之说三世纯是统治阶级之史法,君主专制时代之史官完全服膺统治者之教令。如贵贵、贱贱、重重、轻轻及近近、远远、亲亲、疏疏,皆史官所奉为不易之大法也。其与何休三世义,相去岂止天渊?董、何二说相隔,虽天与渊相隔之远,犹不足以形容之也。而皮氏乃谓何休亦兼融《繁露》,岂不谬哉?

董生受学公羊寿,与胡毋生同业,其所说三世义最符于《公羊传》。《史记·儒林传》称:"汉兴至于五世之间,唯董仲舒名为明于《春秋》,其传公羊氏也。"《汉书·儒林传》称胡毋生与董仲舒同业。以二文合证,可知董生必受《春秋》于公羊寿也。徐《疏》谓董生受之胡毋生,甚谬。《汉书》明言同业,其非师弟之关系可知。何休虽注《公羊传》,而实欲稍存孔子本义,以救《公羊》之失。休自序云:略依胡毋生条例,多得其正。徐彦以为何氏之意犹谦,未敢言已尽得胡毋之旨,故言略依而已。又曰:何氏谦,不敢言尽得其正,故言多耳。此皆徐彦谬解。凡著书者实事求是,以待后之学者,断无伪作谦辞之理。何休略依胡毋自是无妄之语。大概寿与胡毋以《公羊传》行世而后,公羊氏之传授必分两派。一、遵依《公羊传》者,渐舍《孔传》本义。二、《孔传》虽不敢公之于世,而其义旨必有口说流行,不至遽绝。董生《繁露》说三世,显然非孔子本义。然马迁言,闻诸董生,《春秋》贬天子,退诸侯,讨大夫云云,此必董生夙昔所受于公羊家之口说,今以私语马迁也。笃守口说者,当不免非《传》;《传》,谓《公羊传》。下仿此。信《传》者,颇顺时之宜,亦不惜违口说。何休《自序》称其中多非常异义可怪之论,说者疑惑,其中者,谓口说家所传授之《孔传》多有怪论异义,足令说者疑惑。至有倍经任意,反《传》违戾者云云。此言经传者,其传即公羊寿、胡毋所共作之《公羊传》,经者即《传》所据之经文也,而此经文实即寿等依鲁史记修之者,不可信为孔子所修之经文也。倍,犹背也。倍经云云,谓守口说者至于背反寿与胡毋所公于世之经传。何休修辞太浑简,从来注家皆误解。徐《疏》摘颜、庄之短,皆属碎义,无关宏旨,实则何氏所言者,是口说家对于《公羊传》之争辨,其问题甚大,不关颜、庄也。据此序之意,何休亦非反

《公羊传》而力持口说者。东汉忠孝思想甚盛，曾、孟学派早以忠与孝融成一片，不自汉人始。可覆看前文。何《序》首引《孝经》，决不敢推翻君统，其为《公羊传》作解诂，又何至反《传》乎？然何氏有以平口说家之忿，而息其酿嘲者，酿嘲，见何《序》。徐《疏》误解，兹不及论。即在其能明三世义，以稍存《孔传》几分真意，三世义，明群化、群制随时改造，广博无量。何休并未详述，然学者由何注可引申而长，触类而通也。救《公羊传》为汉制法之失，故其自序云"略依胡毋"。略之一字，最宜深玩，而其绝不道董生，此必有故，不可不察也。《公羊传》大体近史评，何休犹可依托。董生《繁露》名为说《春秋》，而实建立事天之教。其说有曰"《春秋》之于世事也，善复古，讥易常，欲其法先王也。中略。今所谓新王必改制者，非改其道，非变其理，须认清董生此意。受命于天，易姓更王，非继前王而王也。若一因前制，修故业，而无有所改，是与继前王而王者无以别。董生所以说，新王须改制。受命之君，天之所大显也。显者，彰显之也。天将大彰显新受命之王，故新王须改制，此董生之宗教概念。事父者承意，事君者仪志，谓以君之志，为仪则也。事天亦然。中略。故必徙居处，更称号，改正朔，易服色者，徙居自至易服色，即是董生所谓改制。无他焉，不敢不顺天志而明自显也。新受命之君，所以改制者，无他故，所以顺天志而表明其有以自显也。若其大纲、人伦、道理、政治、教化、习俗、文义尽如故，亦何改哉？故王者有改制之名，无易道之实"云云。见《繁露》卷一《楚庄王篇》。《繁露》此段文字是其全书主旨所在。案其言："人伦、道理、政治、教化、习俗、文义尽如故，亦何改哉？"董生顽固至此，真不可解也。人伦无改，亦看如何说法。君臣一伦，则孔子作《春秋》明言贬天子、退诸侯、讨大夫，董生亲受口说于公羊氏，以语马迁，今言无改，不亦丧其所学乎？父子之伦不可改，然子于父母有干蛊之道，有以顺亲之过为尽伦，孔子《易经》所明示也。见《易经·蛊卦》。蛊，惑也，坏也。万事由惑而坏，治其惑而万事就理，此《蛊卦》之意。道理乃至文义一切无改，言乃至者，中间文句隐而不举，为行文便故。中译佛籍，修词每如此。此其

88

说之迷谬,可置勿论。马迁称汉兴以来,惟董仲舒名为明于《春秋》,而其持说若此,岂不怪哉? 汉朝君臣所需要者,正是董生之学说,此其所以享盛名也。宋儒犹称董生醇正,可见其影响于后世者深也。何休欲调和口说家之争,稍存三世义,宁略依胡毋,而不涉及董生者。董生托于《春秋》以树己义,其背叛孔子远在公羊寿及胡毋之上,何休故不取之也。康有为、皮锡瑞皆以董仲舒与公羊寿、胡毋生同承孔子《春秋》之传,此传字,为传授之传。即不辨寿与胡毋之传此传字,去声,为传记之传。下准知。已非公羊高所受于子夏之传汉以来二千数百年学人皆不辨,不独皮与康也。更不识董生《繁露》又与寿等之学迥异。古今人独何休能识之耳。皮氏博览,不专《春秋》,犹不足怪。康氏以《春秋》《礼运》自张,故于《公羊传》及董生《繁露》两无辨识,其思想混乱,有复辟之事亦无怪其然也。董仲舒语马迁语,亦非于孔子《春秋》无所知者,《繁露》亦时有深语,不审何以入魔道。

孔子《春秋传》当不止授子夏一人,而汉世惟闻公羊高受《春秋》于子夏,传其后嗣。高之传授至寿与其弟子胡、董忽变其质,而犹赖口说流传,延及东京。何休以是能言三世,公羊氏之泽不亦远哉! 刘歆訾《公羊》晚出,就寿与胡毋之《公羊传》而言,其说非无故,然歆挟党莽、尊左之私,遂至不肯承认孔子作《春秋》及子夏授公羊高之事,所以为学术界之罪人也。《艺文志》伪造孔子"以鲁周公之国,礼文备物,史官有法"云云。杜预乃本此文,以《左氏》上接周公。歆与班固之奸言,开毁经之源,可恶也。

《春秋》窜乱不始于汉,七十子后学,如曾、孟派之孝治思想早已改窜《春秋》。余已于前文言之,今更就《孟子》举证。《孟子·滕文公篇》有云:"世衰道微,邪说暴行有作,臣弑其君者有之,子弑其父者有之。孔子惧,作《春秋》。《春秋》,天子之事也。是故孔子曰:'知我者其惟《春秋》乎! 罪我者其惟《春秋》乎!'"又曰:《春秋》成而乱臣贼子惧。据此,则孔子作《春秋》只是以刀简诛伐乱臣贼子,而乱贼果然由此恐惧。简，竹简也。古无纸，以刀刻字于竹简，刀笔之名始此。孟子故学孔，而此言却厚诬孔子，可奈何。夫臣弑君、子弑父者，争权夺利故也。而君位者，大权厚利之所在，难保臣子不争夺也。孔子深见及此，故作《春秋》，发明贬天子、退诸侯、讨大夫之义，以诏当时后世。古者大夫，亦其属邑民众之君也。君位废，而主权在庶民，厚利均于庶民，何有弑父与君之事乎？孟氏不深研《春秋》，乃妄诬孔子欲诛乱贼，以拥护君主制度，是未能学孔也。《春秋》本为贬天子之事，而孟子乃误解为孔子是窃天子职权，以诛乱贼之事。其误解孔子之言，以为孔子虑人之将罪我者，为其窃天子职权也。孟子竟以迂想妄测圣心，亦足惊异。然虽妄测而幸未改变孔子语气，此是其直率处。若《公羊传》将"罪我者"一词径改为"丘有罪焉尔"，便非虑及他人罪我之辞，而直是引咎自责之辞。既自知有罪，胡为犯罪而作《春秋》乎？圣人何至如斯胡乱？孔子言知我、罪我，余已解之在前。可覆看。或有问云：孟子言民为贵，言武王诛一夫纣，不为弑君，此皆《春秋》之旨？答曰：孟子诚于《春秋》有所知，独惜其夹杂宗法社会思想，而于《春秋》无深解也。《春秋》改乱制，即是改革君主制度，若诛暴君而另戴贤君，是董生《繁露》所谓"易姓更王"，上文已引。更，犹换也。未可云革命。君虽贤，以一人统治天下庶民，终不可为治。且贤君不世出，而君主制度究是大乱之所从出也，故必改乱制。政权操之庶民，方是革命成功耳。孟子、荀卿皆不能深悟《春秋》改乱制之义，孔子外王之道，遂无人继述。韩非言，孔子没后，儒分为八，皆自以为真孔。孔子不复生，孰定其是非？孟、荀之徒各以己意立说，而《春秋》亡矣。荀卿言"上下易位然后贞"，吾深取其有符于革命之旨，但详核《荀子》全书，实无废除君主制度之意，则其未通《春秋》亦与孟子等耳。

　　孔子《春秋经》《传》全亡，公羊氏所传口说，何休以后遂无闻。今从纬书与何氏《解诂》及徐《疏》等，抉择单辞碎义，犹可推见圣人之意。改乱制三字，最宜深玩。纬书伪托为汉制法，可以反证《春秋》实有改乱制之事。公羊氏恐得罪汉廷，乃隐没孔子改乱制之底本，而诡称为汉制法，此其实情可推知也。若《春秋》原无改乱制之事，只是对东周列国二百余年间之君臣有所讥刺，此与汉廷有何触犯？而无端造为汉制法之谣，果何所为？《春秋》家纵不惮烦，决不至无知无耻至此。董生受《春秋》于公羊寿，而以贬天子、退诸侯、讨大夫语马迁，此正是《春秋》改乱制。马迁称董生明于《春秋》，非尽阿好也。然董生作《繁露》乃以"徙居处，即迁都。更称号，如更朝号及称帝称王或称皇帝之类。改正朔，易服色"为改制，此岂《春秋》所谓改制乎哉？康有为《孔子改制考》本由杂抄而成册，取昔人之偶发一议，有异乎恒规旧习者，皆视为与《春秋》改制不异。其所抄集浮乱至极，而《春秋》废除君主制度，即推翻最少数人统治天下最大多数人之乱制，其义蕴广大宏深，却被康氏胡乱说去。

《诗》亡然后《春秋》作。农家思想亦出于《诗》，前文已说及。固《春秋》之旁支也。《汉·艺文志》载农九家，其书有《神农》二十篇。注云："六国时诸子，疾时怠于农业，道耕农事，托之神农。颜师古曰，刘向《别录》云，疑李悝及商君所说。"案此二十篇，托之古圣，神农。自是农家根本大典。上考《孟子·滕文公篇》有"为神农之言者许行"，俟《原外王》中当引述。今玩其说，不许有劳心、劳力及治人、治于人之分，诚哉，社会主义之开山也。由此推想，农家所托为神农之书当非道耕农事者，而必是发挥其对于社会问题之最高理想。《艺文志》所著录之《神农》二十篇，注云道耕农事，较以许行之说乃全不相涉。刘向疑为李悝及商君所说。汉世去六国未远，农家是晚周一大学派，刘向必曾见过农家之《神农》书，故知此二十篇与彼书不类也。农家必不始于许行，其发展当在春秋战国之际。商君政策决不容许农家思想流行。造此二十篇托之神农，以反抗农家之《神农》书者，当以商君之可能性较大，不必是李悝也。《艺文志》虽列农家之名，而其所著录之书皆道耕种事者,与农家思想全不相涉,晚周诸子中之农家学派,实际上完全空脱。《志》中叙农家其结语有曰"及鄙者为之,以为无所事圣王"云云。农家主废君。可见向、歆父子及班固之徒,实读过晚周农家书,而《志》不存其目。由农家推之,凡有价值之古籍,被汉人湮绝者当不少。农家思想与《诗》《春秋》二经皆相关,其书亡,亦言《春秋》者之深憾也。

《周官经》余定为孔子作,已说如前,然其中亦有六国时儒生及汉人窜乱者,今此不及检出,暮年精力短。本书起草时原期简约。他日有余力,或别为札记。

汉学阳尊孔子而阴变其质,以护帝制,已说如前。至宋而有理学之儒,以反己为宗,程子曰,学要鞭辟近里切着己,此宋学血脉也。排二氏之虚寂:道家沦虚,佛氏滞寂。理学家在人伦日用间,作存心养性工夫,故排二氏。救考核之支离,汉、唐诸儒皆为考核之业,理学家斥其支离细碎而亡本。自是而儒有汉、宋之分。然宋学之异于汉者,只是存养心性一着耳,其于汉儒之天人交感、阴阳五行诸论,及纲常名教大义,不惟全盘承受,且奉持益严也。宋学严于治心,自不得不疏于治物。其实,心物为本体流行之二方面,未可截作两片。吾心元与天地万物流通无碍,若惟摄心于内而遏其流通之几,是乃自贼其心,而丧其官天地、府万物之大用,即人生与块土无异也。理学之为学,不妨从俗言之,曰生活哲学。然学者惟保任虚灵不昧者以为主公,而不务知周万物,理学家以为心体是虚灵不昧的,学者宜保任之而勿失,其意未尝不是。然其用功每偏滞乎此,而不肯运用此心之知,以周通万物。主公,系禅家语,与《管子》云"心之在体,君之位也"义同。则其道拘促,其生命有枯窘之虞。心不能周运乎万物,故谓其生命枯窘。其生活内容不能扩大,不能充养深厚,理学家往往束身寡过,而难语于富有日新盛德大业。《易·系辞传》曰:"富有之谓大业,日新之谓盛德。"惟象山直率,阳明纵任自如,张江陵益猛利敢任,是为间世之孤雄耳。理学在哲学界别是一途,不当以理论求之,后有达者识反己之意,能大其基,宏其绪,是所望耳。

宋、明诸老先生倡理学,探源孔门,而宗四子,不可谓无见。然《论语》皆圣人应机之谈,孰为酬大机语?孰为酬劣机语?若不能分辨,非善学圣人也。《学》《庸》为七十子后学所记,其文字颇有脱落与挽杂。孟子有特长处,短处亦不少。倘抉择未精,学之何能无病?诸老先生皆杂染禅法、《道论》,《老子》之书,古称《道论》。究非尼山嫡嗣也。

余昔有评宋儒一段文字,自信得甚重要。其文云:宋儒识量殊隘,只高谈心性,而不知心性非离身、家、国、天下与万物而独存。博文之功,何可不注重?孔子言"博学于文",此文字非谓书籍,盖自然与人事皆谓之文,如天文、人文等词是也。博学者,即于物理、人事,须博以究之之谓。学字有二义:曰效,曰觉。此处学字是效义。效者仿效,如自然科学的知识只是发见自然现象之公则,不以意见诬解,即有仿效义。宋儒固非全无博文之功,但其精神只专注在人伦日用间存养此心此性而已,博文工夫终非其所注重。夫存养心性固是要着,然不可将心性当作一物事来持守。工夫切不可拘紧,此中却有千言万语难为人说。试以《论》《孟》与宋儒语录对照,则《论语》句句是存养心性工夫,而确不曾把心性当作一物事来执着。孟轲便不似圣人神化,渐为宋儒开端,然其文字间时觉明快,但多迂论耳。宋儒未免死煞,别有一种意味难说,大概学《孟子》未得,却受佛教影响夹杂许多宗教气味,颇少生气。宋儒此等态度于博文工夫最妨碍,如程子见谢上蔡读史而斥为玩物丧志。王船山《俟解》有一则引此,而申之曰:"所恶于丧志者,玩也。玩者,喜而弄之之谓。如《史记·项羽本纪》及《窦婴灌夫传》之类,淋漓痛快,读者流连不舍,则有代为悲喜,神飞魂荡而不自持。于斯时也,其素所志尚者不知何往,此之谓丧志。以其志气横发,无益于身心也。"船山此等处,却未脱宋儒桎梏。读史而遇可歌可泣可哀可怒之境,而绝不发生同情,尚得谓为不失其心性之人乎?吾年十岁,闻先君说魏收詈南朝为岛夷,吾怒骂魏收为犬豕。闻南北朝胡祸之惨,吾哀愤不可抑,少时革命思想由此而动。程子、船山必以吾当时之动心为丧志,吾终不受此责也。喜玩只是情趣悠永,足以引发思维,俾理智为不断的努力。哲学家、科学家于其所研究之诸问题,若无喜乐玩索之情思,其尚得有所创发乎?孔子入太庙,每事问。书生初入太庙,于未曾见之礼器,未曾习之礼仪,自有喜乐玩索之情思,不得不问耳。而朱子必释曰"敬谨之至",则将孔子当时一段活泼泼的精神说成死板矣。"子在齐闻《韶》,三月不知肉味。"此事若不出自圣人,程子定呵为玩物丧志。然夫子若不如是,又何能自卫反鲁正乐,雅颂各得其所耶?情趣悠永是理智努力之良伴,故情趣丰富为上,平淡为下,若抑制之适自贼也。船山言"志气横发,无益于身心",此是极大错误。后之为理学者,不可承宋、明诸师之失。

汉世思想界固蔽日深,及东京季世,佛法渐自印度输入,此为中国吸收外化之始。佛书法学,为最普遍之公名,见余著《十力语要》及《佛家名相通释》。但此言佛法者,则指佛家教理而言。佛法东来,是否有利于吾国,自是另一问题。惟自魏、晋以来,二千年间佛法已普遍流行于中土,不独凡民癖信之,而历世聪明利根人亦无不乐餐大乘法味者。余年三十后始研大乘学,初笃嗜之,而终不敢以其道为人生之正向。余少时曾有一种思想,以为宇宙唯是一大生生不息真几,变现万物。云何一大?一者绝对义,大者无外义。生生不息真几,谓本体之流行。万物荣枯生死,譬若浮沤都无暂住,况复含识互相吞噬,造作罪恶,果何所为?含识,谓众生,以其含有情识故名。此佛书名词。余不知古来哲人对此有何解悟,云何自靖?长而稍涉群书,皆无足启予者,时有人之生也若是芒乎之感。芒,惑也,借用庄子语。及夫历困求通,虽有省发犹难自决,游乎佛,证乎儒,而后卓尔如有所立也。佛之道,盖欲逆生生之流,宁可沦空耽寂,而不惜平沉大地,粉碎虚空,以建清净之极,此大雄氏之宏愿也。儒之道,惟顺其固有生生不息之几,新新而弗用其故,进进而不舍其健,张横渠云:"《易》道,

94

进进也。"**会万物为一己**，知天地万物皆与我为一体，即小己之见已破。**于形色识本性**，形色，谓宇宙万象。性者，万有之原也。形色皆性之显著，譬如众沤皆大海水之显著。于形色而识性，譬之于众沤而知其是大海水。**流行即主宰，相对即无对，此儒家《大易》之了义也。佛氏抗生生之流而欲逆之，此其离系之慧。**离系者，离诸系缚。众生沉溺现实世界种种构画，如蛛造网自缚，故说为系。大觉得法空慧，始离系。法空者，于一切物不迷妄执着故，是名得法空慧。**精进勇悍恒无退转之强力，尽未来际不舍众生，我不入地狱，谁入地狱之宏愿，诚欲从之，莫由也已。然宇宙生生洪流毕竟不可逆，盍若归宗《大易》，直证乾元性海，则无有乎出世法矣！**《易》曰："大哉乾元，万物资始。"乾元者，即用显体，而立斯名。万物皆资于乾元而始生，故乾元者万物之本性也。性而曰海者，言其德盛不可测，因以海喻之。

余言佛氏逆生生之流，佛教徒闻之必以余言为妄。其实，佛书无量言说总是为众生沦没生死海而发心，其归趣归者归宿；趣者旨趣。在度脱一切众生离此岸到彼岸，此岸谓生死海，彼岸谓涅槃。其断惑工夫严密，断者断灭。直将生物与人类之生欲治灭无余。生欲者，凡物之生由有欲故，曰生欲。周茂叔绿满窗前草不除，看大造生意。彼云生意，吾则谓之生欲。佛书心所法中，所说诸惑相，学者如有大慧，能深玩味，则贪嗔痴诸惑皆生物本有之欲也，而况于人乎？欲相微细，非有慧人莫能深究。治灭者，治谓克治，灭谓断灭。从来宗教家、哲学家言禁欲者，亦不乏矣，未有除欲务尽，如佛氏之出世法也。佛之道明明反人生，而谓其非逆生生之流可乎？犹复须知，佛之言真如性体，真如性体四字，系复词。只言空寂，不言生化，只言无为，不许言无为而无不为。余著《新论·功能章》已辨而正之，姑俟诸茫茫不可知之来者耳。

古今言哲学，穷本源者，如吾儒《大易》直证乾元性海，是乃于小体而识大体，即天人不二，保有生死此岸、涅槃彼岸可分乎？小体、大体二词，借用孟子。小体犹言个体，亦即小己。大体谓宇宙本体。天亦本体之名，非谓神帝。本来生生不息,何可逆生? 顺性则欲皆当理,当字去声。何须断欲?
《易》道其至矣乎!

佛法逆生生之流,悍然销毁宇宙,此是人生最高智慧,最大勇气。
老子叹"天地不仁,以万物为刍狗",从佛氏以世间为生死苦海之观点
而论,老氏非不近于佛。佛法来华,实由道家首迎入之,以其有相近处故耳。然
老氏却无抗拒宇宙生生洪流之深慧大勇,其见道之真,体道之健,既不
能望孔,又不能如佛氏之偏得有力。佛氏理解极高,而失在堕偏见,其销毁宇
宙之愿望亦从其偏见来,但偏得有力,非老氏可及。佛氏一转手便是孔,老氏却
不能为孔。

人生万不可忽视现实,亦万不可沦溺现实。佛氏观空,其境界高
深至极,不可不参究。余曾云儒佛堪称两大,儒者尽生之理,尽者,显发
无亏之谓。佛氏逆生之流,其道虽殊,譬犹水火相灭亦相生也。

佛氏观察人生惑相,无幽不烛,可谓至极。断惑之教,虽不无过,
然人生毕竟为惑习所锢蔽,如蚕作茧自缚,若非大智揭破,人之能自觉
者鲜矣。佛法若谓其为宗教而富于哲学思想,不如谓其为哲学中最宏
阔深远之人生论,而富于宗教情感。

读佛书须深玩其高处、深处,至其持论好为悬空的辨析,又翻弄名
辞太多,读者若非超悟之才,将习于考核而失其冲旨。钝根者且增长
混乱,无可与言穷理之事。佛书非人人可读也。

佛之徒有不肯承认佛法为出世法者,殊不知,出世法三字明明见
于佛家经典不一处,何可否认? 大乘有不舍世间、不舍众生之说,只以
发愿度尽一切众生,不忍自了生死,乃长劫与众生为缘,长劫,犹言长时。
可以说世间不异涅槃,涅槃不异世间,但其愿望仍以度脱一切众生为
鹄的。佛氏所以不纯乎哲学而富于宗教情感者在此。吾人如不赞同
佛氏之宗教信念则可自抒己意,而不可混乱佛法之真,此言学者当守
之戒也。又大乘菩萨有留惑润生之义,有生之物,恒与惑俱。惑若断尽,则无

以滋润其生。菩萨誓愿不舍众生，故彼亦须自留惑以润生也。**此意甚好，倘生中夏，得睹变经，**晋人称《易经》为变经。**将盛弘尼山之绪亦未可知耳。**菩萨，犹言大智人。

本篇广说孔子上承远古群圣之道，下启晚周诸子百家之学，其为中国学术界之正统，正如一本众干，枝叶扶疏，学术所由发展也。及至汉武董生，定孔子为一尊，罢黜众家之说，勿使并进，实则窜乱六经，假托孔子，以护帝制，不独诸子百家并废，而儒学亦变其质，绝其传矣。汉人不独改窜经文，即经之原文未改者，而亦必变其解释，不惜牵经文以就己意，曲附邪说。如《尚书·洪范》为殷先王之政典，孔子删书当存此篇，但其传义则不可考耳。孔子存《洪范篇》必作传，以发明己意，惜乎书传无存。今睹《洪范》言五行，本以为民生日用必需之物资，与术数家邪说绝无关系。而刘向领校五经秘书时，秘者，秘藏而尚未行于外也。乃云向见《尚书·洪范》，箕子为武王陈五行阴阳休咎之应，向乃集合上古以来历春秋、六国至秦、汉符瑞灾异之记，推迹行事，连傅祸福，著其占验，比类相从，各有条目，凡十一篇号曰《洪范五行传》。据此，则以五行阴阳推卜休咎，而托于《尚书·洪范》，以为箕子所陈之于武王者，盖自刘向始。然阴阳五行诸说，自六国时术数家已盛传之，其引之以说经，则为汉世儒生之共同意向。盖在帝制之下，鉴于吕秦焚坑故事，不得不改变经义以免危害，此术数之说所以被采而入经也。刘向作《五行传》，当有资于中秘书。中者，谓博士诸官藏书之府。诸博士谋所以变易经义，其说尚未成熟，不便遽行于外，故曰五经秘书，向必有资乎是也。余少时读《洪范》，见其言五行只是古代利用自然，以厚民生之大计，何故汉、宋群儒不向生产意义上说，而盛演术数，常百思不得其解。又如《大易》一经，汉人象数之业其源出于术数家，用卦气、消息、爻辰、升降、纳甲等等为依据，等等者，以其术尚多，不及详举故。李道平《周易集解纂疏》，可参看。以疏释孔子之辞，是强孔子以还复于古之术数家言也。卦气

97

不足辨。消息之义，自圣人言之，自是至理，如《剥卦·象传》曰："君子尚消息盈虚。"《丰卦·象传》曰："天地盈虚，与时消息。"此就万物与人事言，随在可识此理。万物从其始生而渐长盛，此生生不已也。生生之谓息。万物皆不守故常，方生方灭，方灭方生。灭故之谓消。灭，则无有故物保留，是云灭故。物从其始生而渐长盛，盛极则盈，物不可以久盈，盈则虚矣。虚者亏虚，犹俗言崩溃也。盈虚与消息，其义相因，而亦有别。消息从大化言，大化流行，才息即消，息时即是消时，无有凝滞。才消即息。消时即是息时，无有断绝。从消之一方言，是故故不留；从息之一方言，是新新而起。万物皆在大化消息之过程中，凡情见有个别的实物存在，此执物而昧于化也。参考余著《新唯识论·转变章》。盈虚则克就物言，克就二字吃紧。物之成为个别，便有一成不易之式，自其始生以至长盛，皆赖其已成之式，而便发展。式之利在此，而其害亦在此。式已成而不可易，其为利也达于极度，则利尽而害至矣。利极之谓盈，害至则虚。夫物有自成之式，是物之违于大化也。大化无一成不易之式。然万物皆在大化消息中，终无可固守其式，故《丰卦》曰"天地盈虚，与时消息"也。此段意思，余于壬辰年，删定旧著《新唯识论》欲于《成物章》发挥之，而虑印费增多，卒未提及。消息义，甚深广，学者宜玩。然汉人依据术数家言，却不成话。司马迁云："黄帝考定星历，建立五行，起消息。"皇侃注云：乾者，阳生为息；坤者，阴死为消。马迁之父谈受《易》于杨何，其所言必古术数家之传也。术数家言五行生克，故依之起消息，此其迷妄，不必辨。皇侃之说亦必有所本。如其说则阴阳分作二物，一死一生，有是理乎？此为术数家之言无疑。至如虞氏《易》言消息，大抵以《乾》《坤》十二辟卦为消息卦之正，其用意构画亦相当繁杂，无非欲拘在若干卦以说明消息。孔子于《剥》《丰》二卦明消息，大有意义。从万物剥落时，最好悟大化消息之理，剥不至灭绝也。从万物丰盈时，亦最好悟消息之理，居丰不宜固执成式也。孔子玩《剥》《丰》二卦而即物穷理，自有触悟，与术数家之言消息绝不同旨。汉人依据术数家言以解《易》，却要用其说，在六十四卦三百八十四爻之中，寻出若干卦是消息卦，如此便成死板。余以为羲皇当日画卦，只是天机自发，一气挥成八八六十四卦。禅家所云："恰恰无心用，恰恰用心时。"凡大哲人之伟大发明，包通万有，殆无不出自天机者。汉《易》原本术数，不悟斯趣，皆欲横执一二说，以极意经营于卦与卦、爻与爻之间，而求其说通。其结果则无论执何说，总有通不去，纵强通之亦只是在卦爻中作活计，不堪于广大宇宙中实悟无穷无尽理道。夫古圣之为卦爻，所以显示理道，譬犹以指而示月也。愚夫观指不观月，人皆惜其愚。学《易》者只在卦爻中作活计，而不知由卦爻以悟理道，非观指而不观月之类乎？爻辰者，以《乾》《坤》十二爻，左右相错当十二辰，此当出于古之阴阳家。古代阴阳家，虽为天文学之起源，而实为一切术数之所从出。言十二律者喜用之，此小道也，而以附会《乾》《坤》十二爻，殊无意义。说升降者，亦不一致。有以阴阳爻为升降，有以上下卦为升降，人各臆说，以何为是？惟《易纬·乾凿度》言"乾升坤降"，其义宏远。乾无形，心也；坤有质，物也。升者健以动，降者凝敛而似坠。心物乃太极流行之一升一降，相反相成也。一升一降，是太极流行之二势，而此二势不可剖分，亦无先后。心之性常升，而物性似降，物与心同体，本非异性，然物凝而近塞，乃似降耳。此大化之妙也。太极之流行，即名大化。《易纬》言坤降，却是以决定言，未免差毫厘而谬千里，今以似言救其失也。旁通之义，曾见前文，兹不复赘。消息见《剥》《丰》二卦。升降即乾健坤顺之义。顺则可与乾俱升也。旁通见《乾卦·文言》。此三义皆孔子所言，而汉《易》用此三义则承术数家之旧，向卦与卦、爻与爻之间去穿凿，都无义。其余纳甲等等说法，皆无足辨。须知汉《易》无论何家，其为说，都与孔子之辞不相应，任取汉《易》某一种说法，作为孔子《周易》广大道理之根据，稍有识者当不能许可。广大道理一词，借用佛家大论。

焦循承汉人之卦之说，而异其运用，本荀、虞旁通与升降之意，而兼用比例之法，以观其会通。其于《大易》全经之辞无有一字不勾通缝合，焦氏之自得者在此，而其技亦尽于此矣。夫卦爻所以显理，显者显示。而卦爻犹不即是理，譬如以指示月，指，以喻卦爻；月，以喻理。而指不即是月。焦氏有言，读此卦此爻，知其与彼卦彼爻相比例，遂检彼以审之，由此及彼，又由彼及彼，千脉万络一气贯通云云，焦氏之观会通盖如此。然而每卦每爻之辞所以显理也，焦氏贯通六十四卦三百八十四爻之辞，究发见若何理道来。理道系复词。实即一理字。焦氏实宗汉《易》，虽不必以术数家之说法作根据，而其方法确是汉《易》。汉《易》之方法只向卦与卦、爻与爻之间去作活计，自然不会探及理道。《系辞传》言：伏羲氏仰观于天，俯察于地，近取诸身，远取诸物。仰观、俯察及远取者，即是观察大自然。近取之意极重要，兹不及谈。孔子为学自与伏羲同，故能发明《易》道。吾侪读《易》，当由孔子之辞以玩伏羲之画，复由伏羲之画以玩孔子之辞，而根本在平日能自留心于大自然及近取诸身，方得以孔子之辞、伏羲之画，反验于己之所经验者，而后可豁然有悟于理道也。

《易》为五经之原，汉人乱之最不堪，不破汉人之诬乱，则孔子之旨终不可得而明。昔欲作《六经发微》一书，当驳汉《易》，而流亡未果，今不复能为也。

有问：自辅嗣扫象数，伊川继之，宋、明言《易》者皆受伊川影响。公赞同伊川否？答曰：程《传》多征引历代君臣行事得失，其取义只是以帝制为依据耳。《易·乾卦·文言》曰："亢龙有悔，穷之灾也。"亢者，居上而不能下之意。龙为人君之象。有悔者，不安之谓。独夫统治天下，其势已穷，灾害将至也。穷则变，变则通，通则久，可见帝制非革除不可，伊川不得《易》旨也。有问：章太炎《文录》有一篇言伊川《易传》，征引人事弥博，无不满之辞。太炎为清季革命巨子，何为不辨伊川之失？答曰：此有二故。一者，孔子确有民主思想，却被汉、宋群儒埋没太久。清季革命思潮从外方输入，自己没有根芽，当时革命党人其潜意识还是从君主制度下所养成之一套思想,与其外面所吸收之新理论犹不相应。不独太炎如此,诸名流皆然。二者,伊川之学自宋至清权威颇大。段玉裁《戴东原年谱》云,先生言《周易》当读程子《易传》。东原在清世所谓经师中最为杰出,而于《易》犹尊程《传》,太炎何敢轻非难乎?

中国学术思想当上追晚周,儒家为正统派,孔子则儒家之大祖也。六经虽窜乱或全亡,而《易经》大体无改。汉人以术数家之说窜入者确不少,兹不及论。《春秋经》《传》虽亡失,而以纬书、何休《公羊注》及他经相参证,其大意尚可寻也。《周官经》不能无改易,而大体犹可识,此与《春秋》之思想为一贯。今文家无知之排斥,只是历史上无聊故事,后人不当为其所惑。墨翟、惠施、农家,或为科学之先导,或为社会主义之开山,皆儒家之羽翼,不可不延续其精神也。法家书罕存。《管子》可略考。道家有极深远处,亦有极不好处,取长舍短,不容绝也。今当结束本篇,进而考述孔子之外王学。

原外王第三

韩非言,孔子没后,儒分为八,皆自以为真孔。余谓三千七十之徒,其分派决不止于八,已说见前篇。《原学统》。独惜故籍沦亡,无可考耳。孔门派别既多,其传授外王自不一致,如何而索孔子之真,此一大问题,不容忽视。康有为说《礼运》,以为孔子本有小康、大同两说。礼运一词,后文当解。盖因篇首云:"孔子曰:'大道之行也,与三代之英,丘未之逮也,而有志焉。'"从来读者不疑此中字句有搀伪,皆以"大道之行"属大同,"三代之英"属小康,丘未之逮而有志,则统承上大同、小康两说。如此,则孔子之思想是以小康、大同两相夹杂,犹如骑墙,可左可右。而其示曾子及子贡,屡云"吾道一以贯之"者,直是欺门人,欺后世,尚何学术可言乎? 其实,此段文字明明有搀伪,"与三代之英"五字,增入"大道之行也"下,以文理言实不可通。若去此五字,则其文云:"大道之行也,丘未之逮也,而有志焉。"下接"大道之得也,天下为公",至"是谓大同",则文理极顺,义旨显明。"是谓大同"下,接云"今大道既隐",至"兵由此起",正是孔子伤当时之乱制,虽未能骤革,而终不可不革,所谓"丘未之逮而有志焉"者是也。

"兵由此起"下,转到六君子之谨于礼,以致小康,从此以后,大概

102

由后仓、小戴辈采择古典，间附己意，杂集成篇，无非张小康之礼教而已。中间有云："圣人耐以天下为一家，天下人类虽众，而立共同生活之制，如一家也。以中国为一人者，中国虽众，而彼此相亲如一体，故云一人。非意之也，非徒意想可能也。必知其情，谓知人情之所公欲、公恶。辟于其义，辟，开也。开之以公义，毋自私而不知有人。明于其利，公义者，两利之道也，未有损人以利己而可保其利者，非义故也。亦未有利人而不利己者，义必人己两得也。达于其患，不达于人情之所公患，则不能领导天下劳苦人民合群以除大患也。然后能为之。"能为天下一家、中国一人之治也。详此所云，本为大同说。而其下文，治七情，修十义，归结于"君仁臣忠"。其言治情、修义，皆就个人反身修德言，不就群情公欲公恶，与天下众民共同利乐或患害处说，即无有破除阶级，达乎天下一家之可能。是则"天下一家"等语虽未删除，而其旨归要不外小康之礼教。"君仁臣忠"，即其以礼为国之纲要也。为，犹治也。余少时读《礼运》篇首"大道之行也"至"是谓大同"一段，颇于人类前途怀无穷无尽之希愿，然读至"此六君子者未有不谨于礼"以至篇末，乃觉其冗长之篇幅，所反复不已者，实以小康之礼教为归宿，与篇首"大道之行，天下为公"一段完全不相连属，深以为怪。此篇是七十子之徒记述孔子之说，宋儒胡致堂以为子游作，其说近是。此篇言大同，本据《春秋经》，由升平将进太平之规制，与《周官经》大旨亦相通，其原文当不少。小康之说盖是论及古代私有制，极不均平之社会，得贤圣之君，如禹、汤、文、武、成王、周公，以礼教相维系，犹可暂致一时之小康耳。然此小康之礼教毕竟不是大道之行、天下为公之礼教，即小康之局未可苟安，当志乎大道以达于天下一家、中国一人，方为太平世礼教之极则也。余推究原文之意必如此。今观此篇，从六君子谨于礼，用致小康，以逮篇终，殆将孔门记述原文完全改易，以拥护君主专政之乱制。其十义中"君仁臣忠"之云，明明保持大人世及以为礼，大人，谓天子。世及，谓天子之位，为其一家世有之物。父传之子曰世，无子则传弟曰及。此与天下为公之道孰得孰失，不待辨而明。孔子既有志乎大道之行，胡为又弘扬小康礼教以护君统乎？小康礼教是，则天下为公之大道非；天下为公之大道是，则小康礼教非。孔子何至不辨是非而两俱慕之乎？余昔疑篇首"与三代之英"五字当是后仓、小戴辈妄增者，三代之英，即后文谈小康处所称禹、汤、文、武、成王、周公也。盖以三代之英用维持私有制之礼教，仅致一时小康。孔子已不满之，乃发明天下为公之大道，其所志既在此，决不又志于小康礼教也。且此篇以礼运名者，诚以小康之礼教当变易而进乎大道。运字之含义，即有变易或转移等意思。今观此篇，仅首节略存大同义数条，其后文乃极意敷陈小康礼教，显然与大同义旨极端反对，可见此篇原文经后仓、小戴辈削改殆尽。自赵宋至于清世，奴儒之说此篇者，迷谬百端不足一辨，究其所以，则汉人媚事皇帝之私，流毒孔长也。康有为盛弘此篇，而剽窃其篇首大同义数条，实未通晓全篇文义，不悟后仓、小戴已变乱圣言，乃臆想孔子元有大同、小康二种之说，见道不真，立义不定，将令后学思想浑乱，行动无力，圣学何至如此？圣人明言"天下之动，贞夫一者也"，见《易·系辞传》。又曰"吾道一以贯之"。见《论语》。康氏浮乱，不辨汉人之伪，后人治经不可蹈其失。康氏一方言大同，一方又谋复辟，向时人皆以为怪，实则康氏中汉人伪经学之毒太深，无足怪也。

　　此篇元来决是单行本，其篇幅不必过多，亦决不至太少。其在晚周思想界影响极巨，何以征之？尸佼之书言墨子之兼，与孔子之公，名异而实同。学者颇疑其于孔子特以一公字撮要，未知所出。有兴难云：墨氏以兼爱兼利为主旨，故举一兼字甚显然，惟孔子之道广大悉备，欲以一二字撮其宗要，殊不易。昔人每以仁言之，尽本于《大易》《论语》。《易》以乾元为仁。仁者生生不息义。盖以宇宙论而言，仁为万化之原；以人生论而言，仁之德备万善也。《论语》以仁为宗，门人问仁者甚多，可见。尸子于孔子独举一公字，毋乃泛而无据欤？余答之曰：《礼运》不云乎，"大道之行

也,天下为公",此尸子之所据也,而汝谓无据何耶? 自三代之英以礼
教弥缝统治阶级与私有制之缺,图致小康,孔子深知其不可久,于是创
发天下为公之大道,以斥破小康之礼教。子游之徒记述夫子之说,而
名以《礼运》,此在《礼经》中实为革故创新之一大典也,其义实与《春
秋》《周官》诸经互相发明。尸子特拈出《礼运》一公字,不得不服其特
识。《汉·艺文志》称尸子为商鞅之师,鞅死,乃逃入蜀。其书当是避祸
居蜀时作,或悔其前事也。尸子佐鞅以用事于秦,其人格虽不足称,然
是战国时一异才也。尸子能言《礼运》,则当时学人无不习《礼运》者亦
可知也。《礼运》以天下为公之大道见称于尸子,可见其原本决不同于
今《礼记》中之《礼运篇》。所以者何? 今之《礼运篇》虽尚存"天下为
公"数语,而省略太甚,其冗长之篇幅,所言之而不已者,仍是保持统治
阶级与私有制。稍有头脑者读之,当知通篇真意,还是天下为私,非天
下为公也。以尸子之智,假令所读者为今《礼记》中之《礼运篇》,何至
莫通其旨,妄以一公字称孔子乎?

今之《礼运篇》,当是后仓、小戴师弟取《礼运》原本而削改之,因辑
入《礼记》中,不复为单行本。据《汉·艺文志》"礼十三家",有《中庸
说》二篇,颜师古注曰:"今《礼记》中有《中庸》一篇,亦非本《礼经》,盖
此之流。"余谓今《礼记》之《中庸》当是后仓等削改《汉志》中之《中庸》
二篇而成者也,惜原书早亡,不可校勘,大概《礼记》中收入他书,而改
窜以成篇者,当不少也。

后仓、小戴改窜《礼运》当有所本。七十子之徒宗法三代之英,而
不肯为无君之论者,如孟、荀二家之书尚在,可考见也。韩非所说八儒,
孟、荀实各开宗派。孟、荀虽并言革命,而只谓暴君可革,却不言君主制度
可废,非真正革命论也。惟《礼运》言"天下为公,选贤与能",与读举,与、
举古通用。而深嫉夫当时之大人世及以为礼,此乃革命真义,孟、荀识
短,犹不敢承受也。七十子后学之同乎孟、荀者当不少,孔子之道所以

难行也。孟、荀诸家皆自以为真孔,其传授《礼运》,自必多所改窜。如孟轲言孔子之《春秋》是为诛乱臣贼子而作,分明变乱孔子本旨。可覆看《原学统》。后仓、小戴辈当是依据孟、荀诸家所传之《礼运》本,而更有削改。俗学无正见,杂采以成篇,其伪迹不可掩也。

孔子外王学之真相究是如何,自吕秦、刘汉以来,将近三千年,从来无有提出此问题者。吕秦以焚坑毁学,汉人窜乱六经,假藉孔子以护帝制,孔子之外王学根本毁绝,谁复问其真相?清末欧化东渐,守旧者仍护持汉代所揭纲常名教,革命党人则痛詈六经为皇帝之护符。皮锡瑞《经学历史》言当时有烧经之说。吾侪回忆少时群居非圣诋经,犹如目前事。维时博览通人,如章炳麟则承章学诚"六经皆史"之论,以孔子为史家,而发扬民族思想,以排满清皇室。六经本非史,二章不能通也。孙诒让则宗刘歆之说,以《周官》为周公作,而袭其皮毛,以淬勉维新变法。孙之《周礼政要》本浅小之书,而在维新时期颇有影响。康有为虚揭《春秋》三世名目,又依《礼运》以言大同,而皆不究其义。康氏宗《公羊》与董生《繁露》,而皆不辨其伪。余于《原学统》已言之。至其《大同书》亦是浅薄小说,全无根柢。人类如何可至大同,康氏尚不知探寻问题,便欲立说。清季,世界之变已亟,中国如在大梦中猝尔受惊。值中外接触,种种冲突,中国学人对于百家学术所从出之六经,自当深切研究,严正批判,舍其短,扬其长,以为吸收外化之基本,惜乎当时名士皆志不在此也。

孔子外王学之真相究为何种类型?其为拥护君主统治阶级与私有制,而取法三代之英,弥缝之以礼义,使下安其分以事上,而上亦务抑其狂逞之欲有以绥下,将以保小康之治欤?抑为同情天下劳苦小民,独持天下为公之大道,荡平阶级实行民主以臻天下一家、中国一人之盛欤?自汉以来,朝廷之宣扬与社会上师儒之疏释或推演,皆以六经外王之学属于前一类型。清末,革命党青年诋孔子为皇帝之护符者,即由此。余由《礼记》中之《礼运篇》而详核之,已发见其削改原书,如前说讫,即由《礼运》之书被改窜而可判定六经外王之学,确属于后一类型。由其反对当时大人世及以为礼,即是不容许统治阶级与私有制存在,其于社会大不平之唯一祸根,见得如此分明,说得如此的当,非天纵之圣,真有与民同患之心者,其能若是哉?

《汉·艺文志》言:"昔仲尼没而微言绝,李奇曰:微言者,隐微不显之言也。七十子丧而大义乖。"康有为据此以言《春秋》,其无知混乱,至可惜也。有为祖述班固,以为大义者,即小康之礼教,而孟轲言诛乱臣贼子之类皆是也。微言者,即《礼运》大同之说,与《春秋》太平义通,皆隐微之言也。如有为所云,则《春秋》为大义、微言两相淆乱之书。孔子本无一定之见,而著书以惑后世,圣人何至丧心若是哉?倘谓大义为据乱世所不能无,则《春秋》之作本欲拨乱世而反诸正,归于太平。拨者拨去。升平只是由拨乱至太平之过渡时期,未可停滞而不进,况据乱世不可苟偷安忍,直须汲汲拨去乱制。乱制,见《原学统》中说《春秋》处。彼时之所谓大义,彼时,谓据乱世。圣人自当破斥之,而忍张之以教七十子乎?征之《论语》:"子路曰:'桓公杀公子纠,召忽死之,管仲不死。'曰:'未仁乎?'仲与忽并事公子纠,二人与纠同有君臣之义。忽能为纠而死,仲独不死,故子路疑仲为未仁。子曰:'桓公九合诸侯,不以兵车,桓公行义,不以兵力威胁诸侯,故诸侯乐与齐国联合,以共攘夷狄,安天下。管仲之力也。如其仁!如其仁!'"孔注,言谁如管仲之仁耶。"子贡曰:'管仲非仁者欤?桓公杀公子纠,不能死,又相之。'仲相桓公,而专齐国之政。子曰:'管仲相桓公,霸诸侯,一匡天下,民到于今受其赐。微管仲,吾其被发左衽矣。管仲能安天下,使北方之戎,南方之强楚,不能侵略中夏诸国也。岂若匹夫匹妇之为谅也,自经于沟渎而莫之知也。'"二条,皆见《论语·宪问篇》。据此,可见春秋时以人臣死君之难为仁,否则为不仁,正是据乱世之大义。子贡、子路皆孔门高弟,犹执此大义以责管仲,而孔子直斥二子之非,扬管仲匡天下之功,不以为君而死之奴德为贵,可证孔子不予据乱世之所谓大义为正义也。班固言"七十子丧而大义乖"，盖以为七十子受大义于孔子而无或背，及战国时农家主废君，道家亦多为反对君权之论，故班固有大义乖之叹也。其实，孔子未尝以据乱世之大义教七十子，如上引《论语》之文可证。七十子自有崇尚三代之英，服膺其大义者，而决不尽如此。假令七十之徒皆崇小康之大义，则《礼运》流行至战国而尸子能通其旨，是谁传之乎？《春秋》本义至汉初犹存，赖子夏传之公羊氏，延及何休口义未泯。《诗传》虽全亡，而《论语·阳货篇》："子曰：'小子何莫学夫《诗》？《诗》可以兴，朱注：兴者，感发志意。余谓志意盛，则不为强暴所摧折也。可以观，朱注：观者，考见得失。余按《诗》采自民间，可以见群情之所患苦，而考察人民生计与社会政治制度之得失及教化风习之善恶。可以群，《诗》发于人情之自然，其休戚哀乐之感，常引起人之同情，故诵《诗》而合群之爱生。民主之治，基于群情之互相乐助，互相制约，故诗教重在群。可以怨。'"怨诗皆代表劳苦大众忧思之情。感于上层之压迫剥削而有忧，忧而思，思然后积，积然后流，流然后发，情深而气充，故其感人也深，而人莫不与之同情，革命所由兴也。此数语犹存于《论语》，可窥孔子诗教概要，其异于据乱世之大义不待言。三千七十之伦当必有传《诗》者，传者，传习与传授。惜遭焚坑祸，而秦、汉间学《诗》者，不闻有护持孔子《诗传》之儒，是可惜耳！

《尚书经》《传》之出于汉者，有河间献王所得，见《汉书·景十三王传》。有鲁共王坏孔子宅所得，见《汉书·艺文志》等。此皆古文也。献王《书》是否献之汉廷不可考。孔壁《书》汉朝秘藏，所谓中秘。始终不立学。余论之于《原学统》中。《汉·艺文志》称"《尚书》古文经四十六卷"，盖即孔壁中书。《志》称孔安国献之于朝，遭巫蛊事，未列于学官。此与《论衡·正说篇》所言者不同。《论衡》云得百篇于孔壁，"武帝使使者取视之，莫能读者，遂秘于中"云云。余以为《论衡》较可据。班《志》据刘向、歆父子，每以己意立说。信向、歆不如信《论衡》也。班《志》言刘向以中古文校欧阳、大小夏侯三家经文。《酒诰》《召诰》二篇文字异者七百有余，脱字数十，向所说止此。至于中古文经本，与三家经本，彼此篇名有异同否？篇数多少有不齐否?《酒诰》《召诰》而外其余各篇异文多少? 刘向均不言及,此甚可疑。岂只校此二篇耶? 抑此二篇外都无异文脱字耶? 事实决不如此。余揣刘向以中古文校正三家经本之结果,其悬殊必太甚。唯《酒诰》《召诰》二篇彼此都有之,且异文犹少,故向独举之耳。龚自珍不信中古文。殊不知,中古文即汉武使使者所取孔壁书。《论衡》必有据。自珍疑难太疏谬。皮锡瑞赞同其说更谬甚。三家经本即伏生所传之古书。孔壁所出必是孔子所删修之书,其取义决与古书大不同。汉初尊信之《尚书》至今存者,唯是秦博士伏生所传之二十九篇。此诚小康礼教之书,即据乱世之大义也。伏生所传之书流行至今,而中古文即孔壁之书,汉廷秘藏不立学,遂至废绝。可见中古文为孔子所修之书必与据乱世之大义极不相合,必不容许大人世及以为礼,即不容许统治阶级存在也。孔壁之古文书自当较秦博士伏生所传之二十九篇为至可信,而汉之君臣或博士之属始终不欲以此书立学,不以此书行世,岂不怪哉? 其必以此书有大不便于皇帝者可知矣。班固以为七十子所受于孔子者为据乱世之大义,诬孔子乱六经,以护帝制,此本汉人奴习,无足怪。余从今《礼记·礼运篇》发见后仓等改窜原书,以离大道而归小康,要非原书本来面目。从孔壁书以中秘废绝,而秦博士所传之书盛行,可以想见孔子删修之书必与古书绝不同旨。秦博士所传之书,大概据古书以改孔子之书。古书是据乱世之大义,秦博士所据。孔子所修书与据乱世之大义正相反。其一兴一废决不偶然,从《论语》以兴、观、群、怨,教弟子学《诗》,可想见孔子《诗传》内容必反对据乱世之大义。《诗传》亡,而其义旨犹存于《论语》也。总之孔子六经皆本于天下为公之大道以立说。尸子据《礼运》而以一公字蔽六经,蔽,犹涵盖也。犹之《论语》据《诗经·鲁颂·駉篇》"思无邪"三字蔽三百篇也。参考《论语·为政篇》。据乱世之大义,正与天下一家之公道极端背反。天下一家,见《礼运》。前文已引。康有为不辨班固之邪谬而祖述其说,以大义、微言两相淆乱,而妄说《春秋》。是故公羊阴变《春秋》改乱制之意,而为汉制法,有为不能辨其伪。《春秋》以天子、诸侯、大夫等统治阶级为乱制,说见《原学统》中。后文当更详之。《公羊》之为汉制法正是班固所谓大义,即拥护统治阶级者也。董仲舒闻《春秋》于公羊寿,而乃倡事天之教,谓"道之大原出于天,天不变,道亦不变",以种种顽陋不堪之论迎合皇帝,明明背叛《大易》《春秋》,有为复不辨其妄。《繁露》一书,如有中才肯细心者,将其说条举出,毋误后学。其书亦时有深语,或是采自古义,须注意。夫有为以《春秋》自鸣,其所奉为法宝者,《公羊传》与《春秋繁露》二书也。而二书之伪与妄,有为读之已熟,乃毫无识别,不谓之怪事不得也。有为之所以陷于迷谬,盖为班固所愚,以为孔子之教有大义,亦时有微言。六经皆以大义为主,而微言偶寓焉,班固之意如是,有为亦信为如是。《公羊》《繁露》二书之伪与妄,有为习熟而不以为异,以其为大义所在故也。微言者,隐微不显之言。有为以为《春秋》张三世而有太平世此微言也,《礼运篇》有大同义数条亦微言也,于是杂乱抄书而言孔子改制,不问孔子所欲改者是何等制。言《春秋》有大义、微言,不悟大义、微言根本两不相容,孔子何至浑乱一团? 至其依据《礼运》大同义数条而拟大同草案,但大同如何可能,有为茫然昧然,绝不探寻问题。《礼运》虽经改易,而其原书根本旨要尚可于伪篇中考索,余当于后文提出。伪篇,谓今《礼记》中之《礼运篇》。惜乎有为浮乱,虽熟读《礼运篇》竟如不读也。有为受汉人笼罩,于六经不求真解,只剽窃《春秋》三世名目及《礼运》篇首数语,以此自炫新奇。而《大易》为《春秋》之原,有为不能通,则置之而不肯深究。《周官》《礼运》皆于《春秋》为一贯,有为不信《周官》,则《春秋》拨乱而致太平之经纬万端,与其裁成天地之功用,皆不可得而见。余谓有为虚揭三世名目者以此。或有难言:《周官》之制度可行于后世欤? 曰:《易》不云乎,"变动不居,周流六虚,不可为典要"。六虚者,上下四方,犹云大宇。不可为典要者,言当率循自然之则,不可以吾人主观为之安立典常也。圣人之观测于自然者如此。又曰:"穷则变,变则通,通则久。"圣人之观测于人群者如此。夫群变屡迁,圣人固不能为后世详定一切之制,然穷、变、通、久自是存乎人群之公则,《周官》之为经实本此公则而树义。为人群蕲进太平,而创明未来世治制之大体,虽未可预知一切以为之计,而其施设之大体固本乎穷、变、通、久之公则,后人不容忽而不究也。其本乎穷、变、通、久之公则者何耶？自有人类以来,贫富不均而富者侵贫,智愚不均而智者欺愚,强弱不均而强者噬弱。圣人作《周官》,深知贫富、智慧、强弱种种之不均,为人道之穷也,故其全经之蟠际天地,经纬万端者,一切皆惩不均之穷,而变之以一切皆均。为亨通可久之道,是故土田归公,计口分配合作,人莫得私有。百工众业相联,读《周官》者,须知其全经根本旨趣,一是均义,一是联义,此两义深远至极,真切至极。处处要行之以均平,处处要互相联系。工业尤然。天产地产之材,无不化裁之以增其量、变其质,化裁二字,见《易·系辞传》。化者变化之,裁者裁成之。凡物经化裁则其量增,而质亦变。《周官经》以事官掌工业,而明其职曰以生百物,盖言工以化裁而生物也。期于利用厚生。而一切工业皆属国营,统之以事官,冬官亦名事官。人人在团体生活中各尽其智力体力,则贫富均矣。学校教以道艺,道者,本原之学,今云哲学是。智慧与道德之涵养须有道学。艺字,含义最宽,有知能或技术等义。古言艺者,大概为知能义,如格物的知识即属于艺。若今以绘画名艺术则狭义也。社会厉行读法。工人犹令习世事,后详。人人自童年以至壮老,无一日旷学,则智愚均矣。《周官经》以冬官即掌工业者。与夏官之外交,联系最密切。夏官有训方、职方、合方诸氏,至后详。专主通达大地万国人民之志愿,而互相联合为一体,从解决经济问题入手,利害与共,休戚相关,生产统筹,有无互通,一切悉本均平之原理。如此,则强弱均矣。此乃略言大概,其详非此所及。《周官》制度及升平之治,是为由据乱进入太平之过渡时期。而难者必谓《周官》不足侈谈于后世,何其识之卑,见之小乎？康有为学《春秋》而疑《周官》,正是于《春秋》无所知耳。

孔子五十岁前深究实用之学,详在《原学统》。或者犹信小康礼教,即依大人世及以为礼,而不敢背其所谓大义。至五十学《易》后,二十余年间其思想盖已大变。孔子卒年七十四,从学《易》至卒之年,约二十五年。孔子修六经当在晚年,《大易》《春秋》《周官》三经之作或更后。晚而已知道之不行,思著书以开后世。六经为孔子晚年定论,其思想自是一贯,断无大义、微言浑乱一团之理。余敢断言,圣人心事如白日,决不至以大人世及为礼与天下为公两种不同之说,是非莫定而苟且成书,诳惑后人。决不至三字,至此为句。六经为内圣外王之学。内圣则以天地万物一体为宗,以成己成物为用;外王则以天下为公为宗,以人代天工为用。天下为公,必荡平阶级,故大人世及之礼制不容存,同时必作动人民自主之力量,如《尚书》言"协和万邦,黎民于变",《周官》言"作民",《大学》言"作新民"皆是。人民不经一番作动,其情涣散,其力脆弱,难言民主也。《尚书》言"天工,人其代之",解见本书绪言中。《易·系辞传》大阐此旨。《周官经》以掌工之官,职在生百物,亦此旨。六经之宗要既明,则外王学之真相,可不为邪说所蔽矣!

　　附识:《论语》一书,门人所记,当有孔子五十以前之语,亦有其晚年语。且因机酬对,不能无随顺时宜语。此书万不可不深究,但须简择。

　　孔子天下为公之理想与制度,今当就《大易》《春秋》《礼运》《周官》四经,而分别提控其要最,叙述如次:

　　《易》道广大悉备,广大则无所不包,悉备则小大精粗其运无乎不在。欲以简少之文,条分件系而揭明之,势所难能。必不得已,略举二义:一曰倡导格物学。古代格物学,犹今云科学。二曰明社会发展,以需养为主,资具为先,资具,犹云生产工具。始乎蒙,终于乾元用九,天下文明。

　　倡导科学之理论,莫盛于《大易》。今征引《系辞传》诸文,而加注如下:

　　"知周乎万物,而道济天下。"见《上传》第四章。注曰:圣人之尊知而异乎反知也,于此可见矣。晚周哲人反知最力者,莫如老、庄。庄子曰:"吾生也有涯,而知也无涯。以有涯随无涯,殆已;郭象注:以有限之

112

生，寻无极之知，安得而不困哉？已而为知者，殆而已矣。"已困于知，而不知止，又为知以救之，斯养而伤之者，真大殆也。见《庄子·养生主篇》。老子曰："绝圣弃智，民利百倍。"见《老子》上篇十九章。庄子伤夫人之以有限之生，寻无极之知，是自伤其生。此等颓废之论，将使人道同于土石之无知。夫人者有知之物也，人与万物无二本，乃互相连属而为浑然之全体也。万物一词，即天地与人或一切物，皆为其所遍包广涵，而无有遗。人心之知其周通于万物也，是乃全体中自然之运，运者，运行或运用义。必然之几，几者，动之微。譬犹吾一身之血脉流通，不容遏抑者也。遏抑之，是自绝其大生广生之机，岂止困殆而已乎？庄子叹为知之殆，而不为知者其殆尤甚，则庄子所不喻也。道家本任自然，而知之发展正是自然之理，庄子乃欲不为知，是逆自然，岂任自然乎？

或复有难：孔子言知周万物，是乃极端主知论，而迥异不可知论者，毋乃持论过高欤？夫万物之理，无穷无尽，合大地古今人类知能之所及，与各种学术之所发见，而在无穷无尽之大宝藏中其所知终属有限。试以此说，质诸当世博才通人，或待之后贤，当不容否认也。知周万物，谈何容易哉？答曰：子之言，余亦认为有当也，然忽视知能之绩，究未免太过。自鸿荒肇启，以至一切学术昌明之今日，人类对于大自然无穷无尽之法海，其所泛游博览而确有获者，亦既广且精矣。法海之法，此中则指理道言，或以自然规律言亦可。海者，形容其深广也。自今以往，人类知能与学术发达之前途正未可量，则如孔子所言，吾人有周知万物之可能，本非夸大。孔子言知周乎万物，周者遍义。万物之理，虽深广无穷尽，而人类之知力亦无限，自能周遍知之也。即降一步言之，虽于无穷无尽之法海，不必能周遍知之，而人类继续求知，亦随之无穷尽，虽复知之不必能周而积世积人，所知愈多，其庶几近于周知。近字吃紧。终亦不息其努力，夫惟近于周知，而无可息其努力也，是乃人生之所以日新其德，而为至乐也。何至有庄生之所谓殆哉？信任知之权能，尊重知之价值，发展求知之爱好,此乃孔子与儒学伟大处,科学精神在是也。

　　"绝圣弃智,民利百倍",异哉老子斯言！其有激而然耶？老子尝曰:"智慧出,有大伪。"《老子》上篇十八章。又曰:"不贵难得之货,使民不为盗;不见可欲,使民心不乱。"《老子》上篇三章。又曰:"人多伎巧,奇物滋起。"《老子》下篇五十七章。又曰:"民之难治,以其智多。故以智治国,国之贼;不以智治国,国之福。"《老子》下篇六十五章。凡老子之言皆此类,其以为"绝圣弃智,民利百倍"者,盖恶夫智慧出则大伪生,伎巧多,奇物起,嗜欲盛,人以是亏其性,丧其朴,违其常道。而推其原,则由于人之多知,故老子伤之,而以绝圣弃智为斯民之大利也。老氏之见其果是欤？余未敢以为是也。夫智慧非以为大伪而大伪生;难得之货非以招盗而盗生;可欲之物非以致乱而乱生;技巧多,奇货起,非以长嗜欲而嗜欲生。民之多智非必难治,而多智之民难治者,其必有故。夫老氏之所患,孔子非不知也。孔子曰:"知周乎万物,而道济天下。"老氏乃言:"绝圣弃智,民利百倍。"一以济天下之道本于知,一欲无知而民始利,其相反若此之甚也,何哉？夫大伪随智慧以生,而作伪毕竟不是智慧;盗随难得之货以生,而盗与难得之货究无相依不离之关系;乱随可欲之物以生,而乱与可欲之物复无相依不离之关系;嗜欲随奇货以生,而嗜欲与奇物都无相依不离之关系;民之多智不可说为难治之因,民之难治决不是其智多之果。孔子见之甚明,是故智慧不可锢蔽,而去伪非无其道也。难得之货、可欲之物不可禁阻,而止盗息乱,非无其道也。奇物不可不奖励,而嗜欲导之于正,非无其道也。民之多智,是乃易治,非难治也。夫去伪止盗乃至导嗜欲于正,俱非无其道者何？民之多智而易治者何？当知儒者有二道焉,曰兴礼乐,曰本天下为公之道以立制度。是二者,皆所以发扬人类周通万物之知,以弘济天下,而无往不利者也。云何礼乐？礼者,敬以持己而不敢偷,敬者,礼之本。敬以待人而不敢侮,自大而侵人,非人道也。修于外以养其内也。乐者,冲

114

和而不倚，冲者深也。和之德根于内，乃至深而不可测其缊。和者生命之本然。斗争为战胜不和之一种手段。不倚者，和自内发，非有待于外故。同物而无己，和则浑然与物同体，故无小己之私。诚于中，以形诸外也。礼乐交修，而和与敬之德本醇固，和与敬，皆万德之本。则周通万物之知，皆顺循乎和敬以起用。见理明，智慧出，则见理明，老氏訾之，非也。而执德宏，德，谓和与敬；执者，谓常不失其和敬也。则邪伪自无由作。凡作伪者，必由于无智也。智者明知伪不足恃，何以为伪？又凡有智而贫于德者，私欲起而障其智，亦可作伪，故礼乐之化兴。人心不失其和敬，则私欲不萌，而伪端自绝。邪伪不作，其有难得之货、可欲之物交接乎前，而犹或乱心，或蓄盗志者，断不至是也。人心常存和敬，则嗜欲从理，而毋妄逞，奇物足供利用，何患之有？老氏不知以礼乐育德，而深恶智慧技能，智慧一词，有胜义，有劣义。知识杂，机变甚者，说为智慧，此属劣义。若乃至高之明睿胜用，其于理道之玄远幽微，能不待推论而彻悟者，此名智慧，而不当说为知识的，是乃胜义。《老子》书中智慧与圣智等辞，多属劣义。厌文明而思返淳朴，此实褊狭之见耳。老氏以为上古之人群，无知而淳朴。其实无知之朴，不必为淳德也。僿野之群，以无知故，罕能为恶，亦以无知故，莫能为善。犹复当知，无知之族其于一切事物之理未有了别，其人犹未甚变革兽性，贪戾猜忍之习，不必亚于足智之伦。老氏故欲常使民无知无欲，见《老子》上篇三章。岂不误哉？未开化之群虽无知，而常有求知之欲。至于生存欲与饮食男女等欲，皆自然之理，人生必不可无者。老氏独反自然，何耶？申、韩演老氏使民无知之旨，吕政用之卒致灭亡。逆自然者不祥，斯明验也。夫人生有求知之欲，未可安于无知也。要在以礼乐养其和敬诸德，而后斯人开物之知，富有日新，有德以为之帅，其功用无有不善。官天地、府万物、弘济之道无穷，圣学所以俟百世而不惑也。

云何本天下为公之道以立制度？大人世及之礼与私有制悉废除，即荡平阶级而建天下一家之新制，是谓公。夫群制之良否，群制，犹言社会组织与经济制度。其于人类道德与智慧之表现，盖相关最巨。在统治阶级与私有制之下，大多数人受少数人之侵欺，其道德与智慧不易表现。在阶级与私有制废除，天下一家之制度下，人人可以表现其道德与智慧。所以者何？天下之人人皆化私而为公，戒涣散而务合群，则智慧超脱于小己利害之外，而与日月合其明。"与日月合明"，见《易·乾卦·文言》。日月大明，无私照也，智慧亦犹是。大明不容邪伪，譬如大海不宿死尸，老氏见不及此也。人类共同生活之制既已建立，则难得之货、可欲之物，及诸伎巧奇物，皆为全群利用厚生之所必需。小己在全群之中，乐利与共，何至有盗与乱之事？嗜欲得正当之发舒，而吾人神智自有解粘去缚，精进向上之乐。老氏必欲常使民无知无欲，是冀返人类为块土也，何可得哉？若夫人民多智，而上层统治者犹不悟，常箝制而侵削之不已，人民困穷，而谋不轨。老氏说为难治，殆未究难治之故耳。荀卿言民生在群，其义本于《大易》之比。比者，比辅。《易》有《比卦》，明万物互相比辅而生。民智既开，自当举革命，除阶级，合群策群力，互相扶勉，互相制约，而为天下一家之制。太平盛治，非民之多智，无由致也。而老氏必以民之无知为福，不亦谬哉？或曰：老氏当晚周之际，恶夫霸者假仁义之名，而以术诱其民，故云"以智治国，国之贼"，其意未可厚非也。曰：若是，则如孟轲直斥霸道可矣，何得以民之多智为病？且民有正智，方不惑于霸者之术。正智一词，借用佛典。智无倒妄，故曰正。《易·系传》言"贞明"，亦正智义。老氏顾谓民之难治，以其智多，是人民不当有智也。老氏之流为申、韩，岂偶然哉？总之老氏反知之论，褊浅而不可为训。严复评点老子，以老为民主之治，以儒术为君主之利器，其于儒老，两皆无知。儒道广大悉备，其言"知周万物，而道济天下"，要归于化民以礼乐，导民以天下为公，以立制度，此其所以司造化之权，树人道之准也。

"《复》，小而辨于物。"见《下传》第七章。注曰：《复卦》孤阳在群阴之下，故说为小。《复卦》六爻，初爻为阳，自二以上，五爻皆阴。初之孤阳，故有小象。《易》道包通万有，包者包含，通者通贯。其取义不拘一端，故圣人于《复

116

卦》特示格物学之方法,曰小辨于物。小辨者,分析术也。物理繁赜至极,非分析则难察其同中之异,异中之同。物理隐微难测,非分析则莫能由表以入里,由粗而致精。凡物转变无穷,非分析则无可究其因果屡迁之妙。凡因,望后果而名因;若望其前因,则应名果。凡果,望前因而名果;若望其后果,则应名因。故知凡物转变,都是因果屡迁而不断。如上略说分析术之重要,是为格物学者所万不可忽。《论语》曰:"工欲善其事,必先利其器。"分析术乃格物学之利器。自汉以下,二千数百年间,格物学废,而儒生不知有小辨术,亦可曰小辨术绝,故格物学亡。

孔子于《易》之《复卦》首明小辨术,门人从之受《易》者,必有专研此学,惜乎《易经》传记亡失,不可考矣。汉初司马谈曾言六艺经传,以千万数。《易》为五经之原,其传记必多,惜皆亡于秦、汉。犹幸《大戴礼》有《小辨篇》尚存鳞爪,其称孔子对鲁哀公问忠信云:"内思毕心曰知中,中以应实曰知恕。"案"内思毕心"者,内心之功用,依据感觉而起思惟。思惟既据感摄之材料,能构造无数概念,而复分析与综合之,殆成为重重无尽之理法界。理法界一词,借用佛典,不必符其本义。此则思惟,毕尽其内心之功用,是谓"内思毕心"。知此,则知中矣。"中以应实"者,思惟似离感觉而上升,已构成重重无尽之理法界,则所谓"内思毕心"之中将入玄虚而不根于实物,恶乎可? 孔子虑人之疑及此也,故又曰"中以应实"。概念皆有感摄之材料为依据,即思惟皆有实物为其所从出之源泉。思惟虽上升,终不离其所据之实际理地,是谓"中以应实"。知此,则知恕矣。孔子格物之学以实测为基。《大戴·小辨篇》存此片言至可贵。

"范围天地之化而不过,曲成万物而不遗。"见《上传》第四章。注曰:本书绪言引此文,曾为疏释,今复略注。范围者,朱子曰:范如铸金之有模范;围,匡郭也。天地之化无穷,而圣人为之范围,不使过于中道,所谓裁成者也。案朱子释范围二字,甚是。吾人对于天地,天地犹云大自然。须能自为主宰,使天地之化皆在吾人之范围中,而得免于过失。

姑举一二例："昔大禹治水,山陵当路者毁之,故凿龙门,辟伊阙,析底柱,破碣石,堕断天地之性。"见《汉书·沟洫志》。大禹所以"堕断天地之性",堕,毁也。即是以人功改造天地,使天地不得越吾人之范围,洪水不独不为人害,乃为人之大利。又如天高而不可升,江河险而不可渡,先民始造船以行水。墨子更造木鸢,为晚世空航之始。此皆吾人以自力范围天地之事实。至科学昌明,则人力制天之伟绩更不待言。天地之化,不能逾越人之范围,西人言征服自然亦符此旨。"曲成万物"者,吾人明于万物之性能,因以人功利用之,或操纵之,或扶植之,使其性能发挥盛大,直成为新创之物事,故曰曲成。《中庸》二十二章:"其次致曲,曲能有诚。"朱注云:"致,推致也。曲,一偏也。"案因物性或物能之偏长处,而施人工以推致之,则其发育无穷,故曰"曲能有诚",与《易》言曲成义通。如改良动植物品种,及利用电力等等,皆曲成也。

"子曰:子者,孔子。'夫《易》何为者也?夫《易》开物成务,冒天下之道,如斯而已者也。'"《上传》十一章。注曰:开物者,物字有二义:一、人与天地万物,通名为物。二、物字亦得专用为人之代词。由后义言,庶人知能未启,当开导之,使愚者日进于明,柔者日进于强,是谓开物。由前义言,开发自然界无限物资,满足人群之需要,是谓开物。成务者,人群当时时创成其已往所未曾发起之事务。《上传》第五章云"富有之谓大业,人能体现天行之健,而富有创造力,故屡成大业。日新之谓盛德",人之智虑、德行,乃至一切制作,如群纪、政制及器械等等,皆日新而不守其故,是德之盛也。亦与此通。

"备物致用,立成器以为天下利,莫大乎圣人。"《上传》十一章。注曰:圣人注重格物学,故能备物致用,立成器以利天下也。

"是故形而上者谓之道,形而下者谓之器,化而裁之谓之变,推而行之谓之通,举而措之天下之民谓之事业。"《上传》十二章。注曰:道者器之体,器者道之用,器者,宇宙万象之总称。道不在器外,譬如大海水不在众沤外。器者,道之发现,譬如众沤是大海水之发现。故形上形下,但随义异名,实无二界。形上之形,是昭著义。上者,至极之称。道为器之源,故说为上。此道发现万有,故云昭著。形下之形,是成象义。道之发现,名为器。器成而有象,故说为形。成象故沉坠,复说为下。沉坠者,言器成即为重浊之物,便与道之本相不似也。"化而裁之"以下,皆就器言。器者,物质界之异名。化者变化,裁者裁成。物质可施以人工,而使之起特殊变化。物之材性与其内缊之能,可以人工裁成,而使之发生不可思议之作用,故曰化裁之谓变。推行者,圣人以其化裁万物之道术,推广而行之于天下,俾天下人互相究明之,故谓之通。举措者,以其化裁万物之成绩,举而施布之于天下之民,共享其利,谓之事业。《大学》言平天下,归本"致知在格物",其义盖出于此。

上述诸文,并见《易·系辞传》。孔子倡导科学之识解可谓深远至极。《春秋》一经本与《大易》互相发明,其书灾异特详者,非如竖儒所谓神道设教之谓。董生《春秋繁露·盟会要篇》云:"至意虽难喻,盖圣人者贵除天下之患。贵除天下之患,故《春秋》重而书。圣人贵除天下之患,故遇天变,如日月食、星陨及水旱等等灾异,皆极重视而特书之。天下之患遍矣,天灾流行,为人类普遍之患。以为本于见天下之所以致患,所以致患者,由吾人未曾格物以推致其知,故不能控制天行以除患也。吾人必须见及此。其意欲以除天下之患。"据此,则书天变或灾异者,实以其为天下之患,故重而书之。其记日食、星霣等变,欲令审察物理也。记水旱等灾,欲人之修备也。天行虽酷,吾人能制天而用之,则民生利矣。《繁露·盟会要篇》以"至意虽难喻"一语起首,其下言圣人贵除天下之患,故重而书,本专就记天变与灾异而言。董生乃就弑君之事为说,则改变公羊高所传本义,而以忠君思想维护帝制。篇首"至意虽难喻"句,不似发端之辞,其于原文有削改甚明。

《大易》《春秋》皆倡导格物之学,七十子之徒当有承其洪绪者,惜乎故籍散亡。今惟荀卿书中略可征。《荀子·天论篇》曰:"大天而思之，按此言尊大乎天，而思慕之也。天，谓大自然。**孰与物畜而制之。**按此言吾人以大自然为神灵，而思慕之，孰若以大自然为物资备蓄之无尽藏，而吾人裁制之，将用无不利乎！**从天而颂之，孰与制天命而用之！**按古代民群敬畏自然势力之伟大，因从而颂之。今则雷电可制裁，而供种种之用，崇山可敷铁轨，重洋可航轮舟，天空可乘飞机而消其险阻，此等事例不可胜举，制天命而用之之思想，已完全实现。**望时而待之，孰与应时而使之！**按圣人与民同患，将有大变革，与其望时而待，不如应时而勇于创，使时势随人力而转也。**因物而多之，孰与骋能而代之！**按此谓因物之自多，不如骋吾人之智能，而化裁乎万物，使其效用益多而益大。**思物而物之，孰与理物而勿失之也！**按杨注：思得万物以为己物，孰与理物皆得其宜，不使有所失丧。**愿于物之所以生，孰与有物之所以成！**按杨注：物之生虽在天，成之则在人也。此言百物丰富，在人所为，不在天也。**故错人而思天，则失万物之情。"**按此言弃人力，而妄思天命，则不达物理。详荀子所云，盖发挥《大易》知周万物、范围天地、开物备物、成器利用、富有日新诸义。覆看前文。是故从帝尧人代天工之训，至孔子以逮荀卿，倡导科学之精神后先一贯。晚周科学名家，虽因故籍沦亡鲜可考，然墨翟、惠施、黄缭、公输子之徒，其姓字犹未尽湮没，惜其书亡耳。墨子为著名科学家，后世多称之。惠施，《汉·艺文志》列在名家。然《庄子·天下篇》称南方之畸人黄缭与惠子问难者，皆自然科学上之问题。惠子乃遍为万物说，说而不休云云。足征黄、惠皆科学家也。公输子以机械之巧见称孟子。若非吕秦灭学，中国科学发展何至后于西洋哉？孟子曰："舜明于庶物，察于人伦。"世未有物理不明，而人伦得不失其序者也。圣人倡格物之学，所以为万世开太平，秦、汉相继斩其绪，惜哉！

次言社会发展，需养为主，资具为先，始乎蒙，终于乾元用九，天下文明者。

《易·序卦传》云："有天地，然后万物生焉。此言万物，为人类与一切物之总称。下仿此。盈天地之间者唯万物，故受之以《屯》。受犹承也。《屯》

卦》承乾坤也。下言受者准知。《屯》者盈也。《屯》者，物之始生也。物生必蒙，《蒙》者蒙也，物之稚也。物稚不可不养也，故受之以《需》。需者饮食之道也。"据此，则人群之始蒙蒙昧昧，<small>蒙昧，皆重言之，谓其愚蒙塞野已甚也。</small>群生未遂，人文未启，<small>人文二字，见《易·系辞传》。</small>人群由愚而进于明，由闭塞而进于开通，由简单而进于复杂，由蛮野狭陋而进于智慧，与合群公德，及声明文物之盛，是人道之至文也，故曰人文。初民时代，却无人文可言。如童稚然，故谓之蒙。

"物稚不可不养，故受之以《需》者。"《需卦》明饮食之道。<small>《需卦》承《屯》《蒙》二卦之后，明人群以饮食为主。</small>民群繁殖，则需养之事急。《尚书》言民生，厥惟食货，义与此通。《需卦》之辞曰：需"有孚，光亨。贞吉。利涉大川"。按孚者信也。有孚者，人群生养之道，惟在平等互助，必互以诚信相与，而后可共济。诚信不存，则有强者用诈，弱者受欺，人类共同生活之制度无可建立，故贵于有孚也。光亨云云者，光者明义，亨者通义。明通而后不以私害公，是为贞正而吉。利涉大川者，大川，险也，凡不便于民生之度制欲改造之，恒有险阻在前，必持之以刚健，始能涉险而有成，此《需》之要道也。

资具为先者，<small>资具犹云工具。</small>民群以需养为主，故生产资具之发明与改进，而群道之变动，实系乎兹。《易·系辞传》云："古者包牺氏之王天下也，<small>包牺即伏羲之别名，谓其首创服牛乘马，因号伏羲，又因其取牺牲以充庖厨，亦号包羲。</small>仰则观象于天，俯则观法于地，观鸟兽之文与地之宜，近取诸身，远取诸物，于是始作八卦，以通神明之德，<small>按神明者，宇宙之大心，亦即是每一物各具之心。诚以每一物各具之心，与宇宙之大心，乃浑一而不可剖。德有二义：曰德性，曰德用。德性贞恒，而德用无穷竭。</small>以类万物之情。<small>类者，类通。</small>作结绳而为网罟，以佃以渔，盖取诸《离》。<small>《离卦》中虚。古说有目象。网罟以众孔相连贯，故是取诸《离》而为之。</small>包牺氏没，神农氏作，斫木为耜，揉木为耒，耒耨之利，以教天下，盖取诸《益》。<small>自此以下，凡取卦象，参考李道平《纂</small>

疏》。日中为市，致天下之民，聚天下之货，交易而退，各得其所，盖取诸《噬嗑》。神农氏没，黄帝、尧、舜氏作，通其变，使民不倦，神而化之，使民宜之。按守其故而不变，则民习于倦怠，而化道熄矣。惟通变，故民不倦。神而明之者，黄帝、尧、舜精于物理，深于察变，故其创造之功用至神，而民莫不宜之也。诸圣皆深于《易》，非孔子不能测之。黄帝、尧、舜垂衣裳而天下治，盖取诸《乾》《坤》。刳木为舟，剡木为楫，舟楫之利，以济不通，致远以利天下，盖取诸《涣》。服牛乘马，引重致远，以利天下，盖取诸《随》。重门击柝，以待暴客，盖取诸《豫》。柝者，两木相击，以行夜也。断木为杵，掘地为臼，臼杵之利，万民以济，盖取诸《小过》。弦木为弧，剡木为矢，弧矢之利，以威天下，盖取诸《睽》。上古穴居而野处，后世圣人易之以宫室，上栋下宇，以待风雨，盖取诸《大壮》。古之葬者，厚衣之以薪，葬之中野，后世圣人易之以棺椁，盖取诸《大过》。上古结绳而治，后世圣人易之以书契，百官以治，以书契而布治立事。万民以察，察者明察。民以此兴于学，而察于理道。盖取诸《夬》。"见《易·系辞传》下第二章。据此，则孔子演《易》，以生产资具之发明与改进，为群道变动之所由。其天才卓绝，前识远烛，万世无以易也，岂不奇哉！民国八年，鲁儒孙颖川学悟，自海外归，相遇于京津，曾问余曰："游学时与西人相接，皆言中国向来无科学思想，无民主思想，其故安在？"余曰："汉以来二千数百年，学术思想锢蔽，诚如西人所言，此专制之毒耳。"抗日军兴，余与颖川俱入蜀，颖川访余北碚，喟然曰："吾国近四十年间，提倡科学不为不力矣，然学术自有本原，今人不寻自己根芽，恐非自树之道欤！"余曰："君欲反求诸己，莫急于学《易》。"颖川垂老好学，惜乎其逝之速也。慨兹亡友，姑识其言。

群始乎蒙，前已说讫。其终于乾元用九，天下文明者，民群自私有制度与统治阶级之形成，天下最大多数人常困于衣食而不得温饱，无有发展其知能与智慧之机遇。凡高等学术惟少数人得研究之，且常以拥护统治阶层之杂染意识，杂染意识，参考佛家唯识论。发为邪说，如贵贱尊卑等名分，以愚诳天下最大多数之穷人，是故阶级未除，学术虽兴，而不得下逮,大群蒙昧犹不异初民时代也。《易·系辞传》曰:"吉凶与民同患。"古代所谓民者,即指天下劳苦众庶而言。《春秋繁露》:"民者暝也。"《论语》:"民可使由之。"郑注:"民者冥也。"《尚书·吕刑》:"苗民弗用灵。"郑注:"民者暝也。"《春秋繁露·深察名号篇》:"民之号,取之暝也。"又曰:"民泯然无所知也。"《荀子·礼论》:"人有是,君子也;外是,民也。"注:民,无知之称。《贾子·大政篇》下:"民,冥也。"如上所述,古者盖以天下劳苦大众,其生活甚窘,不得从事学问发展知识。故因其冥昧无知,而命之曰民也。圣人所以领导下民而不忘忧患者,盖由其通神明之德,类万物之情,而出于不容已耳。古籍言及民者,每曰下民或小民,以其最卑微,常为居上者之所驱役与侵削故也。神明,解见上文。今此言神明之德,犹言圣人之心德。夫圣人之心德,与万物通为一体,未尝舍万物,故常类通万物之情,吉凶与共也。

《易·乾》之《文言》曰:"亢龙有悔,穷之灾也。"亢龙者,统治阶层之势,将达于极度,处上而不能下,是亢龙之象也。龙,为居上者之象;亢者,极上而不能下之象。势极而不反,虽悔无及,故谓之穷。穷则灾害至,虽欲勿覆灭,不可几也。

《易·系辞传》曰:"《易》《易》之学发明变易之道,其变则如下所云也。穷则变,变则通,通则久。"下传第二章。此明群变之轨范也。

夫私有制与统治阶级之形成,是固群变之所必经,而非人群之公道,其势决不可久。圣人前知其必至于穷也,是故倡天下为公之道,定天下一家之规。详在《礼运》,篇首已引述。所以除阶级,废私有,而为变通可久之道也。《易·乾》之《象》曰:"首出庶物,万国咸宁。"庶物,犹言庶民,即天下最大多数之穷民。此言庶民一向受侵削于统治阶层,今乃互相结合,始出而共举革命之事,此中首者始义。首出,犹言始出。遂令阶级荡平,统治者废黜,而万国之庶民互相亲比,比者互助义。互相制约,实行天下为公之大道。故庶物首出,而万国莫不安宁也。《易·杂卦传》曰:"《革》,去故也。《鼎》,取新也。"《易》以《革》《鼎》二卦相次,明去故取新,物理人事无不皆然。庶物崛兴,共图革鼎之大业,当毅然开创,不容待时而动。

《易·乾》之《文言》曰:"先天而天弗违,后天而奉天时。天且弗违,而况于人乎?"天者,自然之运,本吾人众力当过去世所造成之运会也。其既成,则谓自然之运耳。吾人当以自力,突变自然之运而开创新运,使自然之运随人而转,故曰天弗违。后天者,谓因自然之运,而顺应之以图功,不失其时。按先天者,突变义。老氏反儒,其言群化,期之以渐,故曰:"不敢为天下先。"自汉以来,老之说行,而《易》道晦。中国群俗政制乃至一切,均凝滞不变,《易》学被夺于老,乃中国之大不幸也。清季,严复宗老而薄儒,章炳麟亦不通儒术。严讳言革命,章尝弹严,卒有能明经义以正之也。老学本出于《易》,而适毁《易》。汉世儒生治《易》者又皆以术数障之,儒学之亡也久矣!

乾元用九云云者,《易·乾》之《象》曰:"大哉乾元,万物资始。"言万物,即天地与人皆包含在内。乾元者,万物之本原也。物虽万殊,从本而言,皆互相联属,平等一如。一如者,言彼物此物都无高下等差别。用九者,乾为阳。九者阳数。《易》每卦六爻,而以九为奇数,以之表乾阳。六为偶数,以之表坤阴。《乾卦》六爻皆阳,所以表万物之洁齐,洁者,言其真善美;齐者,平等义。六爻皆阳者,明万物皆是乾元之显现,故万物莫不至洁,莫非平等也。亦即以此见乾元之妙用,用而曰妙,赞美辞也。故曰"用九,乾元之妙用,于《乾卦》六爻之皆表以九而可见,斯云用九。见群龙无首,吉"。古代以龙有阳刚之德,故圣人居天子之位者,即取象于龙。今乾之六爻皆阳,是群龙也。世进太平,则大地人类都是圣人,而天子之位与权不属于一人,乃遍属于普天之下一切人,故曰"群龙无首"。无首,谓无有为首长者。无亦作无。世运至是,乃大吉。盖社会发展,由蒙昧而进进,张横渠云:"《易》道,进进也。"终乃突跃而至于全人类大同太平。人类以格物之功,而能开物、备物,变化裁成乎万物,利用安身,驯至与天地合德,与日月合明之盛,天地之德,无私也;日月之明,无蔽也。而人道尊严极矣。

上来略述《易》义,今次当说《春秋》。孔子之外王学主张废除统治阶级与私有制,而实行天下为公之大道,余以董生所私授于马迁之《春秋》说与《礼运》参稽，得其确证。

《史记·儒林传》曰："汉兴至于五世之间，高、惠、文、景、武为五世。惟董仲舒名为明于《春秋》，其传《公羊氏》也。"马迁此言决不妄，然董生作《春秋繁露》，确为拥护帝制之书，实背其所学。说见《原学统》中。惟《史记·太史公自序》，述其所闻诸董生之言曰：

"《春秋》贬天子，案贬者贬损，犹言损去之也。退诸侯，案退者黜废之也。讨大夫，案讨者，诛灭之也。以达王事而已矣。案古训，王者往义。王事，谓天下人所共同向往之事，如《易》之《比卦》明万物互相比辅而生，《同人》之卦明人类当去私而归大同。《礼运》言天下一家。人群事变无穷，毕竟向天下为公之大道而趋，是谓王事。子曰：案子者，孔子。'我欲载之空言，不如见之于行事之深切著明也。'"空言云云，谓空持理论，不如实行革命之事，其道乃深切著明也。汉以来奴儒说《春秋》者，其解释不如见之行事句，则谓孔子以为不如托之古史所载君臣行事，而笔削褒贬以垂戒。如是，则与空言何异？明明背版圣文。

如上所引，是马迁《自序》所称，闻诸董生之言，此乃董生私授于马迁，而不敢写出为书者。《春秋经》虽亡，而董生此数语犹存《春秋》真相，至可宝贵。案马迁《自序》中虽称述董生此数语，而其后文乃多以己意淆乱之，如云《春秋》上明三王之道，以下数段文字，纯是小康礼教之意，盖以迎合皇帝而避祸也。夫《春秋》曷为贬天子、退诸侯、讨大夫哉？余考之《礼运篇》而知其故矣。《礼运》谈小康一段，言"大人世及以为礼"，大人谓天子。世及者，天子之位，为其一家世袭之物，父死子继，亦有传弟者。后世，天子无子，则立犹子为后，是谓世及。天子如是。诸侯世有其国，大夫世有其采地，皆是世及之礼制。至"以设制度，以立田里"，其后文复申之云：

"故天子有田，以处其子孙。案天子所直辖之邦域内，其田皆为天子一家私产也。诸侯有国，以处其子孙。案诸侯以其国内之土田，为其一家私产。大夫有采，以处其子孙。案古者卿大夫所封之邑，曰采地，亦为其一家私产，子孙世有之。是谓制度。"案以上数语，即详说前文"以设制度，以立田里"二句。

如上所述，《礼运》之文，以与马迁所称董生说《春秋》义相对照，可见中国古代社会有三层统治阶级，曰天子、曰诸侯、曰大夫。此皆孟子所谓"治人者食于人"，案食于人者，谓不自食其力，而以人民之劳作供己之食，是谓食于人。即立于剥削之地位者也。而天下最大多数之小民，亦云下民，则在三层统治之下，古籍称人民曰小民或下民，秦以后皆因之。劳苦力田，以奉其上。孟子所谓"治于人者食人"，案治于人者见治于居上层者也。食人者，出赋税以供养上层也。是乃无产阶级也。孔子哀闵下民，故其作《易》明吉凶与民同患之志，引见前文。而作《春秋》则盛张贬天子、退诸侯、讨大夫之正义。其忿嫉三层统治阶级，统治阶级，即对下而行剥削者。欲扫荡之，可谓大智大仁大勇，为旷劫未有之大圣矣！旷劫，犹云旷代，有空前绝后之意。孔子在古代有此深远见地，伟大情怀，真令人穷于赞扬。孔子言成己，必赅成物在内，不遗物而私小己也。言己立、己达，必赅立人、达人在内。若惟求己之能立，而于人未自立者则忽视之，惟求己之洞达不惑，而于人未自达者则忽视之，是不悟人己互相联属为一体，而自私自利以丧其真也。故孔子广教育，曰"有教无类"。谓无贵贱贫富或智愚等类别，而普遍施教也。门下三千之众，高材七十子之徒，多来自远方诸国，其领导民众之热诚至深厚，感召力至伟大，不独在中国为出类拔萃，即在世界史上亦罕有其伦也。孔子破除阶级，倡导民主，与创明天下一家之治纲，远在三千年前，岂不奇哉！三千年犹稍欠，今举成数言之。然孔子之思想非无所据，盖见夫古代社会有三层统治阶级存在，以少数人控制与剥削天下最大多数人。此为理之所不许可，势将必至于穷，一般人皆习焉不察。孔子天纵之圣，其前识孤烛，斯足奇耳！实则孔子思想犹是反映当时社会政治，并非不根事实从空想得来也。

今从《诗经》三百篇考见周代小民之怨诗，足征当时统治阶级横行剥削，不倾覆之，是无人道也。姑说《小雅》举数章，以见其概。《正月》有曰："佌佌彼有屋，蔌蔌方有谷；佌音此。蔌音速。佌佌，小人之状；蔌蔌，窭陋貌。盖收租之吏,亦有役夫随从。仳仳蔌蔌,谓役夫也。今已有屋有谷,可见服事官家者,亦胜于为民。**民今之无禄,夭夭是椓。**无禄,无谷也。夭夭,上夭字,注家皆作天。下夭字,夭折也。椓,害也,言天祸夭折之为害耳。案注家此解甚谬。上天字,亦是夭字微讹,当作夭夭。夭夭者,少好貌,谓收租也。民之无穀,由王家吏尽搜括去,害在是也。**哿矣富人,哀此茕独!**哿可喜。茕音穷。富人,谓在官者。又《蓼莪》有云:"**瓶之罄矣,维罍之耻,鲜民之生,不如死之久矣!**"案瓶、罍皆酒器。瓶小而罍大。民以瓶自比,而以大罍比君上,言小民资粮罄尽,悉入王家大罍,此亦王家之耻也。鲜民犹言穷乏之民,生不如死,怨之至也。此诗为孝子不得养亲而作。又《鱼藻》有云:"**鱼在在藻,有颁其首;**藻,水草也,言鱼何在乎,在水草处也。颁音焚,大首貌。**王在在镐,岂乐饮酒。**"言王何在乎,在镐京也,则恺乐饮酒矣。恺音岂。此诗盖人民以鱼自比,鱼栖水草之下,常为人所取食,王者恺乐饮酒以肆志,亦视民若肥鱼而无患耳。又《大东》有云:"**小东大东,杼柚其空;**杼音伫。柚音逐。小东大东,谓东方小大诸国也。周都西京,诸侯之国向称富庶者,皆在周之东。杼柚,织具,可容受诸物者,此言东方小大之国杼柚皆已空,可见民间百物凋敝。**纠纠葛履,可以履霜,佻佻公子,行彼周行。既往既来,使我心疚。**"佻佻,轻薄貌。公子,诸侯或大夫之子弟与贵戚也。周行,大道也。人民以葛履履霜,困于行路可知,而上层贵族子弟闲游道上,往来自得,穷民见之,心忧而病。又《苕华》有云:"**苕之华,其叶青青;知我如此,不如无生!**青青,盛貌。穷民自叹其生之苦,不如苕叶青青也,故云不如无生。**牂羊坟首,三星在罶;**牂羊,牡羊也。坟,大也。羊瘠则首大,穷人自以瘠苦,比瘠羊也。罶,笱也。罶中无鱼而水静,但见三星之光而已。民家无余粮,萧索之况犹是。**人可以食,鲜可以饱。**"朱注:苟且得食足矣,岂可望其饱哉?综上诸诗观之,可见周之王室剥削小民甚惨,《国风》兹不及举,而由《大东》一诗玩之,亦可见东方小大诸国,其人民困穷至极,皆有"不如无生"之叹。孔子删《诗》而尊之为经,其识卓,其仁至矣!其作《春秋》而以消灭阶级,贬天子,退诸侯,讨大夫。开导当时后世无尽之人类,岂偶然哉!岂偶然哉!

孟子言"《诗》亡然后《春秋》作"。《诗》亡者,非民间无诗也。周室东迁以后,皆昏庸相继,王朝采诗之典必不举,列国不复陈诗,故谓《诗》亡。《诗》亡则统治者无所警,其腐坏益甚,崩溃益急,此《春秋》所由作也。孟子盖尝闻《春秋》,然终守小康礼教,不欲消灭阶级,孟子迂陋,非圣人之徒也。荀卿亦然,兹不及论。

孔子自明其作《春秋》之志曰"我欲载之空言,不如见之行事之深切著明也",可于《论语》中得其证。《论语·阳货篇》称孔子欲应公山弗扰与佛肸之召。《史记·孔子世家》称鲁定公九年,孔子年五十。公山不狃以费叛季氏。使人召孔子。孔子欲往,曰:费邑虽小,仅庶几乎。子路不说,止孔子。孔子卒不行。此其后,晋大夫赵简子之邑宰佛肸,以中牟叛。使人召孔子。孔子欲往,子路止之。案孔子欲应公山之召,在五十学《易》时。佛肸召,列在五十后。夫佛肸、公山,一为鲁大夫季氏之邑宰,一为晋大夫赵氏之邑宰。二子叛其大夫,即是以臣叛主,世之所谓乱贼也。然二子召孔子,孔子并欲往何哉? 大夫之邑宰与农民最亲近,孔子盖欲往说二子领导民众以讨大夫,即消灭第一层统治阶级,实现民主政治之理想。春秋时代,天子只是守府虚号,守府者,谓仅守王者之府第而已。其实权已下移于诸侯。至孔子之时,诸侯之权又下移于大夫,而大夫又多为其属邑之宰臣所逼。孔子因公山、佛肸二子之召而皆欲应之,其志在领导民众以行革命,改乱制而开民主之局。《春秋》改乱制,此古《春秋》家之说也。自大夫而上,有诸侯,有天子,凡三层统治阶级,社会至不平,人民受重重侵削至苦矣。故《春秋》谓之乱制,而必欲改之也。康有为《孔子改制考》根本不识乱制一词何所指目,却任浅见,胡乱说去,深可惜! 孔子语子路曰:"夫召我者,而岂徒哉? 言不徒召,必将用我之言也。如有用我者,吾其为东周乎?"朱注:"为东周,言兴周道于东方。"此误解也。孔子必非兴文、武、周公之道于东方,必将废统治,除阶级,而为首出庶物之新制。见前谈《易》处。朱子为汉人所惑而不了孔子之真,无足怪也。孔子卒不应二子之召,非必因子路之言而止。盖知二子不足与谋,而民智未开亦未可骤图。孔子尝曰:"民可使由之,不可使知之。"《记》曰：尧、舜率天下以仁，而民从之；桀、纣率天下以暴，而民从之。是可使由之之证也。然欲使其知合群为治，共兴于善，则未可骤几也。误解斯言者，以为孔子不欲民之有知。孔子明明"有教无类"，又曰"开物成务"，见前谈《易》处。岂不欲民之有知哉？今曰不可使知之者，叹辞也。子路事孔子已久，犹拥护统治，以为孔子不当党叛，况其余乎？孔子图举革命之事而不果，群情未喻也，而其不尚空言，欲见之行事，其前识与定力已昭垂万世矣。

《春秋》于天子言贬，于诸侯言退，于大夫独曰讨。讨者讨伐，必以兵力诛灭之也。其辞独重，何耶？周室东迁而后，天子虚拥王号，诸侯国之政，操之大夫，如人民起而革命则以干戈诛其大夫，而天下事易定矣。天子但损去之，诸侯但黜废之已耳，此圣人所以有意乎公山、佛肸之事也。从来言《春秋》者，只谓圣意在笔削，殊无革命之图，此奴儒妄侮圣人耳。

《春秋》之外王学于前所考定者外，而何休注《公羊传》略存三世义，圣人为万世制太平之意犹可窥也。汉以来言三世者，皆以为何休所言，亦承董生《繁露》。清季，皮锡瑞、康有为诸人，皆笃信公羊寿、胡毋生、董仲舒之徒是真能传授孔子《春秋》学。其实，皮、康于《公羊传》及《繁露》虽曾读之，而未尝通其义也。公羊寿首以"为汉制法"之私意，变乱圣言，而与其弟子胡毋生合谋作传。仲舒《繁露》根据寿与胡之《公羊传》而杂以怪迂之论，其改窜圣文，以护帝制，则与其师若友，无异道也。仲舒之学，传自公羊氏，当是寿之弟子。胡毋生与仲舒同业。《春秋》宏纲钜领，本在三世。云何三世？孔子依鲁史记而作《春秋经》，起鲁隐公，下讫哀公十四年，凡十二公分为三世。十二公者，一隐公、二桓公、三庄公、四闵公、五僖公、六文公、七宣公、八成公、九襄公、十昭公、十一定公、十二哀公。

三世义旨自两汉迄近人治《春秋》者，皆以何休说与公羊寿、胡、董均无异趣。趣者旨趣。近人，谓康有为、皮锡瑞等。胡、董，谓胡毋子都、董仲舒也。

余览何休《公羊解诂·自序》。《公羊春秋传》亦省称《公羊》。解诂者,何休为《公羊传》作注,亦名解诂。注成,而休复自序之也。言往者略依胡毋生条例,多得其正。据此,足征何休虽为《公羊传》作解诂,而其陈义实自有所本,故于胡毋生条例,但略依之而已。休自云"多得其正",必有以补传之缺也。休不称及仲舒,其于董无所取,可知。余以为何休之学当承自公羊氏流传之口说,是为孔子之本义。公羊寿与胡毋生作传,乃以私意为汉制法,不敢述孔子本义也。休为汉臣,亦未敢驳公羊以宣孔义,然不忍口说完全湮绝,姑存其略,此休作解诂之密意也。本书《原学统》中说《春秋》诸段文字,宜覆看。今先核定《公羊传》之三世义,而后征明何休说。

《公羊传》:"隐元年,冬十有二月,公子益师卒。何以不日?何以者,发问也。《经》不书益师卒之日,故问。远也。此答也,公羊寿与胡毋生以为隐公之世,去孔子已远,则思谊浅,故孔子于先君之臣略其卒之日而不书也。所见异辞,所闻异辞,所传闻异辞。"据此,可见公羊寿与胡毋合作之《传》,即《公羊传》。其言三世,只就君臣情义而言,更无政治社会诸大问题或何种理想可说。何休解此处传文,有云:"所见者,谓昭、定、哀,己与父时事也。昭、定、哀三公时事,是己与父所见,谓之所见世。己者,设为孔子之自谓。所闻者,谓文、宣、成、襄,王父时事也。文、宣、成、襄四公时事,孔子所不见,乃是孔子之王父时事,故于孔子为所闻世。所传闻者,谓隐、桓、庄、闵、僖,高祖、曾祖时事也。隐、桓、庄、闵、僖五公时事,孔子不得亲闻,乃是孔子之高祖、曾祖时事,故于孔子为其所传闻之世。异辞者,见恩有厚薄,义有深浅。恩之厚薄,义之深浅,而情感自与之相应。时恩衰义缺,徐《疏》谓当时君臣父子多相杀。将以理人伦,理者正也。谓孔子作《春秋》将以正人伦,如君臣父子等伦是也。序人类,如上下贵贱尊卑,咸有序也。因制治乱之法,故于所见之世,恩己与父之臣尤深。恩己云云者,谓孔子于其所亲事之君感恩最切,故念君之施恩其臣者尤深。注文过浑简,切忌误解。大夫卒,有罪无罪皆日录之。臣虽有罪,而亦记录其卒之日,不忍略者,见君之厚恩其臣,不以有罪而薄之也。无罪者不待言。丙申季孙隐如卒是也。定公五年，丙申，季孙隐如卒。隐如有逐君之罪，而书其卒之日，此于所见世，著君恩之厚也。**于所闻之世，王父之臣，恩少杀。**所闻之世，大夫卒，是孔子王父时事，故于先君之臣，恩谊稍杀。杀者，降低之谓。**大夫卒，无罪者日录，**记录其卒之日，不欲略之，以其无罪也。**有罪者不日，略之，叔孙得臣卒是也。**宣公五年九月，叔孙得臣卒，此不书日也。何氏云：得臣知公子遂欲弑君而不言，罪当诛，故于其卒也，不录其日。**于所传闻之世，高祖、曾祖之臣，恩浅。**所传闻世，大夫卒，是孔子高祖、曾祖时事，先朝之臣，年代较远，恩谊甚浅。**大夫卒，有罪、无罪皆不日，略之也，**不论有罪无罪于其卒也，皆不录其日。恩浅则略之也。**公子益师、无骇卒是也。**"今此书公子益师卒。益师本无罪，而不录其卒之日者以世远，恩浅而略之也。隐八年，冬十有二月，书无骇卒。无骇灭人国，有罪而亦不书其卒之日，亦以世远恩浅故略也。如上所引注文，盖何休直据《公羊》本旨而为疏释。易言之，即公羊寿、胡毋师弟作《传》，实不述孔子之三世义，而以己意为汉制法。故其三世义，只就君臣情义而言。以情言者，于所见世，大夫卒，虽有罪而亦录其卒之日，不忍略之，所以为君文饰其待臣子之恩厚，为人臣者不可不怀君之恩也。以义言者，于所闻世，大夫卒，无罪者录其卒之日，有罪者则略其卒日而不录，所以戒人臣事君当求无罪也。于所传闻之世，大夫卒，有罪、无罪皆不录其卒日，世远恩浅则略之。故三世各异其辞，而其大要在劝戒君臣以情义相结合，其属意臣道尤深也。君臣情义交孚，为帝制所赖以巩固，公羊寿、胡毋师弟为汉制法可谓忠矣，然背叛《春秋》真义，其罪亦无可逭也。仲舒《繁露》言三世完全宗主《公羊》。说见《原学统》中。

何休注释《公羊》隐元年传所见、所闻、所传闻一则，详其文旨明明前后相矛盾。前段阐明所见等三世异辞，余已引述在前，兹可不赘，后段别标据乱、升平、太平三世义，确与前段盛彰君臣情义者异旨。夫君主制度，起自民群幼稚，历久而未革之乱制。世进升平，则已拨乱而反诸正，必不容有君主，此从董生私授马迁《春秋》贬天子、退诸侯、讨大夫之语征之可知也。何休不敢昌言及此，然其三世义略存孔子《春秋》纲领，今以之与《礼运》及董生私授马迁语互相参证，《春秋》经之大体犹可窥见，不得谓《春秋》已亡也。今引述何注据乱等三世义，如下：

"于所传闻之世，见治起于衰乱之中，用心尚粗觕，故内其国而外诸夏。《春秋》诸夏之称，不论其种类为同为别，而必同有高度文化，同有智述技能，同好礼义者，即通称诸夏。夏者在也。凡国，各以其己国为内，即各以其并立之诸夏多数国家皆视为外。外之即有抗敌意。先详内而后治外，录大略小。内小恶，书；外小恶，不书。大国有大夫，小国略称人。内离会，书；外离会，不书是也。

"于所闻之世，见治升平，谓见此世已进于升平也。内诸夏而外夷狄。夷狄者，蛮野无知之称，世或以未开化之民族为夷狄。《春秋》之义殊不如此。凡民族有高度之知识技能及有学术者，而或习于凶狡，逞侵略，弃礼义，则皆谓之夷狄。以其虽有知能，而为人道之害，非真知故，不谓之夷狄不得也。书外离会，小国有大夫。下略。

"至所见之世，著治太平，著明此世已进至太平也。夷狄进至于爵，天下远近小大若一，用心尤深而详，故崇仁义。"下略。

上来征引何休注，可见何氏所说三世义，证以《大易》穷、变、通、久，与《礼运》天下为公诸义，皆为一贯。故知何注独传孔子之真，而《公羊传》之三世义确是公羊寿与胡毋为汉制法，非寿先人所受于子夏之《春秋》学也。今以两说对照如下：

何休所述孔子三世义：

所传闻世　　　　见治起于衰乱之中，是为据乱世。

所闻世　　　　　见治升平，是为升平世。

所见世　　　　　著治太平，是为太平世。

公羊寿与胡毋所作《公羊传》之三世义：

所见世　　　　　臣当怀君深恩。

所闻世　　　　　　以义绳臣道。

所传闻世　　　　　世远不以恩义论。

两说对照，公羊寿胡毋师弟说三世，明明倡君臣恩义之论，为统治阶级作护符，此与何休所述三世义本如甘辛不同味。而汉以来二千数百年，竟无一人能辨之者，岂不奇哉？近时康有为本抄胥之技，短于运思，其不辨，无足怪。公羊氏本世传孔子《春秋》学，至寿与弟子胡毋伪造为汉制法之《公羊传》公之当世，而后孔子之真《春秋》只有藉口说流行。何休所传者必公羊氏门人散布之口说也。惜乎何休仍不敢破伪显真，而犹为伪《公羊传》作注，遂使真伪杂糅，后学莫辨。然亦幸有何休此举，后人不皆无目者，尚可简瓦砾以识真金也。休之功，其可没欤！

前引何休注，今当随文略释。一、释何注据乱世诸文。据乱者，依据衰乱之世而起治功，故云。据乱世，为列国林立，互相竞争之世，故各国之民皆不免于狭隘之国家思想。其时社会种种不平，统治阶级独擅其利，而大多数劳苦之民常安穷困，无由自觉自拔，此诚衰乱之世也。孔子作《春秋》以衰乱之象，说为高祖、曾祖时事，亦谓之所传闻世，此乃记述其高、曾以来传说如此耳。其实，衰乱不始于高、曾时也。于衰乱中创起治道，用心尚粗犉者，群智未盛启，图治有序故也。内其国而外诸夏者，国人自爱其国，视其国非身外物，是谓之内；以己国与诸夏众国对立，而时存斗志，是谓外诸夏。夫世方据乱，列国各有向外扩张之欲，亦各有对外抗拒之志。抗拒力大者存且强，抗拒力小者弱以亡，故抗拒之志不可无也。若乃导国者怀扩张之欲，虽并民力以向外，可收一时之效，而隐患亦萌于此矣。先详内后治外者，先后犹言本末，非时间义。如木之根干本也，其枝叶末也。根干培之固，而枝叶自茂。自古未有内政腐坏而可治理外交者也。内政详正，则外交顺理而治。录大略小者，《春秋》托王于鲁，《春秋》以外王之道，假托于鲁国，即以其一切理想皆假设为从鲁国倡始实行，此古《春秋》家所说也。故以鲁国当据乱之世，其外交则注重大

133

国之交，而小国从略。《春秋》于据乱世，书鲁国对友邦强大者之交际颇密，如大国君主卒葬亦有记录是也。小国则略者，以其不足为患故也。内小恶书者，行事得失，必慎之于微。《易》曰履霜，坚冰至，言秋日履霜，便知坚冰将至。所以防渐也。霜降微寒，积渐而至坚冰。小恶积渐遂成大恶，不可不防也。《春秋》于鲁国内部有小恶，必书以戒之。慎微，所以绝恶之源也。外小恶不书者，外国君臣有小恶不书，其有大恶影响于国际者必书之以示戒，故唯小恶不书而已。大国有大夫，小国略称人者，邦交之礼，大国以大夫充使则我待以大夫之礼，小国之大夫来则不以大夫礼之。据乱世尚力，大国独见重也。内离会书，外离会不书者，离与会异。两国之主或卿大夫相会各有所执，不可得协议，故名离而不名会。然二国不以兵争，而和平面论，非无解决之望，故离亦可贵也。二国以上之当国者相会，其议则从多数决定，故名为会。内谓本国，外者外国。本国与友邦为离或会必书之者，恶其虚内，务恃外好也，故书以示戒。外国与其友邦之离会则不书，事不关己故。据乱世，列国互竞，凡为国者所以修内治外之道，大概如上。

二、释何注升平世诸文。升者进也。世界由衰乱而进治平，曰升平。于所闻之世，见治升平者，文、宣、成、襄四公时事，是孔子所闻之世，此时实非升平，而《春秋》寄意于此时革命，以著见升平之治，故说此时为升平世。内诸夏，外夷狄者，综多数国家而言，故曰诸。尊贵之，曰夏，夏者大也。《春秋》之所大者，不以富强而以礼义，凡隆礼义之国不侵夺人者，通名诸夏。夷狄者，蛮野之称。《春秋》之所狄者，非以其知能未进也。知识技能虽发达而无礼义，好侵略，富于禽兽吞噬异类之习者，则《春秋》狄之而不许其列于诸夏。如楚人知能已富，而《春秋》狄楚，以其侵中原也。内诸夏者，当据乱世，诸夏多数国家无论大小皆各存狭隘之国家思想，皆互相外，互相外，即是互相斗争。卒致强者侵弱，富者夺贫，民不聊生，人道大苦，故圣人作《春秋》，托王于鲁，倡天下为公之道，创天下一家之规，俱见《礼运》。期由鲁国奋兴，开诚心，布公道，以与诸夏相见,然后诸夏列邦,各去其自私自利之心而互相协和,互相制约,休戚与共,利益相均,一味平等,无有侵欺,是天下一家之造端也,故曰内诸夏。外夷狄者,诸夏虽互相协和,以进升平,而世界上犹有若干国家其族类中多顽劣之徒,不能克治据乱世自私自利之恶习,常利用其国家之权力,以背叛天下为公之大道,而与诸夏为仇,所谓夷狄者此辈也。然世已升平,人类毕竟趋向于公道,诸夏同以大雄无畏之努力,为公道而战,声彼叛公之罪,正其名曰夷狄,使不得预于诸夏之数,人类将同起而与之为敌矣,此谓外夷狄。书外离会者,据乱之世,国各自私,其与友邦为离会者,欲树援以自固也,故本国有离会则戒其恃外援而书之,外国有离会则以其事不关己而不书也。今升平之世,书外离会者,此之外国必夷狄也,何以知然,升平世内诸夏,即诸夏众国皆为一体,不名为外,其所云外者,必夷狄之国也。夷狄相与为离会,必将谋不利于诸夏,故书之而不敢忽也。小国有大夫者,据乱世尚力,故尊重大国,而压抑小国。小国以大夫出使,无有以大夫礼之者,故小国无大夫。今升平世,尚德而不贵力,崇礼而贱横行之力。凡属诸夏,无论小大莫不平等,故待小国之大夫亦与大国同,所以尊重小国之权利与地位也。小国重,然后公道行,廪然见丰采,太平之渐也。

三、释何注太平世诸文。至所见之世,著治太平者,昭、定、哀三公时事,为孔子与其父所见之世而说为太平。所见之世,实非太平,今谓之太平者,孔子盖假托以明其理想,其意以谓,于据乱之世拨乱而起治,《春秋》言拨乱,即革命之谓。本欲为全人类开太平,而太平不可以一蹴遂至,故必经过一升平之渐次,渐次者,谓积渐而至之次序。诸夏勇于改造,既进升平,决无停滞,太平之治,当及吾身而亲见之矣。孔子盖假托五字,至此为长句。此《春秋》所为于所见世,著治太平也。自昔以来,治《公羊传》者于何氏所述三世义皆胡乱读过,茫然不求解。若辈以为孔子猜度古今之变,有此三个时代,此乃运会推演之必然,圣人兴治亦只待时而动,非可恃己力以为天下先也。此等见解直是铸九州铁以成大错,何可悟《春秋》三世义乎? 夫三世本为一事。一事者,拨乱世反之正也。此董生私授马迁语。见《史记·自序》。拨乱世者,革命之事。拨者拨去。拨去据乱世之乱制,非革命而何? 乱制说见前。反之于正者,明天下为公之道,创天下一家之规,为全人类开万世太平之治,《易》云"开物成务","先天而天弗违"是也。俱解见前。《春秋》于据乱世,见治起于衰乱之中,用心尚粗牭,此为革命初期,人民思想未甚启发,故其时之用心,唯限于国内,详内治,慎外交,务求其国之有以自立,而后可与诸夏以公道相感,通力合作。故据乱世革命之后,方可进而图升平之治,此不容求之过急也。及夫诸夏固结,夷狄不得逞志,小国昂首与大国平等,廪廪著升平之烈,始可进而修太平之洪业,完成革命之大计,故以太平次升平者,图治之序也。总之《春秋》说三世是革命而蕲进太平盛治之总略,略者,谋略,如云规模或计划与方针等者,皆略之一词所含。总者,有持大体,贯始终,举纲领,摄本末,赅偏全,包通一切等等意义。其以所见世为太平世,可见孔子之志期于在据乱世举革命之事,而及身亲见太平盛治之成就,故曰"我欲载之空言,不如见之行事"。知行合一,确乎其不可拔也! 汉以来奴儒皆以为孔子据鲁史所记二百四十二年之事而有所刺讥,故云"见之行事"。殊不知,孔子所云"见之行事"者乃革命实践之谓。若只据鲁史而有所讥贬则是载之空言,何可云见之行事? 奴儒讳言革命,曲解圣言,不可无辨。三世义旨本自明明白白,而奴儒皆茫然不省,乃以为孔子是注意于世运之推迁,直须待时而动。倘如此说,则据乱之世只有任其衰乱,无可图革命之业。然何休所述"治起于衰乱之中"一语,自是圣人口义流传,固明明与待时之意相反矣。夫圣人革命之志,要在造时,毋待时也。造时者,惩过去与现时之弊,与其颓势之所趋,而极力拨去之,惟顺群情之公欲公恶,行大公至正之道,以创开一变动、光明、亨通、久大之新时代,所谓"先天而天弗违"是也。待时,则将舍吾人革故取新之大用,而一任已往颓运之陈陈相因。吕秦、刘汉以来二千数百年之局,正由善知识皆有待时心理,莫能帅导群众耳。_{善知识一词,见佛典,今借用之。}何休所述三世义不明,汉以来奴儒不得辞其罪也。_{向者康有为于三世义旨全不通晓,故谈说大同,而梦想复辟。}

　　夷狄进至于爵者,夷狄自私自利,反乎天下为公之道,故升平之世诸夏联合而共治夷狄。_{治之者,奉正义以与之争,期其改过而止,不终弃之也。}及治近太平,则夷狄慕义,同乎诸夏。《春秋》之义,夷狄而中国,则中国之,_{中国者,诸夏之别名,言夷狄进于仁义,而同乎中国,则当视为与中国一体,不可斥之为夷狄也。}此所以尊人道也。夷狄进至于爵者,此借事以明义也。如楚人好侵略,《春秋》则夺其爵,而以夷狄待之;其后能行礼让,《春秋》乃复其爵,而书楚子,示与中国同也。_{楚之始封为子爵。}太平之世,统治阶级已消灭,本无天子、诸侯等爵,《春秋》欲明夷狄进于诸夏,则当视为与诸夏同体,不复外之,故借复楚爵之事,以明诸夏,夷狄终由反对而归同一之义也。

　　天下远近小大若一,用心尤深而详者,升平之治渐隆,而近乎太平,则大地万国,统治阶级早已消灭。国界、种界与社会从过去传来之一切畛域,无不化除务尽,_{务尽二字吃紧。除尽界畛,殊不易也。人皆务致力于此,乃可以近乎尽也。}是为大同之始基,太平之端绪,故大地人类无有距离远近之分隔,无有曩昔大国小国之差异,乃浑然若一体也。《礼运》所谓"天下为一家",正是升平初入太平之规模,可与此互证。《中庸》一书本为《易》《春秋》二经之会要,惜乎秦、汉间人多所改窜,而精义微言犹复不少。如今本《中庸》三十一章云:"舟车所至,人力所通;天之所覆,地之所载,日月所照,霜露所坠,_{坠犹降也。}凡有血气者,莫不尊亲。"_{言全人类莫不互相尊,莫不互相亲也。}此章从"舟车所至"迄"莫不尊亲",在古本《中庸》说,当是另为一章。其上下文句今无从考,然玩此数语确是太平世"天下远近小大若一"之义。今本《中庸》以此数语,缀入三十一章末后,并妄增"故曰配天"四字以作结。核其用意,盖以赞扬至圣之德业。其所谓至圣,即指王天下之天子而言也。王读旺。王天下者,谓天子抚有天下,而为天下之共主也。今本《中庸》盖是孟、荀一派之后学改窜古本而为此。此者,谓今本《中庸》。孟、荀诸儒实不能承受孔子之外王学,虽主张诛戮暴君,毕竟不反对君主制度,此非孔子嫡嗣也。夫太平之世人类平等,莫不互相尊亲,此由改革统治乱制。人类各去其私,故臻斯美耳。而今本《中庸》乃归美于在上位之圣人,岂不谬哉?凡主张君主制度者,皆有其理想中之圣天子,赞其德用无穷,七十子后学如孟、荀辈已开此端。今本《中庸》之三十一章,赞圣之辞,何殊梦语。当知太平、大同之治,是天下群智群德群力普遍共进之所为,未可卑群众而独崇圣也。有问:《中庸》有古今二本以何为征?答曰:《汉·艺文志》,礼家有"《中庸》说二篇"。颜师古注曰:"今《礼记》有《中庸》一篇","盖此之流"。余以为《礼记》之《中庸》一篇,盖由改窜二篇之《中庸》说而成,故以《礼记》中之一篇为今本,而《志》所载之二篇为古本。今本行而古本亡,必是古本之内容不合于君主制度,故无传也。

　　用心尤深而详者,世已太平,通天下为一家,全人类之经济、政治、文化学术各方面无穷无尽问题,其繁赜艰难,盖非吾人想像所及,故太平世之人类于一律平等之中,敦互相协助之谊,彼此用心皆深远而详密,故全人类得成为一家,得保其太平也。夫世至太平,斯为《泰》之象。《易》有《泰卦》。《泰》者,通也,安也。世方据乱,凡国各自卫其内,而于诸夏亦外之,内外,犹言分敌我也。是不通之甚也。不通即不安也,及入升平,诸夏相与联合为内,则外夷狄,其去大通亦远矣。不通即不安也。太平之世,夷狄进而为诸夏,全世界无量数之人类,于是乎大通复大通,大通斯安矣。大通而安,所以谓之泰,所以为太平世也。然则太平可常保欤?曰:太平为泰象,前已言之矣。夫泰之为泰也,莫善乎大通而安,莫不善乎狃于安,患或生于不测。《易》于《泰》之后,次以《否》。《易》以《否卦》与《泰卦》紧接,明示《泰》之可转而为《否》也。《否》者,互相隔绝,不通不安之象,《泰》之反也。《泰》而狃于安,将可成《否》。居泰之世,用心宜深而详,圣人垂戒之意深矣。善履乎泰者,必常为其通,而无溺于安。《易·泰卦》之《象》曰:"天地交,泰。言天地交通,万物都无闭塞隔绝之患,故名为泰。后以财成天地之道,辅相天地之宜,以左右民。"案后即后(後)字,财与裁通,天地犹云大自然。此其意云,世已泰矣,然后吾人对于大自然,当尽财成、辅相之功。自然虽为无穷无尽之大宝藏,然自然界之万物不是为吾人而生,吾人却资万物以遂其生。郭子玄曰:人之生也,形虽七尺,乃举天地万物以奉之。人之资取于自然也,时有不获满足其欲求之患。自然之发展本未尝为人谋,人固取给于自然,而自然不必供人之求,甚至予吾人以危害者尤不可胜言,故吾人与自然之间确有巨大矛盾存在。然则化除矛盾,为吾人不容放弃之权责,固已甚明而无待论矣。矛盾如何化除?则在吾人对于大自然,尽裁成之道,有辅相之宜而已耳。自然不曾留意于吾人,吾人要不得不关心自然。人道统天,毋自隳其主动之心也。天字,亦为大自然之称。荀卿言"制天而用之"是也。财成者,谓明于物理而制作工具,以改造自然。如水火皆可为人之灾害,但自汽机发明则水火悉被裁成,其利益乃宏大而普遍,此一例也。又如天高不可升,海深不可入,而由人造飞机、潜艇,可使渊深无底之海,穹高无极之天,同被吾人征服,此亦裁成之一道也。辅相者,物虽有发展之可能,而其在自然界未经人工变化,则老氏所谓无名之朴耳。无名者,物之功用未显,则人莫之称也;朴者,谓徒具有素质也。今借用此词,却与老氏本义不必符。及经人工开发之,陶铸之,改造之,制作之,操纵之,则无名之朴,始经人工辅相,可以发起重大变化,使天地为之改观,宇宙为之扩张。自然力量虽有丰富雄厚,无穷无尽之储藏,终赖吾人辅相,而后睹其发展之盛,此辅相所属不可已也。今之利用原子能为人类自毁之具者,此与辅相之义正相背,兹不及深论。

以左右民者,太平之世,天下一家,人类间已无斗争。然民生日益优裕，非以群智群力克治自然，恐未能弘济也。克治者，人工有以胜自然，曰克。裁成、辅相，皆治之之谓。天地经人工裁辅，裁成天地、辅相天地二语，今省并之曰裁辅。天地犹云自然。其厚利乃可以左右大地无量民众，左右，犹言佑助。《泰卦》之象，独主裁辅天地，此亦诏示太平世之民，用心宜深而详也。将来人类以不断之努力，知周乎万物，则自然秘藏大辟，人类生养之需，不至多劳体力。其用心于格物穷理，更能深详，亦必然之势也。

故崇仁义者，太平之治必天下之人人皆安于仁义，始可常保其泰也。安于仁义者，不待勉强而行之，故曰安。问：何谓仁？何谓义？答：仁义以体用分，仁是体，义是用。《易》曰："大哉乾元，万物资始。"此中万物，即人与天地及一切物之总称。乾元，是万物所资之以始，譬如说大海水是众沤所资之以始。问：何谓乾元？曰：乾，健也；元，原也。动而健的妙用所由生者，是为乾元。《易》固以万物之本体，名曰乾元。而《乾卦》之《象》曰：乾为仁。见虞氏《易》。其义云何？盖就乾元之在人而言，即吾心之不违仁时，便识乾元妙用，无须向外寻求。问：如何是仁？答：《孟子》书中有两处指示亲切。其一曰："上下与天地同流。"此言心是虚明健动，自然与上天下地流通无隔绝，此际正是仁。仁心之流通，正是动而健。才起一毫私意，忽尔杂染一团，便觉天地闭，此际之心即违于仁。其二曰："万物皆备于我矣。"此可就彼书中举例。如彼言好色，与民同之，不使天下有怨女、旷夫，是能摄受天下无量男女，若手足之备于吾身也。否则视天下男女之旷、怨与我无相干，即将天下男女屏诸我以外，而可言备于我乎？彼又言好货，与民同之，不使天下有饥溺者，其义同前。孟子于仁确能反己体认，余尝谓其于内圣学有得者，以此。总之吾心不违仁时，便觉此心与万物无隔，故常广爱万物，无所不容，以其视物犹己故也。广爱，犹言泛爱。不违仁，见《论语·公冶长篇》孔子谓颜回曰："回也，其心三月不违仁。"[1] 三月者，言其久也，非限于三月之数。夫仁者，心之本性，元无不善。然人之生也，已成为个

---

[1] 整理者按，引文见《论语·雍也篇》。

体,易流于小己之私,则违背于仁,而不自觉。惟颜回修养之功深,常能不以私意违仁,即一切用心处,莫非仁心发现也。

已说仁是体,云何义是用? 义者,仁之权也。权者,权衡,故说义是仁之用。仁体本备万德,《春秋》特提出义以与仁并言者,此意深微至极,广大至极。夫仁者,广爱万物,而无所不容,已如前说。然复应知,以广爱之道,而涉事变,其弊将多。如善人受害而不校,人称其贤,然枉法纵恶,究于社会不利。佛氏冤亲平等,出世法如是,以之治世,要不可行。至于资产阶级剥削劳苦大众,帝国主义侵略弱小,仁道广爱至此等处,将复如何? 圣人虑广爱之不可以济变也,由是以义与仁并言。仁道乃非执一而不可通其变。执一者,唯守广爱之道而无权衡之谓。夫仁之行于事变也,必将权其得失与轻重之数,而慎处之。权施,施者,施行。将与广爱反,卒亦不违于仁,所以说义为仁之用者以此。仁道在广爱固也。仁而无权,则不可以成其仁。如天下最大多数人被侵削于最少数人,倘执广爱之道而主不争,则将为人类长留一大祸根,将求仁而卒陷于大不仁。《墨子》兼爱、非斗,是慕仁而不知义也。《春秋》倡革命,覆统治,要在行义以达其广爱,墨翟所不喻也。《论语》或问孔子曰:"以德报怨,何如?"孔子教之"以直报怨"。见《论语·宪问篇》。或人意在以德报怨以是为仁,不知凶人逞志,将为社会之害,是欲行小惠于怨家而大不仁于社会也。孔子说"以直报怨"即报以其作恶所应得之罚,此即是直,亦即是义。使彼知戒而不敢复为恶以招众怨。我无过激之愆,报以其所得之罚,故是直,故非过激。而社会实蒙其利,是乃以义全其仁也。夫以直报怨,而不以德,似义与仁反,然实以义全仁,故曰义者仁之权也。夫儒者言治,礼为本而法为辅,德为本而刑为辅,宽为本而猛为辅。德、礼、宽,皆仁也,法、刑、猛,皆义也。义反于仁,而适成其仁。何以言之? 礼治或流于文饰,反之以法,人将崇实而近于仁矣。德治易流于纵弛,反之以刑,人将整饬而近于仁矣。宽治易流于姑息,反之以猛，人将严肃而近于仁矣。夫义者，反仁以行权，而实以成就仁化为归者也。化固必有反，要归于成其仁。老氏有曰："失仁而后义。"此非见理之言也。已失其仁，焉得有义？老氏之流于申、韩，诚不偶然。《老子》三十八章言道德仁义礼，无一不谬误。此不及论。仁道广爱是人道之贞常也，故说仁是义之体。然物情与事变万殊，广爱不可以无权，故说义是仁之用。有仁方有义，仁失则义无从生，乱而已矣。大哉仁义之道。吾人所以立己，与所以合群为治无可离于仁义，其犹人生日用不可一日离于布帛菽粟也。

　　董生《繁露》曰："《春秋》之所治，人与我也。所以治人与我者，仁与义也。以仁安人，以义正我，故仁之为言人也，义之为言我也。""是故《春秋》为仁义法，仁之法在爱人，不在爱我；义之法在正我，不在正人。我不自正，虽能正人，弗予为义；人不被其爱，虽厚自爱，不予为仁。"见《繁露·仁义法篇》。案董生此言，虽有得于《春秋》，而亦变其本旨。"仁之法在爱人"是也，而对人之爱有时须度之以义。如父母于子，纯用姑息之爱，反害其子，此夫人所知也。父母之爱子，犹当有义在，况其他乎？"义之法在正我，不在正人"，此亦有失《春秋》意。夫义之法，在于正人，必先正我，是《春秋》旨也。今董生必曰义之法不在正人，则据乱之世不可拨乱。拨乱者，革命事也。革命要在正我，以正人，今曰义不在正人，尚得言革命乎？董生之说明明变乱《春秋》旨义，不可无辨也。虽然，《春秋》之言义也，本在正人先正我，若单提正我而忽视正人，以独善为义，非《春秋》之教也。但为太平世而言，则提倡正我，实亦独重。正我者，以内自讼为本。讼者争也。内自讼者，克治小体之私，而复其大体之量，小体大体，借用孟子语。小体谓小己；大体谓人生之本原，是乃通天地万物而为一体，故曰大。千圣相传之要，惟此而已。太平之世，惟赖全人类各各皆能以义正我，然后太平可常保，否则《既济》者其暂，《易》有《既济》之卦，即次以《未济》，故《既济》是暂时。《泰》至而《否》亦伏矣。

《易》之《泰》《否》二卦,亦相倚伏。《易》终《未济》,《易》六十四卦,而终之以《未济》。圣人示群生以无圆满之境,未可息其自强,意深远哉!

三世之说,明示革命成功与社会发展,实由斗争而归和同。据乱之世,诸夏众邦,各内己国,而以他国为外,内者我也,外者敌也。斗争日益剧烈。其后由互相斗争之局转为互相联合,渐化除狭隘之国家思想而互相比辅,互相制约,从此诸夏众邦平等交惠,遂离据乱而进升平,是为人类和同之初基,然升平骤启,夷狄之祸方剧,诸夏不得不并力以抗夷狄,斗争之术略与其工具当为据乱之世所未有。惟生民之性毕竟苦黑暗而向光明,感孤危而求联比。联者联系,比者辅助。可玩《易》之《比卦》。狂迷之患已极,仁义之感自生,于是夷狄向化,同于诸夏,乃离升平,入太平世,是为全人类普遍和同之休运。或问:世进太平,斗争其息欤?曰:此难言也。《楞严经》云:人生爱,想同结。此中爱字,非仁爱义,乃贪爱义。贪爱即有希欲、追求、执着诸义。凡人起心动念,与其一切行为造作,无往不由贪爱策动,如生存欲即是贪爱,人无生存的贪爱即不生矣。权力欲等等更是贪爱之最厉者。想字含义,亦最深广,如自极暧昧之思想以至极高明之思维,或意见与一切知识,皆此想字所摄。人生实由无量数之爱与无量数之想,互相交织固结而有生,此非深于反观者不自觉也。爱、想势力复杂至极,染污甚深,其伏藏于吾人不自觉之冥壑,浩浩无涯。其潜运乎吾身而率之以动,吾人直供其役使而莫知所以。人各有其一团爱想互结之潜势力,故人与人之间根本有一隐秘之障碍不易消灭。生养未遂,人固不得无争,生养已遂而谓天下之人人皆能除其隐障,弘天地万物一体之量,谈何容易哉?隐障,即前云爱、想势力互结之一团,隐伏而不自觉者。此一团势力在佛氏自修之道必务灭尽,儒家却不如是,惟须导之于正而已。此中有无量义,不及详。人与人之间不得无障,而谓太平可常恃,恐未然也。是故《春秋》崇仁义,体仁而后能泛爱万物,天地一体。体仁之体,是体认或体现等义。仁即乾元,人生之本也,须自体认。体现者,谓吾人须实现此理也。泛爱万物云云,用晚周惠子语。精义以正我,而后内有权衡，爱想潜势不得狂跃以违于正。精义，见《易·系辞传》。义与非义，辨之极明，而决不陷于非义，是谓精义。夫人心隐微之地，时有以不义为义之诡辨，乘间窃发者，此即爱想潜势作祟也。如能奉正义以克治不义，即是以义正我，即是自我内部之斗争获胜。要之世进太平，则斗争之事，惟当存于吾人以义正我时，而太平之得以恒久弗坠者，亦在乎人类皆有此以义正我之斗争而已。爱想义趣，深远至极，此中不及详论，须另为专著。

有问：何休述三世，其辞太浑简，若不为之疏释，其深意不可明也。然革命之义，休不明言，当帝制之世，殆有所畏惮而深讳欤？答曰：公羊寿、胡毋师弟作传，本为汉制法，非传《春秋》之真也。休生汉世，亦不敢显背寿与胡毋，故仍依《公羊传》作注，然弗忍尽丧《春秋》本旨，而略存三世义，此其苦衷也。休未尝不宣扬革命，其述三世也，于所传闻之世，即据乱世。言治起衰乱之中。先详内。据此，则治起衰乱者，即是拨去乱制，以创起治道，非革命而何？先详内者，即其国内之治，如种种制度、种种事业，无一不极其详密，此为民主政治之宏规无疑也。夫政权在统治阶级，则分任若干大官以监临民众，使之安分忍受而已，别无所事。政权操之人民，则群众协力合作，谋公共事业之发展，无利不兴，无害不去，千条万绪，至纤至悉，故其治极详。孔子《春秋》对于民治规模当有所拟议，拟者，预计之。议者，详说之也。拟议，本《易·系辞传》。何休不敢直述其义，故以一详字囫囵说过去。是时帝制已稳定，人民亦绝不自觉，何休虽深明公羊氏先世口义之传，终亦依托《公羊传》以阿当世，而《春秋》本义终晦也。或问：孔子之时恐未必能拟民治之规。答曰：《周官经》言治道，蟠际天地，经纬万端，而实由人民为主，余将略论之于后。

余由何休所述三世，推考孔子《春秋》经、传原文，当为体系严整之大著，必非如《公羊传》之仅为史评一类作品也。三世之义，余已疏释如前，学者试详究之，当可推见《春秋》原书必为三大部分。第一部，论拨乱起治。第二部，论进升平之治。第三部，论进太平大同之治。拨乱造其端,太平极其盛,三世本一事。一事者何?裁成天地,改造世界也。从来竖儒于此都无省悟,以为孔子只是推想世运,有此三期,吾人惟待时而已。此则曲解圣言,癝弃人力,岂非人类之大不幸哉?《春秋》之所由作,本以为人类开万世太平,吾人可以想像其理论之宏阔深细,独惜何休遗其千百而稍存一二,是诚恨事也,然亦幸有何休,否则《春秋》澌灭尽矣。

《公羊传》之说三世,只曰所见、所闻、所传闻,而其张三世也,专就君臣恩义立论,说见前文,须覆看。却将拨乱起治及升平、太平一切广大深远之义蕴完全剥落无余。其文在隐公元年公子益师卒条下,明白可征。董生《繁露》说三世全遵《公羊传》,说见《原学统》中可覆玩。董之学受自公羊寿,故其说三世如出一口也。何休依《公羊传》作注,其解三世义,开首略存寿与胡毋之本旨,已见前文。而后乃盛彰据乱、升平、太平诸大义,则与传旨根本不相容矣。而二千数百年来治《公羊》者,竟无一人发见之,岂不异哉?

《公羊传》是为汉制法,其三世义提倡君臣恩义,故以所见世为先。所以者何?所见之世,臣于其所亲事之君,必感恩深厚也。何休述三世义则以所传闻世为先。所以者何?传闻之世,衰乱已久,当举革命,拨乱起治,故先之也。治道已兴,历升平而至太平,则革命之功绪已就矣。其以太平为所见世者,则以太平之治当及身亲见,不容待诸未来,故说太平为所见世,其寄意深远极矣。《公羊传》三世,与何休述三世,其世次及义旨根本无一毫相通处,余于前文曾为二表以资对照,学者覆玩焉可也。康有为、皮锡瑞之徒,名为张三世,而实于三世义全不通晓。一方受公羊寿、胡毋、董生之骗,一方茫然不通何注,妄计何氏亦是伪《公羊传》之学。伪传毁经而不辨,何注存真而弗求,使圣人之道不明于天下万世,予兹惧也。

或问:《公羊传》虽是史评之作,而于经义当不无保存者,但散见而不甚显耳。此中言经，即指孔子之《春秋》。下仿此。答曰：《公羊传》之根柢在拥护统治阶级，孔子之经根本废除统治，此义屡见前文。此在精神上不可融通者也。然经义之不显触时忌者，《传》亦间有取，如"哀公十三年公会晋侯及吴子于黄池。《传》曰：吴何以称子？吴主会也。时吴强而无道，有夷狄之行，乘胜势入中原，大会诸侯，诸夏之国莫敢不事之，是会也吴为主。吴主会则曷为先言晋侯？设问。不与夷狄之主中国也"。此据正义以答。据此，可见《公羊传》于《经》之升平世外夷狄义实有取焉，以其于汉廷无触犯也。然《经》以哀公之时为所见世，阐明太平大道，故以所见，名太平世。外夷狄义当发之于升平世。即所闻世。今《公羊传》乃于哀公十三年吴子主会条而外吴，是于太平之世复说外夷狄，却与《经》之三世义不相应，何耶？须知，《公羊传》本据鲁史而作史评，其与《经》之说三世取义各别，故不必执经之太平世义以相难也。

僖公元年，狄灭邢。齐桓公率诸侯之师救邢，而复其国。夫复国应请命于周天子，非诸侯所得专也。是时天子无道，齐桓遂专之。《公羊传》乃美齐桓之功，而许其专。据此，可见《公羊传》于《经》之说升平世，内诸夏，盖有取焉。夫内之云者，诸夏列国互相视为一体，视友邦危难，若在己身，而无己国他国之别也。《春秋经》之义与《易》通。《易》曰"辅相万物"，辅相者扶助义，强者之于弱，智者之于愚，辅相之而已矣。《经》于升平世，说内诸夏，其道在是。佛氏虽出世法，而其以平等心导众生迷，佛与众生本来平等，今虽导化众生，而不可自高也，故发平等心。以广大心拔众生苦，佛引拔众生，而自发广大心，戒狭小，以为众生离苦还是众生有力自拔，我不可轻众生而自居其功。而无一毫私欲杂于其间，其宏愿亦与《大易》《春秋》不异也。《公羊传》所以美齐桓，盖亦取圣经升平世之大义。然齐桓救邢在僖公时，是所传闻之世。即据乱世。《公羊传》以升平世之义，应用于据乱世，盖《传》本史评，就事论事而以齐桓为可美，不可执《经》之三世理论以相衡也。

《公羊传》于孔子之经义亦有含糊而不定从违者。如文公十八年"莒弑其君庶其"，此事若从经义判断，自当美人民革命之举。若违反经义而作判，自应归罪人民。而《传》乃曰："称国以弑者，众弑君之辞。"据此，只是直书其事而不作若何判断。拥护统治者，将可以归罪人民。如宋孙复云：称国以弑，国人皆可杀也，此为大不道之言，实《公羊传》启之也。何休注曰："一人弑君，国中人人尽喜，故举国以明失众，当坐绝也。"谓当以绝灭之罪坐之，亦不可复立君也。案休之解，盖本于《经》说据乱世当革命，据乱之世须拨乱，拨乱即是革命，说见前。可救《公羊传》之失。

如上三条，为治《公羊传》者略示方隅，吾不及详说。昔避寇入川，周生通旦尝请作一书，执孔子经义以核正《公羊传》。余卒无此暇。然何注亦不尽依《经》，何氏本以口义与《公羊传》相调和，非敢守《经》而绝不违也。说见《原学统》中。

上来说《春秋》已见大意，今次当谈《礼运》。余于本篇之首核定孔子外王学，实以倾覆统治阶级为根底，曾举《礼运》证明之。此书在先秦当为单行本，先秦者，谓在秦焚书之前，见《汉·艺文志》注。汉人始改窜，而收入《礼记》中，其本义犹可考也。今节录其文，并附疏于下：

"昔者仲尼与于蜡宾，蜡祭，见《礼记·郊特牲篇》。孔子时参预鲁国蜡祭而为赞礼之宾。事毕，出游于观之上，观，门阙也。喟然而叹。仲尼之叹，盖叹鲁也。言偃在侧曰：言偃，孔子弟子，字子游。'君子何叹?'孔子曰：'大道之行也，与三代之英，丘未之逮也，而有志焉。'"疏曰："大道之行"也属大同。"三代之英"即后文所称六君子，能行小康礼教者也。此二句中间，用一与字，即明示孔子于小康、大同二种思想并存而莫衷一是。下句"丘未之逮而有志"，即总承上之二种思想。果如此，则孔子之外王思想只是冰炭混在一团，非甚不肖不至出此，圣人岂如是乎？夫大道之行，必废除统治，小康礼教犹保存阶级，二者本不可相容，而谓孔

147

子于二者皆有志可乎？余断定"与三代之英"五字，决非《礼运》原本所有，或是汉人改窜，或是七十子后学早将《礼运》窜乱，而汉人承之亦未可知。余在《原学统》中曾言六经是孔子晚年定论，七十子多有不能承受者。如曾子后学之孝治论，实为小康礼教之大宗，孟轲盖此宗一巨子也。荀卿以养欲给求言礼，虽与孟氏富于宗法思想者有殊，而亦只有革暴君，决无废除君主制度之思想，则与孝治派无不同者，可知改窜《礼运》不必始自汉人。

　　"大道之行也，天下为公。选贤与能，讲信修睦。"疏曰：公者，私之反也。公道行，而普天之下，无有一人得自私者，所以为大道也。《周官经》全部是一均字。均者平义。平其不平，所以归于公也。《礼运》大同说，犹是升平世图治之规模，为趋入太平之准备。盖据乱世，为拨乱之始。拨乱者，拨去乱制，所谓革命是也。虽志在太平，而行之不能不以渐，故必有升平之治，为太平树立宏基。革故取新之大业，实以升平为唯一重要阶段。《易》有《革》《鼎》二卦。《序卦传》曰："革，去故也。鼎，取新也。"二卦之义，广大至极，学者宜玩。升平规模未善，恐太平未可几也。今先释"选贤与能，讲信修睦"。与能之与，当读举。当拨乱之始，必扫荡统治阶级，故升平开治，唯由人民选举贤能，以代表群众公意，治理政务。拨乱，本是当据乱之世而举革命，然即于革命时，便已离据乱世而进升平，并非从革命到升平，尚有过渡时间也。若夫人民共同直接处理政事，不须选举代表，晚周农家有此主张。则升平肇开犹不足语此。《周官经》注重作民，后文说《周官》时详之。正使人民勤习直接理政，太平之渐也。

　　"讲信修睦"者，升平初期，诸夏众邦，虽已化除狭隘之国家思想，而国家形式犹存，故必列国共讲信义，互修睦亲。睦亲修而彼此无猜，信义行而远近不隔，诸夏既同，同者和同，诸夏列邦若一家也。夷狄于变，于变一词，见《尚书·帝典》。于者，叹美辞；变者，变而从善，与诸夏为一体。于是大同之化成，太平之运至矣。余尝推究《春秋》重小国之意，以为世进升平，天下大多数人民互相联合,则小国宜伸,大国宜与小国平等。及升平愈进,将近太平,则小国亦须变革。所以者何？世界上自有国家以来,论治者几无不以国家为罪恶之薮,统治层级既凭藉国家权力以侵削大多数庶民,又常利用国家以为向外侵略之工具。若详究之,其毒害盖不可胜言,故国家形式非根本变革之不可。余以为大地上之人类,宜划分为无数小自治区,简称治区。而统一于全人类文化委员会。治区分析,大概依地势便利与气候异同而酌定。凡分区大小,必经全人类文委会征集全地球人民公意妥议定制,不可有特别过大之区。凡地势与气候虽相同,而地域过大,不宜仅划为一区者,则酌为析区,使其小大合于定制。夫所以分为无数治区者,人类不能孤独生活,即不得不有治区之组织,而此治区性质绝不同于过去之国家,只是一种文化团体而已。老子深恶夫强大国家之为祸,而有小国寡民之理想。其言曰："小国寡民,国小,则民寡也。使有什伯之器而不用,十百之器且不用,言无须于工巧也。使民重死而不远徙。使民不贪利、尚巧,惟身是宝,故各安其居,以死为重,莫肯远徙。虽有舟舆,无所乘之,虽有甲兵,无所陈之。使人复结绳而用之。甘其食,美其服,安其居,乐其俗。邻国相望,鸡犬之声相闻,民至老死不相往来。"案老氏小国寡民之意,亦未可非。国小民寡,虽有枭桀不得挟之以逞,其利一；人民皆得通力合作,直接治理公家事,其利二；凡关于公共大事业,非一二小国可办者,则联合多数小国合作,亦甚易举,其利三。惟小国之名称,尽可不用,只号之曰治区可耳。但老氏所云,"使有什伯之器而不用"至"老死不相往来"一段语,此其主张直欲返于上古朴陋无知,闭塞不通,无有文物之社会,是反自然而不悟也。社会发展正是自然,老氏言自然而反对发展,非反自然而何？《周官经》王国乡遂之制,地域不大,人口不多,可为将来分设治区之参考。而大地上无数治区,必使之互相联系,更有全人类文化委员会,为大地上无数治区之总会机构,如人身血脉周流,发展日益健全,无老氏反自然之患。

"故人不独亲其亲,不独子其子;使老有所终,壮有所用,幼有所长,鳏、寡、孤、独、废疾者皆有所养;男有分,女有归。"疏曰:孔子之社会思想在合天下为一家,使万物各得其所。此一节,规模宏远,直如天之无不覆,地之无不载,古今言群治者,无可外于此也。阶级不消灭,私有制不破除,少数人可以养其亲,慈其子,而天下最大多数人得养亲慈子者,不可多觏矣。惟平阶级,废私有制,产业、货财、用度,一切公共,则社会有养老与慈幼之设备,是"人不独亲其亲,不独子其子"也。天下之为人亲者,皆天下公安养之,故"老有所终"。天下之为人子者,皆天下公养教之,而相其能,以任之事,故"幼有所长,壮有所用"。鳏寡废疾以天下之力养之,则无不给之忧。男子有分职,天下无弃人也。公职虽就男言,而女有分职,可例知。女子自由择偶,天下无怨女也。女子得其相当之偶,即有归。古者妇人谓嫁曰归。是故天下虽大,万物虽众,而无一夫不获其所。

"货,恶其弃于地也,不必藏于己;力,恶其不出于身也,不必为己。"疏曰:货字,义宽,自然界丰富之物资从其有用而言,皆名为货,必以人工开发之,制造之,而不可委弃于地。但财货者,天下人之所共有也,任何人不得据为一己之私有,故曰"不必藏于己"。此中力者,析言以二:知识技能总称智力,身手勤动总称体力。故力之一言,包括智力、体力二者。据乱世长期,庶人劳其体力,以开世界;及近太平,则人之智力弥高,其所发明与创作,愈多愈精,自然界之秘藏,启发无余,悉为吾人效用,是时需要体力者盖少。然人生必不可无劳作,一切事业未可纯用机械而废四体之动也。又文物日盛,人将有乐于享受而倦于用脑者,则文化将隳退,尤当以为大戒。故一人之身智、体二力宜求并进,否则人类有退化之忧,故曰"力,恶其不出于身也"。然人类经历据乱世悠长之历史,凡所以劳其体力与智力者,皆以为其小己而已。

为，读卫。下仿此。夫为己之风，本倡自居上剥削者，其侵虐大多数庶民以自为，贪毒远过豺虎，无人道也。然庶民亦非不为己，但束于上之教令，以安分为当然耳。在公道未昌之世，人之智力大都用之于为一己，及己之国家，国界未消灭时，人民不可不为国，然因为己之国而不惜侵损他国，则将为太平大同之障碍，是人类之公敌也。世进升平，人民为国，当循正义而不可背天下为公之道，以蕲至乎破国界，归大同。天下之人人，各各习于为己，而人间惨毒乃不忍言，人类迷暗，亦莫知所以。夫己者，全群之分也，此中全群，犹言大地上之全人类。犹如手足乃全身之分也。为手足者，必为其全身，人皆知之矣。为小己者，必善为其全群，而人莫之知。庄周曰："人之生也，若是芒乎。"芒，惑也。佛氏哀众生颠倒，此古今上哲所同慨也。夫人之有力，本乎天赋，而发展由己。一己能否尽量发展其力，将欲解此疑问，虽甚不简单，而扼要言之，如社会有阶级存在，则人之能发展其天赋之力者，殆属最少数。所以者何？阶级未除之社会，人与人之间，有贫富贵贱等等悬隔在，天下最大多数庶民，长处于压抑难堪、涣散无援之境地，此不得不为若辈同情也。故必平阶级，废私有制，天下一家，见《礼运篇》。而后人人平等互助，不必以力为己。不必者，言不待迫束之，而人皆自觉其不必为己，诚以为天下，即己在所为之中故也。人人不必以力为己，即人人得尽理发展其天赋之力。所以者何？贫富贵贱之差等既已扫除，互相扶勉之关联益加密切，则人人可自由发展其力，不惟无压抑之患，去差等，即无压抑。而更有他山之助。《诗》曰："他山之石，可以攻玉。"一己在群众之密切关联中，得大群之辅导，如璞玉得他山之石相攻磨而显其美也。故《春秋》所谓升平、太平之世，天下之人人皆互相协和，而发扬其力，胜用无穷，所谓全知全能创造世界之上帝即人力是也，何可轻人力而颂帝力乎？

"是故谋闭而不兴，盗窃乱贼而不作，故外户而不闭，是谓大同。"疏曰：升平之极，太平之机已启，大地人类已消国界，而归大同。无有敢怀野心，兴奸谋者，故曰谋闭不兴。凡多取他人或他群之利益者，谓之盗窃；凡托于公道而所行与之反者，谓之乱贼。今天下之人人皆一心一德，故盗贼不作，外户不闭者，明全地大通也。老氏主张"老死不相往来"与此反矣。此一节至极重要，若大地全人类未到真正无盗贼时，未可言大同也。

已上所说大同诸义，实为由升平而趋进太平之治道。

"今大道既隐，天下为家；各亲其亲，各子其子；货力为己。"疏曰：今者，孔子自叹其所遭之时。大道不行，故曰隐。隐者，隐没而不显。天下为家者，言大人以天下为其一家之私产，后嗣世守而勿失也。大人，谓天子。天子既以天下为家，而诸侯受封于天子，亦以国为家；大夫受命于诸侯，亦以采邑为家。此三层统治阶级，分享天下之土地与财富，各自成家，则各亲其亲，各子其子，亦因事势之便，而成为定制。设问：天下最大多数之庶民将如何？答曰：庶民乃统治阶级之农奴耳，终岁勤劳，出租税以事其上级，所余者实无几何；庶民仰不足以事父母，俯不足以畜妻子，畜，养也。居上者固漠然无感；三百篇自王朝变雅以至《国风》哀怨之作甚多，犹可考见也。货力为己者，统治阶级既成，私有制定，天子诸侯大夫之家则侵夺天下庶民之货以为己，驱役天下庶民之力以为己，而庶民在私有制之下，则于供应统治者之侵夺与驱役而外，亦各以其稍余之食货与疲惫之余力而聊以为己。总之，天下人之货不得公共，天下人之力不得互通，而可悲惨者，莫如最大多数庶民，此为有阶级与私有制存在之社会，不可道之黑暗也。

"大人世及以为礼，解在本篇首，可覆看。城郭沟池以为固，礼义以为纪，以正君臣，以笃父子，以睦兄弟，以和夫妇，以设制度，以立田里，以贤勇知，知，读智。以功为己；故谋用是作，而兵由此起。"疏曰：此节与前节，皆言封建社会之情形，盖自夏、商以至春秋之世逐渐演成此局。大人世及为礼，此为统治阶级成立之根本。礼义为纪句，是总标其纲。

"以正君臣"至"以功为己",是别详其目。君臣曰正者,正上下尊卑之名分也。笃父子,睦兄弟,和夫妇,则以宗法为主干,导民以孝友柔顺,使无犯上作乱也。设制度,立田里者,其详俟后文另录。治人者有土,治于人者代耕而纳税于上,上,谓治人者,即统治阶级是也。治于人者,即天下最大多数之庶民是也。代耕者,庶民无土,惟上级尽有天下之土,庶民唯代上级耕种而已。易言之,庶民即上级之农奴。以此为上下共守之正义而不可易。孟子犹持之以拒农家也。以贤勇知者,统治阶级欲保其权势地位,不得不宠任勇力智谋之徒,使之效忠于己,贤者,奖励之也;己者,设为统治者之自谓。下仿此。故常特别奖励勇智,以劝天下勇智之戴己也。以功为己者,功有三义:一曰功力,统治者常图大功于外,以行威力故。二曰功利,功既著矣,大利归焉。三曰功名,功立而有神圣之名。凡此三功皆统治者之所以为己。试考诸历史,统治者常以显功与贤勇知,显功者,自尊显其功也。为礼义之大宗,是其所冀以保世滋大之术也。故谋用是作,兵由此起者,统治阶级擅天下之大利,纵无穷之狂欲,用极亢之穷威,穷威者,其威至此已极,无可复加,故穷也。将欲天下大多数庶民,皆安之而不群起反抗,断无是理也。天下谋作,兵起,何足异乎?

"禹、汤、文、武、成王、周公,由此其选也。夏禹、商汤,周之文王、武王、成王、周公。此六君子者,未有不谨于礼者也,以著其义,以考其信,著有过,刑仁讲让,示民有常。如有不由此者,在势者去,众以为殃,是谓小康。"疏曰:谋作、兵起,而独夫危,独夫,谓据统治之地位者,如桀、纣、幽、厉等是也。将赖有贤圣起,而弥缝统治之阙。禹、汤、文、武、成王、周公,此六君子是其选也。君子者,贤圣之称。六君子皆谨于守礼以为治,其奉礼以治臣民,立事功者厥有五则。则者法则,亦云典则。一、著其义。著者,明也。义者利之反也,此中利者,是私利之利。凡不因私利以败公事者,即是义;凡所行之出乎公正者,即是义。明著其义,使天下臣民知有所守。二、考其信。信者实也。凡政事得失必考核其实,使奸伪无可匿其情,人将勉于实事求是。三、著有过。臣民有过,必明正其罪,使人知守法,此以法治辅礼治之所不及。四、刑仁,刑即型字。谓以仁爱之道为型,人必有不忍伤物之心,物,犹言人。始可导群于善。五、讲让。《左氏传》曰:"让,礼之主也。"《左氏·襄公十三年传》。此语甚可宝。若不深解此语,即非真知礼者。夫让之为义,即于己之外知有人。争而不让者,将逞己以贼人,人亦报之,而人我终不可统一,如何为治? 古圣王以礼为常道而辅以法,法之用在争,而礼之主是让,以争辅让,而不以争为常道。六君子以此五则,示民常理不可叛。如居上位者有不由乎此,虽据尊势而天下人苦其为殃,必共攮去之。故六君子行此五则,而天下暂宁,是谓小康。五则,却是三代明王之治,其原理犹不可弃。而从来无解之者,岂不惜哉。余尝深玩此节及前节,其于统治阶级之为祸殃,盖言之详而明。于六君子兴小康之礼教,以弥缝统治之败阙,而息生民,不独未没其功,而且提示其治道之不可忽,可谓平允极矣,然终短之曰"是谓小康",可见孔子志在大同,而不在三代之英。篇首"与三代之英"五字,决为迂儒或奴儒窜乱无疑。夫六君子之五则,从原理而言未尝不是也,然以统治阶级而握治权,根本固与五则违反,则六君子所莫如何也。以天位为其后嗣世有之物,古称天子之位曰天位。诸侯传国亦然,大夫世食其采亦然。以少数人控制天下最大多数人,已不可谓义,已不可谓仁,已不可谓让。根本处既大谬,则其所能为之著义、考信、明法、刑仁、讲让毕竟有限,明法,谓著有过一则。充其量亦只做得弥缝败阙,令疲民稍得苏息而已。孔子衡之以小康,岂苟论哉? 或曰:六君子之世,犹未得废统治也,孔子不亦苟救欤? 曰:否否,不然。统治阶级之形成,由夏、商而至成周,其年代已不浅矣。中国文化发达甚早,庶民能自觉者已不少,《三百篇》怨上之诗可观也。孔子生于春秋之时,同情天下庶民,明知统治阶级不可不倾覆,故呼号革命而攻击统治之乱制,不能不涉及六君子。以六君子之贤圣而立于统治阶级犹不足大有为，则当举革命，平阶级，无疑矣。孔子非是苛求六君子，而是论乱制之不可以久。社会有统治阶级，即《春秋》所谓乱制。其志虽示就，而睿识远见万世，非天纵之圣，其能若是哉？

今《礼记》中《礼运篇》说大同、小康两段文从开端"昔者仲尼"至"是谓小康"止。自是《礼运》原书之文。惟篇首"孔子曰：大道之行也"下，有"与三代之英"五字，决为后人窜入，已屡辨如前。"是谓小康"以下，其文甚长，从"言偃复问曰，如此乎礼之急也"起，直至结处，完全抛弃大同义不复谈，却专说小康礼教，其文句多从故籍杂集来。可见此篇必是后人将《礼运》原书改窜，而仍以《礼运》名篇，此意已见前文，今更重提，欲学者注意耳。又自"言偃复问曰"以下，尚有两处文字定是《礼运》原书所有。兹节录如下：

一、"故天子有田，以处其子孙；天子直辖之地，其田则皆其子孙所有也。诸侯有国，以处其子孙；大夫有采，以处其子孙；是谓制度。"案此文自是原书破斥统治阶级之言，而《礼记》之《礼运篇》则以为礼制当然。

二、"故圣人耐以天下为一家，以中国为一人者，非意之也，必知其情，辟于其义。"辟，开晓也。"何谓人情？喜、怒、哀、惧、爱、恶、欲七者弗学而能。何谓人义？人之义，曰人义。下同。父慈、子孝、兄良、弟悌、夫义、妇听、长惠、幼顺、君仁、臣忠十者谓之人义。"案此文，从"故圣人"至"非意之"也，必是《礼运》原书所有。原书说到"天下一家"，必继续讨论其制度，决非以一句空话了事。而《礼记》之《礼运篇》却尽删去，乃以七情十义接续言之，归本个人陶养性情，及宗法社会之德目，显然与"天下一家"语不相照应。此文虽屡引在前，而因其是大同制度之总纲，故特重提。

上来考定《礼运》外王学本义，今次当说《周官经》。《周官》为孔子所作，非后人所得伪造，详在《原学统》中。余向时颇信《礼运》为《礼记》中之一篇，近来细思《礼运》原书自是别为一经，与《周官》同其尊重。孔子之外王思想本与三代之英所持小康礼教相反。六君子之小康礼教，虽对于据乱世之教条有补救，而根本无改。《礼运篇》"今大道既隐"至"是谓小康"一段抉发极透，可谓反封建之先声。而春秋时之社会浸渍于据乱世教条或小康礼教者，甚深，复甚深，孔子欲改造社会自不得不作新礼经以除旧染，而建新制。《礼运》《周官》二经当是继《春秋》而作，其宏识远谟之结撰，万古常新也。《礼运》原书虽毁，而其反小康礼教，倡导天下一家之规，尚有存于伪篇，幸甚哉！伪篇，谓改窜之《礼运篇》，现存于《礼记》中者。《礼运》之反小康礼教，其义与今之反封建不异。

《周官经》假托周制，避当时之忌也。从表面观之，不过为"设官分职"之条文。试穷其底蕴确是包通大宇而创制，远瞩万世以造端，其大无遗，其细悉备，纲举目张，宏通可久。穷万物之理，类万物之情，故大通。通乃久。《易》曰裁成天地，曲成万物，此经有焉。《周官》至宏远，如欲详之，须别为书，今此粗举大义数条如下：

一义，《周官》之治道，大要以均为体，以联为用。均之为言，平也。平天下之不平，以归于大平，此治化之极则也。最高之原则，曰极则。如大自然之变化至大齐矣，为之裘葛而寒暑均，以裘御寒而寒减，以葛御暑而暑减，故寒暑均。为之宫室而雨旸均，为之舟舆而水陆均，为之飞机、潜艇而天渊均，此以渊为海底之代词。有飞机而天失其穹高，有潜艇而海底失其低下，故均也。此例不可胜举。是故奉大均，以裁成天地，辅相万物，而天地万物皆受成焉，无有一物失所者矣，故曰治道以均为体也。受成者，吾人以大均之道，去裁成天地，辅相万物，而天地万物皆受吾人之裁辅，而成其均也。《春秋》升平世，小国与大国平等；太平世，夷狄进为诸夏，亦皆均义。《周官经》首叙天官冢宰，而明其职曰"均邦国"，是其开宗明义，特揭大均之道，以立治体，学者须识此本原而后全经可通。

以联为用者，万物万事皆互相联系，无有独化者。独化一词，借用郭象《庄注》。太空无量星云星球似甚散漫，然自天文学言之，并非各个孤立,实乃互相联属为一完整体。生物学亦明生物非离环境而孤立,乃与大自然通为一体。是故明于物则,而治道可知已。《周官经》以王国与四方诸远国,谋交通与经济之联系,其为虑极周到。后详。而国内之治,则建立六官,以组政府,分掌一切政事。六官虽各治其事,而实互相联系,惟以天官冢宰总其成。冢者大也。天官虽与五官并列,而实总领五官及其本职之事,犹今云主席也,故称大宰。至《周官》所谓王,则徒有虚名,无实职权。天官之职有曰:"凡小事皆有联。"夫小事皆有联,况大事乎?凡图治者,必注意百职事之联系,而统筹其本末先后之序。通权其轻重缓急之宜,方乃策以万全,事无过举,否则难免一切纷乱与隳废大政之咎。《周官经》为注重实践之书,综事辨物,至精至确,其言皆可见诸行事,疏于格物者恐未易达经旨。

二义,《周官经》为拨乱起治之书。承据乱世衰敝之余,奋起革命而开升平之运,将欲为太平造其端,立其基,所以有此经之作。《礼运》大同说,其规制比《周官》似进一步,惜其原书亡,难判断。《周官》犹是拨乱之书。拨乱者,谓当据乱之世,民众起而革命,以拨去乱制,故曰拨乱。此时本未能遽臻太平,只为太平开端、立基,故是升平之制。升平世内诸夏,外夷狄。《周官》之王国即是诸夏众邦互相联合组成之中枢。王国所辖之地,不过六乡六遂,不欲其成为据乱世国家之形式也。王国治制,则为诸夏众邦之所共同议定。王国有治军之官,即夏官司马。以平邦国,其时夷狄犹背叛天下为公之道而逞强横,故须有军政以平治之也。详玩《周官》全部之旨,当信《周官》是初离据乱而进升平之制度,却已为太平开端绪,立宏基。倘无此一番大变革、大开创,则太平决不可能,《周官经》之重要在此。方正学先生平生尊信此经,而亦疑有数处非圣人之言。余谓此经或曾为六国时小康礼教之儒所稍改窜,汉人亦不无变易处,当别论。然其大规模具在,不足掩其真也。

三义,《周官》之政治主张在取消王权,期于达到《春秋》废除二层统治之目的，而实行民主政治。

其取消王权者何？《周官经》为据乱世人民革命拨乱而作，前已言之。革命初期，王号不妨暂存，而一方严密地方基层之组织，使人民得表现其力量，以固民主之基。后详。一方于政府，以六官分掌王国一切政务，而冢宰总其成。王者徒拥虚号，除签署教令而外毫无权责，是则王权完全取消，置之无为之地而已。且小司寇外朝三询之法，有"询立君"一条，据此则王之得立，必询诸万民公意，否则不得立。是王由民选，固已将据乱世大人世及之礼制根本革除。统治阶级消灭于无形之中，是为人民力量发展之结果，无足异也。

其民主政治云何？略言其要，则地方制度严密，是民主之本也。王国分为六乡、六遂。乡之下分比、郑司农云：五家为比。闾、郑云：二十五家为闾。族、郑云：百家为族。党、郑云：五百家为党。州。州辖多数党，而直达于乡；郑云：二千五百家为州。案自州至乡，其所属之家当不限定其数，郑说未可据。乡上达于司徒与王朝。郑说王都百里内为六乡，外为六遂，则政区太小，殊不可据。

比有长，"各掌其比之治。五家相受，事无大小，五家皆互相受责任也。相和亲，有罪奇邪则相及，此言五家之中有人犯大过恶者，则五家同坐以其罪，故曰相及。如此者，欲其平时互相教戒，有为恶者不得隐而不发也。徙于国中及郊，则从而授之"。徙，谓五家之民有移居者也。国中，都内也。或由都内出徙郊外，或由郊外入徙都内，皆由其原居之比，从而授之据，明徙者无罪行，犹今之迁移证也。参考郑注。

闾有胥，胥者，有才智之称。闾之长也。"各掌其闾之政令。以岁时各数其闾之众寡，计数其人口多少。辨其施舍"，辨其闾内孰当施行，孰当暂舍之事。四时因役政、公祭等事"聚众庶，暨比比者，凡考选贤能及考验政事得失，均谓之比。则读灋，灋即法字，以后作法。法者，谓国之大法与普通法典，或诸政令之属。通名为法。凡聚民众则令其读法，以启导与敕戒之。书其敬敏任恤者"。人民有敬敏任恤之行为众所共信者，间则书之以示众。敬者，敬慎不苟；敏者，勤敏迅疾；任者，对公益事，热诚敢任；恤者，能怜恤急难。案书其敬敏者，奖任重致远之人，而顽劣者知奋矣；书其任恤者，奖急公救难之人，而自私自利者改过矣。此作民之要道也。《大学》曰："作新民。"作者，振作之，鼓励之也。作动其民，使之自新，曰作民。

族有师，师，长也。"各掌其族之戒令、政事。政事，国政与地方事。月朔，则属民读邦法，邦法，犹言国法。法字，解见前。属犹合也。属民，犹云聚民。后仿此。书其孝弟、睦姻、有学者。孝弟为万德之本。不爱父兄而能泛爱众，未之有也。睦姻，和睦亲党也，博爱则由此推之耳。有学之人宜崇奖，以劝民兴于学。以邦比之法，比，考核也。帅四闾之吏；以时属民，而校登其族之夫家众寡，登，成也，定也。夫家郑注犹言男女也。校登谓校定夫家众寡之数。辨其贵贱、老幼、废疾可任者，及其六畜、车辇。五家为比，十家为联；使互相联系，不容孤立。五人为伍，十人为联；四闾为族，八闾为联；层层互相联系，无有脱离群众，陷于无助者。使之相保相受，日常互相保聚，一切政事互相受任、合作。刑罚庆赏，相及相共，罚则相及，赏则相共。以受邦职，人民同受国之职事，互相勖以敬敏。以役国事，国事者，人民公共之事，故莫不服役。以相葬埋。有死者，则相葬埋之，生死不相弃则民德厚。案此上诸条，皆所以纳民众于团体生活之中，不容人只为一身一家自利之计，此改造社会之急务也。若作民，而师田行役，作民，作动民众也。师谓兴师御侮。田谓大猎，以习武事。行役谓国有大工役也。则合其卒伍，简其兵器，以鼓铎、旗物帅而至"。此言国或兴师，则族之民众皆发动，其平时训练有素也。升平世尚有夷狄之患，故整军为急。"岁终，则会政致事。"每岁之终，族师必会计其族内一年之政为得为失，而据实上报，故曰会政致事。致事者，本年行政得失既已终结，当为明岁作计也。

党有正，"各掌其党之政令、教治。及四时之孟月吉日，郑注：吉日，朔日也。则属民而读邦法，以纠戒之"。"凡其党之祭祀、丧纪、婚冠、饮酒，教其礼事，掌其戒禁。凡作民而师，田行役，则以其法，治其政事。

岁终，则会其党政，总计其党内一年之政，考核得失。帅其吏而致事。正岁，属民读法，而书其德行、道、艺。道者，《庄子·天下篇》所云古之道术，今云哲学是也。艺者，知能，如格物之学即艺也。德行，则以其立身行事皆能体大道而实践之，故云。以岁时莅校比，莅，临也。校比者，考验其党内政事兴废，与民之贤否，党正必亲临之也。及大比，亦如之。"三年行大比，民众共选贤能，以上于朝。选举时，党正必亲临，故党正于平时，常考察其所属之民有德行、道、艺者，皆书之，以备大比时之参验。又党于蜡祭时，则以礼属民，而饮酒于序。序者，党之学校也。此一条，因文繁未录，姑存其略于注中。

州有长，"各掌其州之教治、政令之法。正月之吉，吉，朔日也。各属其州之民而读法，以考其德行、道、艺而劝之，以纠其过恶而戒之。若以岁时祭祀州社，则属民读法，亦如之。州有社，祀先农之神，以报功也。祭礼必聚民读法，亦如者，如月吉读法也。《春秋》以礼会民，而射于州序"。《春秋》教民习礼，同时令其射于州序。古云习射，犹今云军事训练也。习礼而不忘武备，防民之趋于文弱。序者，州与党之学校。"若国作民而师、田、行役之事，则帅而致之，掌其戒令与赏罚。岁终，则会其州之政令。总计其州内一年之政令。正岁，则读教法如初。正岁，谓一年毕尽之日也。三年大比，则大考州里，以赞乡大夫废兴。"大比，已选贤能，故州长必大考其属邑政之得失，吏之贤否，以赞助乡大夫有所兴废。吏有失政者，必废退之，而兴进贤能，以改善其政也。

乡有乡大夫与乡师。师，犹长也。乡大夫之职，"各掌其乡之政教禁令。正月之吉，受教法于司徒，退而颁之于其乡吏，使各以教其所治，乡吏，谓乡师、州长、党正、族师、闾胥、比长及诸职业团体。以考其德行，察其道艺。以岁时，登其夫家之众寡，辨其可任者。中略。三年则大比，考其德行、道、艺，而兴贤者能者。考者，谓考之于民众，使各以其所知地方之贤能，公举之无隐也。乡老及乡大夫帅其吏，与其众寡，以礼礼宾之。乡老，后详。众寡，谓乡人之善者，不限其数，故泛言众寡，贤能当选，故乡老、乡大夫与群吏及乡人之善者，皆以乡饮酒之礼，礼而宾之。厥明，宾礼之明日。乡老及乡大夫"

"献贤能之书于王，书者，贤能之名册。王再拜受之，登于天府"。"此谓使民兴贤，出使长之；兴，犹举也，言使民自举贤者，而贤者始出而登于王朝，将领导万民而为其长也。使民兴能，人使治之。使民自举能者，即留在本乡。治理一切政教等事，故曰入治。岁终，则令六乡之吏，皆会政致事。总计其乡内一年之政，以书上达于司徒与王朝，曰致事。正岁，令群吏考法于司徒以退，各宪之于其所治。地方之政，必与中央妥议而后行也。国大询于众庶，大询者，询于全国民众也。郑注：以大询，限于小司寇外朝之三询。余谓不限于三询也。如立法及举乡老与诸重大政策，未有不大询于众也。《周官经》颇有改窜，今当以义推之。则各帅其乡之众寡，而致于朝。"六乡之大夫，各率其全乡民众以赴朝议，故曰致于朝。众寡者，全乡之民俱赴，不限其数也。

"乡师之职，各掌其所治乡之教，而听其治。""凡邦事，令作秩序。"邦国兴造事业，必令乡师作秩序，犹今云详拟几年计划也。"凡四时之征令有常者，以木铎徇于市朝。以岁时巡国及野，而赒万民之艰厄，以王命施惠。"王，代表国家也。

《周官经》于地官之分职，有乡老，以三公为之。二乡则公一人。三公位尊与王等。其职内与王论道，参六官之事，六官掌全国之政，今云中央政府是也。三公与六官参决国政。外参六乡之教。参者参决。三公位尊而职重，而以乡老之职名，列于地官者。三公实为人民代表，其职在为人民伸公意，对政府有监督之责，故系之于乡也。老者尊称。案《周官》以乡老代表民众参决王朝及地方官之治教，地方官，谓乡大夫等。此制甚有意义。

已说六乡，次及六遂。遂之下分为邻、五家为邻。里、五邻为里。酂、四里为酂。鄙、五酂为鄙。县。案县之属邑，可不限其数。县直接于遂，遂上达于遂人与王朝。

邻有长，"掌相纠相受，相纠，五家之人有犯过恶者，必相纠举也。相受者，一切政事互相承受合作。凡邑中之政相赞"。邑中一切政事，邻长赞助其里宰以

161

成之。

里有宰，"掌比其邑之众寡与其六畜、兵器，比，考核也。治其政令，以岁时合耦于锄"。令耕者互相合作，曰合耦。参看郑注。

鄷有长，"各掌其鄷之政令，中略。凡岁时之戒令皆听之，趋其耕耨，稽其女功"。

鄙有师，"各掌其鄙之政令"，以时校登其夫家，比其众寡。清查户口也。"凡作民，如选举、兵戎及大工役，必作动民众以趋之，故曰作民。他处言作民者仿此。则掌其戒令，以时数其众庶，而察其美恶行诛赏。岁终，则会其鄙之政而致事。"总计其鄙之政，以报于县。

县有正，"各掌其县之政令、征比，征者，国有兴作，须征民也。比者，谓考核政事得失。以颁田里，一切政令须颁布于田里者。以分职事，令人民分工而总成公众之事。掌其治讼，趋其稼事而赏罚之，若将用野民、师、田、行役"，"则帅而至"。

遂有遂师与遂大夫。"遂大夫各掌其遂之政令。中略。三岁，大比，则帅其吏而兴氓，氓，民也。兴，举也。兴氓，谓由民众迁举其邑之贤者能者。明其有功者，吏与民之有功者皆明扬之，以励众庶。属其地治者。"属，犹聚也。聚地方众吏任治者，敕以谨修职事。"令为邑者，岁终会政致事。"

"遂师各掌其遂之政令、戒禁，以时登其夫家之众寡、六畜、车辇。""经牧其田野，辨其可食者，周知其数而任之。辨其宜食者，而选择其种，周知一切佳种之数而用之。任，犹用也。以征财赋，作役事，有大工役，则作其民。听其治讼。巡其稼穑，而移用其民，以救其时事。"时事有特急者，则移用其民，使相救助。远近之民，乐相互助，民治之效也。

《周官经》以六乡直属于地官司徒，而六遂则别隶于遂人之官，不直属司徒。又三公领六乡，而不领六遂。六遂治教之法，亦简于六乡。如此，似是重近都之乡而轻远郊之遂，恐是汉人有改窜。皇帝之世，重内轻外。内，谓帝都。外，谓郊邑，以至国之四境。《周官》为升平之制，决不至于六乡六遂分轻重也。然六遂治教之法，略于六乡者，此须会而通之，不可泥。六乡之治法、教法，自是通行于六遂，不须于六遂中重见也。唯国有大询，六遂民众或以道远不必尽赴王朝，当各就其遂，公推代表耳。

上述乡、遂之法，今略举其要点：

一曰，乡自五家之长比长。上至于乡大夫、乡师，而达于王朝。遂自五家之长邻长。上至于遂大夫、遂师，而达于王朝。治起于下，非若据乱之世统治阶级可以私意宰制天下庶民也。

二曰，六乡六遂，皆三年大比，由民众普选贤能。选定之后，贤者则出而任职于朝，可见王朝六官、冢宰，皆由贤者积功而至。易言之，在朝执政其始进也皆由民选，至其能者则皆留在六乡六遂任事，必能各举其职无疑。

又复当知，《周官》为民主之制，不独朝野百官皆自民选，即其拥有王号之虚君亦必由全国人民公选。秋官小司寇掌外朝之政，以至万民而询焉。一曰询国危。国有危难，必大询于民，以改造政治及决战守。二曰询国迁。如迁都或变更领土之类，必由全国民意决定。三曰询立君。国王必经民选，所以革据乱世大人世及之乱制也。此条郑玄以拥护帝制之私而为曲解，此不及辨，恐文繁故。据此类推，则国之大询当不止三事，如立法及举三公、冢宰与大政事，未有不经大询也。

三曰，乡遂之法屡言作民，其义至重要。《周官》为革命拨乱而创制，承据乱世之后骤行民主之治，若非多方开导鼓励，以作动民众，则人民力量恐未易发展也。是故乡、遂大夫及其属邑群吏，遇事皆有会议以作动民众，如奖励生产有会，乡遂群吏、教稼穑、趣耕耨及教民互助之类。颁政令有会，兵事有会，大工役有会，选举贤能有会，乡饮有会，春秋习礼有会，习射即讲武事。有会，读法有会，乡、遂大夫，四时孟月，征召其民，考其德行、道、艺，纠察其过恶而戒之皆有会。凡所以因事导民，昌其气，定其志，正其趋向，扩其知识技能，晓以民生利病，天下大势者，无不极力振扬，莫敢一日稍懈。春雷震而万物昭苏，作民之效如此。

四曰，读法本作民之一事，然以其特别重要，故须提出别论。国有大法及普通法，与一切政令教法，通名为法。民主之制，其人民必养成尊法守法之习惯，然后其一举一动共循于万物之规矩而莫或叛。拨乱之初，法度创立，故读法之会必须常举，使人民对于一切法了解深而持守严，则法行而治可成矣。或疑《周官经》规定乡、遂读法之次数过繁密，未免扰民，如以乡言，州长每岁属民读法者四，党正读法者七，族师读法者十四，闾胥读法者无数；或者以为是日读法既于州长，又于党正，又于闾胥、族师，且将奔命不暇。郑樵解之曰：此亦易晓，如正月之吉，读法，州长、党正、族师咸预焉；至四时孟月吉日读法，则族师、党正预焉，州长不预。至每月读法惟族师职焉。郑注云：弥亲民者，其教亦弥数是也。数读索。案郑樵说，颇合事理。经文省约，不妨以意推之也。

五曰，六乡之治，皆五家为比，十家为联。五人为伍，十人为联，四闾为族，八闾为联，使之相保相受。相保者相互助相和亲，相受者一切政事皆相承受合作。六遂之治，其邻、里之组织亦然。民主之治在化私为公，易散为群，故乡、遂之制必使民众互相联系，将以进于天下一家之盛。

六曰，闾胥四时聚众庶，书其敬敏任恤者。书者，记之于册，且以示众。族师书其孝弟、睦姻、有学者，党正书其民之德行、道、艺，乃至乡大夫亦然，遂大夫与其属邑亦然。皆所以崇贤善，移风俗，且为选举之备。至于春秋以礼会民，州社祀先农以报功，丧祭等礼，皆由群吏导之，其谨于德化与礼治也若斯之急。《周官》治道本以德、礼为主，法、刑为辅，不惟满足人类之物质需要，而实归本于提高人类之灵性生活，此其不可忽者也。

乡、遂，经野之政，经理田野，曰经野。颇与工业相联系，其掌治生产之专职颇多。今略举如下：一、“草人，掌土化之法，地质不良者，化之使美，可知孔子之时已发明地质学。以物地相家，而为之种。"此中物字，是视义。相，亦视义，辨义。视察地质而辨其土之所宜。种者，谷类等种子。二、稻人，主治田、用水等事。三、土训，掌地图，如九州形势、山川百产所宜之类。四、"山虞，掌山林之政令。"五、"林衡，掌巡林麓之禁令。"即山虞之佐。六、川衡，掌巡川泽产物之禁令。七、泽虞，掌国泽产物之禁令。八、"迹人，掌邦田之地政。"凡田猎者受其令。九、䂬人，即今考察与经理矿产之官。十、角人，以时征鸟兽之齿角，而制用具。十一、羽人，以时征鸟兽之羽毛，可制日常服用之物。十二、掌葛，"征绤绤之材于山农"，以造葛布。十三、掌染草，"以春秋敛染草之物"，犹今有颜料业。十四、"掌炭，掌灰物炭物之征令"，犹今有煤炭等公司。十五、囿人，掌园囿鸟兽林木之类。十六、"场人，掌国之场圃，而树果蓏珍异之物。"十七、"廪人，掌九谷之数，以待国之分颁"，犹今仓吏。十八、"司稼，掌巡邦野之稼"，辨谷之种类，"周知其名，与其所宜地，以为法"。并掌均万民之食。十九、舂人，掌供米物等事，按司稼掌均万民之食，舂人掌供米物，可见周官对于最重大之民食政策，防止私商垄断，由国家统购而平价以给民食。二十、"牛人，掌养国之公牛，以待国之政令。"按农业生产，以牛为惟一重要之资具，故国宜有牛人之官，掌养公牛，勿令民间匮乏。若本此意，以推之近世乃至将来，凡由科学技术进步而有之生产工具，自当由国家或公家备办。二十一、"服不氏，掌养猛兽而教驯之。"自此至山师皆夏官之属，与山农有联系者。二十二、"射鸟氏，掌射鸟"，以供民众食用。羽毛亦有用。二十三、"罗氏，掌罗鸟鸟。"二十四、"圉师，掌教圉人养马。"二十五、"山师，掌群山林木之名，辨其物与其利害，而颁之于邦国。"凡兹百业之官，但略征举，犹未及详。然自平衍肥沃百产所宜之地，以至高山川泽、天然蕴藏之富，江海湖沼之利，动植矿之博，则已无不掌以专业之官，经纬万端，无有遗利。此等职业皆与农民有联系，大概由司徒与乡、遂之长总其大计，而司徒亦必协同司空以筹之也。冬官司空是掌治百工之长官。司徒所属诸职业多是考察与采集原料,当与司空有联。余尝言,《周官经》知周万物,囊括大宇,固已早为近世格物之学与开物、备物之富有大业,导其先路。开物与备物,见《易·系辞传》。圣人智虑深远,岂不奇哉?

四义,《周官经》之社会理想,一方面本诸《大易》格物之精神期于发展工业,《大学》格物之义,实从《易·系辞传》"知周乎万物"而出。程、朱以"即物穷理"释之,甚是。惜其为学,终严于治心,而疏于格物。一方面逐渐消灭私有制,一切事业归国营,而蕲至乎天下一家。

其发展工业者,《大易》倡导"知周乎万物","立成器以为天下利"。成器者,谓创作生产工具。格物之学日精,故生产工具之发明层出不穷,而天下利也。《周官经·天官篇》有曰:"以官府之六属,举邦治。"经以天官冢宰、地官司徒、春官宗伯、夏官司马、秋官司寇、冬官司空,此六官组成中央政府。六官各有属,各帅其属,而修举邦国之治。下文叙六官之职,其于冬官则云:"六曰事职,以富邦国,以养万民,以生百物。"事职者,冬官之职,在开辟一切生产事业,故云。此十六字至可宝贵,汉人言冬官亡缺,余以为汉世用愚民之策,独重农耕而贱工商,奴儒或希宠而毁《冬官》,非必其出献时早缺也。《冬官》亡,而圣人为万世制法之精意不可见,汉人以《考工记》补之,于义无当。宋人至有谓《冬官》本无专篇,其属吏仅散见于《地官》等篇者,此其愚妄不足辨。地官领乡遂,六遂虽不直达于司徒,然非不属地官也。其诸有关工业之职司,自是地官与冬官之联事,谓冬官徒有虚名,无可立专篇,虽三尺之童亦知其无此理。甚矣宋人之陋也。今观《天官冢宰》之篇,明定冬官事职,曰富邦国、养万志、生百物,幸此数语犹存,可以想见《周官》之经济理想,专注在科学技术与工业生产。其高远宏深之识,直是包通大宇,远瞩万世,不惊叹不得也。而汉以来二千数百年,从无发觉此数语者岂不惜哉! 余从富邦国、养万民、生百物数语,推想《冬官》一篇必有提倡科学技术之理论,暨工场、矿业,各种生产部门之创制,及其与地官等之联事,其规模当极广大,否则富邦国、养万民云云,只是全无内容之胡说白道,圣人何至出此? 战国之世,启发秦人吞并六国,统一诸夏之枭雄,如商鞅、韩非。吕政用韩非之说,见董生《疏》。今观其书,皆以农耕为唯一生产至计,何况春秋时之社会前乎战国,其纯为农业不待言,而孔子于《大易》导扬科学,于《周官经》特建掌百工之冬官,专主发展工业,以是为富邦国、养万民、生百物之唯一途径。此在今日,似为人人皆备之常识,然在二千数百年前有此远见,非上圣其能若是哉?

冬官,掌工之官也,其职在生百物,可知其注重发明机械与技术。机械技术日益革新,革故创新,曰革新。则吾人可以运用极精利之工具控制与改造大自然,将使万物之质量与功能俱显神奇之变化,而吾人之乐利可以增大无量。《系辞传》曰"立成器以为天下利",即此道也。生百物者是人工非天工,圣人在古代已发明此学术,发明此治术,不亦奇欤!

地官与冬官之联事最多亦最密,联事一词,见《天官篇》。惜《冬官篇》全亡不可征。而《地官篇》犹有可征者,如云:"颁职事十有二于邦国都鄙,都者都市,鄙者乡邑,以至国之四境。使以登万民。登者,上也,进也。民有职业而后可发育其智德力以上进,故曰登。一曰稼穑,郑注:'谓三农生九谷。'二曰树艺,园圃植果木、蔬菜。三曰作材,作,犹兴也。山民振兴林木等材,水滨之民振兴水产百材。四曰阜蕃,郑注:'养蕃鸟兽。'五曰饬材,饬,修治也。凡野所产原料须以人工修治而变化之,以供民用。此虽由地官主其政,亦必与冬官有联系也。六曰通财,郑注:'商贾阜通货贿。'七曰化材,郑注:'嫔妇化治丝枲。'案郑说亦隘。化材范围极广,如造纸之类皆化材也。八曰敛材,郑注:'臣妾聚敛疏材。'案郑云臣者,男子之贫贱者也;妾者,妇女之贫贱者也。今当正名男工、女工。物材多弃于地而不知收者,若经考察而识之,当聚工徒采敛以备饬化也。九曰生材,郑注:'谓闲民无常职,转移职事。'案郑甚误,其说当属于十二项之服事,不可以释此文。闲民转移职事,何可说为生材乎? 郑玄注经不达义旨者甚多,清人无知而尊之,误后学不浅。余谓此中生材与五项饬材似同而有异，饬材可说为供给日常用品之制造，生材，则其制造难而利甚大矣。此等工场当是冬官所规设，而或因地点及物力等等关系，不能与地官无联系，故地官亦著其文。十曰学艺，郑注：'谓学道艺。'案经文只学艺二字。学者，学习；艺者，工、农、商、矿或诸业所有知识技能之通称。学艺者，学习各种知能而已。郑玄加一道字，不知其于道字作何解，汉人固不悟道也。工人须学艺不倦，否则其业务无改进。十有一曰世事，人民对于社会政治等等问题宜令其注意谋解决，天下大势宜令通晓，所谓世事者即此类。十有二曰服事。"此指在机关或各种团体料理各项事务之人，所谓闲民无常职，其职事可随时转移者是也。据此，地官以十二职事登万民，其于民生计划周详，大无不举，细无不备，今后犹莫能外也。《冬官篇》生百物、富邦国、养万民之规制，今虽无从考，而其与地官之联事犹可于《地官篇》"颁十二职事"一条见其概。

　　附识：地官司徒掌内政，其所领之乡遂即是农村社会。冬官司空掌百工之事。《周官经》以富邦国、养万民、生百物之职事属于冬官，而农村之一切工业，其规模小者，地官皆置吏以掌其业，亦必与冬官有联事。其规模大者，如生材之工场，生字甚吃紧，即利用自然物，而别自创生一新的物事出来。自是冬官主办，而于地官亦必有联事。工农之结合甚密，犹可于《地官篇》考见。学者治《周官经》处处须留意其联事，宋人不明此意，故妄说《冬官》无专篇。十二职事中，其十有一曰世事，今云政治。则工农皆必须学习者。民主之治必大地之人人皆明于世事，此意不可忽。

　　其消灭私有制者，寻其策划略说以三：一曰土地国有。二曰生产事业，其大者皆国营，乃至全地万国亦逐渐合谋平等互助，以为将来世进大同，国际公营事业之基础。大同时，旧有国界必须消灭，当将全地分为无数小国，而此小国之意义与其组织，亦决不同前，只是文化团体而已。参考前谈《礼运》

中。三曰金融机关与货物之聚散皆由国营。二三两项政策实行，即无有私人得成资本家者。

土地国有者，《地官篇》曰："大司徒之职，掌建邦之土地之图，与其人民之数。"又曰"乃经土地，而井牧其田野"云云。见小司徒之职。井牧云者，作井田之制以养民，以此经理田野，人莫得私占有之。案小司徒井田之制颇不详，其"九夫为井，四井为邑"云云，是否后人改窜亦难知。但据"井牧其田野"之文，则惟广漠宽平之地可划为井田者，乃从而井之耳，非不论地势如何，悉可井也。小司徒复有云"乃均土地，以稽其人民，而周知其数，上地家七人"，"中地家六人"，"下地家五人"。郑注"一家男女七人以上，则授之以上地"云云。余谓郑注取大家庭制，殊失经旨。经盖以家之人数，至多以七人为定数，子既长则当别出为家也。据此，只云均土地而不曰井田，可见井田非通行之制。惟不妨于可井之处行之耳。其均土地也，先稽人民而遍知其数，然后因各家人数众寡以别地之高下，而酌授之。家人多则授以上地，所养者众也；次多则授以中地；家人寡则授以下地，所养者寡也。小司徒均土地之原则如此。土地皆属国有，人民受之于国而不得据为私产，不得买卖，惟当升平之初期，家庭之制犹存耳。

《地官篇》"载师掌任土之法"，任土，谓制贡赋也。其中颇有汉初儒生窜乱处，兹不及辨。惟宅田、士田以至牧田，郑司农、郑玄诸说各有未妥，今当略释。宅田，司农云"民宅曰宅"，甚是。即民家所受田也。士田，司农云"士大夫之子得而耕之田也"。案革命拨乱，世禄制早废，士大夫子弟亦与民众一律受田自耕。贾田，玄谓在市贾人，其家所受田也。案升平之世，商贾不得谋利以肥家，其家之人自须受田。官田，玄谓庶人在官者，其家所受田也。案玄说误。庶人服役于官府者，其家之人得受田自不待言。余谓官田乃国营之田，盖大农场耳。牛田者，牛人之官，掌养国之公牛，其徒役亦各受田也。赏田，当是汉人妄增。国王不得擅以土地行赏也。牧田者，玄谓牧畜者之家所受田，亦是，如吾国西北诸地之民向以牧畜为生，宜令其受田，无废地利。南中民俗，以蓄水种稻者谓之田，实则田亦为土地之泛称，如高原之地种麦、豆或果树等类者，皆谓之田。据"载师任土"一节文字，不见工人之家有受田者。工人家属当在工场操作，故不须受田耳。

　　生产事业归国营者，如冬官之职，在富邦国、养万民、生百物。此篇虽亡，余由其职推之可知开创一切工业之伟大规制，必特详于《冬官》。其事业皆属国营无疑，今虽不可考，而据地官所属，凡关于生产业务之官，自农村之草人、稻人，以至分掌山林川泽各项专业之群吏，皆主持国营事业，亦皆冬官与地官之联事也。据此，可见一切大规模之生产事业皆属国营断无疑义。生产事业归国营，则人民皆有为疾、生众、用舒之乐，为疾者，人民为国之主人，通力合作，故其为功极迅疾也。生众者，所产之物众多也。用舒者，物众多，故人民食用无一不舒泰也。此皆借用《大学》语。而国内不至有贫富不均之大患。富者资产阶级也；贫者无产阶级也。

　　然复须知，人民生计之永图不宜拘于一国，要当为天下一家之计。天下，犹言全地万国，或全人类。一国之在天下，譬犹手足之在全身；护手足而不顾全身，未可保其手足也。一国不能离天下而求独治，其理昭然矣。是故《周官经》之治法在以大地万国为一家，其根本大义已见于《大易》《春秋》《礼运》三经，而《周官经》则特详其实行之策略。周官之政虽以六官互相联，而政本究在冬官，其职曰富邦国、非仅就一国言。养万民、亦欲万国之民皆得其养。生百物，生百物者，帝尧云"人代天工"是也，此乃科学益精而工业发展之结果。此礼乐教化之本也。六官之中其与冬官联事最重大最密切者，莫如地官与夏官。地官主内政，其所属之生产事业皆与冬官相联，以冬官统筹全国富养大计故。夏官掌军政与外交，其职在理平万国，理者经理，平者平治，即以大均至平之道而协和万国也。自当以

170

冬官之国际经济政策为招携怀远之实践。怀远者，以公道服远人也。携者携贰，谓离心也。招者，以公道招之使合。冬官职在富养，所谓富邦国、养万民。对于国内生产与对于国际之经济政策，必有统筹之方略。方者方针，略者要略。虽《冬官》亡而无考，而地官所属事业与冬官相联者，前已略示其概，兹可不赘。若乃夏官所属之诸外交官，其职事则皆奉行冬官与夏官协定之政策，此未可忽而不考也。夏官之属，有训方氏，此言方者，谓四方辽远诸国。下职方、合方，皆仿此。"掌道四方之政事，与其上下之志，道，犹说也；四方，谓四方辽远诸国，犹言万国。训方氏常远出考察万国之政事与各国上下之情志。下，谓人民；上，谓其国之执政。训方氏以考察所得，归而为王国上下道之。王国领导四方，必据之以行劝戒也。诵四方之传道，诵亦说也。四方之传道，谓民情之所是非与趋向，所谓时行之说是也。郑注谓'世世所传说往古之事'，则谬解耳。正岁则布而训四方，以训方氏之所道与所诵者，布告四方，使知得失。而观新物"。四方有新器物之创作。亦告四方，令其互相观而仿之，所以利用，亦奖发明也。郑注大谬，不可从。又有"职方氏，掌天下之图，以掌天下之地，辨其邦国、都、鄙、四夷、八蛮、七闽、九貉、五戎、六狄之人民，与其财用九谷、六畜之数要，周知其利害"。四夷、八蛮、七闽、九貉云云，只是设想四方极远之国而以夷蛮诸名，形容其无礼义耳。《周官经》本升平初期之治，是时夷狄犹未同于诸夏，故设为教导夷狄之事。郑注妄以《周官》为周公作，便谓四夷、八蛮等等，皆是周代所降服之国，后人皆从之，大谬。当知《周官》是孔子理想之书，不可作周代史事看。又有"合方氏，合者联合。此官任联合万国之务，故名。掌达天下之道路，通其财利，以盈济虚，以有助无，曰通。同其数器，权衡不得有轻重之殊。壹其度量，尺丈釜钟不得有大小之异。除其怨恶，国与国之交易，必以真正平等互惠为主。我若侵削人则人必怨恶，人或侵削我则我亦不得无怨恶。必我以大公均平之道待人，而亦以毅力抑制人之侵我。如是，则国际将共守平等互惠之正义，而彼此都无怨恶。同其好善"。人之好善而无自私之诡图者，我则引为同好，其不善者则摈抑之。综前所述，训方氏考察万国政事及民情之好尚与趋向，且访求新器物。职方氏辨

四方远国之人民,与其财用之数要,_{数谓其所需之数;要谓其所必需而不可缺}
_{者。}周知其利害。合方氏乃与万国通其财利,除其怨恶。由此可见,
夏官兼长军政、外交,而实不欲恃兵力以服夷狄,乃依据冬官之国际经
济政策以外交方式转化夷狄,诸夏联合而开太平之端,其大机大用在
此也。_{《周官经》以外交并归掌军之夏官最有深义,外交必有军力为后盾故。}余尝
言,不通《周官》则《春秋》升平、太平之治为空谈,汉以来二千数百年,
《春秋》本义亡。而《周官》亦被屏弃,真可惜也。冬官掌百工,而商务
与工业相联,则商务自是冬官所兼领。_{犹如夏官掌军而领外交。}今由训
方、职方、合方之外交运用,犹可想见冬官之国际经济政策,在与万国
通财利,除怨恶,是为夏官外交所循之以进行者,将使夷狄进于诸夏,
必解决国际经济问题,而以外交方式行之。升平之初,犹患夷狄,军事
不可不修,究不可恃武力以陷于人类自毁之境也。《周官经》特重冬官、
夏官之联事,意深远哉! 夫国与国之间,财利不通,怨恶斯起。财利
者,人类所资之以生而不可一日缺也。古今之所谓富豪阶级与霸国
者,_{古云霸国,犹今云帝国主义国家。}征敛天下之财利,而自居于有余,则天
下之贫于财,而不得遂其生者众矣。天下不得遂生者众,欲其无怨恶,
亦弗可几也。天下众怨众恶,并积矢于有余财之富豪阶级与霸国,则
霸者富者虽雄于财,终无奈天下之众怨众恶何,而其崩溃之势乃如江
河日下,莫可挽矣。是故冬官、夏官联合,解决国际经济问题,惟以通
财利、除怨恶为不二法门。_{不二法门,借用佛语。}通之为言,均也,平也。
不均不平,则此有独盈,彼彼俱亏。_{彼彼,犹言多数。}盈者如在天上,亏者
若陷九渊,何可云通? 财利之在天下,与全人类通之,则怨恶化为太
和,而万国大同矣。通之于商务,尤贵通之于工业,彼此有无相济,盈
虚相调,是商务之通也。至于《礼运》所云“以天下为一家”,即当合大
地万国而统筹生产之宜,如有缺乏生产力与生产工具者,先进国必扶
助之,训方氏训四方诸国,观新物,即有此意。如有不度万国需要之

数,而盲目扩大生产者,便当裁节。职方氏辨四方远国之人民,与其财用之数要,周知其利害,正是为万国生产之统筹作参考。圣明远烛,今后不可忽斯意也。武器制造尤当严绝,天下之人人,如皆能坚持正义,则此事不难禁止。倘以造武器之资力,而改造生养之需,则财利不可胜用。凡此,皆工业之通也。夫通者,公道也,大均至平之道也。公、均、平之道行,而天地位,万物育。天地位者,天地皆循其序而不乱。万物育者,万物发育而无相残害。人间若有大祸乱,便觉天倾地覆,是失位也。万物互相残,何育之有?此二语见《中庸篇》。圣人为万世制法,千条万绪其要在公、均、平而已矣。

　　金融机关与万物之聚散,皆由国营者。《地官篇》:市有泉府,"掌以市之征布,市者,都市。地官之属有司市,犹今之市长也。《周官经》于市政颇详,此未及述。市有泉府,即今之国家银行。泉,古钱字。布,郑司农云,布谓泉也。征布,犹云通行之泉币。敛市之不售,货之滞于民用者,以其贾买之,敛,收也。市所不售之货物,民间滞而不用者,则泉府按其物之贾付钱收买之。贾,古价字。物楬而书之,以待不时而买者。郑司农云:'物楬而书之,物物为揃书,书其价,楬著其物也。'不时买者,谓将有急求者来买之也。此言泉府收买民间滞用之物,而于一一物皆书其价,以待有急求者来买也。买者各从其抵"。郑玄云,抵即柢字。柢,本也。郑司农云:"抵,故价也。"案此谓买者仍照泉府先时购物之本价而买之。司农之解是也。"凡赊者,买物缓偿其价,曰赊。延期无过三月,凡民之贷者,与其有司辨而授之,以国服为之息。有司泉府属吏也。人民有贷款者,则泉府主官与其属吏乃简别其贷民之物,一一定其价以授之。贷谓从官借本而营业也,故有息。据郑玄说,以国服为之息者,视其为国服事之工值多少为息也。此说颇当。但其举例云,于国事受园廛之田而贷万钱者,则期出息五百。此乃以意推想古法,不可从。凡国事之财用取具焉。岁终,则会其出入,而纳其余。"[1] 会,计也;纳,入也。计其

<hr>

出入相抵而犹有余，则入归于公也。

案国有泉府，掌钱币之流通，司万物之聚散，利权操于国，以绝私商垄断之患，而民利百倍矣。垄断者，垄谓冈陇；断者，其形如断片也。古谚云：有贱丈夫焉，求垄断而登之，以左右望，其心不正，欲邪行以谋利也。世遂谓凡攘众人之利以为己有者，当呵为垄断。汉武帝时，军费过重，政乱，吏酷且贪，富商大贾蹛财，蹛，居积也。言天下之财多积蓄于富商大贾之家。黎民重困。时桑弘羊请置大农部丞数十人，分部主郡国，置平准于京师，都受天下委输，李奇曰：委，积也。天下委积而输归京师之货物，则平准之官都受之。召工官治车、诸器皆仰给大农。车诸器者，车是载货与交通之重大工具，而一切须用之器具犹甚多，不独车也，故又总云诸器。大农召工官治办车舆诸器，其费则由大农给予。大农之诸官，尽笼天下之货物，尽笼者，天下货物尽收罗来，包举无遗也。上云都受天下委输者以此。贵即卖之，物价贵时，必由民间缺货，公家则卖出，以平价而济民。贱则买之。物价贱时，必由地方有余物，公家则收买之，亦以苏民困。如此，富商大贾无所牟大利。牟，取也。则反本，而万物不得腾踊，故抑天下物，名曰平准。至平之准，曰平准。反本者，《汉书·食货志》曰"畜贾游于市，乘民之不给，百倍其本矣"云云。畜贾者，谓贾人多蓄积也。此辈因民众之不足，而乘机特别牟利，计其所获则视物之本价，乃获利百倍，故曰百倍其本，剥削甚可畏也。今此云富商大贾无所牟大利则反者，正谓计其所获，只反回其物之本价，不得多所剥削。上云无所牟大利，以此也。有误解反本，谓人民将皆反而重农者，不独与上文无所牟大利不相应，下云万物不得腾踊，亦只谓商人受控制耳，岂谓国人尽归农耶？弘羊平准之法，实模仿《周官经》之泉府。武帝采之，而天下用饶。自霍光废罢桑大夫之政策，后遂无复行之者。此等政策唯民主与准备实行社会主义之国，方可进行顺利。桑大夫欲行之于皇帝统治之世，宜其不可久也。统治阶级毕竟利用少数人，以剥削天下众庶。武帝所以纳弘羊之策，亦因国用匮绝，无复可支，故勉从之以济一时耳。地官之属，有旅师掌聚野之公粟，野，谓乡、遂各属邑之农村。旅师所掌之粟有三种，今避解释之繁，不引原文，只总括之曰公粟。救助农民。春耕时以粟贷与民而为之券，及秋，五谷丰登，旅师则收回所贷出之粟。此其法意，犹今之农村银行也，王荆公青苗法即仿此制。

上来以四义，略说《周官经》之外王思想，虽未免疏漏，而大体亦可窥矣。细玩此经，其中乖乱处颇不少，今此不及举，恐文繁故。郑玄从刘歆以此经为周公作，时引周及殷代故事以说经，以孔子理想之书乱以古代典制，诬圣人，误后学，其过失不小也。昔避寇入川，欲为《周官》新疏。曾属周通旦执笔，余随时授义，未几余出川，周生不克从游，此愿遂虚矣。

本文当结束，犹欲略谈《周官经》学校之制。经文虽多改窜，然考之党正，每岁十二月，以礼属民，属，聚也。而饮酒于序。序者，今所称学校也。注家称古者五百家为党，其学校百有五十所，今考之经殊无明文。余由《论语》"有教无类"推之，此经定学制必令人民普遍受学，决不使有一人失教也。又州长，"春秋以礼会民，而射于州序"。州为党之上级政区，其学校之数必不少。乡与遂并为地方政区之最高级，皆直隶于王朝，其最高学府当与王朝之太学相等。

学校之教，当为德行、道、艺并重。乡大夫之职，"正月之吉，受教法于司徒，退而颁之于其乡吏，使各以教其所治，以考其德行，察其道艺"。三年大比，亦考其德行、道、艺。据此，则《周官经》之教学法，有在课目之外者，德行是也。至其课目，则分为道、艺二种总目。道者道术，今之哲学。文学皆究明道术者也。《庄子·天下篇》"古之道术有在于是者"云云。可见古有道学。艺者艺事。《大学》所谓格物即艺事之学，犹今云科学也。《礼记》中之《礼运篇》有云："义者，艺之分。"注家谓艺以事言。案分者分理。艺有分，《诗》云"有物有则"是也。《周官经》于学校课目，但标此二种总目，至二者之细目，则后世学术发展日益繁密，圣人固不能预计也。

春官大司乐"掌成均之法，郑注引董生说，成均，五帝之学。成均之法，谓其遗礼可法也。以治建国之学政，而合国之子弟焉"。郑注：公卿大夫之子弟当学者,谓之国子。案郑玄以拥护统治阶级之思想而释经,故谓国子限于贵族,然经明明曰"合国之子弟",岂以公卿大夫之子弟为限乎？又地官之属有师氏教国子弟,"凡国之贵游子弟学焉"。从来注家皆以贵游专指王公子弟,不知经曰凡国之贵游子弟,则通全国而合计之词。王国所属乡、遂之子弟,与诸夏列邦之子弟可深造者,必令其来学于王朝之大学。来自远方曰游,宠异之曰贵,此其本义也,奴儒皆曲解为王公子弟,大叛经义。总之,两汉以来儒生皆以皇帝专制之理论曲解经文,侮圣言而误来学,甚可闵伤。余以为六经皆须新注,所望有深思力践之学者,能温故知新,成兹大业也。

　　附识: 王公子弟受学于王朝之太学,本无所谓远游,杜子春亦知其难通,乃曰游当为犹,言王公子弟虽贵犹学也。如此,强改经文以就己之邪解,郑玄亦存其说。子春受学刘歆,歆好以私意窜乱经义,子春亦染其污习也。

　　《天官篇》言"以九两系邦国之民"。陆释: 两,犹耦也。所以协耦万民。其三曰"师以贤得民",其四曰"儒以道得民"。据此,则所贵乎师儒者,在能保持其学术独立之精神与地位,而以德业系万民之信仰,此教化所由兴也。

　　已说《周官经》,当附以农家为此篇之终。农家虽儒学之别派,而实得外王学之真髓,惜其经传都亡,无从搜考。今惟《孟子·滕文公篇》略存许行弟子陈相之说,至可宝贵。其文曰:"有为神农之言者许行,自楚之滕,踵门而告文公曰……闻君行仁政,愿受一廛而为氓。廛,民所居也。文公与之处,其徒数十人,皆衣褐,毛布,贱者之服也。捆履、织席以为食。卖履与席,以供食也。陈良之徒陈相与其弟辛,负耒耜而自宋之滕。"陈良,楚之儒者。孟子称其北学于中国,北方之学者未能或之先也。"陈相见许行而大悦，尽弃其学而学焉。陈相见孟子，道许行之言曰：'滕君则诚贤君也；虽然，未闻道也。贤者与民并耕而食，饔飧而治。今也，滕有仓廪府库，则是厉民而以自养也，厉，病也，言其剥削人民以自养也。恶得贤？'许行此言，明明主张废除统治阶级，是真能实践《春秋》之道者，惜乎孟轲、荀卿之徒皆不足语此。孟子曰：'许子必种粟而后食乎？'曰：'然。'陈相答曰然，言许子必自耕而食也。'许子必织布而后衣乎？'孟子又问。曰：'否。'陈相答。'许子衣褐，许子冠乎？'孟问。曰：'冠。'陈答。曰：'奚冠？'孟问。曰：'冠素。'陈答。曰：'自织之欤？'孟问。曰：'否，以粟易之。'陈答。曰：'许子奚为不自织？'曰：'害于耕。'陈答。曰：'许子以釜甑爨，以铁耕乎？'孟问。曰：'然。''自为之与？'曰：'否，以粟易之。'陈答。'以粟易械器者，不为厉陶冶；自此以下，皆孟子之言。农夫以粟向陶冶易械器，其于陶冶无病也。陶冶亦以其械器易粟者，岂为厉农夫哉？准上思之可知。且许子何不为陶冶，舍皆取诸其宫中而用之？孟子言。许子若能以一身兼作百工之事，则一切生养所需之物，皆可取诸其宫室之中而用之。许子何故舍是而不为乎？此欲逼令陈相穷于答也。舍，弃舍也。朱注误。何为纷纷然与百工交易？何许子之不惮烦？'以上，皆孟子难陈相之言。曰：'百工之事，固不可耕且为也。'陈答。'然则治天下独可耕且为欤？自此以下，皆孟子之言。有大人之事，有小人之事。且一人之身，而百工之所为备。如必自为而后用之，是率天下而路也。言一人之身，备有百工之物，但可分工而作，交易而用之，非可一切自为而后用也。如欲自为之而后用，将纷劳无成，譬如奔走道路无时休息也。故曰，或劳心，或劳力；劳心者治人，劳力者治于人；治于人者食人，治于人者，唯以其劳力供居上层者之食，故曰食人。治人者食于人，据上层而治人者，则以天下最大多数劳力者所生之物，供己之食，故曰食于人。天下之通义也。'"以上，皆孟子破许子之言。

案孟子以农夫、陶冶分工之说，助食于人之阶级作诡辨，极无道理。社会有农夫、陶冶等等分工，是殊途合作，平等互惠，所以成其整体之发展也。至若食于人者高据统治阶级，以侵削天下最大多数劳力之民众，此阶级之所由成，实由自恃为治人者，滥用其威势，积渐以成兹毒物，是乃妨害社会之发展，必不可容其存在者也。余深玩《孟子》此章，"故曰或劳心"五字，至"治人者食于人"一段，其上文当有陈相与孟子抗辨之辞，孟子竟略去而不述，是可惜也。夫劳心与劳力之分，治人与治于人之分，食人与食于人之分，正是社会主义者所详究而不容蒙昧过去之根本问题。陈相见许行，弃其所学，而学许子之学，岂无真知明见，而轻被孟子浅薄之论驳倒哉？孟子不存陈相之言，而突尔有劳心劳力以下数语，且妄断曰"天下之通义也"。甚矣！孟子之迂也。虽然，许子劳心劳力不分之主张，固是《春秋》太平世之极则，然必如《大易》所谓"立成器以为天下利"，而后可遂许子之期望。则未知农家对于格物之学与工业，亦加意提倡否？惜乎其书悉亡，无从考矣。

余从《大易》《春秋》《礼运》《周官》诸经，以抉择孔子之外王学，于久被窜乱之遗经，求其真相之未泯者，譬之入深山，披荆棘而采宝物，虽劳苦不无，而大宝既获，亦有不知所以之乐也。汉以来崇儒者，以其为纲常名教之大宗；纲者三纲，常者五常。清季毁经非孔者，则以其为帝制之护符。余年邻弱冠，弃科学而从军，思振民权，以张华夏，其时于孔子六经茫然无所知，固攻之甚力，久而后自悔愚妄之罪也。今衰矣，惟念欲明孔子之外王学者，须注意二端。不明孔子注重格物之精神即无从研究其外王学，此一端也；仁义之蕴，礼乐之原，是乃万物之所以统一，而复其本来无对之体，人极于以立，此又一端也。后者至微而难穷，本篇未暇详，是吾憾也。

附识：余考定六经是孔子为万世开太平之书，已详之于《原外王篇》。稿成，复忆墨子所记异闻亦可为孔子倡导革命之一证。《墨子·非儒下》称晏子对齐景公云："孔丘之荆，知白公之谋，而奉之以石乞，君身几灭，而白公戮。中略。劝下乱上，教臣杀君，非贤人之行也。"《墨子》此篇所引，是否假托晏子，今无从断定。然《墨子》必因孔子有革命思想而后以"劝下乱上，教臣杀君"攻之。《墨子·天志篇》曰："今天下之君子之欲为仁义者，按此谓儒家。则不可不察义之所从出。既曰不可以不察义之所从出，然则义何从出？"子曰：子者，墨翟自称，或此篇为墨翟之徒所记，而称翟也。"义不从愚且贱者出，必自贵且知者出。"知，读智。下同。"夫愚且贱者不得为政乎贵且知者"，贵且知者"然后得为政乎愚且贱者，此吾所以知义之不从愚且贱者出，而必自贵且知者出也"。案墨子以此反革命是其蔽也。

《外王篇》言《周官经》之王为虚君。盖革命之初创开民主之治，其行政首长暂仍王者之名号，但实质则根本改变，非犹夫昔之所谓大君也。此义犹隐存于何休《公羊注》。《公羊春秋》成公八年"秋七月，天子使召伯来锡公命。"孔疏：《春秋》"称天王者二十五，称王者六，称天子者一，即此事是也"。《穀梁传》曰："天子何也？曰：见一称也。"言天子之称，无别取义，只是另一种称呼耳。惟左《疏》引贾逵云"诸夏称天王，畿内曰王，夷狄曰天子"，其说以为王与天王、天子三号，同为大君之称。言大君者，以别于列国之君。而此三号实因所对异故，而别其称。对畿内臣民则称王，以亲近故；对诸夏列国则称天王，以稍疏远而明其尊极，以临之也；对夷狄则称天子。夷狄不识尊极之理，唯知畏天，故言天子以威之也。许慎、服虔并依此说，独何休注《公羊》云：天子者，爵称也。古者以子为男子之美称。天之所美，曰天子，故以为首长之爵名。此义与《左》《穀》乃天地悬隔。《左氏》本记事之史，《穀梁》为史评之书，故其言王者三称，皆据史实。何休特明天子为爵称，盖据公羊高所亲受于子夏者展转传来之义。公羊寿与胡毋虽失此义，而有口说流传。是乃孔子创说，非历史

179

事实也。夫以天子为爵称，则天子与百官之有爵无异，不过其爵列第一位，为百官之首长而已。孟轲曾闻是义。其答北宫绮问周室班爵禄之制曰"其详不可得闻也。诸侯恶其害己也，而皆去其籍。言周之王室班爵禄之制度，诸侯恶其妨害于己，皆已毁去其典籍。然而轲也，尝闻其略也。天子一位，公一位，侯一位，伯一位，子、男同一位，凡五等也"云云。孟子既言周之典籍早被诸侯毁去，则无从闻其略矣，而又言天子至诸侯凡五等者，孟子盖引孔子《春秋》之制，而假托为周制，欲以裁抑当时侯王耳。秦、汉儒生伪造古《周礼》说，言天子同号于天，何爵之有？此乃拥护皇帝而窜乱《周官经》，不可为据。然《周官经》之所谓王，必询于万民而后立，且无政权，明明同于民主国之首长，而非古之所谓大君，其本义犹可考也。顾亭林《日知录》发挥孟子之义曰：班爵之意，天子与公、侯、伯、子、男，一也，而非绝世之贵。秦、汉以后，皇帝尊贵超绝世间，等于上帝，威权无限，其于庶民侵之削之，生之杀之，随其意欲而已。孔子作《春秋》早防此患，盖知统治阶级如不废，大君必成绝世之贵，故《春秋》以天子与百官同受爵于人民，而民始贵。代耕而赋之禄，有爵而任国事者，不得耕作以自给，故公家赋予之俸禄，俾足以代其耕而已，不得为分外之享受也。君、卿、大夫、士与庶人在官者，一也，而非无事之食。是故知天子一位之义，则不敢肆于民上以自尊；知禄以代耕之义，则不敢厚取于民以自奉。据此，则天子之职与俸，与民主共和国之首长正无异。孟子承《春秋》之说，而亭林能发其义。《易·乾凿度》亦以天子为爵称，与《春秋》一贯。盖拨乱初期暂行之制耳。拨乱者，拨去乱制，即当据乱世而行革命之事也。汉人有持老氏人君无为之说，然绝无民主思想，与《春秋》《周官》二经虚君之意绝不相同。董生等间采老氏无为义以说《易》《春秋》，皆变乱孔子本义，不可从。

《外王篇》言《周官经》，明学校之教分道艺二科。有以古无道学之名相难者。答曰：《论语》云："谁能出不由户？何莫由斯道也？"又曰："朝闻道，夕死可矣。"《庄子·天下篇》亦言"古之道术"云云。可见自古有道学矣。或问：道学之义界云何？答曰：姑为之说曰，道学者，所以究明万物所由成，万变所由贞之学也。前一义本之王辅嗣。辅嗣注老曰：道者，由义。万物由之而成。是乃就宇宙论而言，以道为宇宙本体之名。后一义则撮《大易》之旨要，宇宙变动不居，人群事变无穷，而通万变之理则莫不会于大道，老、庄、管子亦有窥于此也。故古之道学即摄今之所谓哲学与文学等。

余谓汉初道家拥戴皇帝，此等思想实背叛其本宗，而今之人犹有不信者。余曰：道家遗文今可考者，自老氏以及庄子之书莫不忿詈统治阶层。齐稷下之徒闻隐君子之风，隐君子，谓老聃。非尧、舜，薄汤、武，其论亦伟哉。汉初道家思想乃变而拥护皇帝专制，完全叛其本宗。司马谈极崇君臣之伦，见于其《论六家要旨》一文。盖公为秦、汉间道家耆德，而游曹参之幕，不敢谢绝相国之招也。黄生在汉初亦道家巨子。马迁《史记·自序》，称其父谈习道论于黄子，《儒林传》称黄生。则黄生为谈之师矣。《儒林传》称齐人辕固生与黄生争论景帝前。黄生曰："汤、武非受命，乃弑也。"辕固生曰："不然。夫桀、纣虐乱，天下之心皆归汤、武。汤、武顺天下之心，而诛桀、纣，中略。非受命而何？"黄生曰："冠虽敝必加于首，履虽新必关于足，何者上下之分也？今桀、纣虽失道，然君上也；汤、武虽圣，臣下也。夫主有失行，臣下不能正言匡过，以尊天子，反因其过而诛之、代立、践南面，非弑而何也？"辕固生曰："必若所云，是高帝代秦即天子之位，非耶？"于是景帝曰："食肉不食马肝，不为不知味。旧说马行多渴死，其肝有毒。言学者无言汤、武受命，不为愚。"景帝恶夫学者言汤、武受天之命而为天子，恐天下臣民将以汤、武之事为正义，群起而效之，必推翻其帝位也，故欲学者勿言之。其曰勿言之亦不为愚者，隐示学者如敢言此事，则将自取杀身之祸也。景帝禁锢思想之阴毒，固不下于吕政。是后学者莫敢明受命放杀者。明，明言之也。学者因景帝将加罪于学人之敢言汤、武事者，故自是莫敢明言汤、武受命放杀。放者，汤伐桀，刻其帝号而远徙之南巢，故曰放。杀者，武王伐纣，纣惧而自焚，武王犹斩其首，故曰杀。按汉初道家最著者，莫如盖公、黄生、司马谈。今考其言行,皆效法小康之儒而拥护皇帝,此老、庄所不及料也。然老氏以弱为用,不肯言革命,其后学益腐化,必然之势也。余尝言,六国及秦、汉之际,孔子六经已为小康之儒所改窜,大道之学经吕政焚坑,至汉兴而尽灭。墨、惠二家之科学书,汉初已不传。法家民主论者之典籍与农家书皆无一字存。幸而《孟子》与《淮南》犹载片言,可以推见其概。道家仅存老、庄,亦不全,而其学之不绝者,惟玄言耳。至其厌嫉统治阶层之深意,则汉初道家不复探究,乃背叛其先师而盛张君臣名分,以媚事皇帝。秦、汉专制之毒可畏也哉!

刘生问:《公羊传》闵公二年冬,《经》云:"齐高子来盟。"《传》曰"庄公死,子般杀,闵公弑,此三君死,旷年无君,设以齐取鲁,曾不兴师,徒以言而已矣"云云。言鲁国内乱,旷年无君,设若齐国欲取鲁国则不必用兵,徒以空言收服之,鲁国将自归入于齐也。是时齐桓公行仁义,不忍灭鲁国,乃使其大夫高子率少数之兵来鲁,征鲁人之同意,立僖公为君,且助修鲁城而即退,不自居功。传文大意如此。何休注曰:"立僖公,城鲁,不书者,讳微弱。齐高子来鲁本为立僖公与城鲁而来也,而经文只书高子来盟,不书立鲁君及城鲁者,因《春秋》是鲁史,鲁人以微弱为耻,故讳之而不忍书耳。此等书法即国耻纪念之意。喜而加高子者,美大齐桓继绝于鲁,故尊其使,起其功。鲁国,邻于亡绝,而齐桓定其乱,为之立君,而继续其国命。齐人以平等待鲁绝不居功,无所要索,故经文书其使曰高子。子者,美之之词也。特表其功,曰起。明得子续父之道。"父有危疾,子必竭尽一切之力,求延续其父之命。今齐桓与其国人,能尽力以继续鲁国之命而不自居功,尊重鲁国之地位,故嘉美齐桓得子续父之道也。据何注所云,明齐桓深有得于子续父之道,《公羊传》殊无此意,而何休特言之。齐人为鲁续国命可谓得慈父育子之道,而何休乃以子道比齐,以父之尊比鲁,此何理耶?答之曰:善哉汝问,何休所据者,必是公羊寿之先世,所传孔子《春秋》之口义也。孔子之三世义,其升平世,诸夏列国互相亲辅若一家,故能进于大同,卒废除国界。但此事不易骤致,必诸夏初联合时,其领导之诸贤能虚怀自下,对于友邦微弱者,视之若父,而自尽子道,竭诚扶持,尽其诚爱,而不自尊。如此,至诚感物,天下之人人自然相亲如一体,诸夏结合坚固,乃太平大同之起点。惟领导者有得于子续父之道,诸夏自然结合耳。太平世之人类绝不容有优劣等区别,《公羊传》犹存此义,当另详。领导者不自居于优越,天下之人人皆将感发,而有见贤思齐之志,故太平可几也。孔子因齐桓之事,而明领导者当有得乎子续父之道,其义深远矣哉!此义非何休所创,必子夏传授之口义,后学相承,以及何休也。

下　卷

原内圣第四

内圣之学,《易大传》所谓广大悉备,以言乎远则不御,以言乎迩则静而正,以言乎天地之间则备矣。《易·系辞传》,亦称《大传》。"广大悉备"与"以言乎远"云云,原文本不相连,今缀合之。古人引故书,亦有此例。夫广则无所不包,大则无外;悉备则小大精粗,其运无乎不在。远不御者,《中庸》曰:"大哉圣人之道! 圣人之道,天道也。道者,宇宙本体之目。天字与道字合用为复词。圣人能体观天道于己,故曰圣人之道,天人本非二也,若有超脱于吾人而独在之造物主,则是宗教迷情所执,非吾儒所谓天道。洋洋乎! 发育万物,此云万物,即天、地、人与一切物之总称。万物皆道之流行发现,故曰发育万物。譬如大海水现作众沤,一一沤皆揽大海水为其体,非大海水在众沤外。道之发育万物,实非超物而独在。洋洋者,盛大貌。峻极于天。"峻,高大也。初民仰望太虚,至大至高而不可测其所极,则谓之天。《中庸》则假天以形容道体。《中庸》本演《易》之书,虽经汉人窜乱,然此等处尚存《易》本义。夫道,至大无外,至高无极,其德用盛大,周流而不屈,横尽虚空,竖穷永劫,皆是道体之充塞流行,故曰周流。劫,犹言时。时无尽故,曰永。不屈,谓无衰竭。故曰不御。御,虞翻云止也。周流不屈,何有已止。迩则静正者,《说文》:"迩,近也。"吾人能体道于己,即道近在一身,而常为主于中,古哲言道心是也。闲居常揭然有所存。此诸葛公语。存者,不失道心之

187

谓。先儒言,当天下大利大害关头时,才涉一毫私意,便利害莫辨,佛云颠倒是也。此时只是中无存主,失道心也。"清明在躬,志气如神。"《礼记·孔子闲居篇》。物接而心不失其官,故明于物则。儒家说五官接物,唯感摄物象,如目之于色,耳之于声是也。心之官则思,思乃由表入里,由粗入精,由简入繁,由曲入全,而深了事物之内蕴与其公则。不任臆想,不杂曲见,心安理得,故谓之静。静者,心地清净,专一、安和之谓。静生明,明故能得万物之理。此静不与动对,动亦静也,静非废然之谓也。若其履大变,膺巨艰,则虚而不系,所以应万事;长而不宰,所以成万物。长,读掌。虽功德足以长人,而常抑然同物,因物而不自用,所以任万物之各自尽自得也。此义与老子异。《老子》上篇第十章亦曰"长而不宰",其长字读长短之长。王弼注云:"物自长足,不吾宰成。"此则完全放任、无为,老之旨本如是。然领导义废,未知其可也。儒家主辅相、裁成,而要归群龙无首吉,其犹天地生物而不宰,万物乃各恣其发育而共荣也。是谓静而正。静而健动,辅万物之自然,我无私焉,故正也。儒学总包内圣外王,后儒偏向主静,成乎独善,适与《大易》之道相反。万化万变万事万物之原,皆圣学所切究,而求不违乎大道,故曰以言乎天地之间则备矣。圣人作《易》创明内圣外王之道,而内圣实为外王之本。上引《易大传》文幽赞内圣学,庶乎得其要已。《汉书·倪宽传》注:"幽,深也;赞,明也。"

余写本篇之意愿,惟将余所知所信于孔子内圣学之本旨据实揭出,其得失短长,当听时贤与来者之抉择。然年逾七十,神经衰弱最苦,又居处不适,平生解悟所至,迩来渐觉无形消失。说理之作当如江左所称笔语,语字由吾增之,以便成词。虽不求工于文,然显扬理道,期无滞碍。非灵思焕发,无从着笔,而灵思之动本乎精力充沛,老而思泉日竭,此自昔学人所同患也。余年来时有意述作,每提笔辄止,此苦难向人言。学人对真理,对先哲,须有担荷,述作太轻,无以传信,不如其已。抱此孤怀,空过岁月,过音戈。顷乃惶惧,姑就吾夙知之未尽遗忘者,强为写出,其能达意与否?且置勿论,唯求不失先圣之真而已。

孔子之内圣学源出《诗》《书》《礼》《乐》，至五十学《易》而后，始集大成。本篇大意，惟依其进学之序而详之耳。然开端颇欲将中学特点，略举其二：中国哲学省称中学，后皆仿此。言中学而不曰儒学者，儒家为正统派，诸子所从出。此所举二特点，则儒学精神之普及于百家，故不单举儒。一曰中学在本体论中之天人不二义；二曰中学在宇宙论中之心物不二义。此二特点固不始于孔子，要至孔子始发挥光大。惜乎余精力不堪用，未及详论，只可提出，冀来贤留意耳。

将谈第一特点，须先释天道等名。六经中天字有时单用，有时联道字成复词。

天字所目，各各别异，不可无辨。目，犹名也，亦云指目。如呼方棹，则指定此器而名之也。其一，古以穹高在上，苍然而不知其所极者，呼之为天，《诗》云"悠悠苍天"是也。初民于此天颇感神异，以为有大神赫然鉴观在上，所谓上帝是也。

其二，古阴阳家以日月星辰之丽乎太空，亦名为天。《易·乾卦》曰"天行健"，即以天体运行之健，譬喻乾元生生之健德也。《易》只是取譬，不是说此天。至后当知。阴阳家虽亦以星球名天，而视为有神力斡运之，运者，运行；斡者，主领义。其与前所谓天者，颇相通。历史上以日月食等变，为天之警戒人君。天文家虽有就物理解释者，而其说不盛行。晋以后，科学的天文家与术数的天文家时有诤。

其三，浑天之说，与前二天字之所指目均有不同。此天即以六合为一大环，上下四方曰六合，所谓无量无边的虚空界是也。本无上下四方可分，但为说明方便计，而假设之耳。无内无外，无封无畛，无始无终，无高无下，无古无今，而浑然一气流动充满于此大环中，即名之曰浑天。浑字有二义：一、浑全义，不可分故。二、浑圆义，无方所故，亦无亏缺故。无量无边的虚空界而为一气充满，则虚空亦非虚空矣。然又未尝不虚空，则以一气之运化，无有滞碍故，是故不妨合虚空与气化而总名环中。浑天之名，即依环中而立。自无量数星球星云，以及莫破质点与声光热电等等，乃至大地、土石山陵、江河洋海、草木鸟兽、圆颅方趾之伦皆随环中气化，倏生倏灭，倏灭倏生。实若虚，虚而实，无神而非不神，伟哉环中，盖无德而称焉，其斯之谓浑天欤。其德周普，乃无德可称也。莫破质点者，《中庸》曰"语小，天下莫能破焉"，清季学人以原质不可复析者，译为莫破质点，依《中庸》义也。浑天说出，始有哲学意义，自老、庄至于周、张皆受其影响。周子太极图之一，与张横渠所云"清虚一大之天"，皆本于古之浑天说。

其四，以自然名天。世俗以凡事之顺成者，谓之自然，此与学术无干，可不论。今就自然一词之见于学术界者而说。何谓自然？以训诂言之，自者自己，然者如此；自己如此，曰自然。印度有自然外道，佛家斥自然论者为外道，以其不合于正道，故外之耳。则以万物之生，本无因缘，直自然耳。如云鹄自然白，乌自然黑是也，自然外道此计计者，猜度义。确甚谬误。实则事物之生，不得云自然，如鹄白乌黑亦由其生活适应环境而然，可谓无因缘乎？佛家破之宜也。

自然论者否论物之生有因缘，即一切物都无规律可言，此其所以大谬。然穷理到极处，所谓宇宙本体，则字之曰道，亦字之曰天，此处所云天，即是自然义。夫于万物而透彻其本体，万物皆相对，本体无对。于万物而识其本体，即是于相对而透悟无对，乃知即无对即相对，即相对即无对。则至极无上，已见本体，方知无复有在其上者，故曰无上。于穆深远，于读乌。于穆，深远义。而又言深远者，极赞其深远之至也。不可诘其所由然。不可问他以谁为因缘而生，实无有更在他之上面为他作因缘者。他，谓本体。为他之为，读卫。不可诘其所由然，则命之曰自然。彼乃自己如此，非更有因方成如此，彼字，为本体之代词。非字，一气贯下。故曰自然。自然之谓天，此天字之所指目，与其含义之深微，可谓至极，与前所举诸天字都无一毫相近处。呜呼，穷理至于自然之谓天，语言道断，心行路绝。语言之道已断，言说不能到也。心之所游履，曰行。心行之路已绝，思维无可复用也。孔子故曰"默而识之"，又曰"予欲无言"。往者尝闻英儒罗素以为穷理到极处，只合名为禽兽的道理。禽兽是无道理的，今穷理到极处更无道理可说，故取譬于禽兽。此言大有幽趣，然实未见道也。盖以思维术去推测，推到无可推处，乃有禽兽的道理之叹耳。由彼之说，将入不可知论，人生且坠疑雾中矣。真见道者，默然自识、自肯，自肯，本禅家语，由自识故，自己肯定，炽然坚固不摇，与自信之意义相近，而尤深。得大安稳，受用自在，何有禽兽云云之戏论乎？友人马居士湛翁饮此甘露，余平生劳于思，犹说食不饱。晚周惠子曰："施存雄而无术。"解见《原学统篇》，可覆看。其言精妙，亦与希腊以来哲人为学路径相近。庄生伤其昧于反己，有以也夫。庄子之学亦有弊，详《原学统篇》。

　　道字有多种义，此不及详。中国文字多音同、形同，而其含义绝莫有同者。盖中文字有本义，有引申义，引申便复杂。本义则缘反映实物，而形诸声音，遂造其字。如天字之本义为巅，即高山巅也，初民仰望穹高苍然者，而以习见之山巅拟之，遂造天字。其后引申为浑天之天，则已离本义太远，而犹有气的意象微近。至以自然言天，便与本义无些子可通也。思想愈发达，即抽象作用愈趋于高深广远。由文字引申之蕃变而可见，音同形同而异义之字，读古书者随文取义，并不难辨。读书能不苟，自己作文用字决不至错乱。外人俗学中文至少须读五经、四子及诸子书数种，与汉四史，专攻不过四五年工夫。引申义多，此是中文最便利处，省得多记生字之烦。义不同者，可以发人理趣，自不劳而记。记生字则非强于记忆力者，必感大苦。儒家用道字为本体之名，老子言道，半取之儒家，而其思想颇淆杂。俟后详。其明文首见于《大戴礼》，曰："大道者，所以变化而凝成万物者也。"见《大戴礼·哀公问》第四十。大道之大，赞辞也。万物一词，解见前。道者万物之本体，此语说得最明白，盖七十子展转传来，而戴氏采之入《记》耳。余少读《论语》，至《里仁篇》，子曰"朝闻道，夕死可矣"，余惊奋曰：圣言朝闻而夕死无恨者，道也。死生亦大矣，何谓道？余去圣久远，无从闻，读此文终不解何谓道也。欲求注家言，先兄仲甫曰：汉学之徒暗于义，求圣人之意者，莫如朱子《四书集注》。余因读朱《注》，此章道字云"道者，事物当然之理"，余苦思久之，殊不契。"事物当然之理"一语似说得太泛，吾向上寻不着根源，现前无入理之方，可奈何？思之不得而姑置累年，其后读《易大传》至"一阴一阳之谓道"，注家下语，令人茅塞。茅塞，见《孟子》。茅，丛生之草也。凡著书者，其言不见道，如乱茅蔽塞人心。旋读《二程遗书》，程子曰："一阴一阳之谓道，道非阴阳也，所以一阴一阳者，道也。"见《遗书》卷三，谢显道录伊川先生语。余喜曰：所以二字下得好，与《戴记》所以变化之旨通矣。变化者一阴一阳也，其所以变化者道也，道不即是阴阳，譬如大海水不即是众沤。而阴阳之外无道，道不离阴阳变化而独存，譬如大海水不离众沤起灭腾跃而独存。故《易》曰"一阴一阳之谓道"。程子曰一阴一阳之谓道，此理固深说则无可说。余谓此在人能虚心深心体之耳，说到阴阳变化分明是相对，是法象已著，所以阴阳者是道，是法象之实体。余以《大戴礼》与《易大传》互证，而始信道者万化之根源。根源者，本体之形容词，切忌误会。根字本义，则木之根也。然干及枝既生之后，则与其所从生之根，便自彼此。申言之，根自为根，干自为干，枝自为枝，互相别异，不可合而为一。源之本义，则流水之源也。流出于源，而流自为流，不得与其所从出之源合一，亦如根与干枝。道者，万化或万物之所从生，故道即是万化万物之本体，不可妄计万化万物与其所从生之道有彼此之别也。譬如大海水是众沤之所从生，不妨说大海水是众沤之根源，但众沤皆揽大海水为体，不可说众沤与大海水可分彼此也。凡余书中有时说本体是万化根源或宇宙根源者，都是譬喻词，读者不可执喻而求其全肖。佛家因明学曰，凡喻只取少分相似，此立论之律也。古诗曰："人生无根蒂，飘如陌上尘。"人生根蒂，即道也。固有之而不自觉，故曰无根蒂耳。此为不见道者致其永慨。人能见道，即观我生固有根蒂，《易·观卦》曰"观我生"，意深远矣。真真实实，富有日新，何有陌尘之叹乎？老氏大患有身，以有身为大患也。佛氏一切有为法，如幻如化，有为法，谓万物。万物皆有生灭，有变化，故名有为法。法字与中文物字相近。其犹未能于万化万物而透悟道真也。道至真实，故云道真。圣人朝闻夕死之叹，其自警切至，后人顾可忽哉？且学焉而不闻道，知识毕竟无统会，易言之，知识之学无归宿。王辅嗣《易略例》云"统之有宗,会之有元",可谓深得《易》旨。元者,万物之原。学必极乎穷原,方得见道。宗,犹主也。一切知识之学须见大道,而后得所宗主。知识皆缘于法象而起,法象,本《易大传》,犹云现象。象者物象,法者法则,物皆有则,故称法象。此词甚精。总合各部分的知识,只是研究法象所获之成绩耳。谓由此成绩,便已揭露宇宙实体,余未之能信。实体与法象诚不可分,而实体是无对,是全体;法象是相对,是各部分。全体虽不离各部分而独在,然全体毕竟不即是各部分之拼合,故法象各部分的知识总起来,独不能体认到实体。譬犹以解析人体各部分细胞的知识综合起来,决不能明了人生真性及领会人生丰富的意义也。孔子"朝闻道,夕死可矣"之叹,盖甚言道之难闻耳。求道者不可偏任理智与思维术,注意不可偏任四字,非谓理智与思维可屏绝也。反己与修养之功,实极切要,今不及详。反己一词,包含深广,不留心古学真髓者,当视为无谓之陈言。此中释道之一名,似未免牵涉过广,然内圣学广大悉备,说见篇首。其中最大无外之公名,必综其义旨之条贯与纲要,方可为释。空泛不着实际,与挂一漏万,皆违《大易》正辞之训也。

《大戴礼》称鲁哀公问孔子曰:"敢问君子《小戴记》有子字,《大戴记》脱,今补。何贵乎天道也?"孔子对曰:"贵其不已。郑玄曰:已犹止也。如日月西东相从而不已也,是天道也。此以日月西东相从,譬喻天道之流行,决不单纯,必有奇偶二用,相反而成变化。奇偶二用者,阴阳是也。因明学曰,喻,取少分相似,中国名学亦然。日月出没不同时,日往则月来,月往则日来,阴阳之相反相成,不可说异时。阴阳恒是一齐俱有,不可说阳往则阴来,阴往则阳来,无有孤阳独阳故。变化无有已止。《易·乾》之《象》曰'天行健',此其所以不已也。不闭其久也,是天道也。不闭,孔广森曰:'不闭不穷也。'愚按不闭,言发展无竭也。久者,犹云永恒,无断绝故。无为物成,是天道也。无为者,非如上帝造作世界故;物成者,天道之变化,无心于成物,而物以之成。譬如大海水之动,非有意现作众沤,而众沤以成。已成而明,是天道也。"天道幽隐,无形无象,及其已化而成物,则法象著明;法象著明而天道即斡运乎法象,不离法象而独在。譬如众沤起,而大海水即斡运乎众沤,不离众沤而独在。

《大戴礼·本命篇》有曰"分于道谓之命",戴东原最喜此语,以为一言而发造化之蕴,然东原于此语,殊无正解。道者,本体之目,是绝对而无匹,大全而不可剖。今云分于道何耶? 倘误解分字,将以为由一大性海起分化,而每一物皆揽取性海流出之一分,而受之为其本命。一大性海,为本体之名,犹言道也。一者,无对义;大者,无外义;海者,言其含藏无限的可能,故喻如海。此中物字,赅摄无尽。无机物类,大自太空诸天,细至一微尘,皆物也。有机物类,最低如植物之始萌,最高至人类,皆物也。如此,则万物虽由道之分流以生成,道实超越乎万物而独在,此本民世情见。情见,本佛氏名词。凡情虚妄计度,曰情见。而从来哲人之宇宙论,苟穷其根柢,罕有脱此窠臼者,何况东原。今避文繁,姑勿征辨。儒学扫除情见,其言"分于道谓之命"者,此命字是就万物生成言。凡有机物皆有生,有生之谓命;死即命绝。凡无机物皆有成,如气体成其为气体,液体成其为液体,固体成其为固体,乃至极微而不可目睹之物,亦成其为极微之物,是谓有成。有成之谓命。毁即命绝。物之生也,道生之;物不能从无生有,若无道则物何由生? 故曰道生之。此本老子语,老学出于《易》也。其成也,道成之。准上可知。故万物皆以道为其本命。分之一词,自是就一切物各各禀受大道以生成而言,遂强名之曰分耳。其实,天道是浑然大全,每一物皆禀受浑全之道以生成,易言之,每一物皆以浑全之道为其实体。譬如大海水现作众沤,自沤相言,相者相状,下同。宛尔各各都有自相。宛尔者,沤根本不实,而现似如是相耳。其实,每一沤皆揽大海水为其体。由此譬喻,可悟每一物皆以浑全之道为实体,非揽取性海流出之一分,以为其本命也。性海,即道之别名。是故庄生曰"道在瓦砾,道在屎尿",宗门达者有云"一华一世界,一叶一如来"。宗门,谓禅宗。中土禅学虽云吸收印度佛家,而其植基于《大易》及《老子》者确甚深。世界一词,本世俗习用,今此云世界不可随俗解,实则指法界而言。佛云法界，其义即谓万物之本体。如来虽佛号，亦是本体之名。如是而来，无所从来，故曰如来。深味乎此，吾人何可拘小己而迷自性，妄自减其生命，等于沧海之一粟哉？自性谓道。吾人如识得自性即是道，即自家生命本来至大，无有穷尽。今拘小己而迷其本来，便自减损其大生命，而不免于短促、细小之悲也。夫惟万物自性即是道，道不离一一物而独在。易言之，道即一一物也，一一物即道也，是故人生不须遗世而别求道，惟当即于现实世界而发扬此道。孔子曰"人能弘道，非道弘人"，义深远哉！言人能弘大其道，而道不能弘大吾人。所以者何？人虽禀道而生，但人既生便形成小己而自有权能，人可以自逞迷妄而障蔽其固有之道。道虽不离乎此等人，而道究不能令此等人进于弘大，克荷其道也。人能体现大道，克治迷妄，自明自诚自强之功进一步，即道弘大一步，其功之进也无止境，道之弘大亦无止境。道实待人而弘，君子进德修业，以至裁成天地，辅相万物，而道之弘大无限量矣。弘道是一切人都应尽的本分事，不是就少数圣人说也，学者宜知。

《大戴礼》明道之言是真能以少文而摄无量义者。佛家大经千万言，每采集众说而成，小经或不及四百字而善以少文摄无量义，中国先哲亦多如此。闻西洋学人著述喜炫博，博而精固大佳，若繁芜而少当于理，自损且损人耳。其说皆本之《大易》，证以《证语》亦无不合，从来学人皆莫之省，余故征引而随文附注云。

道字之本义为路，从路义而引申之则有由义。道字引申义颇多，此中但举由义。天道之道以训诂言，应曰道者由义。由字复有二义：一者因义。由字亦训从。如世说云，生有从来乎？死何所往乎？从来，即是因义。佛书中释因字，亦曰因者因由。二者行义。《论语·为政篇》：子曰："视其所以，观其所由。"朱注引："或曰：由，行也。"《论语·雍也篇》：子曰："谁能出不由户？何莫由斯道也？"盖以万化、万物、万事皆由道而出。伤人之不悟，故以出必由户为譬，而使之易晓也。此由字即因义，盖说宇宙论而言。但此解与朱注异。《论语·述而篇》：子曰："志于道。"朱子注曰："道，则人伦日用之间所当行者是。"此即以行之义，释由字，盖就人生论而言也。实则二义尽可会通。朱注只云"所当行"，而未指出主观能动的，似未妥，不妨易云，天道之在吾人而主乎吾身者，是名道心。道心行乎人伦日用之间，自然有则而不可乱。士志于道，则无私欲之累也。有问：朱注解"谁能出不由户"之由是行义，其注文极妥。公就宇宙论之观点而解为因由，似未合。答曰：圣人之意，自是要人从日用间理会源头，所谓言近而旨远也。今直从源头处开示，朱注方有基本。道之一名，已释如上。本体之名甚多，如《易》之乾元、太极，《春秋》之元，《论语》之仁，《中庸》之诚，皆是也。其在后儒如程、朱分别理气之理，又云实理，阳明所谓良知，亦本体之目。阳明良知，是就心作用上显示本体，此与《论语》言仁似相近，而亦不必全同，此姑不详。

　　释天、道二名已竟。今当略说天人不二义。天字或与道字合用为复辞，或单用，而皆为本体之名。如前说讫。西学谈本体，西洋哲学省称西学，后仿此。要不外以思维术，层层推究，推至最后，乃臆定有唯一实在，名之为第一因。又或以为一切物之本体，终是知识之所不可亲证，亲证，见佛籍。证，犹知也。遂自缚于不可知论。此两种结论虽复大异，而其设定本体为客观存在，不可知论者，不必遽否认本体之客观存在，只是不可知耳。易言之，即天人互不相涉，是则异中有其同也。中学确与西学极端相反。七十子相承之明训曰："善言天者，必有验于人。"汉人虽有曲解此言，以说灾异，而其本义确非汉人所可假借。盖七十子亲承孔子之说，而其后学展转传授也。此言天人本不二，天不离人独在，而人即是天，故曰不二。故善言天道者，必即人道而征验之。即，就也。言道，则别于非道。人之失其道者，即不成乎人，故人道一词甚严。然人道本是天道，今即人而言，则曰人道。《易》赞乾元曰"元者，善之长也"，此善字义广，乃包含万德万理而为言。长字读掌。长者，统摄义。万德万理之端皆乾元性海之所统摄。端，绪也。如丝之绪，至微者也，引而伸之，则无穷尽。摄者，包含义。乾者，勤而健之势用；元，犹原也。乾元者，乾之原，非乾即是元，勿误会。乾元即是本体之名。以乾元之在人而言，则名之曰性；以乾元统含万德万理之端，则譬之曰海。海至深广，宝藏富故。故曰元者，善之长也。元之为言，明其为万德万理，一切善端之统摄者也。本体如不具善端，即是空空洞洞，本无所有，何得为宇宙之原乎？西学谈本体者，不能实证乾元，其所谓本体乃其情见所构之幻境耳。所以知乾元为善之长者，人道范围天地，曲成万物，无有不循乎理而可行，理者，理则《诗》云"有物有则"是也。今云自然规律，即物则之谓。无有不据于德而可久。据，守也。以德为守，而无一行之可离于德。德，理者，人道之大纲也。失其纲，则人道无与立。人道之有是理与是德也，非由意想安立，非从无中生有。乾元性海实乃固有此万德万理之端，其肇万化而成万物万事者，何处不是其理之散著，德之攸凝。乾元性海，至此为长句。本体是含有万理之端，其肇始变化而成一切物事，皆理之散著耳。德者，得也。如白纸具白德，此白德即白纸之所以得成为是物也。本体必具无量盛德，乃得成为万物之本体。如刚健也，生生也，诚也，常恒也，皆本体所固有，乃至众德不可胜举者，莫非本体潜伏其端。是故《大易》《中庸》并有天德之言，而天则与天理，亦见于《易》及《礼记》。惟人也，能即物以穷理，理虽散著乎庶物，而会通与主领之者，则心也。反己以据德，蓄德在反己，而施之于物，则须格物。而总持之，德、理双持，缺一即亏其本。以实现天道于己身，而成人道，立人极。此其所以"范围天地之化而不过"，惟有理以利于行；天地，谓大自然。明于庶物之理，故能以人工操纵与利用自然，专以兴利，使自然效其用而无过差。"曲成万物而不遗"，惟有德以善其守。人类以德相孚，故能互相辅导，贤能则彼此相勖而俱进，其于不材者，则扶之以进于材。因其人之资性而委曲成全，曰曲成；无有一人被遗弃者，故曰不遗。人类能守德而不偷薄，故相辅如是之固也。是故征验之人道，而知万德万理之端，一皆乾元性海所固有，易言之，即天道所本具。《易》赞乾元曰"善之长也"，非洞彻天人之故者，能言及此哉？

或有问曰：公以德与理归本于天，虽宗经立论，顾自今以往，恐未为应机之谈也。或人疑余宗《大易》等经而立论，迂固而不通变。答曰：天者，本体之名。人之有生，与一切物之成其为物，毕竟不是空华，不是幻化，更不可说无中生有，其有本体无疑。既有本体，则人与物虽极无限量之发展，要皆由其本体统含无限量之可能，余自信此非倒见。见解陷于迷妄，名之曰倒。借用佛籍名词。夫理者成物之基，德者立人之本，谓非本体固有其端可乎？物未有不具形式，而可成其为物者，形式即理，故曰理者成物之基。古籍言型范，亦与形式义近。佛典言形色之形，亦形式义。余昔造《新论》《新唯识论》之省称。明本体备万德，含万理，肇万化，阐《大易》之幽旨，显宇宙之基源。学不究乎是，则百科之知精博而无原；理不穷乎是，则万殊之故暗郁而不彰。故者何？一本散为万殊，万殊不离一本。所谓一为无量，无量为一是也。阳明悲世学无头，王阳明尝教学人须识得头脑。世间学术诚无一不重要，但不可无头脑，愚谓儒家天人不二之本体论才是头脑。陶公叹庶士驰车。陶渊明诗有云："如何绝世下，六籍无一亲。终日驰车走，不见所问津。"六籍即六经。驰车走，谓一意外驰，不知反己也。行人问济渡处，曰问津。世遂以求本原之学者为问津。世儒皆以陶公淫于禅道，不知其志实在儒。追往哲之深怀，冀来者之有悟，余以此自靖焉可耳。

扬子曰："人不天不因，天不人不成。"汉扬雄，字子云，作《太玄》以解《大易》；又仿《论语》而作《法言》，亦敷宣《易》义。何言乎人不天不因？人生非幻化，乃本乎一诚而立。一者，无对义；诚者，真实义。诚者天道也，若不有天则人将何所因而得生乎？故曰不天不因。天与道皆本体之名。道者，因由义，说见前。扬云"人不天不因"，可与前文释道处参看。何言乎天不人不成？天有其理，而充之自人。世人只知在物为理，不知天者物之本体。天是变化不住，流行不已；物者变化流行之过程，所谓现象是也。若于现象而透悟其真，则在物之理实天之理也。下言德者，准知。惟人能穷理而力行之，理乃充实不虚，故曰充之自人。不有人充之，则理亦虚矣。天有其德，而体之自人。在人之德，实禀之于天，故曰天之德。《中庸》曰："苟不固聪明圣智达天德者，其孰能知之？"此言惟圣人能反己自修，乃能知天德之在我，而实践无亏也。体字有二义：曰体认，曰体现。人能体认乎天德而实现之，则德乃流行盛大。不有人体之，则德不流矣。然则，天若不有人，其理虚，其德不流，是天犹未能成其为天也，故曰天不人不成。扬子此说，实本于《大易》"裁成天地，辅相万物"，《中庸》"位天地，育万物"，与《论语》"人能弘道"诸义。

或有难言：在物之理，在人之德，胡为而推本于天？已推本于天矣,胡为而天复待人以成耶? 答曰:汝知其一,莫知其二。"人不天不因",扬子之言深远矣! 人不因天而得有生,是从空无中而突生也。无能生有,断无是理,断无是事。且一言乎人已有物在,物以理成,无理,焉得有物。人以德立,德者,人之所以特殊于万物者也。无德,即人无以立。德与理皆天之有也。本体统含万德万理之端,故曰德理为天之所有。故说天,为人与物所以成所以生之因。天若不含备德理只是空洞的,何能为人与物之因乎?《中庸》末章引诗曰"上天之载",盖以其含备万德万理之端,故曰载也。扬子作《太玄》解《易》,深于天人之故。汝不究本穷源,妄疑胡为乎? 然复须知,天虽为万物生成之因,此中万物,即遍包吾人与天地或万有而总举之。他处仿此。而天即是万物实体,非超脱乎万物而独在之大神,更迥异乎形而上学者妄计有万物之第一因为变相之大神。更迥异乎四字,一气贯下。天道恒变动不居,注意恒字。发展无竭,其化而成万物化者,变化。即不得离万物而有己。己者,设为天之自谓。天之成为万物,即不在万物之外。譬如大海水已现作众沤,即不在众沤外。易言之,天乃退而受成于万物。此理深远至极,未可以意想横猜,余初悟及此,不知手之舞之,足之蹈之,而无可言其蕴也。余尝疑老子云:"生而不有,天之生物,即与物为一,非天离物独在以物为其所有,故云不有。为而不恃,阴阳变化,不期于成物而物成,此天之为也。物成则任物之自致其力,而天不居其成功。《论语·阳货篇》曰:'天何言哉? 四时行焉,百物生焉,天何言哉?'正明天之为而不恃也。长而不宰,长读掌。长者,主领义。何谓主领? 天虽成为物,固未尝废其潜移默运之功。易言之,每一物皆有其内在的潜移默运者,是乃天之主领乎物也,然而物之一切创造毕竟是物之自创自造,而天绝无所规划宰制于其间,则物各自主而已。故曰不宰,譬如从沤皆有其内在的潜移默运者,是乃大海水之主领乎众沤,然而众沤之奔腾活跃毕竟是众沤之自力所为,非大海水有所规划宰制于其间也。是谓元德。"见《老子》上篇第十章。元者,原义,即《易》之乾元。"生而不有""为而不恃""长而不宰",此三者皆乾元之德也,但余之此解不必合于老氏之旨。《老子》书中元字,皆是幽冥义,王弼注《老子》第一章云"元者冥也"。其注此中元德亦云出乎幽冥,非真究老学根柢者,不能真知彼之所谓元也。后当略论。此义必本之《大易》。今《易经》虽不见此文,而其义则确出于《易》也。《易》为五经之原,七十子依据《易经》而推演之作必不少,惜皆亡失无可考耳。上引"生而不有"等文,余附注皆据《易》义。

　　"生而不有,为而不恃,长而不宰",是三者皆乾元之盛德,易言之,即天德。乾元与天皆本体之名。注见前。天以阴阳变化而成物,以者,用义。阴阳变化,天之大用也,大用显发而万物于斯成。万物即依变化不住的大用而立名,实非离大用而另有各别固定的物。须善会。物成而天亦不离物独在,是故说"生而不有,为而不恃,长而不宰",所以截然不同乎宗教之造物主也。说有"生而不有,为而不恃,长而不宰"之盛德焉,所以得为万物之实体,而截然不同于西学谈本体者凭其空想所构之幻境谓为第一因也,更非如意志论者以盲目追求为宇宙开发之原也。绎此三盛德,自是圣人"近取诸身,远取诸物",见《易大传》。深切体认物我共同之大原而见得如此。大原,为本体之代词。物我之物,即总举自我所相与联系之天地万物而为言。学者深味乎天德之"生而不有,为而不恃,长而不宰",则知天之纵任万物以互相比辅,各得遂生,各得有为,各得自主。比者,互相亲近辅助之谓。详《易经·比卦》。主,犹宰也。孔子故曰"巍巍乎惟天为大"也。见《论语·泰伯篇》。然则,天之不恃自成而退然受成于万物,惟其至大已尔,其可以细人之情测天乎? 或曰:公以老氏此文本之《大易》,何耶? 答曰:老云"天地不仁,以万物为刍狗",明明与天德不类也。老云天地,实就阴阳变化而言,而云天地者文学造词之妙耳,读者切勿向苍然之天、块然之地去索解。老氏本《易》家别子,采用孔门《易》说,自无不可。其言治道,主张放任、无为,治道之道,犹言方术也。道字之本义为路,路者交通,故亦可引伸为方术。故节取此文,以申己义。然此文实言天德与彼云"天地不仁"正相反,则彼所不计耳。且夫《大易》以生不有、为不恃、长不宰言天德,乃所以任万物之各竭其力,大成人道,而益显天德之至盛耳。老氏忿圣智之以百姓为刍狗,可谓慧冲而情深矣。冲,亦深也。显矫之以放任、无为,愿民之无知无欲,各自孑立,而绝无裁成辅相之道,《易》曰"裁成天地,辅相万物",老氏绝不见及此。将使生民返诸幽冥。人道无成,而天德亏蔽,蔽者障塞;亏者亏损。岂非老氏之大谬也欤?

或曰:扬子言"天待人而成",今公言"天受成于万物",则与扬子不得无异矣。敢问所以异?答曰:不异。人者,万物中之一类耳,不在万物外。吾言万物者,举其总名,而意之所注独在于人。夫万物发展自浑沦一气,渐凝为诸天无量世界,不知经历几许长劫,劫,犹时也。由无机物进至生物,更不知经历几许长劫,生物复经无量劫进至人类,而灵性始露,庶几登峰造极。从一方面说,人类与万物本来同体,人与万物其本体是一,故云同体。一味平等,无有差别。从另一方面说,人之灵性显露是其所以特殊于万物,而为天之所独寄者也。万物有理而不能自明,惟人能即物而明理,得以化裁乎物。化者变化;裁者裁成。无机物有理自然规律即理也。而无德,动物有知觉而灵性犹眠,眠者,潜伏义。亦无德。德字虽作释,不得已而约言之曰:德者,人之禀受于天而实践之,以立人极也。其义有二:一曰德不只是无恶,而有积极的意义。《大易》首言天德之刚健与生生,此便是积极。健德、生德是万德之端也。作恶者之强勇,儒者谓之迷罔,佛氏谓之颠倒,正是丧其所禀于天之健德。生生,便是油然一团生机,充满大宇,大生广生,其在人则名之为仁,以仁感人则人迎生机而见受,故仁有爱义,从受之者言也。憎恶起则杀机动,故恶人者,人亦恶之,此仁之反也。然有辨者,倘恶出于公,如恶恶伐暴,此便是义,终不违仁。二曰德是无迷妄分别,无小己之私。凡人丧其天德,才兴迷妄,才有小己,种种不德之事皆由此。

惟人也灵性显露,始能自识其所禀于天之德源,而涵养以实之,扩充以大之。德积而流则周浃乎万物而无间,此人道之盛而天所为待之以成也。夫天之生物天非造物主也,何云生物?物生不无因,乃因天而生也。以物生之因乎天,故说天生物耳。未尝吝于德也。物体之组织未臻于精利,犹不足以显发灵性，拙著《新论》壬辰删定本颇详此义，兹不赘。故不能有德。德者灵性之流也，然人有灵性而或丧之，则陷于不德，是暴其天也。暴天者失其所以为人，不祥莫大焉，是可痛也。惟人能自觉改而迁善，则复其初。人终不负天，而完其天待以成之使命，人道之尊在此。夫人道立而天道始成，人之外无天也，故曰"善言天者，必有验于人"。万物因乎天而成，终无以自成。物之成也，因天之理，故《诗》曰"有物有则"，言物之成必有理则也。本书用万物一词，有时含摄人类在内，有时不摄人类，读者可详上下文而辨之。此中万物，即不摄人也。大自太空诸天体，细至微尘、块然已耳，何自成之有乎？动植诸物或有生而无知，知者，知觉。生物学者亦有谓植物有知觉，然极暧昧，犹难承认其有知。或有知而无灵，知字同上。灵性之意义至深远，由孟子所谓智之端，进乎《中庸》所谓"不惑之智"，上极乎《易》之所谓"大明"，佛氏所谓由本觉以极乎圆明，皆灵性之谓。人之极下劣者，虽有其萌而难发展，动物则不得有此。此皆因天而成之，非有所自成也。独至人类乃为天之骄子，虽复因天而成，显能挺然发扬自力，卓然著见特殊之自成胜迹。进德，则严于改造自我，而至圣神；孟子曰："大而化之之谓圣，圣而不可知之之谓神。"明理，则勇于改造宇宙，而司化育。变化万有，养育万物，先民以是为上帝之功，及人类发展乃起而司其权，代帝功矣。是则不惟吾人自成而已，确尔将天之所不曾自成者，皆为天而竟成之。伟哉人类！上天德理咸备之丰富宝藏，上者，赞词。惟人全承之，而以自力开辟，以自力创造。变动光明，如金出矿不重为矿。人类乃有官天地、府万物之权能。官，犹主也。至此，而天亦仗之以有成，岂不盛哉！

　　德必与理通，德通理者，德亦具其理故。理不必通于德。有但是理，而无所谓德与不德故。德通理者，举德之全体而言，是谓一理；以德之分殊言，亦得云众理。德之分殊者，如仁义礼智信等等。理不必通德者，如平常辨物有方圆长短等等，乃至科学发见自然规律，皆理也。此等理自无所谓德与不德，即不与德通也。德字之义，以训诂言，德者得也。此乃从字面上作解耳。而德之真义，要不容滥，如《易》云"天德"则其义旨深远至极，此不及详。今就德之在人而言，即俗所称道德是已。世俗习用已久，只好仍用而不易。然道字与德字连合成词，则道亦即是德，不可向道字另索解。道德一词，含有真与善及智慧等义。人之德实源于天，故有真善义。德者灵性之流，故有智慧义。灵性原于天，而其发展则有赖于人之学养。道德与明智是合一不可分，罪恶与愚痴是合一不可分。《大易·蛊卦》明万恶始于惑，义深远哉。理字之义至宽泛，如形式、秩序、规律、轨范、法则、条理等等，皆理之异名也。如说圆棹，此圆便是理。又如腐草一堆，人见为混乱无理，实则其中纵横结集自有条理方得成堆，无理便不可成堆也。然理字亦有特殊义，如儒书中有言一理者，则此理为本体之目，前云举德之全体而言，是谓一理者即此义。中译佛籍，真如亦名真理，与一理之义相当。真如，即万物实体之名。总之，言德则必有理与俱，言理却不必有德与之俱，此不可无辨也。物皆有理，而德与理全备者，惟人则然。德理皆原于天。物以理成，不可诘理之所由；即物穷理之事，总是由分殊的理会归于普遍的理，更由普遍的理会归于至极无外之普遍的理，到了至极无外之普遍的理，便不可诘其所由。《庄子》云"恶乎然？然于然"，是也。人以德立，不可诘德之所由。道德轨范如众星之灿烂于太空，人皆仰之矣。贤者不忍违反道德，不肖者纵小己之私而违之，初亦内惭，习久便无惭。然机诈险阻如魏武，其述志令犹不无惭也。古今穷凶极恶、灵性梏亡殆尽者，当无几辈。其不忍或不敢违反道德，或违之而内惭者，则人类之常情也。汪大绅评孟、荀性善恶之争，谓荀卿不无据而孟子见本原，宜辨异而观其通。大绅了天人之故，此中不及衡定。若夫以功利之见而论道德，必以为人各欲遂其谋利计功之私，而以己私莫可独遂，必于己外，顾及他人，甚至以利诱人而便己之私。久之，因社会关系形成清议种种制裁，逐渐养成道德感。此等肤论不足与辨。人之不畏清议者从来多有。若谓利人纯出于为己之一种手段，人性本无善根，此说果然，则人与人之间真无一毫血脉贯通处，而谓人可相与为群，断无此理。孟子性善之论可谓知天，惜乎能喻此者少耳。人之道德感无可诘其所由，如以事亲之孝论，为何而要孝乎？倘以报恩为理由，则将问为何而要报恩？子玄《庄注》曰：万物之生也，自然耳，而万物不谢生于自然。此论亦有趣。然《诗》不云乎，"孝思不匮"，本于性情之不容已。余见世间每有不孝之子，时或良心乍动，深自惭惶，不敢且不忍以诡辨自解免，可见人情未有以不孝为可安于心者。举孝为例，其他道德莫不皆然。尝谓道德之本质恒无变易，道德表现之形式则随社会发展而有变。如孝德本质无可变，而父母或干涉子女正当之自由，子女可不从，此则形式之变也。忠德本质无可变，昔言事君以忠，今当忠于真理，忠于社会、国家，以及忠于贤明之领袖，此亦形式之变也。他可类推。要之，道德为何不可违反？此无可诘问理由。问而有答，其答亦等于不答。当知一切道德只是应该的，不可问何以故。此理说来甚平常，而至理并不是说得好听，惟其是应该的，则不谓为天之使命不得耳。故知德与理皆原于天也。前文有云，上天德理咸备之丰富宝藏，惟人全承之，故欲知天者，不可不知人。天人本不二，舍人而求天，天其可知乎？

夫人类与万物本不可分离，实为互相联系之全体。而人者，只是万物发展之顶点耳。万物进进，而至于人，进进，用张横渠语。进而不已，曰进进。始成就天工之所未能自成者，不得不惊叹人类突变之奇迹。然自另一方面言，万物趋进之势不达乎人类突变，克荷天成之盛业而自不容已，则吾人奏天成之功，其可曰万物无预耶？天固受成于人，而亦受成于万物。窃怪扬子犹未深察及此也。天成一词，本《尚书·帝典》。帝尧命禹治水土，奠高山大川，命羲和掌治天文，正四时，利人事。地以之平，天以之成。

今当简单作结曰：儒者天人不二之本体论，其特点略言以二：一曰绝无宗教迷情，二曰绝无形而上学家戏论。其有此二特点者何？儒者以天道为人与物所以生所以成之因。天，道皆本体之名，见前。此中物字，即遍包天地万有而言，后仿此。其所谓因乃近取诸身，远取诸物，而体认得人与物皆固有内在之大宝藏，乃推出去而说为天为道，说为人与物所以生成之因。固有者，本来自有之谓。由体认之极深极广而发见吾人内在之大宝藏，即是天地万物内在之大宝藏；天地万物内在之大宝藏，亦即是吾人内在之大宝藏。宇宙基源不可剖而为二，孔子曰"吾道一以贯之"，此之谓也。大宝藏一词见中译佛经，中国禅家亦喜言之。今此以大宝藏形容本体，曰内在者，本体非是离人与物而独存于外界故。吾人自明自肯：固有与天地万物共同之内在大宝藏，富有日新，无穷无尽。自肯一词，注见前。不独增长其开辟自然界资源之知解与权能，亦不独发见自然理则而持行之，以不迷于举措，《易大传》云："圣人有以见天下之动，而观其会通。"又曰："形而下者谓之器，化而裁之谓之变，推而行之谓之通，举而措之天下之民谓之事业。"愚按观会通者，即深察自然之理则，以此得变化裁成乎万物，而推行之以通其利；亦复本自然理则而举措之天下，以兴事业。将见吾人自能充养其与天地万物一体相亲之怀抱，日益宏拓深远而无闭阂之患。《春秋》太平、《礼运》天下一家之道由斯而可大可久也。是故儒者说天道为人物所由生成之因，乃从反求诸己与深察一切物之内蕴，而始发见物我所共同固有之大宝藏，遂说名为因。譬如发见众沤所共同固有之大海水，可说大海水为众沤之因。易言之，即发见内自本因。此因，非超脱吾人与一切物而外在，故曰内；不是从他处得来，故曰自；本来有故，非后起故，故曰本。非如初民时代，以其迷情妄信有外在之大神为创造万有之不平等因。非如二字，一气贯下。不平等因者，如印度婆罗门执有大梵天自在变化为万物之因。佛家破之，谓大梵天是不平等的因，以其超乎万物之上而独尊故。此其扫荡情见，独掘理根，非天纵之圣能有是乎？理根一词，见子玄《庄注》。穷理到极处谓之一。一者绝待义，此众理之根也。情见者，妄情猜度，违于事理而迷执为正见，是谓情见。学者常用感情的逻辑而不自知其误，即情见之谓。夫内自本因者，在《易》则名乾元性海，是吾人与天地万物所共同固有之也。若不见内自本因而惟任情见向外推求，妄建立第一因以说明吾人与天地万物所由生成，则其迷谬，视宗教之不平等因有其过之无不及也。夫第一因者，自下向上推去重重因果，推至无可推，始建第一因；再从上向下顺序而玩之，因果重重，递相钩锁，印度佛家世亲至护法之唯识论其言万物依众缘而生，确是因果重重，递相钩锁。则吾人与天地万物真是一副机械耳。由宗教不平等因之宇宙观，将使吾人自小而皈仰上神，起超越感，易流于绝物、遗世、离群种种变态。中国道家之学，自关尹、老聃开宗。《庄子·天下篇》叙关、老宗要,在"主之以太一",确未完全脱离宗教意义。中国知识分子受道家影响颇深,其流于自私、颓废,不能与庶民同忧患,则显著之事实也。汉以后,佛教盛行于士大夫与庶民间,既不能出世,亦无所谓入世,其弊益不胜言。由形而上学第一因之宇宙观,惟觉人生若强固之物而已,实无人生之意义与价值可言。百年以来,欧西人日趋于凝固、卑隘,无刚大宏放之气概,无包通万有之睿智,无与人类共休戚之情怀,其哲学之贫乏由来远矣。洪惟孔子之内圣学,明示吾人皆固有其与天地万物所共有而各足之大宝藏。乾元性海,统含万德万理万化之端,故称大宝藏。共有而各足者,人与天地万物同此一大宝藏,故云共有;每一人或每一物皆是全具此大宝藏,并非各得大宝藏之一分,故云各足。譬如每一沤皆是全具大海水,不是众沤各得大海水之一分,以大海水不可剖析故。此譬最切。其大无外,其深不测,其富有不可量,其流动变化无穷无尽。一个人或一粒沙子,从他的个体上看是微小至极,若从他的本体上说,确是其大无外,乃至变化无穷尽。理实如是。吾人之内自本因即大宝藏,若是其盛也。然则人可恃天而无须费自力乎? 内自本因,即天也。曰:否,否,不然。内自本因虽是吾人所固有,要待吾人以自力开辟,以自力创造,以自力发展。譬如守财奴,家拥巨资而不知经营,不肯动用,则粟腐于仓,金锢于室,其人以贫乏度其终身,与乞丐何以异? 又如颖异之子,得天优厚,而浪放不学竟成废物。举兹近事为喻,可见吾人须以自力开拓内自本因,发扬光大,贵其不已。此《大戴记》语。人不可恃天,而天实恃人以有成,人生担荷天待人成之伟大使命,其可自小自馁自懈自弃而忘任重道远之永图乎? 道远之道,犹路也。譬之行路,其途极远,当奋勇往前而已。宗教家信有全知全能之上帝创造世界以及吾人,孔子之道适与彼反,全知全能惟人类其勉而进趋。宇宙果有上帝,其必为人类之所造成也欤。洞彻天人之际者,莫如《大易》。"人不天不因,天不人不成",扬子云片言而抉《易》之蕴,庶几通才乎!

天人虽有分,毕竟不二。一言乎天,便是对人而得名。然天实不

206

离万物与人而独在，且必待万物发展已至于人，而天始得仗人以完成其天道。人未出现时，天且未成，而可离人以觅天乎？此中言人，即摄万物。后准知。离人而觅天，则佛教之反人生而求圆成大宝藏于空寂之乡，一神教之立主宰于万物之上，西哲谈本体者向外推求第一因，皆陷于倒妄而不自觉也。

　　一言乎人，便是对天而得名。然人与万物不可凭空忽然而起，印度古代有一种外道，说世界是忽然而起，佛家破之。实皆以天为其内自本因，亦谓之大宝藏，是为万物与吾人发展无穷之所自出故。"人不天不因"，此至理之绝不容疑者也。若只承认万物为实在，此言万物，即摄人，故不另举人。而否认万物之内自本因，易言之，即否认天，则宇宙人生无根源，断无是理。且人生无根源，即无依止，云胡而可？陶渊明诗曰："众鸟欣有托，吾亦爱吾庐。"吾庐者，谓吾自有之天也，犹孟子所谓仁"人之安宅也"。人能受其自有之天而居之安，即无浮生之感。哲学上之无因论，余未知其义之所据。哲学家不谈本体者，余皆谓之无因论。但吾儒所云因，是万物之内自本因。余虽不赞成无因论，而神教之不平等因，与西哲之第一因，则亦余所不能印可者。是故天人本不二，而亦有分，虽分而实不二，此内圣学根柢也。

　　附识：佛教虽富于哲理，而其为道确是反人生，《原学统篇》曾略言及此。此中道字，谓佛氏教理及修行方式。佛经说圆成实性是大宝藏。圆成实性亦名真如，亦名无为法，乃本体之目。圆成实性亦省称圆成。圆者，圆满，本体无亏欠故；成者，成就，亘古现成，不生不灭故；实者，真实；性，犹体也，圆成是万物实体故。佛说圆成为大宝藏，即不以本体为空洞的，似可与《中庸》"天载"之旨相通矣。"天载"，曾见前。而其实乃绝不相类，佛家谈本体毕竟归于空寂，余在《新论·功能章上》评论空宗辨之详矣。其所谓大宝藏究是不生灭、不变化之大宝藏，与吾儒相去不止天渊隔绝也。余借用此词以形容乾元性海,则其义自不同于佛氏之所谓圆成,故辨之于此。

天人不二,已说如前。今次略言心物。余犹忆清季郡人有还自海外者,始言西学有唯心论与唯物论之对峙,各是其是,不可相融。时余孤陋寡闻,姑志其说而已,后来博究晚周诸子,即留心此一问题,然终不见有唯心唯物之说。唯心唯物二词,本以对立而始有。中学从来无有于心物各执一端者,故无唯心唯物二词。中国学术自昔以儒家为正统派。晚周诸子百家继孔子而兴者,道、墨、名、法最盛。老子者,道家之大祖也。道家皆宗黄帝、老子,实则黄帝是其假托,而所宗者独老子耳。《史记·老子传》曰:"世之学老子则绌儒学,儒学亦绌老子。"唐司马贞注曰:绌者,退而后之也。此言甚可注意。

　　附识:《史记·老子传》首称老子姓李,名耳,字伯阳。孔子适周,问礼于老子。后文又云:"或曰,老莱子亦楚人也,著书十五篇,言道家之用,与孔子同时云。"唐张守节曰:"太史公疑老子或是老莱子,故书之。"据此,则前文云"老子姓李,名耳"原非确实之纪载。更奇者,传文叙老莱子之后,复叙述孔子死后百二十九年,有周太史儋者。中略。"或曰儋即老子,或曰非也,世莫知其然否。"据此,则老子其人根本无从确定,而传文最后又曰"老子之子名宗,宗为魏将,封于段干。宗子注,注子宫,宫玄孙假,假仕于汉孝文帝"云云。老子本人尚不能确定为谁,而居然详叙其子以下世系直至汉孝文时,其历世之人名皆可举,岂不怪哉?《史记·老子传》写得迷离恍惚,颇似神怪小说中人,不知马迁何故如此?老子为道家之大祖,道家在六国时流传之盛殆过儒家,赫赫大师之生平事迹何至完全失传,而不可确定其为谁乎?盖道家之徒必欲尊老氏于孔子之上,而伪造"孔子问礼"之事,不得不称老与孔同时,其最初造谣之动机盖如此。或谓造谣始于庄子。余谓庄子本寓言,非必有意造此谣,盖其同时之道家因之以造谣耳。其后道家鄙夫又有谣传老子即老莱子,复谣传老子即史儋。而李假之先辈盖伪称老子即其先祖。有无李耳其人,殊未可知,马迁作《老子传》尽收谣言,全无考核,失史职矣。老子决有其人。《老子》一书其失在太偏而多蔽,然其理趣深远,其文高浑,亦非六国时人可伪托。其姓名当从《庄子·天下篇》所云老聃者是。《天下篇》所叙诸子都无造谣之事也,其时代后于孔子而前于孟轲,余已略言之于《原学统篇》。

七十子后学传记亡失殆尽,其绍老之言无可考。孟子拒墨而不涉及道。荀子犹称说道书,儒家分派甚多,当不止韩非所称八儒,必有绍道家者。秦燔书无可考耳。今观《老子》书则攻击儒学不遗余力,姑略征较。儒家宇宙论,则依健动之势用,而示其原,道家则探原于幽冥,此义后详。此根本上不相容也。儒家人生论,仁义以原其生,本体流行以一阴一阳之变化,而成万物与人,故阴阳者本体之大用也。就阴阳之在人而言,则曰仁义。仁者,阳之生生,而无畛域;义者,阴之形分,而有裁制。吾人体仁则复其本体而物我无间,达义则顺其本体之大用而物我各得其所,裁制不失其宜,故推原吾人之所以生而人道昭矣。《易大传》曰:"立人之道,曰仁与义。"礼乐以畅其性,乐者和也,即是仁。礼者序也,即是义。人人不舍礼乐,则莫有不畅其性者。自强不息,以固其志。人莫不欲善,此其志也。不能自强,即不能恒持此志。范围天地,化裁万物,备物致用,以养其欲,给其求,是则本末毕具,人道所以立也。老氏不达仁义之髓而妄非之;不通礼乐之原而妄薄之;不解自强之义而求复于婴儿,以婴儿柔弱,不用智故。夫婴儿无智,不能辨物烛理,不能判别善恶,假使人皆如此,则人类将焉何状乎?且《易》言自强,是上达精进义。若使人类复于婴儿之冥昧,则人道废矣。《论语》曰"君子上达"。上达者,发扬灵性,与天地万物同体,而无小己之私。下达者反是,即堕落而失其所以为人。精进者,刚健之至,进德修业无已止。此岂柔弱所可几乎? 老氏曰:"民多利器,国家滋昏;人多伎巧,奇物滋起。"又曰:"为无为,事无事,味无味。"因天地之利而无所事于天地,顺万物之性而无所导于万物,是谓"为无为,事无事"。以恬淡为味,则寡欲而何求? 如此,则范围天地云云皆老氏所厌闻也。余尝三复老氏之言,伎巧多而奇物起,利器多而国家昏,古之所谓霸国当有此患。老氏确有睿识,惜乎其有见于霸术之一方面,而不知所以转祸为福之道也。若如孔子天下为公之道,伎巧公之于天下之人人而不为私用,奇物利器公之于天下之人人而不为私利,则何昏乱之有乎? 且天地之利于人者固有,而利之未辟者不可胜计,其有害于人者尤不胜穷。万物之有待于变化裁成,是吾人职责所不容诿也,其可曰"为无为,事无事"乎? 若虑人之耽于物欲,先儒以人之对于物质起贪欲,享受过分而犹不足者,名曰物欲。则使人人由乎仁义,习乎礼乐,强于上达,何至纵欲而失人性乎? 乐者和也,和则通天地万物,是一团生意,无彼此之隔。礼者序也,序则因彼此之公情而为之序。使彼此各尽其所应尽,各得其所应得,人皆自由而皆以对方之自由为界。《礼记·大学篇》曰:"所恶于右,毋以交于左;所恶于左,毋以交于右。"此自由之序也。人己之间自有适当之序;个人与团体之间自有适当之序;团体与团体之间自有适当之序。序之立本乎人情之大公,人情之大公即天理也。至于《春秋》之辨物正名,五官簿物不失其真。《原学统篇》可覆看。《论语》曰"视思明,听思聪"是也,老氏则曰"五色令人目盲,五音令人耳聋",是欲绝物而废聪明。故《大易》曰"知周乎万物,而道济天下",老氏则曰"常使民无知无欲",其相反若是之甚也。《易》之《比卦》明万物互相比辅而生,《周官经》本之以立制度,社会发展当由涣散而趋结集,自然之理也。老氏则欲人各子立,老死不相往来。《易》曰"先天而天弗违",老氏乃曰"不敢为天下先"。自晚周六国以来将三千年,《易》道不幸晦蔽,而老氏之学士大夫乐于奉持,以苟全于帝者统治之下,其遗害可胜穷乎! 余生性疏脱,少时喜老、庄,六经之言简易平淡,余读之短趣,无所入。年三十五,深念旧文化崩溃之势日剧,誓以身心奉诸先圣,欲究旧学颇有可保固,以为不拔之基者否。中间游心于佛,费力最多,终难自肯。此中甘苦,极不易说。其后脱然放舍佛法,此中法字,谓佛之教理。近取诸身,远取诸物,久之忽有所悟,以为独得之秘,旋复自觉曰:此《大易》之所已言也。再取《易》读之,乃如旧实物失而复得,庆幸不可言喻,余之皈向孔子六经自此始也。既通六经,重理道论,乃知老氏无有一处不与儒学反对。其言道,言阴阳,明明有资于《大易》。其曰"反者道之动",则有会于《坤卦》天地玄黄之义无疑也。《坤卦》上六曰:"龙战于野,其血玄黄。"龙者阳之象,天亦阳之象,地则阴之象也。阴阳相反而战争起,故流血。天色玄,玄者,人从地上望太空,幽远冥昧,谓之玄色。地色黄,俗云黄土是也。其血玄黄明阴阳交战互有伤也。血有黄色明阴之伤也,血有玄色明阳亦伤也,战则两俱有伤,此皆以天地为阴阳之譬喻词,非是说天地。读者须善会。阳以刚健中正之道战阴而服之,阴乃以永贞之道从阳。惟阳非横强,故阴守正固。《乾卦·文言》赞乾阳之德曰"刚健、中正,纯粹精也"。《坤卦·象辞》明坤阴之德曰"利永贞"。按贞者,正而固也。阴之从阳永守正固,非曲从也。阴阳以相反而相成,则化育盛矣。老言"反者道之动",盖有悟于斯,然老氏又曰"弱者道之用",则复畏惮玄黄之血,欲以柔弱自安。殊不知,阳失其刚健中正,无以治阴;阴偏胜而因阳于无用之地,则化机何得不熄乎?甚矣!老氏之反对《大易》而不自悟其谬也。至老氏所谓道亦与《大易》不相符,后当略论。总之,晚周学派儒家而外,道、墨、名、法最为大宗。名、墨盛而不义,法之正宗亦早绝,见《原学统篇》。唯道家在哲学界其理趣号为深远。道书虽存者不多,而老、庄玄义自汉以来二千余年间,流传极盛。余于儒道异同向来搜析,不欲忽视。惟有一事大怪,道家攻儒无微不至,而独于西学所争宇宙基源是精神抑是物质则绝无一字涉及,此非大怪事哉?余从《老子》书探索良久,无可解吾疑问,盖持之又久,始悟欲决此疑,还须深究老子之所谓道。

211

原　儒

老子盖自信已体证到宇宙基源，遂为之安立名字，曰道。彼之自信果不虚否，自是别一问题，吾侪是否不误解彼之所谓道，则不可苟也。欲求老子之所谓道，则其开宗明义之第一章，决不可轻心含糊混过。开宗者，开示宗要。一家之学必有所宗主，为其学说全体系中之纲要，故曰宗要。明义者，创明大义，为其学说中众义之所自出故。其曰"无名天地之始，有名万物之母"，此二语吾苦思多年难得其解。及读第四十章云"天下万物生于有，有生于无"，生，是发现义，非如母生子之生。余欣然曰：此云"天下万物生于有"可与"有名万物之母"一语相印证，云"有生于无"可与"无名天地之始"一语相印证。但有无二名何所指目吾仍茫然，泛说一个无字，试问所言无者是否空空洞洞的无，是指什么叫作无，此在《老子》书中不易看出。有字亦不应无实义，既曰"万物生于有"，则有字不是一个空泛的名词。于是又回到开卷第一章，重玩辅嗣注云："凡有皆始于无，故未形无名之时，则为万物之始。及其有形有名之时，则长之育之，亭之毒之，为其母也。言道，以无形无名始成万物，以始以成而不知其所以，元之又元也。"辅嗣此注仍不能释吾之疑。其曰"凡有皆始于无，故未形无名之时则为万物之始"，此其说并未指出老子所谓无究是何义。其曰"及其有形有名之时，则长之育之，亭之毒之，为其母也"。据此，则有字只是泛说有形有名之时，而绝无实义，便成一个空泛名词。老子明明以无，名为天地之始，无字下，宜用点。名字连下读为是。下言有名者，仿此。始，犹先也。道先天地万物而存，故名为天地之始。以有，名为万物之母。天地万物由道而生，故说为母。母者生义。后文又曰"此两者同，出而异名，同谓之元"。辅嗣以同字连下读，谓"同出于元"也。严又陵谓"两同字下皆宜点"。严说是。两者，辅嗣以始与母释之大误。又陵莫能正。余谓两者，有与无也。无，以道之体言，道无形，故说为无；有，以道之用言，为天地万物之母，是道之用故。体用本不二，故曰同。出者，道之动，第五章云"动而愈出"是也。动出是用，自无涉有，遂致有无异名，故曰"出而异名"。自无涉有者，非谓本无而后有也。无者，言其体，由体起用，故云"自无涉有"。有无二名虽异

212

而实不异，无以名其体，有以名其用；体者用之体，用者体之用；体用本不二，故曰同。同，谓之元。何可将有字作空泛的名词解去？甚矣！辅嗣之妄也。老子说有无本是体用之辨，道之体，说为无，以其无形故。道之动出，说为有，此是道之用。切忌含糊混过。辅嗣不达体用义，乃妄分二时：一曰未形无名之时，二曰有形有名之时。未形与有形二时不知何所据而推算？而乃以此释有无，此乃根本迷谬，破之则甚费词，本文未便。辅嗣慧高而年促，其于老学根柢犹远隔在。

今更有言者，如辨得体用便可自信不误解老子之所谓道乎？若作是念，犹与老子天渊悬隔在。此处若欲详谈，却须作《老子》新疏，余不耐劳。姑略言之，如《大易》言"乾元"，《易》之乾元，亦名为道。便依健动的势用而显示之。是谓即用显体，譬如依众沤之活活跃跃而显示大海水为流动体也。道体不可目睹，不依用以显之，便无从说。又说"元者善之长"。见前谈天人不二处，可覆玩。而老子所见之道体偏要着一无字，无字岂是随便下得？第一章言"同谓之元"云云，辅嗣注曰："元者，冥也；默然无有也，始母之所出也。"辅嗣以始字作生成解，谓道于未形无名之时，始成天地万物也。余解始字与辅嗣截然不同。可覆看前文。余按老子所言元者，本是形容道体之词，辅嗣释元为幽冥，谓之"默然无有"。据此，引老子所谓道自是依虚空而立斯名，曰幽冥，曰默然无有，非虚空而何？余尝试思之，老子何竟以虚空为宇宙基源，而名之为道乎？岂辅嗣误解欤？然深玩《老子》全书义旨，辅嗣于此似未失老氏意。后来偶阅《僧肇传》曰："博观子史，子史，谓诸子书及史籍。志好虚玄，每以老、庄为心要。既而叹曰，美则美矣，然其栖神冥累之方，犹未尽善。老子执有虚空能生万物。虚空，洞然无象，莽然无际，幽暗冥寞之境也。《庄子·逍遥游篇》所谓'无何有之乡'亦谓此也。肇公意云：老、庄以为人之精神栖止乎太虚，而与之合一，便是立于无对，脱然离去一切系累。殊不知，栖神太虚，还为冥寞之虚空所系，如蛛系网，何得游于无待乎？故曰冥累，此评可谓深微极矣。从来读《肇传》者，于此罕测其旨。后见旧译《维摩经》，欢喜顶受,乃曰始知所归矣,因此出家。"据此,可见老子归根处确被肇公法眼照澈。肇公著《物不迁论》,致广大而尽精微,印土大乘菩萨能为之者,殆亦罕矣。著《般若无知论》,罗什法师览之曰,吾解不谢子,文当相揖耳。《维摩经》注弘宣胜义有益本经,然皆以老、庄玄旨畅通大乘。老、庄未透最上一关,尽美而未尽善,肇公之评恰当,异乎无知释子轻抑老、庄者矣。余由肇公之言益信辅嗣深得老氏归本虚无之旨。

或有问曰:虚空洞然无象,空空洞洞,无形象也。莽然无际,莽然者,大貌,其大无外,无有边际。冥冥寞寞,老云"元之又元"。元本玄字,玄者幽暗貌,故辅嗣释元为冥。默然无所有,故曰寞寞。何得为万物之母乎?此言万物,即天、地、人通摄在内。他处准知。答曰:善哉问也!从此,可进而深穷老氏所谓道之实义矣。虚空相状,诚如汝说。虚空本无相状,今言相状者,欲以言说显示虚空,便形容出一个虚空之相状,亦可云"无相之相,无状之状"。然老氏不是单取虚空以作宇宙基源,名之为道。然老氏三字,至此为句。老氏所谓道,盖合虚、神、质三者,而为混然不可分割之全体。虚空,亦省云虚。《老子》第二十五章曰:"有物混成,先天地生。有物之物字,作虚字用,乃隐指道而言,不可作物质解也。混成者,老氏以为宇宙基源,所谓道者并非空洞之无,而是虚与神、质三者混合而成,故曰混成。辅嗣注云:'混然不可得而知,而万物由之以成,故曰混成也。'此则以不可知释混字,以'万物由之而成'释成字,以二义结合曰混成,牵强太甚,不可从。余言虚、神、质三者混合而成,则会通老氏全书之旨,的然如是,至后当知。先天地生者,即第一章云'无,名天地之始'是也。寂兮寥兮,独立不改,寂寥,无形体也。独立,无对也。不改者,变化无常而其德性恒无改易。周行而不殆,可以为天下母。神质混一,其周行无所不至,盖至真之极充塞流动于无量无边之虚空中,何殆之有?天地万物皆其周行之势用所发现,故曰为天下母。母者,以能生故名。吾不知其名,辅嗣云:'名以定形,混成无形,不可得而定,故曰不知其名也。'字之曰道。"辅嗣云:"言道取于无物而不由也。"案道者,由义。辅嗣注第三十四章云"万物皆由道而生"是也。

或复问曰:何以征明老氏所谓道是虚、神、质三者之混成耶?答曰:《老子》第二十一章云:"道之为物,惟恍惟惚。此说虚也。物字即迥指句首道字。恍惚,辅嗣云:'无形不系之叹。'案虚空本无形,无形故不系。叹者,叹美之也。又以无形故,无可睹,故云恍惚。惚兮恍兮,其中有象;恍兮惚兮,其中有物。此说虚生质也。二语重叠言之,其中者谓虚空之中,下言其中者亦仿此。曰象曰物,非指目成形之一切物,如天、地、人等物也,盖克就一切物之本质,即流动活跃之质而言,流动之质动而未成乎形,乃成形之物所由以成者。古时文字简,名词较少,故未析别,读者须会意。窈兮冥兮,其中有精;其精甚真,此说虚生神也。辅嗣云:'窈冥,深远之叹。'案窈冥谓虚空,以其至大无外不可测度,惟叹其深远而已。其中,同前释。精者,精神之省词,复言甚真者,精神斡运乎物质,乃至真之极也。其中有信。"辅嗣云:"信者,信验也。物返窈冥,则真精之极得,万物之性定,故曰'其精甚真,其中有信'也。"据此,则以"其中有信"连上读,于文义均不顺。辅嗣"物返窈冥"云云,系就物之还复乎虚而言,而老子云"其中有信",明明是说窈冥的虚空中有信,非谓万物返冥得其信验也。辅嗣以信验释信字,不知如何可通。辅嗣《老注》独步千载,神解过人处固多,而未妥处亦不少。其解此章无一语有着落,此章是老学纲要所在,惜乎辅嗣弗深求也。余按"其中有信"是总结上文虚生质与虚生神而明示一大虚空,是乃虚而不虚,一者,无对义;大者,无外义。虚空,亦省云虚。故曰"其中有信",信之为言实也。信字之本义为实,虽亦有信验义,而此中自当取实义。虚而不虚者,生神、生质,故虚而实。虚生神质,无能所可分,亦无先后,譬如水生湿润。不可说虚是能生,神与质是所生,若有能所,则判为二物。如母生子非一体也,譬之水生湿润,水与湿润可分能所乎?亦不可说虚先在、神质后有,譬之水与湿润,岂可分先后乎?神质与虚,混然为一,完然圆满,是谓混成,亦谓之太一。道家主之以太一,见《庄子·天下篇》。《老子》书中言得一、抱一,可证《天下篇》不误。由斯而论,则第一章有无二名亦可得正解。混成无形,故说名无;混成之动,愈出而无穷无尽则为万物母。故就动出而言,应名为有,有之名,即依动出而立。混成是体。动出是由体起用,有无二名依体用假立。体用可分,究不可析而二之,故第一章曰"此两者同,出而异名"也。辅嗣于此章全不通,故其注第一章,亦胡乱说去。此二章从来学人罕得其解，谈者道其所道，非老氏所谓道也。老学之根柢不明，则其一切之论皆不可究其所自。须知，老子所谓道本虚、神、质之混成，而神与质皆自虚生，故老氏以虚无立本。吃紧。辅嗣学老而不了混成，是其最大迷谬。了者了解。但于老氏以虚无立本之旨，则有甚深体会，魏、晋以来注老诸家未有能及之者也。老氏以虚无立本，其全书无一言不是此意。略举其征，如第四章云："道，冲而用之或不盈。冲，虚也；或，犹似也。故设拟似之词，文之妙也。渊兮似万物之宗。"似字，与上用或字同。辅嗣注曰："冲而用之，用乃不能穷，满以造实，实来则溢。满者，满盈。实，谓功利。此言不用冲则必以满盈为用，人若用满盈之道，而造立实功实利。功利既立而横溢之祸随至矣，故曰实来则溢。晚世帝国主义国家正是满以造实。故冲而用之，又复不盈，其为无穷，亦已极矣。用其冲虚，而务不盈，则其用乃无穷之极也。此明道之以冲为用，就人事而推之可知也。形虽大，不能累其体；成形之物，最大者莫如诸天体，然诸天体在彼至大无外之虚空中则微若沙子耳。假设有一星球，其体之大，至于遍满虚空，则必为其自体所累而无可运动，是处于无用之死地也。故知诸天体之不能大过其量，是乃效法冲虚，而不以自累其体也。若乃推征人事，则近时帝国主义者争殖民地，争军事基地，适以自累其体而蹈于死地。辅嗣其先见哉！事虽殷，不能充其量。事业虽殷繁，不汲汲于充足其量，人力务留有余。物力不欲竭尽，老云'知足不殆'即此意。万物舍此而求主，主其安在乎？不亦渊兮似万物之宗乎？"此言万物以虚为主，各适其性也。辅嗣此段注，察于人事、物宜。物宜一辞，见《易大传》。因以上推夫大道冲虚，而用乃不穷，此为天则自然。大道之大，赞词也。天则，犹云天然的法则。此云自然为天则之形容词，莫有使之然者，故云自然。物不能违之而得宜，人不能违之而成事，其言善发老氏意，可谓宏识博才，道家继起之孤雄矣。然而老子不能无蔽也，满以造实，其祸诚无可幸免。若一意崇尚虚无，务以造实为戒，冲则冲矣，其患至于废用，将奈何？若孔子之道廓然天下为公，以是裁成天地、辅相万物而造实，实来而万物皆得其所，皆有以上达，而发扬灵性生活。上达，见《论语》。至此则道乃得人而弘大，何至如老氏之困于幽冥，人失其能而大道死，将近于印度古代之空见外道哉?《易大传》曰"圣人成能"。人当成人之能，否则无可弘道。空见外道说一切皆空，如彼之论则宇宙人生譬若空华，老子之学虽未至此，然溺于虚无，其流弊与空见相去不远矣。晚周之世，霸者专务功利，其祸极于吕政而夏族始衰。老氏盖前知霸者横流之所趋，而有戒焉，独惜其见道未真，以混成为道，异乎孔子之道。以虚无为本，遂溺于虚而废人能，有自悟其陷于非道，甚矣! 老氏之太偏而多蔽也。夫儒之为道，廓然大公，何不虚之有。人心系于私欲，失其公平，故不虚。公，无私也。公乃平，平乃大。大故，廓然无一毫私欲为累，虚之至也。虚以造实，实来则乐善而上达，何横溢之有? 老氏恶满盈，不知满盈之根在于私欲。系于私欲而求满盈，是盲目的冲动，不知所止，其势终趋横溢，无可收拾也。老氏欲以冲虚为用，而不主之以公，则其虚为旷荡之虚，非吾儒所谓虚也。旷荡即无用，乃曰"冲而用之"，不亦自欺欤? 辅嗣天才，而堕老氏窠臼，亦狂者之器耳。

老氏养心之道，惟欲返之虚无。此中道字，犹云方术。第二十章曰:"绝学无忧。学者，本以求益所能而进其智者也。若将无欲而足，何求于益? 慧智出则大伪生，何求于进? 离虚无之宅而求其能之多，知之博。知博而乱其神，能多而与物为竞，是自营火宅也。故学绝而无忧可也，老氏诚旷观矣。然孟子不云乎，所恶于智者，为其凿也。如智者若禹之行水也，行其所无事，则无恶于智矣。世人为学而昧其原，故以多智凿伤其性命，儒者之为学不如是，惜乎老氏不悟。唯之与阿，相去几何? 善之与恶，相去若何? 人之所畏，不可不畏。唯之与阿，相去无几，则恶恶而求善，亦是于太虚中忽增迷雾耳，故曰相去若何? 致虚极，宁静笃，本来无恶，而善亦何有乎? 为恶而陷于刑，人之所畏也，吾亦畏焉。此亦随顺万物之规矩而已，非有心避网也。荒兮其未央哉! 辅嗣云: 自'叹与世俗相反之远也'。众人熙熙，如享太牢，如春登台。辅嗣云: 众人'惑于荣利，欲进心竞，故熙熙如享太牢，如春登台也'。我独泊兮其未兆，如婴儿之未孩;言我心廓然，无形之可名，并微动之几兆亦无有，如婴儿之犹未成孩，此返乎太虚者也。**磊磊兮若无所归。**辅嗣云：

'若无所宅。'案返乎太虚，故荡然无宅也。**众人皆有余，而我独若遗。**辅嗣云：

'众人无不有怀有志，盈溢胸心，故曰皆有余也。我独廓然无为无欲，若遗失之也。'案

众人所怀者极复杂，欲心无厌故；所志者极夸妄，野心发狂故，故曰'盈溢胸心'。凡众

人之所有余者，老氏皆已去尽且不须费力，若毫不经意而遗失之，此致虚极之效也。

我愚人之心也哉！ 辅嗣云：'绝愚之人，心无所别析，意无所好欲，犹然其情不可

睹，我颓然若此也。'案老氏同乎愚人之心，盖返乎虚无也。**沌沌兮！**'无所别析，不可

为明。'求明则益之以智能，而失其虚。**俗人昭昭，**昭昭，'耀其光也'。**我独昏昏。**

无知也。**俗人察察，**别析事物之理，以多其知。分别可爱与不可爱种种物而恣其欲，

非所爱则欲屏之，所爱则欲得之。**我独闷闷。**无欲也。**澹兮其若海，**辅嗣云：'情

不可睹。'案情欲泯绝，返乎虚无，若大海之广漠也。**飂兮若无所止。**辅嗣云：'无所

系絷。'案离乎俗情而复乎虚，故无系。**众人皆有以，**以，用也。皆欲有所施用也。

而我独顽似鄙。'无所欲为，闷闷昏昏，若无所识，故曰顽且鄙也。'**我独异于人，**

而贵食母。"胎儿食于母腹，此生之本也。人生于虚无，虚无者人之母也。人皆弃其

所从生之母，故曰'我独异于人'。详此章之意，盖悯俗人陷于杂染，而不求

自拔，杂染，借用佛典名词。杂有二义：一不纯净义，二杂多义。染者，染污垢秽义。

众人之种种知见，种种好欲，及一切所怀所志，盈溢胸心者，其不为杂染者无几。杂染

乃有生以后一切妄念、妄想、妄作之余势，潜伏于吾人内心不自觉之深渊。余势者，吾

人每一动念、起想，虽若当下消灭，而实有残余的势力伏而未灭，此非深于内察者不知

也。杂染种类滋繁，隐藏深固，各种眠伏之杂染势力时欲乘机现起，克治颇不容易。

故明己之所独造，己者，设为老子之自谓。**将冀人皆发悟，同返虚无之极，**

毋失性命之正，此老学心要也。虽然，老子之道载其清净，濯众人之涸

浊，可谓难矣美矣！ 仁则吾不知也，通观《老子》之书，唯欲民之无欲无

知而不主教导。老子明知"人之迷，其日固久"，见《老子》五十八章。即佛

说众生无始以来常处长夜之意。而废教导，以为我清净，则众人将自化而自

濯其涸浊，此必不可得之事也。《易大传》曰"曲成万物"，《论语》曰"有

教无类"，"仁者己欲立而立人，己欲达而达人"，《中庸》曰"成己成物"，此乃从天地万物同体处，痛痒相关，自不容已者也。何忍离群而独善一己，曰"我独异于人，而贵食母"乎？夫母者，我与人所同也，人皆弃母，我得独母之乎？悲夫！老氏不识仁也。儒学以仁为宗，老氏非之，曰"失道而后德，失德而后仁"。见三十八章。此其谬妄，宋儒固尝驳之，似以《上蔡语录》驳得较好，今不及检。犹未真知老氏所以失。老氏以虚无立本，其所谓道根本不是孔子之道，宜其不了仁义之原也。此意兹不及详，须别为专论。余尝谓道家者流，其慧解甚高，未容轻议。现存《庄子》书内篇当出庄周手，其余多杂集道家微言。此云微言，谓微妙之言。管、韩、淮南等书采于道论者亦不少。世之学佛者必绌道，多见其不知量也。不知量，谓不自知其分量，此借用《论语·子张篇》子贡语。然道家有遗世之志，而未能如佛氏之大雄勇猛，无挂碍，无恐怖，脱然粉碎虚空。而未能三字，一气贯下。此僧肇所以不足于其栖神冥累之方，逃道而归佛也欤。道家巨子有捷慧而无深仁，缺乏"民胞物与"之量，"民胞物与"，用张横渠先生语。人类当互相视为同胞，曰民胞；万物皆吾人同类，曰物与。其学归于独善自利，独佛家小乘根器也。老、庄观测人群蛊坏之一面，坏，诡谲也，骗诈也，贪忍也。蛊，狂惑也，昏也。洞微烛远，其言永为人类实鉴。王船山得庄生意矣，介甫犹未深会也。王安石，字介甫。然老氏守雌，藏机，而以弱为用，不敢为天下先。庄子托于佯狂以抒忿，则群众无领导而祸乱无已时矣。统治阶级剥削与愚民之毒，老、庄皆见之极透，嫉之亦深，而终于守弱自全，以避玄黄之战。由老、庄之道，虽天下穷极当变之极已至，亦莫有起而领导者，只有愈趋于坏耳。晚周六国以来之社会常如是，然老氏深藏之术，韩非窃之，转为惨酷之霸术，则老氏所不及料已。道家之学可以益人理趣，而无可养人恻隐之端、刚大之气。恻隐之端，仁也。此余所引以为戒也。

　　道家虽有深趣，趣者，理趣。而返虚、笃静、守弱、退后之思想，顺人苟偷之情，自古以来聪明颖异工于文学者，鲜不耽玩其书，神为之移，志为之靡。佛氏修习空观之教东来，首与之迎合者，皆老、庄之徒也。乱孔子《大易》之真，而害甚于汉人之术数者，亦莫虐于老、庄之徒也。老、庄皆取《大易》之义，以附会其虚无。魏、晋人学道家竟以老、庄二子书与《大易》并号三玄，紫夺朱，郑声乱雅，而《易》之真乃益晦。余治学本愿本愿，出中译佛籍。在考辨中学得失，故于道家颇细心，昔欲为《大易广传》详发道家之长，而严正其短，今衰矣，无能为也。以中国哲学思想而论，则儒家而外，而巍然成大国者，独道家耳。墨子自是科学家，其哲学理论，简单已甚。名家惠施亦科学巨子也，今据庄子所称述者，颇有一二条可窥见其哲学犹近于儒，惜乎其书皆亡失，汉人已莫之考矣。法家，余始考定有君主、民主二派，已见《原学统篇》。二派皆源出于儒，君主派盖自儒之小康学而改变，其后复变而归本道家。由《管子》书考之，可见其概。《汉书·艺文志》列管子于道家，余虽辨其误，见《原学统篇》。然《管子》书融入道家思想甚富，是不可掩耳。韩非出于老氏，汉人论定久矣，但韩非为霸者权谋之术，不当列法家，汉人弗辨也。民主派，《淮南》所存，虽寥寥数语而其大义已可睹。覆看《原学统篇》。盖《礼运》大道之血脉未失也。综上诸大学派，要以儒道二家之水火为最烈。道家无往不与儒反，顾于心物问题绝无异论。《大易》以阴阳为太极之妙用，阳为神而阴为物，相反所以相成，太极者，本体之名。神者，心灵之异名，非天帝之谓。后凡言神者，皆仿此。阴阳非异体，只从本体之显为用，即由无对而现似有对，遂致阴阳异其名。显者，显现义。体现为用。譬如大海水现作众沤，大海水与众沤不可析之为二，体用不二由此譬可悟。现似者，盖从大用之观点而言，则有对之一切现象，皆非固定与独立的，故云现似。由此可见，心物皆本体固有之妙用，貌对峙而实统一，名相反而实相成。心物二者不可缺一，缺其一即不可成用，故未可曰从无始时唯独有心，亦未可曰从无始时唯独有物。无始，借用佛典名词。推求时间之太始，终不可定其开始之期，故云无始。伟哉造化！造化者，犹言本体之流行，非谓上帝造物。不可执一端以测，《易大传》曰"观其会通"，则心不孤行,物非独在,斯理甚明矣。老氏言道以虚为本,由虚生神生质,而神质与虚无能所可分,无先后可判,混然为一,是谓混成,亦名曰道。须通玩上篇二十一章及二十五章,余已于前文将此两章择要引述,而附以注,可覆看。老氏之混成,虽甚悖乎孔子之道,然其以心物之端同为混成所固具,本来具之,曰固具。不同西学唯物论者只承认物质为唯一实在,心是物质之作用;不同二字,一气贯下为句。下言不同,仿此。亦不同西学唯心论者只承认精神为唯一实在,物质是精神之发现。老氏之混成,亦与二元论不同,混成以虚为本,虚含神质,即体非无用之体,其义旨盖如此。故就心物问题而言,老氏持论颇有与儒学相接近处,盖于心物则窃取《大易》,而谈本体乃特异。余当谓老氏言道半取之儒家者,即就心物问题言之耳。余初治老学,窃怪其反儒学无所不至,独无唯心唯物之争,未审其故,及深穷老学根柢而了解彼之所谓混成,始知其于心物无争之故矣。

或有问曰:近人多言老子是唯物论者,公乃据《老子》二十一及二十五两章,以虚与神质混成,而名之曰道,是固不得谓之唯物矣。然谓老子以神为本有,非由物质发展而后起故,曰本有。更有据否?答曰:奚其无据哉?《老子》第六章云:"谷神不死,是谓元牝。两山之间,低下空洞处,曰谷。此言谷者,以为虚之形容词耳。神生于虚,而混然与虚为一,故曰谷神。元者,幽冥义。谷神无形无象,故谓幽冥。神者,生生无息,故譬之曰牝。元牝之门,是谓天地根。"据此,则神者,乃固具于混成,非后起也。后起,何可云天地之根乎?"元牝之门",辅嗣云:"门,元牝之所由也。"余按门者,由义,言元牝为天地之所由以成也,故下云"是谓天地根",正标出门字之义。辅嗣说元牝之所由,则所由之义,不属下文之天地,殊不可通。夫天地万物所由成,不独资乎质而必资乎神,神于质本不二而亦有分,故《老子》四十二章曰:"万物负阴而抱阳,冲气以为和。"此言深可玩味。夫阴者质也,阳者神也;质以凝聚成物为功,固于神之升进而无方所者,恰相反。然斡运乎质者神也,斡者,主领义;运者,运行。开发乎质者神也，故阴质阳神以相反而相战。战卒归于和，阴阳冲和之气盛而化道行，气者，犹云势用。阴阳冲和之势用既盛，则变化行。万物生焉。"万物负阴抱阳"，得阴阳冲和之势用，以为其自性之和。吃紧。易言之，即万物自性无亏缺，非孤阳，非独阴，故无亏缺。无乖戾。得阴阳冲和之势用以生，故无乖戾。明乎此，则人性无恶，审矣。道家之学，以物畅其性为归，以物失其性为忧，其根柢在此，而老氏之窃取于《大易》者亦在此，不可忽也。

老云："万物负阴而抱阳，冲气以为和。"从来学老者，罕求实解。此须从天人两方面，即宇宙论、人生论两方面分别体究，切忌含胡过去。此中宇宙论是狭义，克就心物现象而言故。就宇宙论而言，在天之化，阳不孤行，阴非独在，故阴阳是一齐俱有，即其间不得无矛盾。玄黄血战所由起也，不有玄黄之血便无太和。《乾卦》曰"保合太和"，实自其血玄黄得来。就人生论而言，人承阴阳太和之势用而生，故《易大传》曰"继之者善也"。继之为言，即继承阴阳之太和，以凝之为性命，如是而人性无不善可知已。不明于此，将疑人性本来含有斗争种子，其为人道之戚，可胜言哉？老氏于此处确实取诸《大易》，故于心物问题完全接受儒学，无有丝微争论。自《大易》创明阴阳有矛盾，所以成其太和而起化育，人生继太和以定性凝命，此中性命，只作复词用。究尽天人之蕴以成人能立人极，此乃握真理之玄符，可以俟千圣而不惑也。老氏克绍明之，以开千古学统，功亦巨哉！

宇宙自其无始之始，极乎悠长无尽之未来，恒是阴阳变化，刹那刹那，故故不留，新新而起，现似万象，条然宛然，条然者，千形万态之貌。宛然者，本不固定，而似实有之貌。吾人所可知者，宇宙开端元是阴阳俱有方成变化，设若以此推断为未是，而或以为太始唯是孤阳肇起万化，西学唯心论，以心为一元，即孤阳也。或以为太始唯是独阴肇起万化，西学唯物论者，以物为一元，即独阴也。此皆违反辩证法，余未知其可也。孔子作《易》，首以阴阳成变解决宇宙论中之心物问题，盖本其所观测于万物万事万化者,莫不由乎辩证法。因以深穷心物问题,从宇宙开端,已是阴阳成变,断不可作片面观,故《易》之辩证法彻上彻下,《论语》所谓"一以贯之"是也。老子得其意曰:"执大象,天下往。"见第三十五章。大象者,宇宙之全象也。执其全,而不执其分,故可洞彻宇宙之内蕴,则其于天下无往而不通也。执其分,即陷于片面。其识卓矣!或有难曰:生物未出现时,心尚不可征知,老氏谷神之论得毋空想欤?答曰:此一疑问,余在《新论》已据《易》义释明,兹可不赘。且老氏言谷神曰:"绵绵若存,用之不勤。"绵绵者,虽有而不显著,常舍故创新而不断绝,故曰绵绵;所谓神者,本非恒常的,却是时时舍其故而创新,以延续不绝。若存者,方其潜而未现,或疑为亡,亡,犹无也。由潜而见,毕竟不亡,故说若存。见读现。《大易》六十四卦三百八十四爻,起于《乾卦》之初爻。初爻者,潜隐而犹未著现也。生物出现以后,心神渐著,则由潜而现耳,非先本无而后起也。老氏若存之言,亦本于《易》。用之不勤者,言神虽潜含于万物之内部,而万物之成也,实万物之自成耳。神无所为作,故用而不劳。不勤,犹云不劳。详老氏之旨,盖以神质本法尔俱有。法尔,犹云自然。以其义甚深微,而世俗习用自然一词不求深解,故中国佛家译音曰法尔,而不义译,欲人深会故。质含神,而神斡运乎质,故天地万物由之以生,既生而不知其所自。夫质成形而可睹,惟神生生之用,潜隐而难知,此物先在而神后起之说所由来也。

中国古代思想此云古代,姑从春秋时逆数而上总言之。其发源自甚复杂,而受天文学之影响当最深。天文学源出阴阳家,阴阳家本为一切术数之大祖,《汉书·艺文志》叙方术各家派甚杂乱,实则一切方术皆出于阴阳家,此意须别论。而天算之学亦出于其间。汉司马谈氏《论六家要旨》,阴阳家居其一。古代学术源流司马氏世典史职,故深悉之,而不肯忽也。天文学自阴阳家出,故崇信天帝之观念,常与其学术相夹杂而不易扫脱。自春秋而上之悠长时代,一切哲人之思想大都与天文学有关。虽古籍沦亡,而其略犹可推也。古之言天者三家:曰《周髀》,曰宣夜,曰浑天。宣夜失传。《周髀》持盖天之说，以为天似覆盆，中高而四边下。案彼云中高者，初民仰首而望，其上苍然穹窿，远而不可测其所极者，因拟为天之中央最高所在。其实中高本无定所，人各以其视线所向，而拟之耳。四边下者，盖谓天之四边皆下垂于地也。初民对天而起超越感，谓之上帝。其呼天帝也，恒仰望中高而呼。《诗经·大雅·皇矣》之篇有曰："皇矣上帝，临下有赫！"是其征也。临者，临视。下者下方，即谓地球。此言上帝，即中高而临视下方，赫赫有威明也。凡立国于地球上者，其君之得失，民之休戚，皆上帝之威明所临视。

附识： 近代中外人士谈中国文化者，皆谓中国人无宗教思想，此瞽说耳。外人有教堂及祈祷与讲习教义等形式，而中国无之，故外国人谓中国人无宗教。其实中国先民信仰上帝之情感，不必与外人殊。但古帝王特定一不平等之制度，唯天子得祭天，诸侯祭其国内名山大川，庶民祭祖先，阶级划定，上下各守其分，久而习以为常。故自天子郊天而外，其余大多数人皆不得有昭事上帝之教堂，更无讲习教义之事，以此与外人相对照，便觉中国无宗教耳。三代帝王驭民之术甚不平等，孔子贬天子、退诸侯等思想，发明特早，亦有以也。子贡、宰我诸贤称夫子为生民以来所未有，岂阿好哉？自孔子作《春秋》创明贬天子之大道，其于《易》则著乾元统天之义，而上帝遂为乌有先生。老氏亦恶统治，故其言道则曰"象帝之先"。谓若果有上帝，则道更在上帝之先，即明上帝不足为万物之主也。儒道两大学派皆力反宗教于二千五六百年前。卓矣哉！晚周儒生，以祭山川与祖先为酬恩，非先民思想果如是，儒者不欲人迷信鬼神，故明酬恩之义，以存其礼耳。

古代阴阳家测天之术，即依民众之信念为依据，及天文学兴，犹随阴阳家之遗风，故每遇日食、月食、地震及气象之变，如久阴或亢旱、风灾等类。天文家皆以为上天警戒人君。上天犹云上帝。虽自东汉、魏、晋以下，天文学渐有专向科学发展之潮流，而宗教思想之天文学犹保持正统派之地位，直至皇帝推翻而始替。

易学始于羲皇之八卦，为中国学术思想之大源。孔子以前之《易》大概为术数与哲理二者交杂之仓库。文王羑里演《易》不必无此事，但其辞必以宗教思想为主，否则孔子何须作《易》。汉人谓文王重卦，此不可信。八卦演为六十四乃自然之序，自是伏羲一气呵成，文王盖有说《易》之辞耳。辞者文辞。《论语·子罕篇》曰："子畏于匡，曰：'文王既没，文不在兹乎？文王困于羑里，卒不死，而演《易》，是天以作文明道之大任，付托文王也。文王既没之后，斯文之任，不在兹乎。兹，犹言此间。孔子意云，斯文不在于我乎？但不欲直言在我，则曰在此间耳。此间，犹俗云这里。天之将丧斯文也，后死者不得与于斯文也；若天将丧灭斯文，则我必死于匡，其后于我而死者，不得参与斯文之役。与读预。言后人不能作也。天之未丧斯文也，匡人其如予何？'"天未欲丧斯文，则我今者必不死，匡人其能害我乎？孔子自信其有斯文之大任在，不至死于匡也。据此，可见文王在羑里演《易》确有其事，故孔子遭厄而引之自况。又可见孔子实有作《易》之事，曰"文王既没，文不在兹乎"云云，是明明以继文王而作《易》自任。孔子称天不丧斯文，自信己之不死于匡，可见孔子发明《易》道，其关系于天下万世者太重大。此中道字，犹云道理。圣怀冲虚，尝曰"述而不作"，今当危难，乃一吐其真实之蕴。此章，自汉以来治《论语》者皆莫有正解，遂使圣人作《易》一大事因缘完全埋没，岂不惜哉？由此章玩之，可见孔子之《易》与文王之《易》必是宗主全异。文王是宗教思想，孔子则创发哲理，破除宗教。商、周之际，宗教思想甚盛，就《诗经》征之，周室初兴，殷顽未顺，殷之民众犹不服周，周人诋之为殷顽。《大雅》诸篇多侈陈天帝锡命于周，以收服四国，四国，谓四方诸国。此其征也。若孔子之《易》非超出文王而独有宗主，则何至于危难之际，妄言斯文之任在己乎？圣人断不至是也。

吕秦毁学而后，汉人传《易》宗术数，是否稍存伏羲古义极难考索。今就汉《易》鳞爪寻之，汉人《易》书，唐以后鲜有存者，李鼎祚辑《周易集解》凡集三十五家，取于荀爽、虞翻者尤多。李氏，唐人也。清鄂省李道平作《周易集解纂疏》，于汉、魏《易》说疏考颇勤云。窃叹汉《易》所承于古《易》之根柢，确与古天文学之盖天说有关，当是伏羲遗教展转传来。

凡成一宗派之学术，条绪纷繁，必有根柢。根柢莫穷，徒析其条，未为知学。何云汉《易》根柢与盖天说有关耶？《大易》六十四卦三百八十四爻，阐明万化万物万事之理，与夫万理归一、一理为万之妙。宇宙人生之奥蕴，惟《易》发之深矣。然六十四卦以《乾》《坤》居首而建乾元，坤之元即是乾之元，本非二元，此七十子相传遗教，汉人犹存兹古义。王船山《易传》，乾坤并建之说，殊未安。然则求《易》学根柢者，其可不求之于《乾卦》耶？吾苦心于此者良久，深怪汉《易》家全不悟乾元，根本与孔子背道而驰。汉《易》皆祖田何，田何本术数之业，余言之屡矣。汉《易》宗术数渊源久远，伏羲古义当有存，吾人须屏主观以求汉《易》本源。信汉《易》而夺孔子之真，是大迷谬，忽视汉《易》而全不索其所承于古《易》之根柢，则孔子以前之来源莫明，又何能真识孔子乎？中国自两汉迄于清世，思想之途闭塞可悯，二千余年来名家著述、材料搜集亦不为少，独惜短于运思，罕能取材而发明学理，此非余敢为老狂，而事实如斯，无可曲讳。皇帝专制日久，遏绝思惟之路，甚可痛也。清人以汉《易》高自标榜，除疲神琐碎而外，其于理道果何所发见耶？余非敢薄前儒，勤搜之绩，亦不忍没，然后学如常循其故辙，则中学得失真相，终郁而难明耳。哲学之业不可专务考核，如经儒之所为。不可，至此为句。六经、诸子皆哲学大典，而汉以来治经之儒乃以考据为务，后以治经之术治诸子，而学术遂晦塞。直须脱然澄清心地，独撷意乎宇宙之外，锐思于毫芒之内，潜神默识，恒以岁年，庶几乎邵子之诗"眼明始会识青天"耳。余言及此，自忘其蔓，今当还入本文。《乾卦》开始一语曰"《乾》：元亨利贞"，何耶？李氏《集解》云：按《说卦》，乾，健也。言天之体以健为用，运行不息，应化无穷，故圣人则之，欲使人法天之用，不法天之体，故名乾不名天也。《子夏传》曰：元，始也；亨，通也；利，和也；贞，正也。言《乾》禀纯阳之性，故能"首出庶物"，首，始也。《乾》以健德为庶物所由之以生，故曰"首出庶物"。各行元始、开通、和谐、贞固，不失其宜，言庶物各得元始等四德。是以君子法《乾》而行四德，故曰"元亨得贞"矣。李道平《纂疏》曰：案《说卦》曰，乾，健也。虞翻彼注云：彼字，指《说卦》乾健也句。精刚自胜，精者，精神之省称，此与《老子》二十一章"其中有精，其精甚真"之精字同义。《庄子·知北游篇》"形本生于精"，形本者，生物之始也。生物之始，即具有精神以生，此精字亦省辞。精神者，阳刚之性，故曰刚；自胜者，能自强胜，不竭不穷也。动行不休，故健也。又《易纬·乾坤凿度》曰：乾训健，壮健不息，是其义也。体，形也。穹窿者，天之形。刚健者，天之用。王蕃《浑天说》曰：周天三百六十五度，五百八十九分，惟其运行不息，是以变化无穷，成四时而育万物，皆天之至健者为之也。则天之圣，则，犹法也。圣人取法乎天以自强，故云则天。至诚无息，不与天同其形，而与天同其用，故法天之用，法其健也；不法天之体，穹窿之形不可法也。法其用故名乾，不法其体故不名天。李氏云云，可覆看前引李氏《集解》之说。盖本孔颖达《正义》文也。以上皆道平采集古义。道平《纂疏》，凡例第三条有云：兼引诸家者，但加案字；自撰管见者，则加愚案以别之。上引道平《纂疏》，即但加案字者也。详道平所引诸家说，并是甚古之义。其云李氏说本之孔颖达《正义》，诚有明征。然颖达之时，古籍未尽沦丧，其说亦远有所本。

综前诸说，可见古《易》，实以天帝为万物之大原。天帝系复词。单言天，或单言帝，皆可。其言天复分体用，穹窿之形是天之体，刚健而运行不息是天之用。此其说自是伏羲古义，杂于术数家言之中，从邃古传来汉《易》家承之，犹未失此根柢，而亦无所发挥。汉《易》家所努力者，只是钩心斗角于象数之间。其所谓数乃术数之数，而涉及数学的数理者，殆等于零。

盖天说谓天体中高，所谓穹窿之形是也。初民所谓上帝，即指此穹窿之形而目之，《诗》云"皇矣上帝，临下有赫"是也。皇，大也。余见前注。盖天说一方有科学思想，一方仍依据初民之宗教信念始终未脱。当哲学思想未发生时，盖天说之天文学正适应上古社会需要，伏羲画八卦而后，虽复未离神道与术数，《易》为占卜之用。而辩证法的哲学确已崛兴。今欲求孔子以前之《易》，诚苦无文籍可考，不得已而寻绎汉《易》家相传之单词碎义，犹可推见古代《易》学思想之要略。如前所说，汉《易》所存古义，以上天为万物之原，实以盖天说为依据。上天，犹云上帝。至其言天分体用，则欲人法天之用，不法天之体。天体是穹窿之形，故无可法，而当法其用。天之用则可析言两方面，精刚自胜，天之神化也；动行不休，天之气化也。惟气与神乃天化内涵之两机，以相摩荡，而周流乎广宇悠宙之间。此云摩荡，即相反对之义，犹云矛盾也。宇者虚空，其广大无外；宙者时劫，其悠长无尽。气者，质之端，其凝也，固闭而分化，现似万殊。万殊的相状，皆不固定，故云现似。神者精刚，无碍，无形质故，云无碍。故无定在而无不在，其性恒升，升者，向上义，进进义；恒者，无退坠故。常斡运乎万殊之中，而开通之。气乃随神以俱转，斡运含二义：曰主领义，曰运行义。是故一言乎气化，而神化存焉，气化不离于神化也；一言乎神化，而气化存焉，神化不离于气化也。谓宇宙是独化于理不可能，谓之有对毕竟统一。大化虽有摩荡之两机，而实"保合太和"，《乾卦》语。万物由是而生，"各正性命"矣。万物禀气而含神，神发知而气成形故。古代大天才哲人伏羲氏关于宇宙论中之心物问题早已解决，岂不妙哉！伏羲之意只寓诸卦爻，至唐、虞以后，文字渐广，当有《易》说，惟不免与术数家言相夹杂耳。古代帝王利用神道设教，术数家言日盛，哲理之谈益少。术数流传至六国并亡时，田何以开汉《易》，伏羲古义犹存一鳞一爪，甚可贵也。汉时有殷《易》，曰归藏，郑玄曰：殷阴阳之书，存者有《归藏》。焦循曰：谓之阴阳之书，则阴阳五行家言也。《汉书·艺文志》有

"阴阳五行家皆术数也"。**此说当不误**，余当以殷《易》首《坤》为唯物之论，近年自知甚误。郑玄亲见其书，而不曰古之《易》书也。**然亦是《易》家之支流耳。**

《周易》是孔子作，其本体论则废除上帝，于心物问题则主张神与气本不二而亦有分。本体是一，故曰不二；用含两机，故云有分。斯亦不逾伏羲之矩矣。然上帝既已推翻，则所谓神者，自不可以天之神化言，后当复论。

附识：《周易》之名，有谓周者，周代之称；有谓周者，以《易》道周普无所不包通也，非朝代之称。余谓后说是。汉人有谓文王作卦辞、爻辞，孔子只作《十翼》，此说全无根据。证以《史记·蔡泽传》，以"飞龙在天，利见大人"为孔子之言，则《周易》完全出于孔子断不容疑。余已略论之于《原学统》中。有难余者曰：公常以"利见大人"为孔门小康派增窜之文，本非孔子语。今又引据蔡泽以为孔子之言，何耶？答曰：蔡泽当六国晚世，奔走势途，其治儒术自是服膺小康派经籍，故信"利见大人"为孔子之言耳。然由蔡泽之言，正可证卦辞、爻辞非文王作。汉人孔子作《十翼》之说，则夺孔子之《易》以归于文王，而降孔子为注疏家，无据而造谣，可谓无忌惮矣。汉人更有言爻辞为周公作者，其谬妄不足辨。

殷《易》首《坤》不得谓之唯物论，何耶？乾，阳也，为精神。阳刚升进而不退坠，其德健也。阴重浊而下坠，适与阳反，故昔人训阴为物质。殷《易》首《坤》而不首《乾》，故近于惟物，明人已有注意及此者。案《归藏》之书汉以后亡失殆尽。马国翰《玉函山房辑佚书》，经编易类可略考。有徐善者，据彼首《坤》之说而推求其术，余颇赞其精妙。善之言曰：其法先置一六画《坤卦》，以六阳爻次第变之，即成《复》《临》《泰》《大壮》《夬》五辟卦。辟者，君也。下仿此。殷《易》立十二辟卦。次置一六画《乾》卦，以六阴爻次第变之，即成

《姤》《遁》《否》《观》《剥》五辟卦。十辟见，而纲领定矣。又置一六画《坤卦》，以《复》辟变之，成六卦之一阳；《复》为辟卦之一，故云复辟。下言《临》辟等者，均仿此。以《临》辟变之，成十五卦之二阳；以《泰》辟变之，成二十卦之三阳；以《大壮》辟变之，成十五卦之四阳；以《夬》辟变之，成六卦之五阳；更进为纯《乾》，而六十四卦之序已定矣。徐而察之，《乾》之六位，已为递变之新爻，而《坤》之六位，犹为未变之旧画，即卦中阳爻已变，而阴爻犹故也。于是复置新成之《乾卦》，以《姤》辟变之，成六卦之一阴；以《遁》辟变之，成十五卦之二阴；以《否》辟变之，成二十卦之三阴；以《观》辟变之，成十五卦之四阴；以《剥》辟变之，成六卦之五阴；更进为纯《坤》，而《坤》之六位已更新矣。卒之非有两营也，止此六十四虚位，顺而求之，由《坤》七变，得阳爻一百九十二，而纯《坤》之体见。逆而溯之，由《乾》七变，得阴爻一百九十二，而纯《乾》之体见。一反一复，而三百八十四爻之《易》以全矣。详徐氏所云，可谓深得《归藏》布卦之法。若不由乎此，亦未见有何良法可以成六十四卦。若殷《易》果如此，则无可谓之唯物论。所以者何？坤阴不能独变，必待乾阳而后成变，后字，非时间义，只明独坤不能成变耳。则殷《易》虽首《坤》，实无改于《周易》乾坤相俱，反而成变之妙。有乾即有坤，故曰相俱。乾坤相反也，相反卒归于和同，而变化成矣。殷《易》虽阴阳之书，其犹略存伏羲氏之骨髓欤。汉人相传夏《易》曰《连山》，号为伏羲之《易》，夏人因之，而有首《艮》之说。干令升虽别为之解，焦循所谓与五运六气之说相为表里，其为战国时术数家所伪托，不待言矣。伏羲画八卦，因而重之，为六十四，乾坤居首，乾坤名为二卦，实不可剖分为两体，故曰乾坤居首。王船山"乾坤并建"之言便有病在，如云张某、李某并立，张、李究是各自完全独立的，非一体也。余六十二卦皆由乎乾坤万变而成者也，其可易欤？余昔未欲决定夏《易》为伪托，近始断言其伪。

《史记》称文王羑里演《易》，见《殷本纪》及《周本纪》。汉人遂说有文王之《易》，其说亦不一致。扬雄《解难》云：文王附六爻，此即重卦之谓。殊不知八卦因而重之，乃自然之序，自出伏羲一手，何待文王附加之乎？郑学之徒说文王作卦辞、爻辞，而皆不言其说之所从来，其为逞臆妄说何疑。郑氏多臆说，不足据。惟谶纬云：卦道演德者文。此说深可注意。今推其辞，盖曰：会通六十四卦，而开演之，以为入德之门者，文王也。《史记》云：文王演三百八十四爻，亦谓演习六十四卦之道。《易》只六十四卦，共三百八十四爻。与谶纬说亦相通。谶纬为七十子后学当吕秦时假怪异以泄忿之杂录，其中颇有可宝贵之材料，不可忽也。汉人亦窜乱之。《周易》完全为孔子创作，本与文王无干。细玩《论语·子畏于匡章》，孔子自任之重，自信之笃，可知其无所袭于文王也。皮锡瑞横断文王全无所作，亦逞臆太过。余谓文王当有总论六十四卦要旨之文，大概归本事天，以为立德之基。伏羲之《易》与盖天说有关，本以天帝为万物之原，文王说《易》之文或着重在此。伏羲虽以天帝为万物之原，而其立义则在法天之用，是上帝为虚设也。文王或欲反之欤？上考《诗经》称文王之德者屡矣，如《大雅·文王篇》曰："穆穆文王，于缉熙敬止。"于，叹词。穆穆，深远之意。缉，续也。熙，明也。敬则心净而光明。文王常不失其敬之功，即明净之心，恒继续如斯而不已也，此止于敬之效也。止者，持而不失之谓。《大明篇》曰："维此文王，小心翼翼，昭事上帝。"翼翼，恭慎之貌，前篇所谓敬也。昭，明也。以明净之心，敬事上帝，曰昭事。《文王篇》又曰："文王陟降，在帝左右。"朱子解此句，以为文王没后，其神在天云云，甚误。陟，犹进也；降，犹退也。言文王日常动静进退之间，其心常在上帝之左右，如佛教净土宗念佛者即如是，此与前引"昭事上帝"同义。《中庸》二十六章曰："'维天之命，于穆不已。'盖曰天之所以为天也。命者，流行义。于，叹词。穆，深远也。言天道流行，深远而无已止。'于乎不显，于，读乌。不显，犹云岂不显也。文王之德之纯。'盖曰文王之所以为文也，纯亦不已。"言文王纯于天道，亦不已。此所引《诗》，即《周颂·维天之命篇》。综上所述，可见文王平生为事天之学，其德深纯，故知其说《易》必以事天垂教无疑。孔子作《周易》宗伏羲，非宗文王。《易大传》称伏羲仰观于天，俯察于地,近取诸身,远取诸物,是从观察大自然入手。

　　文王说《易》之文,在汉《易》中无可考,汉人专精象数,与文王"昭事上帝"精神自无关联。然其精神并未消灭。伊川《易传》自北宋至于近世,实夺汉《易》与王辅嗣两派之席,而盛行亦将千载矣。清人虽以汉《易》号召,然有识者皆莫肯右汉《易》。古代以右为尊。自顾亭林以至戴东原并主程《传》,其影响学术界之深远,至可惊矣。程《传》《乾卦》传有曰"重乾为乾。《易》六十四卦,每卦合上下两卦而成。《乾卦》上下皆乾卦,故曰重乾。重,读重复之重。乾,天也。天,即天帝之谓。天者,此天字,谓穹窿之形,盖天说所谓中高是也。天之形体;此天字,亦天帝之谓。下诸天字,可类推。若不知古《易》与盖天说有关,则此云天者,天之形体,便甚难解。乾者,天之性情。乾,健也,健而无息之谓乾。夫天,专言之,则道也,天且弗违是也。此天字,犹云运会。运会有否泰之迁变,吾人秉道以治之,运会弗能违于道也。分而言之,则以形体谓之天,以主宰谓之帝,以功用谓之鬼神,鬼神,犹言阴阳。以妙用谓之神。以性情谓之乾。乾者万物之始"云云。案伊川此段文字,朱子尊之,同于六经,犹有文王"昭事上帝"遗意。程、朱主敬,亦上契文王。盖天说之坠绪,于此亦可追寻。宋学毕竟复古,其得失非此所及论。

　　详玩古《易》之义,古《易》,谓伏羲之《易》。有大不可忽视者三端:一、伏羲出于邃古时代,邃者,言其时代太远也。天帝之信念似不能无,然其首创《易》学,即于天而分体用,此乃大可惊异。初民以穹窿之形为天之体,赫然威明在上。《诗》称上帝"临下有赫"。注云:有赫,即威明之谓。宗教之徒即对于天而起超越感,申皈依之诚。伏羲不法天之体,而法天之用,则务体察现实世界,直将皈依上帝之迷信扫除,在邃古有此睿智,真是自有人类以来唯一杰出之大天才也。中国人宗教思想较之印度人、西洋人毕竟淡薄,或亦伏羲发明《易》道特早之影响欤。由宗教思想淡薄之故,而一元唯心论决不会产生于中国。例如西洋唯心论者,其流至于以物或物体为感觉之复合;印度佛家唯识论,至以物质宇宙为心识之所变现。心识，作复词。中国自古以来哲人绝无此等怪论。先圣贤强于实事求是，而不肯任天，帝尧已有"天工，人其代之"之说，盖继伏羲而起也。中国哲学界始终无有否认物之存在者，其注重实事之精神，与不迷于宗教之明解实相关。而伏羲在邃古时导此先路，其功不可忘也。

二、古《易》体用之分，遂为中国哲学立定宏规，确与西洋异轨。伏羲虽依盖天说，以穹窿之形为天之体，即此谓之上帝，因初民之信仰如是。遂以天帝当作宇宙本体。此在邃古之世，不得遽革初民之信念，及至孔子始建乾元以统天。乾元者，谓乾之元，后当详释。天者天帝。古以穹窿之形为天之形体，易言之，穹窿之形，即是天帝也。伏羲随顺初民之信念，故以天帝为万物本原。孔子则废除天帝，而说乾元为万物实体，故曰统天。统者，主义。谓乾元为天帝之主也。初民以天帝为万物之主，孔子则说乾元更为天帝之主，即明示天帝不得为万物主耳。前文云天帝遂为乌有先生者，实即无有天帝耳。乌有先生，假设之词也。见汉司马相如赋。郑玄训统为本，谓乾元是天所由成之本也。便郑玄所云天者，自当指星球而言。统字在天字上者，古人修词每倒用之，不可泥。而孔子之所谓体，与伏羲之所谓体，其相去不止九天九地之隔截也。伏羲非是不悟本体，其以天之穹窿之形体当作宇宙本体来说者，只是随顺初民信念而已。然有不可忽者，哲学家谈本体，其言之出于见真见似，此是别一问题，见似者，不得其真相，而未免以意想拟之也。而体用毕竟不可不析言之。依余之管见，体用不是可分为二界，亦不是可判为上下两截。但体用虽本不二，而亦不得无分，故非析言之不可。哲学之本务，要在穷究宇宙基源，基源为本体之代词，亦可说为本体之形容词。故谈宇宙论者，此中宇宙论是广义，即通本体与现象而言之。未可茫然不辨体用。若体用无分，则其持论必将以用为体，实堕于无体之论而不自觉，西学正有此患。如一元唯心论者以精神为宇宙本体，一元唯物论者以物质为宇宙本体，殊不知神质以相对立名，皆现象也。精神亦省云神，物质亦省云质。凡现象皆是本体之功用，功用，亦云势用，亦复省云用。

而不即是本体。但本体不是离功用而独在，即是用之体故。由大海水与众沤之譬喻而思之，可悟此理。譬如众沤相，相字，读为形相或相状之相。皆是大海水之功用，而不即是大海水，故曰体用虽本不二，而亦不得无分也。如以精神为本体，固是执现象为本体，易言之，即有以用为体之过。儒者说仁为本体，却是即用而识体，此与以用为体者绝不同旨。后当略辨。以物质为本体者，亦是执现象而莫睹其真。有用无体，云何应理？应理一词，见佛籍。证见实理，无有谬误，曰应。佛氏有一喻，世人暗中见麻绳，误计为蛇，旋自知误。然日用之间习见绳，而直认取绳相为实物，相字，读如上文沤相之相。不复辨其本自麻成。当此执定绳相为实物之顷本属错误，而世人终不以此为误，岂非大怪事哉？谈宇宙论者，睹现象而昧其原，执用而丧其体，与世人之迷执绳相而忘麻者，何以异乎？伏羲首辨体用，孔子承之，而改正上古以天帝当作宇宙本体之失，体用不二之义始明。真理昭昭，庶几白日，至老氏以混成言体，虽有见道未真之嫌，而体用不得无分，则犹承《大易》。以视西学知有用而不知有体，则犹未塞求真之途也。中国哲学之宇宙论，明辨体用，自伏羲创说，儒道两大学派相继绍述，后之学者无可易已。余昔为《新论》正佛家宇宙论之失，而以体用不二立宗，世或疑之。其实，余远承群圣之绪，非敢逞臆妄说也。学术之业，求真而已。古代大天才之创见有不可易者，无取立异，譬如古之茹毛饮血，今不可复行也。古之烹饪法，则自古迄今，由今以趋未来之未来，谁得而易之乎？汉《易》完全根据术数遗法，其于体用义无所知。但汉儒另有天人交感之论，则宗主盖天说，而以天为万物之原，实为术数家言树其基。

三、古《易》首发明辩证法，此其所以不迩神道。不迩，犹言不近。其后孔子有范围天地、化裁万物之科学理论，《原外王篇》引述《易大传》，可覆看。皆伏羲启之也。至于宇宙论中之心物问题，则亦因辩证法之发见，而不堕一偏之执。深于辩证法者，不应于事物仅观显著，尤贵深穷幽隐；不应仅据一曲，尤贵通其大全；曲，犹偏也。不应仅作子想，尤贵即子索母。物质宇宙尚未发展至动物时，心灵未著，不得遽谓无心。如以为物先独在，心灵先本无而后有，则非以心灵说为物质不可。以心灵说为物质，则是以心为子，而物为其母，譬如豆种生麻，因果绝不同类，异乎《大易》"同气相求"之义也。即果求因，必其同气。且宇宙为变动不居之全体，变必有对，独则不变。《大易》明乾坤成变，所以揭宇宙之秘藏，其理不可易也。西学一元唯心或一元唯物，皆未免任偏见而失宇宙之全。何妨申明《易》义，姑存中学以备考欤。《易》本隐之显，《易》之学以体察之术为主，解析之术为辅，观察万化万物万事，由幽隐微细，而趋于显著、盛大、繁赜。细胞为生物之始，微尘为三千大千世界之始，皆此理也。《春秋》推显至隐，《春秋》之学以解析之术为主，体察之术为辅，从万物万事之显著、盛大、繁赜，而推析其幽深潜隐之内蕴，与其所从来之几微纤细。凡事物之由来，若无端绪可寻，实则非无端也，其端隐而难见耳。科学自是推显至隐之术，今日科学所至之域，果能深入隐微否？则非迂陋所及知矣。晚明思想家方密之曰："西学长于实测，中学长于通几。"其言深有理致。几者，几微；通者，深入。如何是通几？此一名辞，今之学者闻之，其不以为神秘语或胡乱语而笑骂之者，鲜矣夫。老曰："不笑不足以为道。"禅师之徒所为仰天而呼苦，苦也。此辩证法之奥妙也。动物未出现以前，心神只是隐而未显，不可谓之无，故自伏羲发明《易》道而后，中国哲学界不唯无一元的唯心论，已说如前。亦无一元的唯物论，此事良不偶然。

古代哲学与浑天说有关者，今可考见，惟老子耳。浑天之说以为天形似卵，地如卵黄，天包地外。其言天形似卵者，盖以虚空，名之为天。虚空无内无外，无上无下，无方所，无边际，故譬之若卵，言其为一大环也。一者，绝对义。大者，广漠无穷之称。地如卵黄者，以地为天之所包，故云尔。天包地外者，言地之形有量而天之大无量，故地之四周以外皆为天之所包也。其实，太空中不可数计之诸太阳系、星球或星云，莫非天之所包，古天文家只就地言之耳。浑天说以太虚为天之体，虚空亦称太虚，亦省云虚。较之盖天说以穹窿之形为天体者，固迥乎不同。老

235

子盖不满于古之盖天说，而于浑天之旨独有悟焉，其言有曰："天地之间，其犹橐籥乎！虚而不屈，动而愈出。"见《老子》第五章。此中言天地者，其天字实指太空之无数星球而言。后仿此。橐，排橐也。籥，乐籥也。橐籥之中，空洞。世人皆见天地之间森罗万象而莫识其原，老子则以天地万物皆出于虚空，故以橐籥为虚空之喻。有问：虚空毕竟无耳，天地万物何由生？毕竟无一词，见中译佛典。佛氏之辨无也，有多义。略言之，凡物未生时，名未生无，如人未生子时，名无子是也。凡物既灭，曰已灭无，如皇帝已推翻，云无皇帝是也。因缘不相会合，曰缘不会无，如久旱不雨，风气等缘有障碍故，曰无雨是也。毕竟无者，本来无所有故，如云土石无知，此亦毕竟无之一例也。答曰：老子之言太虚，以下皆省言虚。不可作毕竟无会。会，犹解释也。其曰"虚而不屈"者，虚之体也；曰"动而愈出"者，虚之用也。惟虚生神生质，其说在《老子》二十一及二十五章。虚之生神与质也，荡然若橐籥之空洞，无意无作，直任神质之自生耳。老子之旨盖如此。神质与虚混然为一，故曰混成。混成无形，恒不失其虚性，无碍者，虚之性也。神亦无碍，其性同于虚。质者，形物之端，而未成乎形，轻微流动，与神相俱，同周遍乎太虚，故皆不失虚性。是以为万化源，无有穷竭，故曰"虚而不屈"。此则以虚之体为混成，其非毕竟无，可知已。"动而愈出"者，混成之中，神质流动，而起万化，是为大用。用者，用其虚而不屈之本体，荡然任自然，故不可得而已止。愈出者，"不可已止"之谓。天地万物皆大用之不劳而成，然用由虚起，则谓天地万物皆出于虚，谁曰不然。

附识：用者，用其虚而不屈之本体。此语，或云不易晓，今举一譬喻。即以大海水譬喻本体，以众沤譬喻用，而站在众沤的观点上说，正是用大海水以自成为众沤也。由此譬喻而深思之，则所谓用者，正是用其本体，以自成为用耳。此亦不难晓。

《老子》第四十章曰："天下万物生于有，有生于无。"按天下之下字，或是地字之语。**辅嗣注曰："天下之物，皆以有为生。**按有者，用也。余言天地万物皆大用之不劳而成，即万物生于有之谓。**有之所始，以无为本。**按无，谓虚也。太虚空洞，故谓之无。然虚无之中，神质生焉，是谓用由虚起，即辅嗣云'有之所始，以无为本'也。独惜辅嗣不悟混成，其在此处，言'有之所始'云云，究是含胡语。**将欲全有，必返于无也。"**万物生于有，易言之，即物因虚无之大用而成。物、欲全某所禀之冲德，而勿以有为害之，则必返而保任虚无之本体，然后济。此中冲德之冲，是冲虚义，即老子所云有之德，而余释为虚无之大用也。**详辅嗣此处所云"全有，必返于无"，深得老氏本旨。《老子》第十六章曰："致虚极，守静笃，**极，至也；笃，真也；虚无者，天地万物之本原，故是至极真实。虚字连无字为复词。致，犹复也。物复其虚无之极，守其虚静之真。**万物并作，吾以观复。**作，动作；复，返其始也。辅嗣曰：以虚静观其复。凡有起于虚，动起于静，故万物虽并动作，卒复归于虚静，是万物之极笃也。**夫物芸芸，各复归其根。归根曰静，是谓复命。**根，谓物之所从生也。《老子》第四十章云'万物生于有，有生于无'，则推本而言，虚无者，是万物所从生之根也。物既生，而纵欲以乱心，尚智以逐物，妄作日滋，则离其根而丧其本命，凶莫大焉。故物必复归其根，返求其所从生也。归根曰静者，归根，则无有以妄作害其所从生。无欲而心不乱，不用智而辅万物之自然。复归虚无之宅，何不静之有？静则澄然复其本命，全生之道得矣。**复命曰常，**复命，则得性命之常，故曰常也。**知常曰明，**辅嗣以'不偏不彰'言常，极是，而学者每不求甚解。夫守大正而无偏尚，默化而不事彰扬者，是《易》所谓'用晦而明'，非知常者不能也。昔儒云：过偏则丧道，好彰将惑众，亦知常者之言也。**不知常，妄作，凶。"**不知常者，其失必至于佛氏所云颠倒，故有妄作之凶。**如上所述，老氏以归根复命为旨归。**旨者，旨趣；归者，言其所归宿也。**归根者，返诸虚无之本然，**本然者，犹云本来的模样。**毋以妄作害所从生。复命者，**归根即复其真静之本命，得其正常也。辅嗣所云"全有，**有者，虚无之大用，物所由之以生。全有，即全生之谓。**必返于无"，**有生于无，故必返其所始。**可谓得老氏意哉。老氏以道为宇宙基源，其所谓道，即虚神质混然为一，所谓混成是也。维神与质并由虚而生，故虽混成，而实以虚无立本，此老学之宗趣也。**宗者，宗主。趣者，旨趣。**老氏唯欲返诸虚无，故其养心之道，唯欲同乎愚人之心，无知无欲；已见前文。其于天下万物之交也，则以弱为用。《老子》第四十章云："弱者，道之用。"退然不敢为天下先导，荡然为无为，事无事。无为之为，无事之事，不求利物，物将自利，鹊能营巢，蛛能结网，物有良能，自然之运也。何劳导之以有为，帅之以趋事乎？老、庄之斥绝圣智者以此。格以吾儒内圣外王之道，则老氏太偏而多蔽，其遗毒不可胜穷矣。惜哉老氏不悟乾元而迷执有太虚，更妄计神质生于虚也。若彻悟乾元，则周遍于六虚之一大环者，乃是真真实实，乾元性海，何有空洞处可名虚空乎？于无穷无尽的虚空，而假说上下四方，谓之六虚。其实虚空本无方所，只为言说之方便，而设言之耳。乾元性海，说见前文"天人不二"诸段中，可覆看。夫神质本不二，乃乾元之功用也。虚既虚矣，何能生神生质？老氏固云虚者犹如橐籥之空洞，无意无作，而神质自生。此亦妄计耳。神质既自生，何须以虚为依，而与之混然为一乎？惜哉老氏不悟虚空本非实有。虚空只由世间习见一切物体是个别存在，以为由有空洞才显出个别的物来，于是推想有所谓无穷无尽，无量无边的虚空，亦名太虚，亦名太空。日、星、大地皆浮在空中，此乃世俗之见耳。若透悟乾元是宇宙实体，则遍六虚为一大真实宝藏，那有虚空可说？肇公议其栖神冥累之方，逃道而归佛。虽复粉碎虚空，而亦转入空到彻底之途，卒不悟乾元，其孤往之思，殆犹过老欤。孤往之思，谓其好逞一偏之见也。

　　附识：甲午初夏，余在北京作《原儒》上卷，因急欲南还，力求文字简省，故《原学统篇》中论及关尹、老聃而引《庄子·天下篇》"建之以常无有"，遂以常无常有分说心物。心无形故，名之为无；物有质故，字之曰有。此说心物问题言，本无背关、老之旨。然《老子》第一章言有无，究是体用之辨，不可以心物分疏也。唐人陆希声注《老》，曾以体用释有无，但其词旨浅薄，且于老子之所为道未有实解，则体既未明，道者，本体之名。既于道无实解，即是未曾明体也。其可谈体与用之辨欤？老氏以混成字之曰道，《老氏》第二十五章。吾苦思年久，不敢轻下断语。南还无事，重玩《老子》，忽因橐籥篇之说，《老子》第五章。而有警曰：老氏真以虚空为万化之源也，其学殆与浑天说有关，毋复疑矣。庄生《天下篇》总论关、老有曰"建之以常无有"，余在《原学统篇》所释，盖非正解，但可姑存，以备一说耳。今谓庄生称关、老"建之以常无有"者，太虚洞然，本来无所有，故曰常无有。洞然，空无之貌。无有，何所建？虚而生神生质，神质与虚混然为一，则以混成建之也。下云"主之以太一"者，虚含神质，混然为一矣。不谓之太一得乎？参考《庄子·天下篇》及本书《原学统篇》。老学根柢，此番掘出无疑。

老氏有无之论，余向时以心物分疏者，一、因辅嗣《老子》第一章注甚不妥，其他注家更无及辅嗣者。二、余向以老子言道当本于孔子。道是本体之名，心物则道之功用也。心物，皆就用上立名。心，微妙而无形，不改其本体清虚之性，故名心以无；无形故名无，非以空无名无。物，凝而有质，便违其本体之自性，老云"反者道之动"是也，故名物曰有。此乃余二十五年以前之旧义。廿年前，答意国米兰省大学马格里尼教授书，即用此义。去夏，作《原学统篇》论及道家亦仍旧。然余常怪老氏之说，处处与儒学反对，必其根柢处有不同之见。根柢处，谓道也。国难入川，念道家思想为儒学之障，终当绳正，益欲穷其根柢，时已注意混成之义，蓄之胸际逾十年，而不敢轻发。谈古学不当诬乱古人，此为学人应尽之心事，不肖未敢自绝于先圣贤也。旧与友人林宰平书云：吾平生孤陋，贫于世资，富于神解，侵于疾患，振以志气，身安寂寞，情通圣贤。此番乃于混成而得印定，始识老子以虚无立本之意，其太偏而多蔽，正在是也。然道家在诸子中，自昔称其深远，自有不可湮没处，此中犹未及发，惜乎吾《大易广传》未能作也。

　　近世有说庄子为唯物论者,盖以庄子持气化之说,故以唯物目之耳。其实,古哲言气化而神理在其中矣,言神理而气化亦在其中矣。宇宙开辟,元是气化,神理俱备,未可以偏曲之见相猜度也。治中国古哲之学须通玩其全书而得言外意,《易大传》曰:"书不尽言,言不尽意。"此至论也。穷理至广大深微处,必谓意之所会,可以表之于言,罄无不尽,则非迂陋所敢知已。古哲言气者,或曰"浩然之气",孟子。或曰"中正之气",《左传》鲁成公十三年,周室,刘康公曰:"民受天地之中以生。"注家均以中正之气,释中字。此最古义。此皆以充塞流动于大宇之气,必有神理为之主宰,故赞之曰"浩然之气""中正之气",明其非郁然昏浊物也。气若无神理,则欲勿谓之昏浊而不得矣,是故言气化而遗神理,古哲未尝有是也。至于老氏言谷神有生生之德,而取元牝之象。牝,阴物也。准诸《易》象,阳为神而阴为质,则老氏言神而即有质在。设若神独存,而无质与之俱,何以成其生生之盛德乎? 是故言神理而遗气化,古哲亦未尝有是也。《大易》以气为质与力之端。他处言气者,皆仿此。且庄子不以精神为后起,有明文矣。《知北游篇》曰:"精神生于道,生者,显发义,非如母生子之生。精神者,道之显发,易言之,即道之功用也。形本生于精,形本者,生物之始也;精者,精神之省称。此中生字,是生成义。生物未出现以前,无机物之形体粗笨,精神未能凭之以发展,故无机物似不曾具有精神,实则精神潜而未现,故疑于无耳。及生物出现,其机体组织日益精妙,精神得凭之以发展,故可说生物为具有精神而生成也。生物之始现,便是精神发展之开端。而万物以形相生,此明物种嬗变也,可与《至乐篇》末'种有几'云云一节参看。故九窍者胎生,八窍者卵生。此言物种虽代有变异,而从其变而益下之形,逐代以上考之,犹可推见其原始之征。如胎生之种类不能变为卵生,卵生之种类不能变为胎生,是物种演变,非杂乱、诡怪,无有规律。其来无迹,自此以下,皆言精神也。无形,则何迹之有? 其往无崖,其往则无有崖际,不知所止也。无门无房,无从入之门,无所寄之房。四达之皇皇也。"四围上下,无所不通达。皇皇者,大也,自其来无迹至此,言精神无定在而无不在,乃与气化偕行而为气之帅,万物所由之以生也。

据此,则庄子对于心物问题,仍主神质统一,不异老子,谓之唯心论固不得,谓之唯物论,实未知其何所据也。

庄子之学出于老。《逍遥游篇》曰:"天之苍苍,其正色耶? 其远而无所至极耶? 其视下也,亦若是则已矣。"郭注:"今观天之苍苍,竟未知便是天之正色耶,天之为远而无极耶。鹏之自上以视地,亦若人之自此视天。"按盖天说,以自下视上,而目穹窿之形为天之体,故《诗》称上帝,曰"临下有赫"。庄子则以自上视下,亦与自下视上者不异,是因明明为浑天说,与盖天说不相容也。《逍遥游》开宗明义,而篇末结云:"何不树之于无何有之乡,广莫之野。"此即归本虚无之意。"无何有之乡",谓空洞,无所有也;"广莫之野",谓无边际也。莫,大也,亦作漠。

晚周六国时哲人,其学术最弘广者,莫如惠施。庄生与惠子友善,而犹以辩者目之,两人学术本不同,宜乎庄之不能真知惠也。惠子偏为万物说,当时目之以怪,必无肯究其说者,惜其书皆无传,莫可考矣。《汉书·艺文志》载"惠子"一篇。据庄生称,惠子强于物,谓其于万物,而起求知之欲极强盛也。逐万物而不反。逐者,追求万物之理。不反,谓不肯舍置。此等爱智精神,视古希腊哲人有过之无不及,吾决不信其著作只一篇。盖六国时人已无传其业者,故尽失之耳。惠子尝为黄缭言天地所以不坠不陷之故,为,读卫。惜《庄子》不载其说。《管子·白心篇》有曰:"天或维之,地或载之。天莫之维则天以坠矣,地莫之载则地以沉矣。夫天不坠,地不沉,夫或维而载之也夫。"详此所云,当本之庄生所称惠子答黄缭事,然惠子必有精详之说明,惜乎《白心》之作者笼统其词,不求实解。《管子》书,六国时法家增入者,殆居大部分。此时法家多融通道论。惠子本科学家而亦精名学,《汉书》遂以之入名家。余谓惠子哲学盖卓然大家也。今就《庄子·天下篇》所称惠子说若干条,而玩索其对于心物问题之意见,犹是神质不二而有分,与儒学相通也。其说有曰:"至大无外,谓之大一。大一者浑一而不可剖分,谓精神。至小无内,谓之小一。"小一者,物质之至微者也。以其析至无可复析,故曰无内。又曰:"鸡三足。"司马云"鸡两足,所以行,而非动也。故行由足发",而"动由神御。今鸡虽两足,须神而行,故曰三足也"。案惠子云大一者谓精神,《易》之阳明健动者是也。小一者物质之最小单位,《中庸》云"小莫能破"者,谓物质析至最小,不复可破也。万物皆起于小一,太空无量数天体或星云皆由无数小一集聚而成,况余物乎?余物,谓诸天体以外之一切物。"鸡三足"明物非独人,须神而动。详此孤文碎义,犹可推见惠子哲学,盖以为神质之本体是一,故不可离而为二也。夫质凝而将趋重浊,神清虚无形,而默运乎质,则作用以相反而相成,亦有得无分也。"鸡三足"之说,即明神质不二而有分。

余之论心物问题也,自开端至此,独详于道家开山之老氏,而老氏持论无往不与儒学水火,独无唯心唯物之争。余于前文每举老义,皆以儒说相与比较而并观之,窃叹柱下操戈为徒劳,尼山正则不可夺矣。《史记》称老氏尝为柱下史,孔子居近尼山。正则,犹因明学所云正理。至于心物无所偏执,则二宗适有大同。二宗,谓儒与道。此其所由然者,盖上考之伏羲八卦体用义,已奠其宏规,辩证法已示之定准。可覆看前文。孔子作《周易》源出羲画,而推广之益精详,修明之益正确。老氏虽好立异,而于心物问题终无可违反《大易》也。中国学术思想莫盛于晚周,惜乎吕秦毁学,斩其洪绪。晚周哲学儒为正统,道亦称霸,六国之世,道论风行几夺儒统矣。法家之雄皆兼综道术,大儒荀卿亦融通道论。惠子、公孙龙名理精妙,并慑服于蒙吏,庄子尝为蒙漆园吏,后人每以此称之。此其影响盛大可想也。杨朱全性保真,见《淮南子·泛论篇》。盖老聃之枝流。据《庄子·天下篇》称老聃为古之博大真人,其生年当近于孔子,而前乎孟子。《史记》称其为隐君子,修道养寿,考之其书亦近是。杨朱以全性保真为学,其得老氏之传无疑。而孟子称杨与墨之言盈天下,以拒杨墨为其平生重任,可见老学流行其日久矣。孟子攻墨不必当,此意须别论。然其责杨朱不肯拔一毛以利天下则非苛论。凡以全性保真为学,而自私自利,不惜遗世绝物者,实皆有不拔一毛之风。孟之拒杨诚有功。墨子科学有专长，其徒好为析词之业，而其哲学理论无足称。法家之学取精多，用物宏，其宇宙论之见地当不异儒道，惜其著述散亡。法家民主派，儒家气味深，可覆看《原学统篇》。君主派大概归趣道家，《管子》书可玩。名家惠子其言神质，犹近乎儒学也。是故以西学唯心、唯物分裂之情形而考核中国哲学，则显然可见者，自伏羲始开学术思想之源，下逮晚周，诸子百家发展极盛，而哲学界始终无有如西学以唯心、唯物分裂宇宙之异论，此中国古学特殊处也。惟吕秦、刘汉以来二千余年间，思想闭塞，有宋濂、洛、关、闽诸大儒崛起，务实修而不以驰骋理论为贤，今可勿论。

惟张横渠《正蒙》昌言气化，近世或以唯物称之，其实横渠未尝以气为元也。《太和篇》曰："太虚无形，气之本体。"又曰："由太虚，有天之名；由气化，有道之名；合虚与气，有性之名；合性与知觉，有心之名。"横渠所言天、道、性、心等名，不独与孔子不合，即与老子亦不合。若一一疏辨，颇费文词，兹不暇。详此所云，固明明承前圣体用之分。太虚是气之本体，气是太虚之功用，何尝以气为元乎？元者，原也，言万化万物所由生之本原也。气化一词，便是包通万化万物，而为此总名。故气化非是本原，而气化当有其所由生之本原，横渠则以为太虚是也。独惜其虚与气未尝融而为一。如横渠之说，太虚是天，气化是道，虚与气不得合一，天与道不得合一。即体非用之体，而用亦非体之用，是其体用互相离异无可救也。横渠思想本出于老，亦与浑天说有关，而未悟老氏混成之旨，所以铸九州铁，成此大错。后贤思构力，毕竟远逊前哲，即此可见也。老氏以道之名，依混成而立，非以气化名之为道也。天亦以混成而名，并非除去神与气而单以太虚为天也。横渠皆失老旨，谈性、谈心，无不成病。王船山宗横渠，故其学于本源殊未彻。船山思想多独到，自是汉以来所罕觏。《太和篇》又曰："太虚为清，清则无碍，无碍故神。"《大心篇》曰："成吾身者，天之神也。"举此一二条，亦以神气俱依太虚而有，但不谓神气与虚混然为一，是其所以求异于老，而适乃自成其短也。汉以下，有哲学天才者,莫如横渠、船山。船山伟大,尤过横渠矣,其学问方面颇多,犹未免于粗耳。要之,横渠、船山一派之学,实无可谓之唯物论,其遗书完具,文义明白。先哲之学,可衡其得失,而不须曲解也。王船山《周易内传》卷五,《系辞上传》解《易》有太极,是生两仪",其言曰"两仪,太极中所具足之阴阳也。仪者,自有其恒度,自成其规范,秩然表见之谓。两者,各自为一物,森然迥别而不紊,为气为质,为神为精,体异矣"云云。据此,则以阴为气质,阳为精神,明明说两者各为一物,森然迥别而不紊。明明说两者体异,是岂以唯物之见而说《易》者乎? 此不过偶举一证。须知,船山哲学著作以《易内传》《外传》及《读四书大全说》最为重要,学者诚细究之,则船山真相自明矣。或有问言:船山解两仪而云两者体异,似有二元论之失。答曰:船山《易》学主张"乾坤并建",故谓阴阳异体。余议其失之粗者,即此可见。但船山亦承认太极是阴阳之本体,究非二元论,只惜其解悟有未透,理论欠圆明耳。然其精思独到处,甚不少,学者所宜详究。

　　王阳明之学以致良知立宗,船山讥其简单,则未免以褊衷而妄议先贤也。论学须知类,类之莫辨,将于己所未涉之域,而以己见衡之,欲免于横议难矣,此不知类之过也。学术各分领域是类之异也,即同一领域而学者所造有浅深之殊,亦是异类。类异者不可妄相非议。孔子之言学也,以闻道为极地。至极之境,曰极地。《论语》曰:"朝闻道,夕死可矣。"是当玩也。《老子》曰:"下士闻道,大笑之。"此言足资警省。阳明之造于道也,可谓宏大而亦密,就其知见言。安安而不放矣。就其行持言,安安,重言之也。体道于躬,动静悉由乎天则,不待勉强,故曰安安。阳明擒宸濠时,端坐而发令遣将,绝不动心,然其存养之功,亦未尝松懈,是不放也。船山攻之,亦何伤日月乎?

　　近人辄以良知学说为唯心之论,此甚错误。西学唯心论者,只承认心是惟一实在,中学以心物为本体流行之两方面,彼此绝无相似处,不待论矣。阳明《语录》有曰:"目无体,以万物之色为体;此言目者,谓能见的识。前世名词简单,须会其意。体者,犹言自相。下之诸体字,均仿此。盖谓能见的识,无有固定的自相,惟以万物之色,随感而入,遂为己之自相。此中己字,设为能见的识之自谓。如见白色时,能见的识上,有白色相状现起,是即能见的识,以白色为其自相也。**耳无体，以万物之声为体**；耳，谓能闻的识，此亦无有固定的自相，惟以万物之声，随感而入，遂为己之自相。己字，如前说。如闻风声时，能闻的识上，有风声相状现起，是即能闻之识，以风声为其自相也。**鼻无体，以万物之臭为体**；鼻，谓能臭的识。自此以下，不复详疏，准前可知。**口无体，以万物之味为体**；口，谓能尝味的识。**心无体，以天地万物感应之是非为体。**"心，谓意识或思维等等作用。心，是能动而随缘作主的。天地万物之感来，吾心应之不失其则，斯谓之是。若心为不良之习染，或有限之经验所蔽，而应乎外来之感者，不能得物理之真，斯谓之非。然心终能自悟其非而实事求是，则可证明心无固定的自相，惟以天地万物感入之相，为己之自相也。己字，亦如前说。**阳明此段语是其门人黄以方记，《明儒学案》亦采入。**惜乎此类语，门人多不记录。**据此，则心物本来俱有，而不可相无。心无形而体物，**心，以万物感入之相，为其自相，是谓体物。**物凝质而从心。**物虽凝而有质，有沉坠之势，然毕竟不障碍心。**涵受乎心者物，引发乎心者物，从心之化裁而与之俱转者亦物。心则默运乎物，主领乎物，认识体察乎物，化裁改造乎物。二者相需以成用，不可相无。实则所云心物二者只是本体流行之两方面，**若克就流行之两方面而言，便应名为本体之功用。此处克就本体而言，故曰本体流行之两方面。有人以为心物各有自体而能互相涉入，此人盖深受西学二元论之毒，不能了悟余所云体用之义耳。**此乃《大易》乾坤之奥义，而阳明子犹秉之弗失也。若以西学唯心论之倒见，而诬阳明，倘非天爱，何忍出此哉？**天爱者，古时印度人谓无智之徒，为人所弃，惟天爱怜之。故佛典中斥责愚痴难闻正法者，即曰天爱。**吾惑乎程、朱后学诋阳明单提良知二字，而忽视格物也。夫阳明固彰然谓心无自相，以天地万物感人之相为其自相，则心不可绝物而溺于寂静，**圣学非屏寂静，但不许有遗物理、绝思虑、废事业之静。圣学只是动静融成一片。然始学时，却须有习静一段工夫以立其基，否则常以浮乱度其一生而已。**更不可离物而驰空想或幻想。尤不可狃于故习，封于成见，安于偷惰，惮物理之无穷，而莫肯效惠子之强于物。**尤不可三字，至此为句。**心体物而心存，心绝物而心亦绝，此义昭然著明矣。阳明殁后,凡为致良知之学,而至于不事格物者,皆非阳明本旨也,而论者归咎阳明可乎? 阳明安定西南功绩赫然,不格物而能之乎? 阳明说《大学》之格物有曰:"致吾心之天理于事事物物,是格物。"富哉斯言!深远哉斯言! 夫惟心无私欲、私意之累,而为纯乎天理之心。其神智清明,则其感通乎天地万物也,自能谨于操术,以求明了事物之规律,深彻事物之内蕴,不至失物之真,庶几知之明而行之利哉。此阳明之学所为以致良知立宗也。或有难曰:世之为学者,焉得皆有纯乎天理之心,而后格物乎? 答曰:学人以杂染之心而能格物者,正由其本有良知在,惜有杂染以蔽之,未能盛显耳。然当其专精于观物穷理时,一念不杂,此际亦是天理之心呈露,故得明于物理也。独惜其天理之心不能常保,则虽明于物理,亦只是知识而已。知识固为善所必需,必需二字,吃紧。而知识亦可以为不善,世人或不察也。若使学人皆得常保其纯乎天理之心,保者,不放失之谓,非是将天理之心当作一件物事来把持着,学者须自体认。以主宰乎知识,将皆以其格物之知,举措之天下为事业,自无不协于大公,而利贞矣。贞者,正而固也。利在正固,曰利贞。然则致良知之学,自今以往,又何可废欤? 良知即天理也。知善是当为者,良知也;知恶是不当为者,亦良知也。吾人固有此良知,而或违背之,则常隐然内疚,是由良知监督于里也,故曰良知即天理。以良知为一切知识之帅,则一切知识皆成为良知之发用,即一切知识无有不善也。呜乎! 此理平常而实深远,惜乎世人莫之省。昔人诋阳明为禅学,《易》言《乾》之德用曰知、曰大明,此阳明所本也。如何不求通《易》,而诋阳明乎?

　　致良知之致字,具有无穷力量。致者,推扩义。吾人虽固有良知,若不用力将他良知。推扩出来,俾其发展盛大,则私欲、私意等杂染,便潜滋暗长,而良知障蔽不得显矣,譬如浮云盛,则日光蔽而不显。故不可无致之之功,如吾人有时知善之当为,而卒不果为。知善当为者,吾人之良知也。不果为者,吾人苟偷而不肯致良知也,私欲、私意等杂染,便乘此苟偷不致之机而起。以后杂染日盛，良知几于无有矣，此人生坠陷之大惨剧也。

中学在宇宙论及人生论中，确无一元唯心与一元唯物之分裂情形。余间与少数相知言之，则皆以为中国人喜中道，故哲学上无唯心唯物等边见。边见，借用佛典名词。边，犹偏也。西洋人尚偏至，偏，即分而专，以趋乎极端，故曰偏至。至者，极也。其为术也，务解剖，故彼方哲学分裂宇宙而有唯心唯物异其论。余曰：公等谓中人喜中道，此乃汉以后学术荒，而人无宗主，虽或彼此意见不无冲突，卒不能起大波澜如陆、王与程、朱之异同，此在汉以后甚不易见。若永嘉之反对程、朱，便不能引后人注意。永嘉诸子太浅薄，不能自树立也。汉以后，无学术分裂可言，乃衰微现象，无可托于中道。且中道一词，后儒殊无正解。中是何义？虽有说不偏之谓中，将以何为标准而定其不偏乎？又有说中无定在，如一宅之内以堂为中，出户则其中又变，如此而求中，将劳扰至死，而求之犹无准也。又有说无过与不及之谓中，何处是过，何处是不及，说来太宽泛，更从何讨得中来？又或以为，有两端便有中道，此说果然乎？则是于两端之间求平衡乃谓中道，殊不知，两端相持，谁为第三者令其平衡乎？宇宙间根本无有真正平衡的现象，倘有真正平衡，则《大易》变动不居之义决无可成立矣。中道之义，汉以来实无正解，如欲论之，须别为专篇，此中殊不便。自两汉迄近世，学术上无分派，如汉学家本以考核古典中名物制度等为业，非有思想与理论可言，无可谓之学派。而流俗乃以汉学、宋学并称，俨然分派。政治上无有仗正义之斗争。社会习尚乡愿，一切无聊皆可托于中道以自慰，余甚不取也。公等因吾国哲学无有唯心、唯物分裂之情形，乃欲以中道说明其故，此盖不耐深思而聊以解嘲耳。且古学之偏而不中者，莫甚于老子，然其神质混然为一之旨，犹与儒学较近，而与西学则相去天渊，此其故可思矣。中国学术思想其源出于《大易》，哲学在宇宙论中所以无唯心、唯物之分裂者，盖自伏羲画

卦已立三大原则,心物问题实早已解决,不容树异帜也。三大原则者:
一、体用之辨。二、阴阳成变。三、本隐之显。此三原则,吾于前文
皆已说过。至后谈孔子时犹当补述。

西学尚偏至,此说诚有当,然嫌其太泛,未究西学之原也。西洋学
术思想来源有二:一为希腊思想,一为希伯来宗教思想。其哲学上之一
元唯心论则受希伯来宗教之影响为最深,伟大之唯心论者如黑格尔氏
其所谓绝对精神,即上帝之变形也。若以中学体用之义相衡,则精神、物
质实为本体流行之两方面,神质根本不可剖析。易言之,精神非可超脱
于物质之上而独在,胡为而有绝对精神可言欤? 黑格尔不穷宇宙之原,
原,谓本体。遂为宗教所惑,而虚构一变形之上帝谓之绝对精神。其学问
虽宏阔,多精辟之论,而于本源处乃如此迷谬,斯亦不足观也已。

西洋科学发源希腊,其哲学上之一元唯物论,当初只是粗而未精
之科学思想。及科学从哲学中分离而后,哲学中仍存唯物一派之论,
而亦无甚精采。要至辩证法唯物论兴,其所融会贯穿者弘远精确,而
后有总揽科学各门类而指导之之伟绩,不得不惊叹也。然唯物论毕竟
是科学。科学方法虽与《春秋》推显至隐之术不无相通处,而其探隐之
所及终有限度。所以者何? 科学毕竟以物质宇宙为其研究之对象。
设问:物质有无本体? 科学决不许过问。易言之,科学惟肯定物质为
唯一实在。其实,物质变动不居,是本体之功用,而不即是本体。此
义,吾于后文谈孔子《易》学时当复略述。譬如众沤腾跃不住,是大海水之功
用,而不即是大海水。所以者何? 众沤现作各别的,大海水是浑全的,故众沤与大海水
虽不可离而为二,而仍不得无分。中学在宇宙论中谈体用,以为体用本不二,而亦有
分。人或莫解,余举大海水与众沤之譬喻,以便引人悟入斯理。但学者切不可误以譬
喻当作证明,倘兴误解,则无可悟斯理矣。科学以物质宇宙为其目治心营之领
域,其术以实测为根据,自当不谈本体。本体无形无象,而其功用则内
涵健动、凝敛之两机。凝敛之谓质,健动之谓神,两机俱转,流行而不

息，转者，动发义。俱转，谓两机同发，非一先一后故。故曰本体之流行是其大用也。用者，用其体；所谓用者，即用其本体，而成为万殊的大用，非体在用之外也。譬如众沤揽大海水而成为沤，非大海水在众沤之外。体者，用之实相，实相，犹言实体。故体用本不二。譬如大海水与众沤本不二。然虽不二，而体与用究不得无分。流行有象而可测，流行，即是本体之大用。他处言流行者，皆仿此。宇宙万象皆是流行之迹象，譬如闪电，一闪一闪现似有象耳。有象故可测。流行之本体无形无象，隐微至极而难知。科学不问本体，就科学之本务言，应该不问，然科学家乃至否认本体。则此无上甚深之隐，穷理至于宇宙本体，而隐微极矣，更无有加乎其上者，故曰无上。既非科学所有事，前云科学探隐之所及，终有限度者，至此方明其故。其必有赖于哲学矣。西学蔽于用而不见体，中学所谓流行不息，活活跃跃之大用，西学于此亦见到。但西学所见，便止乎此。易言之，西学遂为用所蔽，不能于用而透悟其本体。惟中学自伏羲画卦，首辨体用，至孔子作《周易》阐明乾坤本乎一元。譬如众沤本乎大海水，此喻最切近。若用多子本乎一父之喻，则父子毕竟是各自独立的，便于体用不二之义完全违反。精神固非绝对，乾为精神，而有其所由发现之元，故精神非绝对。物质又何得无源？坤为物质，亦有其所由发现之元，不可说物质是无因而起。印度古代有自然外道，妄计一切物是自然生，无有因缘，佛家破之。天帝在所必破，而有用无体之论断不可持。有绝对即有相对，即者，言乎绝对、相对是无始便一齐俱有，非先有绝对而后发现相对也。无始，犹言泰始。而曰无始者何？泰始不可推其开端，故不曰泰始而曰无始耳。犹复须知，绝对、相对虽有辨，而实无可剖，盖即于相对而见绝对，非可离相对以求绝对也。有太极即有乾坤，准上可知。体用不二之义隐微至极。知用而不知有体，则宇宙无真源。其然，岂其然乎？《易》本隐之显，《春秋》推显至隐，其术殊途同归，学者勿轻弃圣学焉可也。心物问题谈至此，姑作结束，今当复说孔子之人生论与宇宙论。

附识： 有问：公尝谓宇宙只是气化与神理相俱之洪流。相俱者,谓之一则亦非一,谓之二则不可分离。但神理一辞如不索解,似亦了然,若求解便难说,何耶? 答曰:《易大传》不云乎"神无方",故难措思耳。无方,谓无方所。兹强言之,神者阳明健动,无形而为万理之所从出,是乾元流行之主力方面。动而非暗,故谓之阳。阳者,昭明之谓。反乎此者,则云阴暗。惟神至明,而动也健,故万理自此出,迷暗之动,谓之乱。理自明生,乾神阳明而健动,故说为理之源。神动而有理。神具明德,其动也,自然有理而不乱,故曰神理也。问:如公之说理出乎乾神,而又取汉《易》家言,以坤为理何耶? 答曰:汉《易》家说坤为理者,只据古《易》有此象而言之耳,未尝明其义也。余言坤为理者,则以理出于乾神。乾神为主动以开坤质,坤质则承乾神而化成万物,申言之,即坤质禀乾神之理以成万物也。《诗》曰:"有物有则。"则,犹理也。凡物之成,不徒禀材质,材质即坤。而必资于神理以成也。神理即乾。物未有不具理而得成为物者,故万物繁然,即是众理灿然,故曰坤为理。坤为物,物以理成,故于坤物而说为理,此古义也。汉《易》则不究其义,而只以理为坤之象。

　　附识二: 有问:公不赞同西学唯心、唯物分裂宇宙,而有《新唯识论》之作,何也? 答曰:余初治佛家唯识论,信而好之,尝撰论以发其旨。后悟其非,乃毁前稿而改造《新论》,以体用不二为宗趣,绳治佛家之失。至于心物问题亦秉《大易》之规,未尝剖心物为二,其于一元唯心论,绝无一毫相似处。《新论》明明云:唯者,殊特义,非唯独义。心能了境,境,谓外物。下仿此。能改造境,力用殊胜,故说唯心,不言唯境,非谓唯心便无有物。非字,一气贯下。以上见《新论·唯识章》。余平生之学,始终一贯也。

　　研究孔子之内圣学,须从人生论、宇宙论诸方面之观点去抉择经义。经义须抉择者,有门人后学所记,失孔子本旨;有六国时人暨汉人所窜乱,诬圣而无忌惮，故不可无择。诸方面者，认识论或方法论，即此诸之一辞所隐含故。去字，先儒语录中时用之，今或作语助词，或云去犹行也。此中去者，谓对经义须行抉择耳。

据《论语·为政篇·志学章》云："子曰：'吾十有五而志于学。'"朱注："心之所之，谓之志。"余谓心之所存主，谓之志。诸葛武侯曰"使庶几之志，揭然有所存，恻然有所感"是也。盖所存主而不放失者，即恻然有感之心，所谓仁之端也。孔子正是志于仁，诸葛盖得其旨。若泛云心之所之，则之于恶者亦可谓志乎？学字有二义：一、学者，觉义，见《白虎通》"蔽觉谓之惑，去蔽谓之觉"。（人心息息与天地万物同流本来自觉，但习于懈怠不肯求知，则蔽其觉，私欲私意憧憧往来更常蔽其觉，此其所以惑也。然本心之觉未尝不在，终能照惑而克治其蔽，自然通于天地万物而无闭塞之患矣。十五志学，志于觉也。觉即是仁。觉受蔽而不显，即麻木不仁。上蔡以觉言仁，深得古义，朱子非之，则朱子之误也。）二、学者，效义。效者，取像之谓。取像事物的轨则，而无任意见以虚造是谓效。觉者，学之本；效者，学之术也。术本繁密，难以片言包举，要之以效为本。朱子注《论语·学而篇》首章，虽以效言学，而曰"后觉者必效先觉之所为"，未免于拘。

"三十而立。"朱注："有以自立，则守之固。而无所事志矣。"余谓朱子"无所事志"之说未妥。志是彻始彻终，彻下彻上，何可曰有以自立即无事于志乎？佛氏到成佛以后，犹曰不放逸，与《大易》"君子自强不息"同旨。（儒家君子一名，有时以为圣人之别称。此中君子，谓圣人也。）不息与不放逸，岂无所事志之谓欤？朱子以"心之所之谓之志"，似于志字解得粗。

"四十而不惑。"朱注："于事物之所当然，皆无所疑，则知之明。而无所事守矣。"余谓"无所事守"之言甚误。事物所当然者，即事物之规律。知之既明，却须见诸行动实践，持守坚定，循是不懈，而著成功之功，方是真不惑也。阳明子知行合一之论正是发明孔子不惑义蕴，若空有所知，而无事于守，即未见诸行动实践以扩充其所知，易言之，其知见犹是浮虚，难言不惑也。朱子颇杂禅家言，时失圣意。

"五十而知天命。"朱注："天命，即天道之流行，而赋于物者，乃事物所以当然之故也。知此，则知极其精，而不惑又不足言矣。"余按朱子言事物所以当然之故，其于当然二字上加所以二字，须注意。事物具有规律，此是当然，而天道之流行则是事物之所以成也。朱子用所以二字，盖言天道是万物之本体，此解不误。朱子谓知天道则知

251

极其精，此说亦是。然又谓至此而不惑又不足言，则大误矣。夫不惑者，谓不惑于事物之所当然也。学至知天道以后，其于事物之所当然者，犹虑知之未广，当益进而求知。《论语·述而篇》曰"子曰'默而识之，学而不厌'"云云。案默识者，体认天道之流行，即洞彻本体之谓。学者，格物之业，于事物之所当然，不容已于研究，故曰"学而不厌"。未敢以四十不惑而自足也。孔子之自述如此，而朱子乃谓知天，则不惑又不足言，明明违背圣人，而千年来学者尊朱注而不惜忽视圣文，岂不怪哉？佛、老之徒皆以悟入本体为究竟。老氏归根复命，返其所始。始，谓本体也。佛家《大智度论》曰"大乘经但有一法印，谓诸法实相，名了义经。若无实相印，即是魔说"云云。案法印之法字，谓佛氏所说教理。印者，信验之具，如官府公文用印是也。诸法之法字，犹言物也。诸法实相，犹言万物本体。佛所说法，以实相为印，各宗所传经典合乎此印者，即名了义经。是佛所说，不容疑谤。不合此印者，便是魔说。了义者，悟入本体，即是洞彻宇宙源柢，义究其极，无不显了，谓之了义。佛家大乘以谈本体为法印，此其明证。然复当知，佛家虽有高深智慧，而实为出世之教，好驰逞空想与幻想。世俗称佛氏精于分析，其实佛氏只是悬空去分析，而不根于实测，故事物之所当然或事物之规律，非佛家所肯切究也。或谓大乘菩萨勤学五明。五明者，曰内明，谓佛氏所说教理，载在经典者，欲人依之修习，以求自明也。曰因明，今云逻辑是也。曰声明，如文法或修词之业是也。曰医方明，即医学也。曰工巧明，器械制造之业也。近世佛徒以此称赞菩萨注重科学，其实不然。五明，自内明而外，其余皆世间知识技能。菩萨为摄化众生之方便，不得不具备世俗知能，否则不能摄受众生，广行化导，此在大乘经籍有明文可考。菩萨勤学五明元是传教精神，其与《大易》知周乎万物，裁成天地，化裁万物，"范围天地之化而不过，曲成万物而不遗"，及西洋人惊奇、爱智、征服自然、利用自然等等精神皆绝不相近。总之，佛家是出世法，其主旨在皈依空寂无为之本体，余著《新论》壬辰删定本中卷《功能章》上衡论详明，此不复赘。吾儒求知事物之所当然，或握定事物轨则以改造世界，佛氏直欲粉碎虚空，此其相去天渊之故，可深长思也。老氏之学虽非宗教，然其道在返之虚无，（此中道字，是道术之道，谓修道之方术。）亦与出世法相接近。佛法东来，道家首迎合之，非偶然也。（以上两法字，犹云教理。）道家反知而遗物，其流弊亦不胜言。故凡谈本体而近于宗教者，常易忽视事物而不甚求知，安于惑而不自觉，惟孔子创明体用不二，便与宗教无一毫相似处。由体用不二故，即不能离现实世界而别求本体，是故以皈依本体之愿欲，而集注于现实世界。惟有求知事物之所当然，与握定事物之轨则，乃可以裁成天地,化裁万物,"范围天地之化而不过,曲成万物而不遗"。如此,则改造现实世界,即是实现本体,现实世界发展不已,即是本体发展无竭。岂可曰学至知天道,便无余事?遂谓不惑于事物之所当然者,犹是粗浅之知,殆不足言欤。(岂可曰三字,至此为句。)圣人由四十不惑,至五十知天道,明明由万殊而会一元,所谓"一以贯之"是也。朱子乃谓五十之知已极其精,则四十之不惑又不足言,便于其间妄分轻重,如何得成一贯?万殊与一元不得一贯,遂有二病。二病云何?谈本体者,每接近宗教而遗弃现实,不自知其失,此病一也。注视宇宙万象者(即万殊),自恃开凿大自然宝藏,而不悟万象统之有宗,会之有元,此病二也。("统之有宗"云云,王弼《易略例》语。如临大洋,当知无量从沤,有大海水为其宗元。至理幽隐,取譬斯近。)《春秋》推显至隐,科学探隐终有所限,余于前文已说过。诚自忘其迂陋,而不容已于言也。

"六十而耳顺。"万物万事交乎前,心即感而遂通,犹如耳根聪利,乍有声来,即闻知是声,不待筹度而通,顺之至也。圣人之心澄然大明,本与天地万物一体流通,无有隔碍。(澄然,有二义:一、澄定义,无杂染故。二、澄明义,无迷暗故。)凡夫之心杂染为障,当不信有如是事。然圣人亦六十之年方臻斯诣,其涵养之深,积累之久,始得突化耳。

"七十而从心所欲,不逾矩。"从,随也。矩,犹言法则也。随其心之所欲,而自不越过乎天然之法则,是不待防检,而自然中道。中,犹合也。

从心不逾与耳顺有异者,耳顺以感物而动言,从心则就心无事物交感时独自起意而言。感物而动,迅疾顺应,即得事物之轨则而利贞。此圣人与天合德之候也。天,谓本体。至于心独起意,如思维等。未有事物当前,而随心所欲,自不超过乎天然之法则。此其前识远见,直司造化,与天为一。天字同上。《易》曰"先天而天弗违"是也。此两天字,皆谓运会。人群生息于大自然中,以其各方面好好坏坏的造作,汇集而成为一种大势,谓之运会。此运会具有必变与不可骤变之二性。不可骤变者,运会方适存时,虽或不适,而尚未至于穷时,皆不可骤变。必变者,运会将不适于存,甚至已穷时,决定必变。然当运会既成,不可骤变,则其势力盛大,陈同甫所谓"天下大势之所趋,天地鬼神不能易也"。故运会亦谓之天。圣人前识,先乎运会之未变,而预为创新之图使人群毋陷于穷之灾,则运会卒听命于圣人,故曰"先天而天弗违"。《易》明群龙无首,《春秋》张三世,

253

《礼运》倡大同之道，《周官》创拨乱之制，皆是圣人通万世之变而制大法，此其"从心所欲，不逾矩"之明证也。

《志学》一章是孔子自道其平生进学之序，其间最可注意者：

一、圣人自十五至七十其学大成，中间绝未误入歧途。早年虽信受小康礼教，然不有此一段工夫，又何由悟天下为公之大道乎？故早年之功力，未尝误用。自十五志学以往，逐层得力处，皆是彻始彻终，彻下彻上。逐层功力，只有发展，益精益熟。学问之道是由多方面积累，交融而成。若以为如登梯然，前上一步，便无事于后步，便大谬。朱子杂禅家风趣，乃谓三十有立便无事于志，四十不惑便无事于守，五十知命则不惑，又不足言。此类语直教后学坠迷惘中，惜不得起朱子而质之也。

二、《易·说卦传》曰："穷理尽性以至于命。"一言而总括内圣外王之全体，余于《原学统篇》已引此文，而略疏其义。今观此章，自十五志学至三十而立，学之基已定，而犹戒慎不怠矣；四十不惑至五十知天命，则深于穷理而不已也；六十耳顺至七十从心，则上达尽性至命之境矣。

三、深玩此章，则孔子之学不妨总分为两方面。两方面者：十五至四十，孔子用力处大概属于人生论方面。此中人生论是广义的。如人生本性之体究，与成己成物之道，以至社会政治，及格物等等思想，皆属人生论之范围。从五十学《易》而知天道，则由人生论而进入宇宙论，穷大极深，沛然充实不容已。《论语·宪问篇》子曰："莫我知也夫！""知我者其天乎！"盖自信己所独知，而伤人之莫喻，托于天以致慨。圣怀恻怆如此，当是五十后语也。从前对于人生本性之体究，或有未彻在，孔子五十以前，于人生本性之体究，固极真切。《论语·雍也篇》："子曰：'人之生也直。'"案直，犹正也，谓人禀正理而生，本无迷妄。然人若为小己所拘，则丧失其固有正直之生理，而成乎迷乱，佛云众生颠倒是也。但孔子未学《易》以前，其于体用不二或天人不二之义，似犹未深透，兹不及详。至五十学《易》，穷彻乾元性海，即于小体而识大体，小体、大体二辞，见《孟子》。小体谓小己；大体谓小己之自性，即是宇宙本体，所谓天道。譬如一沤之自性，即是大海水。乃更进而主张成人之能，以弘大天道，《易大传》曰："圣人成能。"《论语》曰："人能弘道，非道弘人。"已引见前。此孔子所以超千圣而独尊也。若夫成己成物之道，宏阔深远，而其宗要可略言者，宗谓主旨。要谓要领。仁义其敦化，乾元生生化化之德，发育万物，敦笃而无穷竭。《中庸》云：大德敦化，谓仁德也。（敦，笃也，实也，真也。生化不已者，真实之极也。出世之教，以生化为虚幻，则其妄见也。）吾人禀乾元以生，当体现乾元生化之德，与天地万物互相畅通于敦笃之大化中。孔子之学以求仁为宗，深远极矣。智若川流，《论语·雍也篇》："子曰：'智者乐水。'"言智者之乐，如水也。水澄明而无障，活跃而不滞，故智之德有似于水，川流长远而无已止。智以天地万物之感为依据，而极其思维、推论、体察等等胜用，其发展富有，日新而不已，亦川流之象。佛家大乘之言智也，曰大圆镜智，禅徒尤好以明镜喻心。（喻者，譬喻。）如佛氏之说，则智是空洞而无主，是静止而非能动，是对外物徒有照用而无思维、体察、化裁、实践等，其于孔子以水喻智之旨相较，何止九天九渊之互相隔绝乎？佛氏言智不同于孔，此非枝节之异，而两家学说之所根据及所宗主与夫理论之各成体系，皆可于其言智不同而明辨之，且两家短长亦于此可见。余以佛氏思想正是逆生生之洪流，（此意，略见《原学统篇》，可覆看。）虽与《易》道相反，亦是人类之慧炬，吾人不妨游息于斯，惟不可奉为贞常之大道耳。国难入蜀，欧阳大师亦旅蜀，曾有一小文责余掉臂与诸佛抗衡，余何敢如此？又何取如此？余之为学，求真理为依归而已。敬以安居，敬者，心专一于理道而静定，不昏扰，不浮乱，故以敬为居。而居之安，非有所强制也。礼以立度。度者，法度。人心取像于万事万物之轨则，而制法度，若统治者以私意制礼，是乃非度。学者详玩《春秋》《礼运》《周官》诸经，当知非圣王不作礼，盖小康派之妄言，圣王又何能以一人之意作礼哉？其必民主之治，本群众公意为之，而后为通行之礼耳。大哉圣人之道，致广大而极深密，成己成物，必由乎是。至于格物之学，孔子少时固已多艺，见《原学统篇》。五十学《易》而后，弘阐格物之功用，曰"智周乎万物，而道济天下"；曰"立成器，以为天下利"；曰裁成天地，辅相万物；详《易大传》。曰位天地，育万物。见《中庸》。其于方法论，则有辩证法以观事物之变化发展，有小辨术以析事物之表里精粗。见《原外王篇》，可覆看。其注重改造世界，及为满足人生之物质需要计而倡导格物，若是其深切著明也。此在早年，盖已有定见，及五十后，所见益宏深耳。民国初年，国人论东西文化者，有精神文明与物质文明之区分，其于国学荒迷至此，何论西学？ 学者须知，满足人生物质需要，正所以发扬灵性生活。惟仁无对，人能体现乾元之仁，浑然与天地万物同体，即泯小己之相，而立于无对。相字，读相状之相。惟礼有对而不碍无对，礼，则有物我或彼此之义界，是有对。然礼之本意在于自我之外，知有人或万物，不敢纵我之私欲也，故不碍无对。惟智大明周通万物而无蔽，利用万物而不系，于物不起贪染，曰不系。惟敬可以定命，可以发智。凡夫行尸走肉，形虽幸存而实已不保其性命。敬则不昏扰，不堕落，神完气敛，先贤所谓定命是也。敬则专一，故可发智。此人生之最高蕲向，圣学之骨髓，万世无可废也。至于社会政治等思想，孔子早年犹取法禹、汤、文、武诸圣王。《礼运》所谓六君子。五十学《易》后，始作《易》《春秋》《礼运》《周官》诸经，创明天下为公之大道，余已于《原外王篇》详之，此不复赘。总之，孔子在人生论方面之见地，惟关于社会政治问题，则五十以后对于以前所持小康礼教乃根本推翻，此外殊无重大改变，只有逐渐深造。然自五十至七十学已大成，则孟子所谓"大而化之之谓圣，圣而不可知之谓神"，庶几知圣人矣！

附识：余写至此，卢生适来，问曰：先生之言仁、言礼、言智、言敬，发明圣学，至深远矣。人之为学，而不求仁，则常陷于物我对峙之境，不得上达无对，失其生之本也。然知仁而莫知礼，则求体而失用，故次于仁而说礼欤？ 余曰：圣人作《春秋》《礼运》《周官》诸经，其于礼制则主张扫除少数人侵削天下最大多数人之乱制，俾万物互相比辅而皆得其所，先圣欲使天下无一夫不得其所。得其所者，谓天下之人人各得展其所能，各得足其所需。故礼与仁实相为表里，吾子可谓知圣意矣。后儒言礼，专在个人立身、操行处说，此固重要。然圣人言礼,不仅为个人自修言,而凡治国平天下之创制,以及裁成天地、辅相万物之经纶,无不在礼化之中。经文具在,可考也。后儒恒言"仁者浑然与天地万物同体",而不考圣人之礼制,则仁道终无由实现,后儒未之思耳。卢生曰:先生云礼则有物我或彼此之义界,敢问义界一词作何解释? 余曰:义,犹理也;界者,犹俗云界线。合理的界线,曰义界。吾言礼是有对者,正以其物我或彼此之间有一个合理的界线存在故耳。又复须知,义界一词实含二义:一曰天属的义界。如亲子之间有尊卑的义界,而孝慈之礼行于其间;兄弟之间有长幼之义界,而友恭之礼行于其间。二曰非天属之义界。此乃宽泛至极,如夫妇之间有匹偶之义界,而和爱之礼行于其间;朋友之间以志同道合为其义界,而规劝等礼行于其间;至于个人与团体之间有集体与分子之义界,而两利之礼行于其间;或因特别情形,分子有受损,以顾全集体,譬如拔一害牙以利全身。团体与团体之间亦有分职等义界,而有礼行乎其间,不待言。此乃不胜举也。卢生曰:礼是有合理的界线,谓之义界,仁便无界线,然则仁与礼亦相反相成欤? 余曰:然。卢生曰:先生之言智也,曰周通万物而无蔽,利用万物而不系,此境界极高,直将德慧与知识融成一片。德慧一词,见《孟子》。先哲言最高的智慧是与道德合一,以其无杂染故。通常所谓知识者,实非德慧。余曰:子真达人矣。卢生曰:惟敬可以定命,此意亦会得,而不能深。余曰:日用间总须有时收敛精神,勿太浮散,久之,自然深会得。汝自返观,虽终日看书用思,应事接人,而实以浮气粗心去对付,此便是浮乱。当浮乱时,汝之性命何在? 不是行尸走肉,是什么? 敬与仁都是人生返本源,得大归宿处。卢生闻之,恻然。

孔子早年五十以前。修《诗》、《书》、执、《礼》四部之业,执字,应读艺,谓格物之学。详《原学统篇》，可覆看。《中庸》云"仲尼祖述尧、舜，宪章文、武"是也。孔子亦自谓"述而不作，信而好古，窃比于我老彭"。见《论语·述而篇》。朱子谓"老彭，商贤大夫"，"盖信古而传述者也"。故孔子以之自比，而昔儒亦有说老彭为二人，老谓老聃，彭谓彭铿也，此盖无稽之谈。王船山曰：孔子云"窃比于我老彭"。我者，亲之之词也，必亲面相授受者，非谓古人也。此解我字，甚是。但船山以老彭、老聃皆为周太史儋之别名，盖孔子所从问礼者，此说大误。《史记·老子传》明说老聃与太史儋之年代相隔甚远，马迁虽载此异闻，绝未肯定老聃即史儋也。"孔子问礼于老"，出自庄子寓言，本不可信。且《庄子》书中称孔子见老聃者有二处：一言孔子南之沛见之，一言孔子西适周见之。老聃如是周室史官，何为南居沛乎？余尝与钟钟山教授言及此，钟山亦谓船山于此未深考也。余案《礼记·曾子问篇》孔子曰"昔吾从老聃，助葬于巷党"云云。据此文则老聃盖有二：一、为鲁国之老聃，孔子与交游者。《曾子问篇》载其片言，犹可想见其人为精于古礼之纯儒。二、为著《老子》书之老聃，是为道家之祖，《史记》称为隐君子。《庄子·天下篇》以之与关尹并列，决有其人。《天下篇》叙论诸名家之学有学术史性质，其人之名氏与学派皆赫然可考，何至凭空伪造一老聃列于其间乎？余谓作《老子》书之老聃当是南方小国之逸民，后来其国没于楚，故六国时人多以老子为楚人。余断定著《老子》之老聃其出生时代后于孔子，前于孟子。《论语》记孔子曰"郁郁乎文哉！吾从周"。(可见孔子早年，社会文明之象犹有西周遗风，虽文而未致全失其质。)此是孔子早年语无疑。其后感文胜之弊，(文太胜，而淳实之风已荡尽。)始有"文质彬彬，然后君子"之叹。(彬彬，犹班班也。谓质而有文，不至俚野；文而有质，不至华伪。如此，方是君子。孔子惜其时无君子之风也。)此盖孔子晚年语。老聃稍后于孔子，故其厌恶文胜与诈伪、贵货等风习，更甚于孔子。由《老子》书玩索其世运之感，而知老聃生于春秋战国相替代之际。(前者替而后者相续，曰替代。)《老》书中所云难得之货与嗜欲、智巧之滋张，皆文明时代之征象。孔子晚年尚未至是也。故谓老聃稍后于孔子。船山信《庄子》寓言，以为"孔子问礼于老"，不谓之疏于考证不得也。至《孟子》书明明曰"上无礼，下无学，贼民兴，丧无日"，曰民"救死而恐不赡"，(赡，足也。言人民穷饿，至欲救死，而其力不足以自救也。)文物凋散，社会崩溃，尚何文胜可言？以《孟子》书与《老子》书相对照，则老聃前于孟子，绝不容疑。总之，孔子同时有一老聃是鲁国好古之儒，而为孔子之友。孔子窃比之老彭，即此老聃也。至于著《老子》书之老聃，其出生当后于孔子，已说如前。《史记》载谣言，或谓即李耳，或谓即太史儋，或谓即老莱子，皆不可信。余于前文曾说过。**"述而不作"固是圣人之谦词，然学术发展决不偶然，后圣伟大之创获**，其所发见与成就，为从前所未有，故曰创获。**恒由前圣之积累，导其开悟，为其造端。孔子尝曰"温故知新"，此其经验语也。**温故云云，见《论语·为政篇》。温者，深心寻释而不疏忽也；故，谓古学；新者，已所先未有知，而今创知之谓。此言能深玩古学，则不独了解古义，乃常引发自己新知。余案新知发展可分两途：一、于古为相承。二、于古为相反。相承者，依据古学或师说而推演之，益以宏阔深远，其犹子游氏之儒能传《礼运》，子夏氏之儒能传《春秋》，老聃之后学有庄周，释迦之后学有龙树、无着，若此类者，虽复继述先师，而实创开新学派矣。相反者，研究古学而终有弗契，遂别辟天地，如孔子之后有诸子百家，其反儒不必有当，而其自所独辟处，不愧为人间智矩。盖诸子之学，各有见于宇宙之一方面，《易大传》曰"仁者见之谓之仁，智者见之谓之智"，诸子之谓也。要之，精治古学而或与之相承，或与之相反，其为启发新知之助则一也。余平生服膺孔子温故知新之训，常以为学穷今古而时觉古之所谓大道者，今犹不见其可易。(略举一二例。如《论语》曰"人之生也直"，此先圣见道语也。今人倘谓人性本不直，则自我检讨之提倡，根本用不着矣。又《礼运》曰"大道之行也，天下为公"，今后何可易之乎？此等例实不可胜举。)今之所发见为新理者，初未尝谋之于古，然试以稽之于古，则又未尝于古义绝无合处。(今之新民主政治，任何部分领导者，皆必慎重群众或人民公意，与之结合一致。古时立君主政，本不知有民主制度，然考其君字之本义，则君者群也。盖古时本以君主当与人民或群众共利害，同好恶，易言之，即与群众站在一起，不可超出于群众之上而孤行己意，故曰君者群也。是则今之新理，不期而与古义有合者，此可谓之附会钦？举此一例，以见其概。)若乃宇宙万变，人类之经验日益丰富，学术日益精密，新理之发见日益广博，其为古学所不及窥者何限。然试寻其源，则古学往往有造端之功也。是故学穷今古，不独可以开拓胸次，免除悲今怀古，或尊今薄古等成见，而一因乎自然之演变，以体察之。(免除二字，一气贯至此。)而尤幸者，通古今之变，乃见夫理之随时地而异者，非理之至普遍者也。若夫至普遍之理，则行之一时，行之万世而皆准，推之西海，推之东海而无不合，(如《易》曰"穷则变，变则通，通则久"，即最著之一例。又如《大学》曰："生财有大道，生之者众，食之者寡，为之者疾，用之者舒，则财恒足矣。"案生者众,谓生财由民众自主,而合众力以生之者也。群品优,则孳生少,故食者寡。众志成城,故其工作疾速。为者,犹云工作。用财宽舒,则人皆乐其生也。此理岂有不遍者乎? 总之,普遍之理,举例则不胜其繁。)是乃于万变中见贞常也。余之言此,世或诮为愚钝,则亦任之而已。《诗》、《书》、艺、《礼》四部之学,是乃上自尧、舜,中历禹、汤,下逮文、武、周公,悠悠千余载,众圣迭兴,先后积累之精神遗产,展转传来。孔子早年盖专力于此,故曰"我非生而知之者,好古敏以求之者也"。见《论语·述而篇》。敏,速也,谓汲汲以求古学也。惟其稽古之勤,故取精多,谓吸收古学之精英甚多也。若古学之谬误处,与不适于后世者,自舍弃而弗取。用物宏,物者,谓古学所集之资料丰富,其用宏大。其学乃极乎大成也。今考孔子倡导格物,如裁成天地、辅相万物等论,宏深至极,则古之艺学有以启之也。孔子之社会政治思想始希小康,终乃创发天下为公之大道,则古《诗》、古《书》、古《礼》之学有以导之也。由太史采集之《诗》而念人民之怨声,由古《书》、古《礼》而知少数人统治天下大多数人之乱制不可以久。非温故无以知新,惟好古乃能创作,孔子之所承藉者,深远而博厚,自五十以前,盖已立大成之基矣。孔子五十学《易》后,便将他从前所蕴蓄各方面的思想都开扩出来,而融会贯穿,极变化之妙,以造成伟大的体系。其语子贡,自道不是以博闻广记为学,而曰"吾道一以贯之",此盖五十后语也。孟子称孔子集大成亦本之七十子遗言耳。孟子颖悟高,惜其于古今学术不肯究,非真能知孔子也。此中不及详。

灵性生活之涵养,莫善于《诗》与《礼》《乐》三经。孔子删《诗》始于周之二《南》,或者太史采《诗》之制始于文王或周公。周以前之民谣犹未达于史氏欤。孔子创作之《礼经》,今可考者,《周官》《礼运》包络天地,经纬万端,要以治道为主。两经均被后人改窜,《礼运》尤甚,说见上卷。而涵养性情之奥义,惟《礼记》略可探寻。《大戴礼》亦有可征。司马谈言"六艺经传,以千万数",《礼经》之亡失者决不少。两《戴记》本汉人所采录,虽存有孔门遗说,非精抉择者,则不辨其孰为圣言,孰为六国迄汉初儒生杂集之文也。至于《乐经》,则自汉以来不见单行本,唯《礼记》

中有《乐记》一篇，其中精义非圣人不能言也。然则居今而欲求《诗》《礼》《乐》三经中涵养性情之奥义，卒苦无文征，亦惟求之于《戴记》及《论语》，以见其旨要而已。

孔子曰："兴于《诗》，兴，起也。《诗》本性情，其感人也深，足以使人发起向上与率真之念而不流于虚伪。帝舜曰："《诗》言志。"志者，心之所存主。如恻隐之感，良知之明，皆未尝昏昧者，是谓心之存主。若本无此志，而以浮华小慧，求工声调，或故艰涩其词以炫异者，则灵性凿，而非圣人之所谓《诗》矣。三百篇而后，余最爱渊明、太白、杜甫，三君子皆任真者也。然渊明冲远，未免离群；太白才高，放怀世外；杜公深情，与民同患。惜乎生名教束缚甚深之代，未能抉破藩篱，领导群伦也。立于礼。礼，以敬慎为主。敬慎即常收敛其身心，而不至怠慢放驰，故有以卓然自立，而不为私欲所摇夺。朱子注此处云，不为事物所摇夺。事物二字欠妥，人生未有一瞬一息可离事物而独立也，事物何尝摇夺吾人？吾人不自敬慎以扩其良知，故为私欲所摇夺耳。如见险难而思苟免，非险事足以摇夺人也，直由人有苟偷避险之私欲，乃不能战胜险难耳。成于乐。"乐者，和乐也。正和乐时，浑然无物我分别，而吾人与天地万物一体畅通之血脉，于此可验也。人能以乐自养，（此中乐字，读约。）常不失其和乐，则人道完成，而人生乃立于无对矣，（通天地万物为一体，何对之有？）故曰"成于乐"。自"兴于《诗》"至此，见《论语·泰伯篇》。

圣人以涵养灵性归本三学，《诗》学、《礼》学、《乐》学。其神识深微极矣。后有达者，其忍忽而不究欤？

老聃之徒毁礼，其所谓礼乃统治者别上下尊卑之等，而立制度、仪文，使群众习而安之，不敢萌叛上之志。故老曰："始制有名，此制字，犹作也。始制名者，即正名定分，所谓上下尊卑之等是也。名亦既有，夫亦将知止。"统治者既有尊名，而立乎天下大多数人之上矣。将侵削庶民，而为众怨之府，夫亦将知止乎！此见《老子》三十二章。统治者以私意制礼而束缚群众，必非群众所心服也，老子以礼为"忠信之薄，而乱之首"，见《老子》三十八章。诚有卓见。近世毁孔子之礼教者，其说亦本之老氏。然统治者所制之礼，孔子已先乎老氏而作《春秋》《礼运》诸经以破斥之矣。夫统治者所制非理之礼,与孔子之礼教本截然不同旨,而老氏弗辨也,乃混然曰"礼者忠信之薄"云云。诚如是,则孔子欲以礼涵养性情,非大妄欤?近人莫救老氏之失,又集矢于孔子,甚矣其蔽也。

或有问曰:孔子所言之礼,其义云何? 答曰:礼者以天理为源,而非敬以自持,则鲜不离其源也。中国古代圣王以礼设教,可谓礼治之国,其礼治之规模可总分为二方面:曰制度,曰仪文。此中制度一词,涵义宽广至极,略言之,古代所谓名分或上下尊卑之等,亦云名教,此是古时一切制度、仪文所依据之根本原则。如群制(犹言社会组织)、国体,以及经济制度、政治制度与一切牵天系地之事,无一不属于礼之范围。虽亦未尝废法,而法亦统于礼,不许弃礼而任法也。礼之无所不包,曾涤生亦粗有所见。王闿运推涤生能识礼,远过康成,则妄言耳。闿运本文人,未通经义也。至于仪文方面,则《中庸》所谓"礼仪三百,威仪三千"者,皆仪文也。仪文所以纳人于礼化之中,使其习惯成自然,用意甚深,世儒知礼意者鲜矣。向后世进大同,孔子新礼治之精义急待发挥。若夫古代之名教与制度、仪文已成过去,学者好古而未可食古不化也。洪惟孔子创作《春秋》《礼运》《周官》诸经,废统治与私有制,而倡天下为公与天下一家之大道。制度、仪文一切随时更化,改革旧礼而为后世开新运,名教不复师古,其骨子则礼以统法,靳至乎礼化成,而法措不用,深远哉! 吾不得而赞之矣。吾欲作礼书,而年力已衰,无能为矣。欲聚三四青年讲明此学,而青年有志于古学者亦未可得。吾言至此,不觉枝蔓。吾所痛者,自康成以来,治《礼经》者只以制度、仪文为礼,而不知礼有其所从发之源,直将《礼经》作法典条文看耳。余谓礼,以天理为其源,则有《礼记》《乐记》篇可据。《乐记》始见天理一词,学者不容忽也。夫理者条理,通内外而一如。内,谓心。外,谓一切物,即自然界诸物与人事,皆谓之物。一如者,谓存于内者,如其在外;存于外者,如其在内。通内外而一之,互不相异,故曰一如。在外,谓轨范;在外者,谓事物之轨范。轨范即是理。在内,谓识别。识别即是理。自内发之识别,即由外物之轨范感摄于内,而相应合为一者也。是故内外似二而实不二,不二者理也。理备于天,天者,本体之名。故亦曰天理。天理亦本体之名,《易》云乾元是也。本体涵备万理,故以天理名之。心物万象,皆天理之散著者也。阳明说理即心,伊川说理在物,各执一端,皆未是。余谓理即心,亦即物，说见《新论》壬辰删定本。此问题甚大，余犹未及详阐。然则心无非理，物无非理，吃紧。理无定在而无所不在。吾人体认天理，以创造世界一切制度、仪文，随世变易，无有滞碍。大礼行而群情畅，天地位，万物育矣，猗欤休哉？故曰，礼者以天理为源，其源深远。故人之为礼，有本而不可乱也。

或复问云：如公之论，心无非理，物无非理，宇宙人生浑是众理之聚。云何制礼者，有不根于天理乎？答曰：古者制礼之权操于专制之大君，欲其不以私意而妄作非理之礼，殆不可几也。若由群众公推贤而有德有学者，因人情之大公至正而制礼，则无妄作之患矣。夫制礼当由群众公意，盖今后必然之势也，而孔子礼教之第一义，在涵养灵性。故以礼为人极之所由立，第一义，借用佛典名词。义最上故，曰第一。立于礼之立字，其义深远。此非明于礼之源，得为礼之要，将不可能也。为礼之为，是自修义，谓修行其礼也。礼之源即是天理，为礼之要在居敬以存天理。居者，谓若以敬为安宅，而不舍离之也。《曲礼》曰："毋不敬。"此一语包涵《礼经》众部而无所遗，《曲礼》，篇名，《礼记》之首篇也。"毋不敬"，则其开宗明义第一句也。犹之"思无邪"一语，包涵《诗经》三百篇而无弗备。参考《论语·为政篇》。居敬者，谓恒一于敬。持续而无间断，故曰恒；宽舒而不待勉强，故曰一。敬之功至于恒一，则怠慢邪僻等等杂染永伏而不作。伏者，灭除之也。"清明在躬，志气如神"，礼可以涵养灵性，此其验也。清明云云，见《礼记·孔子闲居篇》。怠慢邪僻俱无，故清明在躬。志正而固，则浩然之气充塞乎天地，故曰如神。神者，虚灵而无滞碍之谓。夫礼，蟠际天地，言天之高远，地之博大，莫不有礼行乎其间。《乐记》云"极乎天而蟠乎地"是也。经纬万端。《庄子》所谓"六通四辟，小大精粗，其运无乎不在"。见《庄子·天下篇》。以是赞礼，庶乎近之。然复须知，礼之用虽无所不在，要以涵养灵性为宗极。宗者宗主，极者至极。礼以涵养灵性为主，且必至是，而后礼之用方臻至极也。人失其灵性，即失其所以为人，可无惧乎？《乐记》弘阐《曲礼》"毋不敬"之要旨曰："惰慢邪僻之气，不设于身体，设，犹流布也。吾人或有一息而不敬，则惰慢邪僻之气便萌动，渐流布于身体，此非密于自省者不知也。使耳、目、鼻、口、心知百体，皆由顺正以行其气。"耳、目、鼻、口，官能也；心知，则身之主也。百体犹言全身，此总身心两方面而言也。案《乐记》言顺正者，即居敬以存天理之谓。天理为气之帅，故气亦刚大，无有怠慢邪僻，是谓顺正也。吾人发扬灵性生活，其道在斯。孔子立于礼之言，学者切忌悠忽弗肯究。立之一字，义至深远。必不失其灵性生活方是卓然自立，尽人道而无亏也。礼之源即是天理。为礼之要在居敬存天理，以帅其气，然后怠慢邪僻不作而灵性茂焉。自老氏之徒，不究《春秋》《礼运》诸经，妄以孔子之礼教混同于统治者所制之礼教。后之学者，将于孔子立于礼之言唾弃弗顾矣，而肯服膺其义乎？余犹有言者，《春秋》《礼运》之新礼说，大概重在建立"天下一家""群龙无首"之制度。经文虽遭窜乱，而其大旨犹可寻也。"天下一家"，见《礼运》；"群龙无首"，见《易经》。无首者，太平世之盛轨，虽未易骤致，人道当以此为鹄也。七十子相传，《易》为五经之原，《礼》与《春秋》诸经，皆以《易》义为根据。若夫礼之源，源，谓天理。与居敬存天理之要，凡所以涵养灵性者，孔门必更有经传详之。司马谈言"六艺经传，以千万数"，孔子之《礼经》必不止《礼运》《周官》二部也，惜乎亡失太多，无可考矣。然《论语》《礼记》诸经籍中时有微言散见，含义宏深，微言者，微少之言。疏通发挥，存乎其人矣。《礼记》所载多古之《礼》说，而孔子之新义亦时见焉。贵乎抉择。

附识：宋儒言天理，而戴东原谓其以意见为天理。宋儒言主敬，而陈白沙恶其太严也。然《易》云天则，则，犹理也。《乐记》言天理，《论语》暨群经言敬者，屡见不一见。自昔未有疑圣人以意见为天理，读《论语》而玩味圣人之生活亦未有疑圣人为过严。论者谓戴氏未识天理，白沙于孔门曾点尚远隔。言无曾点冲旷之抱，而恶宋儒之严,非善学者也。此评虽不无是处,然陈、戴二子之言,究未可完全忽视也。此中不及论。

孔子言人生涵养灵性之道,而归本于《诗》《礼》《乐》三学,此是导其情意于正大之发展,即情意莫非灵性之流行也。情者感情,意者意志。若以抑制情意为道,此道字,谓修养之术。则情意受损,而有离于情意之灵性可孤行乎?宗教之禁欲主义,禁欲,即是遏绝情意。孔子在古代早已知其非。非天纵之圣,能若是乎?近世以孔子之礼教为封建思想,此乃以古礼与孔子之礼教并为一谈,实汉以来群儒之误也。余生性疏野,年十岁,便好打荒山古寺菩萨。弱冠投军革命,最不喜礼法,甚爱老、庄之简脱。后来悟《大易》,而探尼山之绪。(孔子居近尼山,故以此称之。)由《易》而玩《礼》,始于《礼》而深会焉。尝欲作礼书,以忏前愆。偏见易逞,正学难穷,非礼毁圣者,无易由言也。譬如良药自吃之而利,且劝人吃,是两利也。自不肯吃,广劝人吃,利人亦自慰也。自不喜药,乃毁绝之,人莫得此药,则其罪不可逭矣。

《礼记·乐记篇》之言人性也,大体述圣言,而不无窜乱,兹节其文,而附注如次:

"是故先王之制礼乐也,非以极口腹耳目之欲也,将以教民平好恶,注意。而反人道之正也。"注曰:佛氏以贪、嗔、痴为万恶之本,号曰三毒。贪者贪爱,俗所谓好也;嗔者嗔恚,俗所谓恶也;痴者迷暗,是常与好恶同起者也。佛氏主张断三毒,断者,灭尽之谓。而《礼记》述孔子之义,不曰断而曰平,此是儒释天渊悬隔处。儒学则以情欲不可绝,惟导民以礼乐,使其情欲皆顺于礼之序,乐之和,而一由乎正当之发展,则人将皆返于人道之大正,何至流于贪、嗔、痴三毒而失人性乎?平好恶者,好而循其自然之则,不流于贪染,如《关雎》好色而不淫是也;恶而顺其当然之理,如不迁怒,不宿怨是也。夫好恶平,情欲不乱,则好恶、情欲莫非天性之流行也。断好恶,绝情欲,而天性亦灭尽矣,故佛之道是以反人生为道也。

"人生而静，天之性也。"注曰：此中静字，不与动对，盖即动即静也。世俗见物，动便不静，静便不动，此由日常执物之见，妄将动静分离耳。然未可以此谬见而测性也，性乃流行无息，湛寂不乱。湛寂而流行，是即静即动也；流行而湛寂，是即动即静也。今从静之方而说，而实含动义，以动静本不可分离故。问曰：动静本不离，云何特举静以摄动耶？摄者，包含义。答曰：动静虽本不离，而静实为动之君，若动而无静，则所谓动者，将为浮动，浮动且成乎乱矣。故曰静者，动之君也。《论语·雍也篇》曰："仁者乐山。"夫山，至静者也，大定者也。定、静二字，可通用，抑或有别。通用者，定即静也；有别者，则以静分浅深。如《大学》云"定而后能静"，则静深而定浅也。如佛典说佛常在定中，则此定乃造乎其极，与通常所谓静者不可同年而语矣。《论语》言"仁者乐山"，则以仁者静定如山，其乐在此耳。是乃孔子之自道也，可见孔子直得其本性真静之极，至矣，尽矣，无以复加矣。

天之性也者，言人生而静者，是其天性本来静也。人心常昏扰不静者，王阳明所谓随顺躯壳起念故耳，非其天性上有昏扰的恶根也。其曰天之性者何？之字是语助词，当以天性二字作复词。盖就天之在人而言，即名为性，非性与天为二也。天性者，本体之名。本体不是超脱于吾人而独在，只为言说方便，不得不推出去，假说为天耳。天性二字，可合用为复词，亦可单言天，或单言性。

古今哲学家穷究人生所由始，或说有流动之真源。其实流动不已者正复湛寂不扰，而说者未悟及此，乃偏执流转相，以为吾人本命如是，相字，读为相状之相。本命一词，见《大戴礼》，生之所从受，曰本命。则人生无深根固蒂之道，古诗所以有"飘如陌上尘"之叹也。或说人生实相本来寂静，是谓无为。实相，犹云实体。佛家以万物之实体，名曰真如，亦名无为。无为者，无生即无灭，无有流转，故曰无为。然彼无为与流转相相字，读为相状之相。流转相者，佛家名之曰有为，以其方生方灭，方灭方生，流转不住，故曰有为。析成二界，不可融而为一。参考余旧著《新唯识论》壬辰删定本。如彼所说，自是无为常静，有为常动。明明有动静对立，不得统一之过，彼乃逆流趣寂，高蹈无生，抗拒宇宙生生之大流曰逆流，趋向寂灭曰趣寂。盖大雄氏超人之奇慧，而不惜违反人道之正常，未可为训也。洪维孔子，动静合一，而静以主乎动，可谓建造化之基，立生人之极矣。或问：《乐记》此文只言"人生而静，天之性也"，却未提一动字，何耶？答曰：汝既知此处，明明说静是天性，何须再提一动字乎？六经及《论语》中凡言天道者，皆以生化无息，流行不已言之，何尝说天是不动的，如佛氏所谓无为者乎？凡千古不朽之学如欲究之，须千磨百炼经过无量层次，最要者是会意于文言之外，完全得他意思，而后返诸吾之所自得来评判他。然后与他同不是苟同，与他异不是苟异，学问可轻言哉。

　　智慧生于静，浮动的生活终无由得大慧与深慧，至言不止于俚耳。俗人之耳，不堪闻至言，故云至言不来止于俚耳也。真理不显于杂染之心，杂染之心昏扰，不能悟入真理，故说真理不显发于此也。故知澄静为智慧之母，学人要须识得此意。若夫任世事者，倘无定力，定，犹静也。何可明万物之理，御无穷之变乎？魏武善用兵，临阵如不欲战，亦静以制动也。此事虽小，可以观大。诸葛公曰"才须学也，学须静也"，富哉斯言！然复当知，所谓静者，非枯坐而无所用心之谓。静，只是收敛精神，无令散乱，使一切杂念或邪思、俗虑皆不得乘机而起，即起亦任其自生自灭，切勿被某一杂念牵引去或纠缠住，犹如太空一任浮云起灭，而空恒自尔，不受浮云障碍。果能如是，久之，杂念自当由少而渐无，修静入手工夫只有如此。此中只谈及排除杂念等，而人心不是死物，断不可委之于无用之地。儒家言"心之官则思"，此语义蕴深广，兹不及谈。夫人性本静，吃紧。吾人若随顺躯壳起念，而昏扰以失其静，是乃自伐其性，自丧其天也，此真人生坠堕之惨境耳。随顺躯壳起念是一切私欲与邪迷之根，此王阳明语。

　　吾人生命真相唯于静中体认得。孟子云"上下与天地同流"，此是静中实证语也，非知解可及此。此意难言。然学者切忌屏动而求静，屏动求静,将趋于出世,而不自悟其非。如庄子"独与天地精神往来",是出世也。佛家大乘菩萨观空不证。菩萨,犹言大觉者。证字,意义深远,非可简单作释,强言之,盖于万物或万念虽皆作空观,而亦不住于空。(住,犹执着也。)不住即不作空解,是谓不证。小乘溺于空,而大乘矫之,此其贤于小者也。然已观空矣,虽云不证,奈已空何? 余于佛法,此中法字,谓其教理。好之而未敢以为归也。肇师初得佛经,喜曰"今乃知所归矣",我则异彼。孔子之道在乎动静合一,而静以宰动,此人天胜义,无可易也。

附识:庄子言"独与天地精神往来"往来,即感通之谓。与孟子言"上下与天地同流"言上之与天同流,下之与地同流,本无上下可分,而为言说方便,假说上下耳。二说截然异旨。孟子盖浑然与天地万物同体,不别求绝对精神也;庄子所谓天地精神,实与黑格尔氏所云绝对精神相近。庄子对于天地精神起超越感而皈依之,故曰独与往来。孟子有经世之志,不忍脱离现实,而庄子则否。二家之学,其归根处确不同也。庄子之学颇驳杂,此不及论。

"感于物而动,性之欲也。"注曰:夫人之天性,静亦动,动亦静,惟以静主乎动故,故曰"人生而静"也。然复须知,人既生矣,则为具有形气之个体。个体与外物相感,则天性之流行于个体中,自然会随顺小己而显其动用,故曰"感于物而动,性之欲也"。动用者,天性之动,即有作用,非无所希求也,故曰动用。即此动用,名为性之欲。孔子以感于物而起之动,名为性之欲,此中意趣深远,惜乎二千数百年来经师无有体会及此。感物而动,此动正是天人交会而成。天人本不二,而曰交会,何耶? 此等处甚难措词,玩下文,当悉此中之意。扬子云曰:"人不天不因。"前文曾引过,可覆看。此乃根据《大易》乾元始物之义,坚立不可摇。倘谓感物时之动,纯是具有形气的个体用事,而非天性之流行,形气谓躯壳,个体犹言人。是则人生感于万物而起之一切动,皆无所因于天。易言之,天已成人,而天性遂绝,譬如水已成冰,而水性将亡,断无是理也。倘谓感于物而起之动,纯出天性,绝不受个体影响,此亦是大谬之论。须知,个体感于万物时,其天性之发,自是随顺个体生存之必需,而有所不容已。此中必需二字,其义至深且严。明乎此,则谓感于物时,天性之动不受个体影响者,其大谬不待辨。如上分别推论,可见感于物时之动,是天人交会而成。吾人固有天性,为能动之内因,外物为缘,以引发吾人天性之动。此动由感于物而起,则其缘于吾人生存之必需,而有所不容已,可断言矣。故曰感于物之动,是天人交会而成也。孔子以此动说为性之欲,天性,亦省言性。而不说为人之欲。吾谓其义趣宏远者,诚以"人不天不因"。故人之欲莫非天性之动,学者如透悟天人本来不二,则于孔子以欲归诸性,而不别言人欲之意,庶乎其无疑矣。宋、明诸老先生,以人欲与天理分开,朱子遂有"人欲尽净,天理流行"之说。天理即天性也。朱子此语,后儒一致尊崇,等于佛家之圣言量,阳明、船山亦然。船山《读四书大全说》时见称引。殊不知,欲者天理动发之几也。古释几字,曰几者,动之微,乍动故微也。然拔山倒海之势皆起于微,数学起于无穷小,可深玩。克就欲上言,何有非天理者乎?如《关雎》之诗人见淑女,则欲得以为偶而已,未尝有邪秽萌于其衷。及其求之不得,仍寤寐思服,欲以钟鼓乐之,而无邪心焉,始终是崇高纯洁之爱欲,不谓之天理得乎?倘谓见淑女而远之,甚至以见之而若未尝睹者,谓之道行至高。程子便有此类之事。诚如是,则人欲绝而天理亦成为空虚之境,谓有天理流行,吾不无疑也。余尝言,后儒只是不识一欲字。欲者,乃吾人正感于物时,而天机乍动者也,前云"欲者天理动发之机",即此意。虽邪淫之徒,当其乍见淑女之一刹那顷,必不至遽兴邪欲也,及后一刹那,而过去污习发现,即邪欲动矣,此时确不可谓之欲,乃是习气乘权耳。《关雎》之诗始终是欲之动,而不是染污习气之窃发,此其所以为天理之至也。天理即是人欲,人欲无非天理，去人欲而求天理，天理其可得乎？吾举此一例，以概其余，则欲字之本义确定，可不为笼统与淆杂之说所乱。而后知圣人言"感于物而动，性之欲也"，真是天理烂熟于胸际，一言而尽天人之奥，后人可以知所归矣。余平生之学，实事求是，而世莫之谅也。吾学佛而有所不能同，则佛之徒群相诟也；吾学儒而与六国暨汉、宋群儒有所不能同，则儒之徒鲜不怪也。吾以一叶之舟荡乎孤海，惟不悚不怼，竭吾之才，上酬先圣而已。或有问曰：公言当感于物时，天性之动亦随顺个体生存之必需云云，先儒似无有在生存必需处言天理者。公意云何？答曰：汝仍是将天理、人欲分开，故有此疑问耳。如人欲在天理之外，则生存必需处自不可说天理。于生存必需处，欲之而不过分，亦只可说无害于天理，究不可说此即是天理。先儒之见，大概如此。果如是，则天道应是无为，天道者，宇宙本体之名，非谓神帝。根本不当有生类出现，此佛氏所以反人生也。如果真正见得，信得天人本不二，天不在人之外，人亦不在天之外，则吾人生存之必需处，如何不有天理存耶？仍就《关雎》之诗举证。男女居室自是人生所必需，欲得淑女为偶，此欲何可说不是天理之动？假若感于淑女之顷便起淫欲，那便灭天理而失人道矣。又或初念未有邪欲，初念，谓乍动之顷。转念便动而之于邪，而初念天理之动便已间断，不可续矣。又或后念以求偶不得，至于哀苦不堪自遣，甚或对于淑女而怀忿怨，此便是占有冲动猛发，天理早灭尽矣。《关雎》哀而不伤，所以为天理之至。《关雎》之诗动于生存之所必需，而始终不失崇高纯洁之爱欲，不起一毫贪染，不杂一毫邪秽。此等处，正可体玩性之欲。凡吾书所言性者，乃天道或天性之省词，与天理一词亦相通，切勿误解。

孟子言欲有见得甚好处，如其曰："鱼，我所欲也；熊掌，亦我所欲也。二者不可得兼，舍鱼而取熊掌者也。生，我所欲也；义，亦我所欲也。二者不可得兼，舍生而取义者也。"案前之一说，鱼与熊掌均是生存之所必需，然二者同时不可得兼，则舍鱼而取熊掌，何尝不是性之欲？何尝不是天理之动？如舍熊掌而取鱼，便未免矫情，矫情即非天理也。后之一说，生与义不可得兼，则舍生而取义，其为天理之动、为性之欲，更不待言。夫生，固我所欲也，然失正义而偷生，则丧其生之本，不如舍生而取义也。生存之所必需，本不限于实利，而生存之意义与价值，尤为必需之至高无上、至贵无匹也。性之欲，在此种必需不可获之下，恒动舍生之欲，一发而不可御也。如古今志士，为正义而舍生者，可胜数乎？盖虽舍生，而其至大至刚、丰富无量的意义，与崇高的价值，永在天壤间，谓之永生可也。

　　性之欲即是天理之动。自然有则而不乱，若夫好恶之情则动而无则也，故可以顺从性之欲而成其善，亦可以障性之欲而成其不善，故好恶之情未可遏绝，要在有以节之，使归于平而已。夫好恶不是性之欲，其来源何在乎？好恶，后起者也，吾人自有生以来，恒与万物相酬酢，前前后后每一刹那顷，感于万物都有快、不快之领纳。此个领纳虽若当念谢灭，实则当其灭时，即有残余的影象继续而生，等流不绝，潜伏下意识中。等流者，等谓相似，流谓流转，相似而流曰等流。如吾写字之笔，本非固定的东西，确是刹那刹那、前灭后生、相似而流的物事。笔且如是，吾人下意识中潜伏无量数之快、不快的影象，都是各各等流可知。是故无量数之快、不快的影象，潜伏于下意识者，都是活活跃跃、有气势的，并非如纸上所染墨迹等影象，徒有其迹而无生气也。当吾人感于物时，性之欲固已发动，而潜伏之无量数快、不快的影象亦同时乘机跃起，与性之欲相应合而参加活动。性之欲，是谓天理；而过去领纳于万物时，所有快、不快的影象从潜伏中跃起者，是为好恶之情。此种好恶之情，既从下意识中动跃而出，故力用大，如节之令其归于平，即可以顺从性之欲而为善有力，如无以节之，则将任其横溢而性之欲乃受其障。犹如豪奴夺主，主谓性之欲，豪奴谓好恶之情。其作坏之力大极。例如小人好势利而恶君子，一旦当权，才足济奸，则可以大祸天下。好恶之烈也如是。好恶之情，是不

271

可抑制,抑之将更横溢,惟有以节之使平而已。好恶平,即不横溢,则性之欲可得其助,而为善更有力也。孔子以礼化民,盖于人生之体察深微至极。

附识:孟子引孔子曰:"出入无时,莫知其乡,唯心之谓欤?"明明是说下意识。诸生所辑余之《语要》,有答曹生信,曾引此文而解释之。佛家藏识,亦名阿赖耶识。若去其宗教思想之部分,其宏深视西人谈下意识者,且过之远矣,惜乎孔子仅存片言,无可考矣。感情、意志是分不开的,情意植根都在下意识,不可说好恶是性之欲也,自郑康成至宋儒皆误解。余欲将佛家藏识与西人谈下意识者,较其得失而改造之,总是因循放下,老来亦怕用心也。

"物至知知,然后好恶形焉。"注曰:《乐记》此段文字,开首说制礼乐,将以教民平好恶。其次从人生而静到感物而动,性之欲也,是乃略说人生本源。性之欲是天理之动,非通常所谓情欲之欲也,必将本原说出,而后可说到好恶。

又次,"物至知知"云云,今释如下:至,来也。从郑玄注。知知者,上知字,与智通;下知字,犹明也。言物来接触于人,而人之智足以明析物理也。智慧开,物理明,则技巧多,奇货出,人皆汲汲于享受,故好恶形焉。形者,激动之谓。好恶之情随智慧之进与物质文明之盛而日益激动,人类不能平情静气,甚难有真正自觉自得之机,虽欲天地交泰万物亨,将不可几矣。余所谓自觉者,非实有天地万物一体之解悟与情怀者,不足当之,此即孔子所谓仁也。《春秋》太平世,非不注重格物之知,以谋改革制度及满足物质需要,非不二字,一气贯下。可覆看《原外王篇》。而学术与化道皆有本原,不容忽也。

"好恶无节于内,知诱于外,不能反躬,天理灭矣。"注曰:郑玄云:

"躬,犹己也;反躬,犹言返而求其在己者也。"此释极是。节犹法度也。好恶之动于内者,本无法度,直若狂迷,好恶,情也。情之为物,不沾滞即飘动,不飘动即沾滞,他本身是无法义的,其飘动则若狂,其沾滞则若迷。而智巧日出,又追求物质之乐。如是,而欲人之好恶归于平正,利用厚生,不坠崇高之志,忘我同物,共由大道之中,谈何容易哉? 是故圣人虽盛倡格物之学,而必以返己之学为宗。人能返己自克,自己克治自己,曰自克。必不肯以好恶之私蔽其良知,天理所由存也。不能返己,则为私好私恶所役使而不自觉,天理有不灭者乎? 余以是知返己之学不可不讲也。夫返己之学,以穷究宇宙真源为根柢,其于万物万事,制割大理,观其会通。制割云云者,制谓控制,割谓分析,理者条理,谓万物万事之繁赜,必以方法控制而分析之,以得其大条理,由此观其会通。返己之学,哲学也,其格物之功,只从大处着手,不同科学之分工密而析物入细也。而切要处,则在返己而知是知非不容自欺。此在哲学中最为特殊,庄子所为称之以内圣学也。返己而不自欺,宋学确承孔子精神。

《乐记》此段文字从"先王之制礼乐也"起至"不能反躬,天理灭矣"止,皆是记述孔子之言。"天理灭矣"之下,紧接"夫物之感人无穷"至"此大乱之道也"止,余断定其非孔子之言,或是六国时小康之儒有所改窜,或由汉初儒生窜乱之,二者必有其一。今仍录其文,而附辨如下:

"夫物之感人无穷,而人之好恶无节,则是物至而人化物也。言物之感人无有穷尽,而人之好恶无有节制,故物一至乎人之前,人便为物所引不能超拔,即失人性。《老子》言'五色令人目盲,五音令人耳聋'云云,是人失其灵性而变成顽然之物,故曰人化物。人化物也者,灭天理而穷人欲者也,穷犹极也,极逞其人欲也。于是有悖逆诈伪之心,淫佚作乱之事。悖逆,作乱,言臣民谋叛其君上也。是故强者胁弱,众者暴寡,权臣树私党,以小惠结民众,可以制寡弱之君。智者诈愚,勇者苦怯,自智者至此,则言社会之豪强亦侵欺愚懦也。苦,犹言逼迫

273

之也。疾病不养，老幼孤独不得其所，此大乱之道也。是故先王之制礼乐，人为之节。"言对于天下之人人皆为之节也。郑玄云："节，法度也。言为作法度，以遏其欲。"

辨曰：自"物之感人无穷"至"大乱之道"，非孔子之言也。何以知之？孔子言"知周乎万物，而道济天下"，言化裁万物，推而行之，言"备物致用，立成器以为天下利"。《原外王篇》引《易大传》，可覆看。《周官经》冬官之职在生百物，未闻以物为吾人之患也。今此段文中言"物之感人无穷"，又言"物至而人化物"，竟以物为人之大患，明明反抗孔子之思想，其可信为孔子之言乎？夫人化物之患非是物之感人无穷所致，实由于人之徒任智以逐物，而不知返己以平情欲，故有人化物之患耳。智非人之患，物亦非人之患，徒任智以逐物，而不知返己以平情欲，乃是人之大患。情欲之欲是后起的，不可与性之欲并为一谈。此文直以人化物，由物至之为患，故知非孔子之言。惜乎汉以来群儒皆无辨者，如郑玄在"感于物而动，性之欲也"下注云："言性不见物则无欲。"此有两大错误：一、不知性之欲是天理之动，而妄以此欲字作情欲之欲字解。二、彼云"性不见物则无欲"，则是有欲由于见物，即是以物为吾人之患。郑玄误信物至而人化物为圣人之言，故相承而不自悟其非耳。朱子《论语集注·泰伯篇》"立于礼"下注云："故学者之中，所以能卓然自立，而不为事物之所摇夺者，必于此而得之。"观此注，则是谓事物本可以摇夺人，然孔子只说视思明，听思聪，何曾畏事物之摇夺？朱子之说，盖由郑玄以上承窜乱之《乐记》，《乐记》确保存精义不少，却须抉择。而不悟其非孔子之言。此不能不辨者，一也。朱子《大学·格物补传》，以即物穷理言格物，本有走入科学路向之可能，而卒不能者，则虑物之感人无穷，而以不见物则无欲为幸。汉人多采道家言，以变乱孔子之旨，非郑玄一人之误。宋儒复杂老与禅，故有绝物或遗物之意。二千余年，科学不发展，非无故也。天理、人欲之分，宋学以此为其骨髓，其源则出于《乐记》此文。所谓灭天理而穷人欲者也。夫天理、人欲虽不无辨，而

274

实不可截然分开。不无辨者,天已成人,而天理自在人心,譬如水已成冰,而水性犹存冰中。此言乎天理为人所固有也。人为有生之物,自有其与形骸俱始的情欲,但不可谓情欲亦是天理,与形骸俱始者,故是后起,非天性也。此不得无辨也。不可截然分开者,人生日用之中,凡人欲之正当而不失其则者,莫非天理之发,谓天理非人欲可乎? 情欲可以顺从天理,而为善更有力,则情欲亦可转为天理也。戴东原反对天理,而言欲当即为理。殊不知,情欲之得其正当者,正以本有天理在,而情欲顺从之,故得当耳,否则欲何由当? 东原之惑也如是。《乐记》此文以天理、人欲分开,人字下得最碍。别天理于人欲之外,则天理虽尊严,恐须向虚空摸索之矣。孔子教伯鱼曰:"汝为《周南》《召南》已乎? 人而不为《周南》《召南》,其犹正墙面而立也欤?"见《论语·阳货篇》。《周南》《召南》,《诗经》首篇名也。正墙面者,言即其至近之地,而一物无所见,一步不能行。夫二《南》之诗,其表现人生,乃即人欲即天理,即天理即人欲也。古今读《论语》此章而识圣意者,几人哉? 天理、人欲分开,吾敢断定其非孔子之言也。此不能无辨者,二也。情欲不可绝,非人自绝其生,情欲何从绝乎? 亦不可遏,遏之将横溢。圣人制礼乐以平之,此不易之道也。至谓灭天理穷人欲,遂有悖逆作乱等事,先王始制礼乐云云。诚如此,则礼乐为拥戴君上,压抑庶民之具,明明与《大易》《春秋》《礼运》诸经背叛,而信为孔子之言可乎? 此不能无辨者,三也。《易》言"群龙无首",《春秋》"贬天子,退诸侯,讨大夫",《礼运》反对"大人世及以为礼",皆主消灭统治也。私有制亦随统治而倾覆。《周官经》遂以土地国有,及国营生产事业等等新制度,皆有明文在。主静主动之分,自春秋之季,道家老聃已启其端,诚哉古矣! 宋儒自周濂溪以主静立人极,程、朱诸老一脉相承,传世良久,罕有异论。至晚明,而习斋、船山、亭林诸大师,始盛张反对主静之帜,而习斋之论尤激,船山义旨较深远矣。夫吾人近之立己,远之则司造化,而官天地,府万物,其将宗濂溪,从静中体认以上达于真静之原乎? 原者,谓宇宙人生本原。以其至真至静,故云真静之原。抑将从动中努力，而持之静定，以行动磨炼于万物万事之蕃变中，握其轨范，以参赞宇宙之大化，成位天地、育万物之洪业，尽人能，而弘大天道乎？此则孔子肇开儒学之主旨也。迂陋所归心，其在尼山一脉矣。濂溪之论，本乎老聃者也。老曰："致虚极，守静笃。"屏动，而一主于静，其异于块土之钝然者几何？钝然，无知貌。人能废，而天道亦死矣。晚明诸子怀主动之意，以反宋儒之静，而不知孔子亦未尝不静也。但其静不离于动，而动不失其静，天道人道之大正，存乎动静合一之中。反乎此者，静则废，动则激，其何以为群生立命软？圣学大处、深处，汉以来学人都不究，可悲也矣！佛家无量法门，归于涅槃寂静，其道反人生，宜乎偏于静也。《乐记》言"人生而静"，此动中之静也，盖孔子之遗说。郑玄于"先王之制礼乐，人为之节"下注云："言为作法度，以遏其欲。"陋哉玄之言也！作法度以遏人之欲，则专制之独夫所为耳，而谓圣人制礼乐亦如是乎？欲宜平而不可遏，夫人之所知也，而谓圣人不知遏欲之害，乃欲制礼乐以遏之乎？《乐记》此段文中，虽云先王制礼乐，其实乃孔子之说，而托于先王制礼乐之意以为重耳。余独居深念，返己之学难穷。上者，则人生之本因；下者，则人类之下意识。本因者，《论语·公冶长篇》所谓"性与天道"是也。天道在人，即名为性，非性与天道为二也。记者下一与字者，盖言天道别无定在而无所不在，万物皆由天道而成也。言性，则克就天道之在人而言。故举此二名，不得不用一与字，此文法当然耳。王船山遂因此与字，而将性与天道分层级。（见《读四书大全说》）彼欲以层级思想反对佛教，实自陷于错误。以子贡之聪明颖悟，亲游圣门，犹曰"夫子之言性与天道，不可得而闻也"。据子贡此言，则孔子非不与门人言性、道也。《论语》无所记录，盖记者莫能领受耳。后人顾可自负闻道乎？下意识，是从吾人有生以后而始起。人生过去所造，都不唐捐，皆有影象集于潜海。造字，含义广，自意念之微萌至事业之粗显，皆名曰造。不唐捐，犹云不虚费。潜海，谓下意识。藏伏曰潜，深广曰海。非止男女或权力等欲不遂，而被压抑，退藏为下意识也。非止二字，一气贯下。感情、意志皆植根于潜海，故其势力奇大。力之大者莫如潜，以其积之深故也。人之一身，常为不自觉之势力所驱使。不自觉之力，即是情意，本出于潜也。从来理学家每以为天理隐微，吾觉不然。天理如赫日之常显于太空，无有隐匿之时，吾人感物之顷，天理即发，所谓性之欲是也。然而天理常为不平之好恶，或横行之冲动所障碍者，则以情意自潜海出，且与躯壳为一气，故天理不易胜之耳。孔子盖有见于此，故为之礼乐，以导情意于平正，不至狂迷，则天理可以乘权，情意亦得其主，而人生复其性命之大正矣。礼乐者，所以治情意者也。乐之本在和，礼之本在敬。和蓄于中，敬摄于外，摄者摄持，以敬持身，常不放逸也。和乐之趣蓄于中，敬慎之仪检于外，如非礼勿视听言动是也。则好恶之情无有不平。而天理流行于日用之地，未尝远于人欲，日用之地，无非人欲之所存，而天理即流行于此，何尝高远于人欲哉？盖天理即在人欲中随缘作主。故欲皆有则而不乱，所以天理即是人欲，人欲即是天理。然后知天理、人欲实不可得而分矣。此理知之已不易，知而行之尤难。礼乐之教不修，程子亦尝致慨于此也。

　　关于孔子之人生论，余所欲言者甚多，近以失眠太苦，不欲文繁，姑止于此。此中犹未谈到深处，如欲深谈，文字便须延长。今当略说《大易》，以作结束。欲从宇宙论以寻求孔子之创见，自当求之于《大易》。此中《大易》，谓孔子所作之《易》，即由西汉传来之《周易》是也。经文不无窜乱，而较之他经，则本旨未失。周者，周普义，言易道周普，无所不遍也。据《论语》所记，孔子自称五十学《易》，孔子所学之《易》，即伏羲始画之六十四卦，从远古传至两周时者也。又曰五十而知天命。命字有多义，此中命字是流行义。《无妄》卦之《彖辞》以"动而健"为天之命。动者，流行之谓；健者，刚健。此言刚健而流行不息者，即是天道也。六经以天道为宇宙本体之名。天道是刚健流行的，非真知不能言也。老氏以虚无言道，则失之远矣。据《论语》所记孔子之自述曰"吾十有五而志于学，三十而立，四十而不惑"，可以想见孔子从十五至四十，是其于人生有深切体验，及勤于格物之时期。四十不惑者，只是于事物之轨范皆能明了而握持之，以利于行也。直至五十始曰"知天命"，可以想见孔子在四十不惑之后，已更进而深穷宇宙人生根本问题。及抵五十之年，乃得伏羲之《易》而精研之，遂由过去积累之功，得古《易》之启发，便有豁然大彻大悟之乐，所谓"知天命"是也。是故孔子之学，自其四十至五十之十年中，大概由人生论而进于宇宙论之参究，迨抵于五十则是其学《易》之年，亦是其见道之年。此后益日进无疆，孟子所谓"圣而不可知"，言其德之盛也。宇宙论、人生论等名词，谈古学者多不喜用，实则晚周故籍沦亡，汉以后学人务考核，而不尚思辨，学术名词太不发达，无可讳言。外来之名词，通行非一日矣，欲独弃之何可得乎？《易》曰："辞也者，各指其所之。"思想所之，非无方域，宇宙论、人生论等词未可弃也。

《大易》六十四卦，三百八十四爻，皆一阴一阳之变化也。故知相反相成，是万变万物万事所共依之最高原则，无有得遗之以成其变、成其物、成其事者。此稍明《易》理者所共能言也。然学《易》者，其所知若仅及乎此，正未可自负为知《易》也。夫《易》之道，言《易经》所含蕴之道理。以言其大则无外，无所不包含故。以言其高则无极，其高远不可测故。以言其广则无际，无有边际。以言其深则无底。不可穷其所止也。《易大传》曰："书不尽言，言不尽意。"学者于此领不得，难与言《易》矣。

哲学之为学也，自当以解决宇宙人生根本问题为其主要任务，否则科学理论日益精博，何须有哲学乎？问曰：宇宙人生根本问题一语，似嫌空泛。答曰：汝之蔽也。谈宇宙论而莫辨体用，故闻根本问题一语便疑为空泛耳。古《易》不云乎，古《易》谓伏羲之《易》。圣人法天之用，不法天之体。此自伏羲书八卦固已深探体用之幽奥，圣人，谓伏羲。八卦者，总略言之也。举八卦即六十四卦已备。幽奥者，犹佛典云无上甚深微妙也。识得万物本体，则穷理至此已极矣，更无有加乎其上者，故曰无上。至孔子作《周易》，更发伏羲之所未发，而后至理昭如日月矣。至理者，至犹极也。理之至极，无复有加其上者，曰至理。体者，宇宙本体之省称；用者，本体之流行,至健无息,新新而起,其变万殊,是名为用。

附识一:《易·乾卦》曰"天行健",此天字,谓日、星也。日星运行至健,故孔子取其象,言本体之流行不已,其德至健也。孔子取天之象以言本体之流行,而不是言天,此意当俟后详。问曰:流行亦名为用,何耶? 答曰:用者,犹云功用。流行,即是本体之盛大功用,故于流行而名为用,或称大用。然有时言大用流行者,则大用流行四字,可作复词解。

附识二:新新而起,何耶? 本体之流行,是刹那刹那,才生即灭,才灭即生,无有一刹那顷守其故流而不灭故以生新者。无有二字,一气贯下。《易》曰:"生生之谓易。"生生二字,宜深玩。刹刹是新生,故曰生生。既刹刹新生,则刹刹未曾守故,可不言而喻矣。大化流行,大化,犹言大用。无有一瞬一息停滞,故曰新新而起,言不守故也。或有难曰:公言本体之流行是刹刹新新而起,未有一刹那顷守其故。果如此,由每一刹顷都是顿变,犹云突然起变。则变化似无根据。答曰:流行者,不是凭空忽然而起之流,乃本体之流行也。本体是万变万化之真源,万变万化,作复词用。含藏万有,无穷无尽,《中庸》以渊泉时出形容其妙,可谓善譬。渊泉,谓地下伏藏之泉源,渊深至极,故名渊泉。今以为本体之譬。时出者,言其长时流出,(长时者,无始无终。)永无尽期,此譬大用流行。惟本体真源,本体真源四字,作复词。恒无穷尽,故流行之盛,刹刹突变,常创新而不可竭也。汝云无根据,不亦惑欤? 须知,真源与流行不可分为二段,前举渊泉时出之譬,却须善会。所以者何? 渊泉伏于地下,而其时出之流,则行于地面。渊泉是源,出者是流,源流分段,不可合为一体。因明学言,凡用譬喻只取少分相似,言不可求其完全相同也。本体与其流行之妙,只可以大海水与众沤,本不二而亦有分,虽分而实

279

不二,以此为譬是为最善。渊泉之喻,只取其有源而不竭之一义相似耳。

附识三:有问:俗云万物,言万物,即天地与人,均包含在内。哲学上所云现象,即万物之总名耳。是乃因本体之流行而起者乎?答曰:万物是本体流行之过程,现似万有不齐之相,相字,读相状之相,犹云现象。现似者,以其相非固定,故以似言之也。所谓心物万象是也。先儒谓之万殊。先儒,谓宋明诸儒。故一言乎万物,即知其是本体之流行。若分离万物于流行之外,另作一重物事看去,则大谬也。《中庸》引《诗经·大雅·旱麓》之诗曰:"鸢飞戾天,鱼跃于渊,言其上下察也。"察者,著也。朱子云:此"明化育流行,上下昭著"。程子赞之曰:"活泼泼地。"两先生皆深得诗人之旨。盖万物莫非本体之流行,智者于物,皆深入其里,不作固定物事看。俗眼见鸢便执为鸢,执者,迷执,以鸢为实在的物事也。后言执者,皆准此。仰天便执为天,仰者,仰望。睹鱼便执为鱼,俯渊便执为渊。俯者,俯视。肇公曰:"伤夫,人情之惑也久矣,目对真而莫觉。"万物皆是本体之流行,故万物莫非真也,然人皆于物而起迷执,不悟其本真,所以悲其目对真而莫觉也。昔与蔡子民先生谈此意,子老善之。今子老下世已久,而余亦衰矣,犹有可与谈斯义者乎?

体用之辨,略说如上。辨者,辨别。体用本不二而亦有分,虽分而实不二,此乃于无可辨别之中,而又不能无辨也。今当叙论伏羲体用义。古《易》法天之用,不法天之体,何耶? 古《易》,即伏羲之《易》,后不复注。将欲阐明此义,须先释天字。伏羲之言天,则天帝是也。中国太古时代,先民之上帝观念,不仅是由意想中虚构一有威明之大神,而是以上帝为有形体可睹者,此甚奇怪。远古盖天说,盖天说,为远古天文学中之大宗。言天体中高云云。前文曾引述,可覆看。中高者,谓穹窿之形,先民即指此为天帝之形体也。故天子祀天，立坛于郊，望中高而祭。清世犹承其制，伊川《易传》有云："以形体谓之天，以主宰谓之帝。"此据古《易》本义也。诸生有问：先民以穹窿之形为天帝，颇与拜物教相近否？余曰：天帝明明是一神，未可拟之拜物教也。

旧说伏羲不取法于天之体者，以穹窿之形不可取法也，此说大谬。夫云取法者，非取法乎天之形体也，惟笃信天帝者，对穹窿之形，而起超越感，虔诚皈向。超越感者，谓深感天帝至尊无匹，超越乎吾人与万物之上而独立，赫赫有威明也。他处用此词者，仿此。如《诗》云"小心翼翼，昭事上帝"，方是法天之体。凡一神教徒有实修者，其事天之诚，皆求以小己，投诸上帝之怀抱，故一神教无有不是法天之体者。明乎此，则知古《易》所以不法天之体者，直是不信有天帝耳，非信之而不欲取法也。伏羲生于远古之世，未可显然违反群众信仰，故其作《易》也，以法天之用，不法天之体，标明宗旨，实已置天帝于有无之外，可谓妙极。

法天之用者何？伏羲画八卦，《乾》《坤》居首，其余六十二卦皆由《乾》《坤》变动而成。《易大传》曰："乾坤，其《易》之缊耶？"言乾坤为万变万化万物万事所由出也。乾为神，神者，精神，犹言心也，非谓上帝或幽灵。坤为质，此言物质，亦包含能力在内。斯义后详。神无方，故以奇数表之；《乾》之六爻皆作一。一，奇数也。神无方者，谓其无分段也，言其浑一而不可分也，故画作一。坤成物，故以偶数表之。《坤》之六爻皆作一一。一一，偶数也，物有分段故。神质本相反也，然乾以刚健中正之德统治坤，乾德"刚健中正"，见《乾卦·文言》。坤以永贞之德顺承乾，《坤卦·爻辞》之总结曰"利永贞"，言坤之道利在常永贞固。贞固者，大中至正，坚固不可摇也。《坤卦》之《象》曰"顺承天"，言坤道在守其常永正固，以顺从乎天。天，谓乾德也，乾以刚健中正而无偏私，与坤相通；坤以常永正固而顺从乾，与之俱进。乾德上进而不退坠，坤从乾，故俱进也。此乾坤所以由对峙而卒归统一也。乾为神，坤为质，此古义也，盖就宇宙论言之也。心能认识物，解析物，体察物，改造物，变化裁成乎万物，此心以刚健中正之德统治物也。物顺从心，而发展其德用,此物之永贞也。若乃就人事言,则自六国时小康之儒,已以君为乾,臣民为坤,盖君主之教条耳。今群品日进,(群品,谓民群之品格日高也。)自当以奉大公、守大正者,为乾道。(此道字,犹理也。下准知。)以先失正,而后改过迁善者,为坤道。伏羲氏以乾坤之道,为天之用,此天字,谓天帝。远古之民同信有天帝,伏羲不得显破之,故以乾坤之道假说为天之用也。而作《易》以示人,作《易》,谓画八卦。欲人法天之用,不法天之体,此乃伏羲改造思想之一大机权,至可惊叹者也。夫神道之世,人惟敬畏天命,而一切无可自致其力。此中天命一词,与孔子"五十而知天命"一词,其含义绝不相同。孔子所言天是流行义,天谓宇宙本体。屡见前文。伏羲云天者,谓天帝。命,犹令也。人有困厄,则以为天实令之,己无可为力也。自伏羲示人以法天之用,人乃自信己力,卓然官天地,府万物,乃知天帝之威明,实有诸己而不在彼也,岂不妙哉?帝尧曰:"天工,人其代之。"见《尚书·帝典》。其受伏羲之《易》学影响断然无疑。汉人言《易》者,以伏羲只画八卦,文王重卦,作卦辞、爻辞,复有夺爻辞以予周公,孔子只作《十翼》,于是《易》有四圣之学。余惟伏羲画八卦,自古无异说。言八卦者,总略之辞耳。非待文王重之也。"文王拘于羑,而演《易》",见《史记》。演《易》二字太含胡,马迁本疏于考核,两汉儒生遂逞臆妄言文王重卦,作卦、爻辞,又加入周公,绝无依据,但不敢完全埋没孔子之《周易》,乃妄分《十翼》以归之。此事,皮锡瑞辨正,极是。汉人好变乱孔子六经,吾不知其是何心也?余由《诗经》以上考文王之思想,确是纯德之宗教家,与今存《周易》思想颇少相近处。可覆看前文,谈心物问题中。《易大传》称伏羲,有曰:"古者庖牺氏之王天下也,伏羲亦号庖牺,以其发明火化故。仰则观象于天,俯则观法于地,法者,法则。天地万物莫不有法则,《诗》云'有物有则'是也。上观天象,亦皆有则。凡物皆然。法字虽见于此,却须会通,古人作文不似后人修整也。观鸟兽之文与地之宜,地之宜者,谓若高山平原川泽等地,宜产动植矿诸物也。近取诸身,远取诸物,于是始作八卦,以通神明之德,神明者,谓理之幽深隐微,故称之若神明,形容其不可测度也;通者,易之术,深察宇宙万有,由幽隐而至于显著盛大。古人云《易》本隐以之显是也。**以类万物之情。"**此有二义:一、类者,通其大类即综合而董理之也;情者,情实,犹言事实。万物之情实繁赜极矣,若只务析观,则纷然如散沙布地,都无条贯,将奈何? 故须会通而得其大类,(即由分殊之理而会通之,以纳于普遍的原理。)此通自然与人事而总言之也。二、克就人群言,人之情有小有大。情之小者只为小己之私,不能与人通者也;(如己欲利其私,必大不利于人,是其情不能通于人也。)情之大者,己之所欲,亦即与天下之人人同其所欲。如孟子所谓好货与人同之,不以私于己,好色而愿天下无怨女,无旷夫,此欲之通于人者,则情之大者也。《礼运》"大道之行,天下为公",则以人群之大情为根据,其义实出于《易》也。伏羲虽未远见及此,孔子则由伏羲类情之旨,而推演之耳。古之传记有曰:众怒难犯,专欲难成。不顾人之所共欲,而己乃求其所大欲,以专享之,其终为天下众怒之归,如今帝国主义者是已。类情之义,大矣哉!

据《大传》叙述伏羲作八卦,纯是从观察大自然,与近取诸身,实测已广,实见毋妄,所以作得八卦来。《大传》本孔子之传授,而七十子后学记之。孔子之学在未见古《易》之前,即五十岁以前。盖与伏羲遥合者多,今不及详。及见古《易》则其触发处,当更深远耳。《乾》《坤》二卦,孔子自是本伏羲之意而不无推演,若其发伏羲之所未发者,则乾元性海是孔子所亲证而后言之也。证犹知也,然此知字之义极深微,揣度之知不可以言证。俟后论之。伏羲欲人法天之用,不法天之体,明明是反宗教而不便显破。不知者疑余推尊古圣太过,然《大传》明文现存,何容否认?大地人类其思想开发最早,而又博大深远,无可比伦者,伏羲一人而已,奇哉奇哉!

伏羲之《易》,《春秋》而后,盖已不可得而征。战国时,祸乱日剧,群情惶惑,术数盛行,皆托之于《易》,而伏羲之哲学思想自无人过问。即孔子之《周易》,六国儒生已不传其真,观田何入汉之所授而可知,况伏羲之《易》乎? 孔子《周易》,汉人传来者,或非其原本。司马谈云:"六艺经传,以千万数。"《易》为五经之原,其书必多,今之存者是否为《易经》一类中根本巨典,犹难断定。差幸有此,可依之以深玩其要旨。读古书,如入深山,披荆棘而采大宝物,学者确须深心求之。

原　儒

伏羲之《易》，其中根本问题未便解决者，即体用是已。孔子生于千载之后，而始解决焉，甚幸哉！由孔子之卒，逆数至伏羲世，已是鸿古，岂止千载乎？今日千载者，略言之耳。伏羲当初民迷信天帝之世，其作《易》也，虽云不法天之体，此言天者，谓天帝，与孔子言天道或天命者，绝不同义。可覆看前文。而不曰穹窿之形，本非天帝也。虽云法天之用，此天字，同上。而乾坤大用，虽不无元，元者，原也。乾坤大用四字作复词，乾坤即是大用故。夫用必有体，故知乾坤不无原也。毕竟不可说有天帝为乾坤之元，此伏羲所未明辨也。孔子《周易》始明白废除天帝，揭示乾元。乾元者，乾之元也。非乾即是元，切忌误解。乾元即本体之名。本体之名甚多，不止名乾元而已。孔子或言太极，或言天道，或单言道，单言天，皆本体之名也。《乾卦·象传》曰："大哉乾元，万物资始，资，受也。始者，乾元流行之主力方面，所谓乾是也；乾统治坤故，遂于乾之化而言始，非时间先后之义也。乾始以阳刚之德化坤，而坤即以阴顺之德承乾之化，万物乃资受阴阳之和以有其生，故言乾始即已知坤顺，否则独阳何能生万物乎？乃统天。"此天字，即伏羲所云法天之用之天字，盖谓天帝也，与孔子所言天者不同义。伏羲时，民众以穹窿之形为天帝，孔子则谓此天为乾元之所统御。(天帝，亦省言天。统御，犹主宰也。)夫乾元统御乎天帝，则天帝不足为万物之主矣。其言虽谑，而理趣深远。《坤卦·象传》曰："至哉坤元，本体之流行，名为用。(可覆看前文。)用必有两方面，相反而相成。(只是两方面，不可当作两体去想。)故一言乎乾，即知已有坤在。坤之元即是乾之元，非坤别有元，此七十子传授先师遗说，而汉人犹存之者也。王船山《易内外传》不悟乾元坤元是以乾坤之本体而言，(不悟二字，一气贯下。)乃有'乾坤并建'之说，颇有二元论之嫌。万物资生，生者，生养。坤成为物，而乾阳生生之化实含敛于其中，是故万物皆互相资受，以遂其生养也。无机物互相资以养，土壤集而泰山高，细流聚而河海大，生物进至于人，则资于物者，殆举全宇宙而皆备之矣。有问：此解资生与资始有别，然汉以来无此解，何耶？余曰：《说卦传》不云乎：'坤也者，地也。(坤为物，故取象于地。)万物皆致养焉。'余非无据也。旧解以'万物资始'说在乾，'资生'说在坤，而'资始'与'资生'之义却无甚分别。其实，坤承乾而生之义，当在乾之资始中，融会而说；坤之资生中，当就养言。乃顺承天。"天字有多义，此处天字是以太空诸天体运行之健，比譬乾德刚健也。故此天字之义，与前文统天之天字绝不同。前文，以初民信穹窿之形为上帝，故说乾元统天以破之。此处言天则以乾德刚健，而取象于天体运行之健，故此之言天实谓乾德也。顺承天者，言坤当守正固，以顺从乾之刚健中正，而与之合一也。《易》之书本假象以显理。（假者，假借；显者，显明。犹借用譬喻，以显明其理也。）汉人言《易经》无一字不是象，其言未免于谬。（谬者，如《乾》之九三"君子终日乾乾"，言君子精进之勇，终日不懈，健而又健。荀爽曰：日以喻君，则终日乾乾，惟君当然乎。且日作君说，则终日一词，如何可通？举此一例可概其余。）然《易经》之文是假象以显理，则不可不知也。惟其取象可以隐寓众理，触类旁通，无拘无滞，此《易》之所以为大也。不知圣人取象之意，未可读《易》。如上所述，《周易》乾、坤《彖传》，揭示乾元，废除天帝，体用之义至是朝彻无疑。庄子云"朝彻而后能见独"。朝，晨初也，犹言清明；彻者大通，亦云洞彻。独者，本体无对，故说为独；见者，证知之谓。承伏羲未竟之绪，百世以俟后圣而不惑，盛矣哉！孔子之绩也。

附识：有问：《乾卦》曰："大哉乾元，万物资始。"公释此文，以乾之主动而化坤，乃为万物所资始。《坤卦》曰："至哉坤元，万物资生。"公以坤之承乾成物，故万物得致养焉为释。据此，则资始、资生皆与乾元无涉乎？答曰：甚矣，汝之固也。乾元者，乾坤之本体；乾坤者，乾元之功用。体用本不二。乾元资始资生之德，即于乾坤而见，以乾坤是乾元之功用故。若无此功用，尚有乾元之德可说乎？譬如大米养人之德，即于粥饭而见，以粥饭是大米之功用故，否则不可见米德也。余据经而作释，汝不悟耳。

《易大传》曰："乾知大始，坤作成物。"据此，说乾为知，说坤成物，则心物同为乾元本体之功用，乾元本体四字，作复词。乾元是体，乾与坤是用。而乾为心，坤为物，故心物是乾元之功用。易言之，即心物同为乾元之流行。坤之元即是乾之元，此孔门遗说，汉人犹保存之，故物与心非有二元。此是孔子《周易》宗要，宗者宗主，要者纲要。学者须深切体认，无论赞同与否，不可失其真也。

乾知之知字，自汉以来绝无正解，盖本不悟而遂不求通耳。说乾为知，此知字自不是通常所云知识之知，余谓此知字犹言大明也。大明，犹言神或心，虽无思虑等作用，而其自性阳明，是一切思虑等作用之原，故说为明、为知。《乾卦·彖传》有云"大明终始"，言乾阳为大明，而以健德动坤阴，乾阳，作复词，坤阴亦然。动者，乾为主动，以开导阴也。阴承之而化，阳之动，阴之承化，是同时，非有一先一后。故阴阳和，而万物禀之以成始成终也。原万物之所由始，则乾本大明，以健德化阴，故阴阳和而物始生，及物之终也，则还归于阴阳之府。（府，谓乾元。乾元是乾坤之本体，万物归其根也，故曰府。）盖物之形有尽，而原其所由始者，则无尽也。大明终始之义，深远极矣。据此文证，此文者，谓上引"大明终始"之文，可为证也。则"乾知大始"者，谓乾为大明，故能主动以开阴，而大始万物耳。于乾知，而言大始，则心为主动可知。印度古有数论学派，言万物之生亦由于暗。暗者，迷暗。佛家谈缘生，有十二缘生之论，言人或万物之生，由十二种缘会聚而生，故曰缘生。譬如稻禾之生是由种子为因缘，水土、阳光、空气、岁时、人工等为助缘，故稻禾生。若离诸缘，无有稻禾，缘生之义如此。由缘生故，万物皆不固定，皆不是独立的实物。以无明为导首。十二缘以无明居首。无明者，迷暗之谓。如佛氏之论，则万物皆由一大迷暗的势力为首，而与其余的众缘会聚乃得生。彼之言无明，是看作一种迷暗的势力。西洋哲学家谈宇宙所由开辟，亦有推本于盲目追求的意志者。凡意志论，多与印度思想有相近处。伏曼容说《易》之《蛊卦》以为万事起于惑。是乃以佛家缘生论诬《易》。此类倒见，见解不正，名之为倒。易导人于悲观。惟孔子《周易》以乾坤本于一元，所谓乾元。而乾为大明，以阳德动乎坤而化之，乃大始万物。是故宇宙本圆明之海，圆明，本佛典，犹大明也。群生含齐圣之因。履大变而释矛盾，齐万物而浴太和，齐者，万物皆平等也。《乾卦·彖传》有曰："保合太和，乃利贞。"胡为自居迷暗而非苦哉？大哉《易》也！予舍此何归乎？

　　附识：乾坤名为二卦，而实不可分。如以乾坤之本体而言，则坤之元即是乾之元,非坤别有其元。此从根源上说,乾坤本无可分也。根源,为本体之形容词。从乾坤大用之变动上说,乾坤大用四字,作复词。乾坤即是本体之功用,赞之曰大也。则阴阳实不可分,乾有焀明刚健之德性,故说乾为阳;坤有柔顺之德性,故说坤为阴。乾坤只是乾元流行之两方面,不可作为各别的两体去想。是故《乾卦》中,言乾便有坤在;《坤卦》中,言坤便有乾在。如《乾·象传》言"万物资始",始之为言,隐示乾为主动,坤即承乾而化,非有一先一后也,否则独阳无阴,不能成变化,万物何从资之以始乎? 又如言"大明终始"及"乾道变化"都是阴阳一齐俱有,未可以变化单属之乾道,以万物终始单属之大明也。未可以三字,一气贯下,为句。大明,谓乾也。略举一二处,他可类推。《乾卦》中,须如此体会,《坤卦》中亦然,学者深思而自得之可也。然复须知,乾坤变动,要是乾为主,而坤承之。但主非先时而动,承非后时而化,乾坤总是一齐俱有。所以者何? 乾元之显发其功用,其内部必骤呈两方面之不谐,若孤而无偶,即无功用可言,所谓乾坤息是也。息者,毁灭。此理深微,可与言者鲜矣。西学之宇宙论,有唯心唯物之争,如识得《周易》之冲旨,心物本无可分也。

坤作成物者,乾为神,神,犹言心也。是乾元流行之主力方面,而坤之动虽与乾之动相俱,相俱者,犹言同时并起,非是乾动在先,坤动在后也。但坤动便与乾相反。相反者,坤化成物也。余尝言,乾元之显发其功用,其内部必骤呈两方面之不谐。坤之动而反乎乾,是乃乾元之流行,所必至之势,自然之理也。问曰:何故成物便谓之反? 答曰:《乾凿度》云:"阳动而进,阳,神也。进之义,略说以二:一曰上升而不沉坠,二曰开发而不闭锢,此不失乾元本体之自性者也。阴动而退。"退之义,亦略说以二:阴成物则分凝而闭锢,(凝结必分化,故曰分凝。分凝而成种种物,如气体已是凝之端,至于固体则凝

287

极而闭锢矣。)粗浊而沉坠。此丧其乾元本体之自性者也。**学者如近取诸身,远取诸物,当不以《乾凿度》之言为妄也。**神之为上升与开发,固宜反身体会,然亦可征之于物。万物之发展,由无机物而进至有机物,有机物由植物而进至极高之人类,精神是一步一步的开发而上升。**问曰:公言坤化成物是乾元流行,所必至之势,自然之理,吾犹不解,原闻其详。答曰:乾元之流行,其主力则乾是也。**乾元者,乾之元,是乃乾之本体而不即是乾。**乾本无形,若非坤化成物,则乾之动将无所依据,断无是理。譬如手持足行,行持是动,以有手足为其依据故也。无手而有持,无足而有行,未之闻也。故说乾坤是乾元流行之二方面,不可剖作两体。乾者,乃乾元流行之主力,所谓纯粹之精,能干运乎坤者也。**乾为坤之主,《坤卦》有明文曰顺承,曰得主,明坤以乾为主也。纯粹精三字,非与上文刚健中正并列。崔憬之解是也。精者,精神之省词;纯者,纯一;粹者,粹美。此言乾有刚健中正之德,所以为纯粹之精,而主乎坤者也。此可参考《乾卦·文言》。干者,言乾主领乎坤也;运者,言乾运行乎坤之中也。**坤者,乾元流行之翕敛,**翕敛者,言其收凝而有所结聚。**所以化成物,而能载乾者也。**《坤卦》之《象》曰"厚德载物",盖以坤能载乾,而譬之若大地之容载庶物也。此是就宇宙论言。若就人事言,则人当取法坤之厚载,前儒所已说也。**余前言之矣,乾元之发展其功用,其内部必骤呈两方面之不谐,然不谐者,其猝尔之变态耳,非其恒性也。**猝尔,犹言乍然。**乾坤毕竟"保合太和"而归统一,则以乾坤本来不二故也。然虽本不二,而亦有分,则庄子所谓俶诡谲怪,佛氏所云不可思议者矣。**佛云不可思议者,就证见真理而言,其能证之智,与所证之真理,浑然为一,此从无量修行而乃得此,非世间学人思维与议论可以到此,故曰不可思议也。今俗用此词,全是胡乱,失佛之本义。**夫乾坤本一体,而不能无二方面之殊者,**乾坤本乎一无,故云一体。**此乃法尔道理,非吾人逞臆妄说也。如惟有坤而无乾,则万物发展至人类,明明有最高之灵性出现,而不许其本有潜隐之根,云何应理?**应,犹合也。**且独坤不能成变化,何有万物发展可说? 如惟有乾而无坤,则乾之动竟无有坤物为其**

依据，坤物，作复词。是无手而有持，无足而有行，天下那有如此不可想像之事？是故乾坤为一体流行之二方面，一体，谓乾元。实不可分。《乾卦》中有坤象，《坤卦》中有乾象，稍通《易》象者皆知之。如《乾》之《彖》云"云行雨施，品物流形"，云雨并有形，皆坤之象。曰行，曰施，皆动义，乾之象也。此言乾动乎坤中，坤承乾而化，故乾坤合流而万物形焉。形，亦坤象也。虞氏注，犹有误在。此乃《乾卦》中有坤象之证。《坤卦》中有乾象，思之可知。乾坤法尔相反相成，法尔详附识。独坤不化，不可说有坤无乾；独乾无动，不可说有乾无坤。学者诚明乎此，则坤作成物，是势所必至，理之自然，可豁然无疑矣。

附识： 法尔道理一词，见佛典。法尔，犹言自然。而不义译，乃译音曰法尔，则以自然一词世俗习用太滥，不求甚解，故译音而注其义，欲人深玩。穷理到至极处，思维与推论再无可逞，是谓法尔道理。此云穷到至极处，思维与推论再无可逞者，约说以二：一者，穷至宇宙基源，再不可问基源之上更有基源否。吾乡谚云：那可头上更寻头。此有至理。二者，从普泛说，一般人公认的理则，本乎实测，而非出于空想或幻想者，亦不容对此理则而再追究。例如二加二如四，本为算术上的定则。设问：何故有二加二如四之定则耶？吾必举物而数之，以晓问者。然问者又曰：物自为物，而此数则自人命之耳。设物能言，将问人曰：吾侪何曾以此数自规定耶？问者如此用思，如此推求，吾即强答之，终亦等于不答耳。总之穷理到至极处，思维与推论确不容妄逞。如二加二如四，可以命物而不失其序，则此定则便是至极处，不容再思再推，谓之法尔道理可也。

孔子说"坤作成物"，决不是片言便了，必更有所发挥，可惜司马谈所称经传千万数者,汉人不肯究而任其亡失。《易大传》自是孔子遗说,七十子后学所记,虽不无变易先师本旨,而大体可靠。纬书本秦、汉间儒生杂集而成,惟《易纬》颇存孔门精义,而杂乱之说被收入者亦多,不可不严于简择。今据《易纬·乾凿度》有气形质三始说,正所以申"坤作成物"之旨,故引彼文而附注其下。

"太初者,气之始也。"注曰:郑玄释此文云:"元气之所本始。"案郑玄用一所字,盖以为太初犹不即是气,但气以太初为本耳。此解大谬。实则气之始见,即是太初,非谓有气未始之时,名太初也。且言气始者,乃无始之始耳,岂能划一个气未始之时为太初乎?

"太始者,形之始也。"注曰:此形字是形著义,非形象义。所以者何? 如为形象之形,即有实质,便是太素,非太始也。故知此形字是形著之形,不可作形象解。然则此形字,果何所指? 余以《易大传》"坤以简能"推之,说"坤以简能",此能字,自是科学上所谓物质与能力之能。则此形字,谓能力也。盖气已始见,则由轻微之气,而至于强盛有力之能,炽然形著,故说能为形,即以形始,谓之太始。

"太素者,质之始也。"注曰:惟能之动,猛而疾,乃助物质之凝成,即以质始,名为太素。

气始名太初者,元气轻微流动,而是物质宇宙之初基,不尊之为太初可乎?

形始名太始者,由气之发展,而能力始见。能力既形著,迥异气体之轻微,将益发展,而质以始,不尊之为太始可乎?

质始名太素者,素亦质义。由轻微流动之气,而进为开发有力之能,复由能力之发展,而质始凝成。质始见,而宇宙万象森然,故赞曰太素也。

质始但名太素,素与质同义,即指物质宇宙而言。而无初始等义者,气为形质二始之端,故尊之曰太初;形之发展,而质乃始,故于形而尊之以太始也；至于质始见，则物质宇宙之发展已达于高度，不更为他作始，故美之曰太素。凡言太者，皆大之之词，美之之词也。

坤作成物，由气始而至于质始，乃抵于完成矣。

"气形质具，而未相离，故曰浑沦。"注曰：气为太初，然非形始而气熄。熄者，灭熄。气的自身恒等流而不已也。等流者，言气非守其故而延续下去，乃是刹那刹那，舍其故而生新，相续流，而不断绝，故曰等流。等者似也，后与前相似也。譬如昨日之我，实未延续到今，我乃刹刹灭故生新，而相续流，不可以今我为昨之我也，但今我与昨我相似耳。后我之视今我，亦复如是。识斯趣者，等流一词可不繁言而喻。

形为太始，形谓能力。下仿此。亦非质始而形灭。形的自身，恒等流而不已也。

质既始矣，复等流而不已，不可作固定的物事看。

如上所说三始，三始，气、形、质也。法尔一齐俱有。气始，则形、质与之俱始，故曰气形质具，而未相离也。三始，无有时间先后。如以为气始在先，形始次之，质始又次之，则是以时间先后分三始，非知化者也。三始，是万物所由之而成。凡流、凝、动、植诸物类之发展，可分时间先后，而三始则无先后可分也。浑沦者，言三始浑然若一，不可分判也。三始，不可直说是一，而以不可分判故，乃谓之若一。圣人说"坤作成物"，《大传》记述不详，幸《易纬》犹存三始之文。又复须知，坤作之言，非坤可独化也。李道平释坤作曰"承乾成物"，深得《易》旨。

附识一：《易大传》曰："乾以易知，坤以简能。"此二语，汉以来诸家注疏，徒乱人意。余谓易简者，乾坤所同有之德也。若不明乎此，而妄以易之德属乾，简之德属坤，如此则乾坤不同德，何可说为一元之功用乎？一元，谓乾元也。乾与坤则是乾元之功用，说见前。既不同德，又何能保合太和乎？乾阳、坤阴，虽有一进一退之相反，而反者其猝尔之变，毕竟"保合太和"，则以其有同德故也。且乾有健德，而《乾卦》言"牝马地类，行地无疆"。坤，阴也，取象于牝马。（取象，犹言取譬。）地类者，坤本取象于地，今又取象于牝马，则以牝马与地同属阴类故也。（天高、地下，说地为阴，牝马雌类亦属阴，古人以物类别阴阳，大概如此。）行地无疆，言牝马行于地上，其健无疆。则坤亦有健德也。又坤有顺德，而乾有中正之德，中正即顺也。佛氏言大悲之德，因众生苦而起，《易》言中正之德，亦因尊重群众之共同意向而起。中正即顺从众志，虽有力者不得以私意、私见独行，所以为中正。故中正之德，是顺德也。汉以来言《易》者，以乾健、坤顺绝对分开，是乃曲从统治阶层之教条，古代以君比于乾，以臣民比于坤。乾德刚健，坤德柔顺。而失圣人之精义，不可无辨也。谈至此，恐牵引愈繁，今还归本文。"乾以易知"之易字，当读为难易之易。易简两字，实不可分开。易有三义，易简其一也。《大传》言乾易、坤简似分而实无分也。读者须会其意。易简者，贞固专一之谓。乾坤同有贞固专一之德也。乾以贞固专一之德而成其知，故曰"乾以易知"。乾为神，故《乾卦·象传》说乾为大明，而《大传》亦说乾为知。坤以贞固专一之德而成其能，故曰"坤以简能"。坤为物质，为能力。贞固专一者，万德之本，乾成知，坤成能，皆以有贞固专一之德而成也。易简之义，只是贞固专一，万物所由成，吾人所由生，只是同出于一个真元。（《易》云乾元是也。）此真元自是有贞固专一之德，所以生物不测，行所无事。乾知、坤能都自此成，故曰易简。易简者，不杂乱之谓，即是贞固专一义也。

　　吾今者于此，惟欲究明《易大传》与《易纬》之意，质始是否由于能，此一问题，余留心甚久。《大传》言"坤作成物"，而复言"坤以简能"。物者物质，能者能力，圣人以坤说为质、为能，可见能与质是分不开，言质即有能在，言能即有质在。然《易纬》言三始，而形始即是能，质始却次于形始而说，此何故耶？余以为质者本非虚疏无物，但亦不是固定的物事，其所以渐凝而为有密度之实质者，当有藉于能。如燃香楮，猛力旋转，便现火轮，此火轮亦非幻现，只是动力猛旋，把火光收敛凝聚起来，故现火轮耳。吾由火轮，而悟质始，当有藉于能。能之强动，法尔有助于质之收凝，法尔，犹言自然。说见前。故质始则次于形始而说也。气形质具，洋洋乎万物发育，伟哉物质宇宙，故美之曰太素也。圣人说"坤作成物"，本书凡言圣人者，皆谓孔子。他处未及注。复于成物，说三始，余以形始说为能，或人颇疑。余曰：此形字，如作形象或形物解，便是下文之质始，如何讲得通？形字，本有著现义，若作形著解，自是能力无疑。《大传》明明说"坤以简能"，此能字不是能力是什么？吾有确据，非臆说也。形始次于气始者。气是轻微流动的，进一步便是强盛有力之能，气轻微而尚未形著，至于能则形著矣，故以形始立名。实则形始，即能力之始现也，或人亦释疑。气始，则形质二始之母也。形始，谓能力之始现。气轻微流动，含质而未凝，有能而未著，故应说为后二始之母。质以实言，质者，是实有此质的，不可如西洋唯心论者，说物质是精神之发现，或感觉的综合。能以势言，势，犹力也。有质即有能，故能与质不可离而二之。然则三始以气始为导首，而终以质始，有深意欤。《易》说坤为物，却不别能力于物质之外，而于能与质亦未尝不有分，此是洞见实理。其于物质本视为变动不居，在古代有此发现，至可惊叹也。

附识二：《乾凿度》于三始之前有太易，其说曰："太易者，未见气也。"见读现。郑玄云：以其寂然无物，故名之为太易。案未见气者，言太易之中，气尚未现也。郑云寂然无物是也。据此所云，则是以太易为寂然虚无之本体。气且未现，则形与质俱未现更不待言。如其说，则本体是超脱乎三始之外而独在，明明与《周易》体用不二义大相违反，此乃六国或汉初儒生杂于道家言，或天帝之说者所增窜，虚寂，近于道家。而亦有说太易为太一者，则是北辰之神名，便杂入天帝之说。决不可信为孔门之传。太易本不见于《易大传》，吾昔时曾妄信为太极之别名，今断定其伪。

有问:《易大传下》有云:"神而化之,使民宜之。"虞翻注曰"神谓乾,乾动之坤,之,往也。乾动而往于坤,以开发之也。化成万物以利天下"云云。坤承乾而化,遂成万物;民得利用厚生,故曰宜之。《易大传上》有云:"惟神也,故不疾而速,不行而至。"后详。虞翻注曰"神谓易也"云云。虞注既云"神谓乾",又云"神谓易",两说不同,何耶? 答云:乾阳为神,神,犹言心也。坤阴为质,质者物质,亦省云物。此乾坤之大别也。自有《易》以来无异解。然虞翻云"神谓易",何耶? 易者变易。万物皆大变之过程,刹刹毁其故而更新,都不暂住,故云变易。乾阳始变,坤阴承化,万有密迁而莫觉。乾之始,坤之承,是同时,非有一先一后,前已说过。于乾言始者,主动之谓。变化势速,不暂停故,万有密密迁谢,密密改换,一刹那顷天地更新,山岳舍故,而谁觉之欤? 故知易者,神也。神也者,乾也。乾主动以开坤,而变化成,故知由乾神而见易之为神耳。《大传上》有云:"阴阳不测之谓神。"乾阳始动,而坤阴承化,其妙不测,乾神之所为也。虞云"神谓易",盖本此。

问曰:《易》以乾神、坤物同为乾元之功用,孔子既破天帝与幽灵,胡为犹有所谓神耶? 孔子破天帝,《易》有明文。《论语》曰"敬鬼神而远之",又曰"祭神如神在",则其不信有幽灵可知矣。幽灵者,如俗言鬼或山川等神皆是也。孔子曰敬而远之,劝人勿迷信也。曰如在者,正以幽灵非实耳。答曰:天帝、幽灵本无,人自迷耳。乾神不可言无。略谈二义:一曰,乾神者,吾人明明本有之心也,此非天帝,更非幽灵。胡为怀宝自迷,人心能穷万物之理,斡运化育,造起万事,建立无量德业。虽非无待于物,而心是主动,故禅宗说心是大宝藏。譬若痴人,怖头狂走。人有揽镜见头,而不知其为己之头也,乃大恐怖,狂奔避头。今不能返观自心,而欲远绝之,与怖头者何异?

二曰,乾元之显发其功用,其内部必骤呈两方面之不谐,而乾元流行之主力,即乾神是也,其反之方面,即坤物是也。然乾神始以刚中之德开发坤物,刚健、中正,省云刚中。坤物乃以永贞之德承乾神,《坤卦·彖》曰:"乃顺承天。"天者,谓乾神。天之运行至健,乾神有刚健之德,故取譬于天,此言坤

物，承乾神以成化也。永贞，见《坤卦》。永者永常，贞者正而固，永常正固，亦与乾神之
刚中合德。正即中正，固即刚健，故坤之承乾，非邪曲也。保合太和，而乾坤统
一，此宇宙开辟之必循乎辩证法也。如只承认有坤物而不许有乾神，
则宇宙便被割截而成为片面的物事，是乾坤毁也。宇宙者，乾坤之总称耳。
今毁乾，宇宙便是片面的。《大传》曰："乾坤毁，则无以见易。易者，变易。乾坤
以相反而成和，始有变易。今毁乾坤之体，故无变易可见也。易不可见，则乾坤或
几乎息矣。"息，绝灭也。既无变易，故是乾坤息灭也。然则后世之异论，圣人
已悬记之矣。远测未来之事，而预言之，曰悬记。

　　或有难曰：公所云二义，犹未究其源也。夫宇宙太初，洪蒙一气，
渐分凝而成无量诸天体，已不知经过几何长劫。长劫，犹言长时。迨大地
凝成，又复历时悠远，方可产兹生物。由生物发展，而至动物，渐有知
觉吐露。由动物进至人类，而后高等精神作用显发。凡此，虽云比量
所得，而皆有事实为依据。比量，见佛家因明学。比者，犹云推求或推论；量，犹
知也。由推求所得之知，曰比量，此乃宽泛的解释。然比量必有事实为依据，否则将逞
空想或妄猜，而不成为知，所谓非量是也。是故物为先在，心非本有，直是物质
发展至高度，而后心现，故知心亦物耳。今公据《大易》，乾神大始，坤
物承化，不独将心与物看作是本来一齐俱有，而且尊心为主动，此与吾
侪今日所闻适得其反，不知公可以解物先在，心后现之难否？若此难
无可解，则《易》道难令人起信也。

　　答曰：子不究于至理，兴难唐劳，唐者虚也。奚为不可解此难耶？
然释子之难，须先释神字。《大易》以乾为神。乾神也者，心之别名也，
而《易》之言乾神，则取象于天行健。天之行至健，乾神有健德，故取譬于天行
健。乾神者，固乾元流行之主力方面，所谓"动而健"者是也。乾元，即乾
神与坤物之本体，其义详前。动而健，见《无妄卦·象辞》。《乾卦·文言》曰："大
哉乾乎！刚健中正，纯粹精也。"《文言》此处，诸家注疏每乱人意，惟崔
憬曰："言乾是纯粹之精，故有刚健中正之四德也。"此解大旨不误，惟

以刚健中正为四德，则亦同于诸家翻弄名词之小技耳。刚健分为二德，殊无取义。中即是正，不正即失中，更不容妄分。阴阳之由矛盾而保合太和，即由乾神有中正之德，以开发乎坤物故也。余谓《文言》此处，盖言乾神具有刚健中正二德，所以成其为纯粹之精也。纯者，纯一，非若物成形而有分畛故；粹者，粹美，非若物之重浊故。言纯粹者，以见神之有异于物也。据此说，乾神具有刚中二德是纯粹之精。刚健，省云刚。中正，省云中。他处皆仿此。《文言》于此，特赞之曰大，学者不可不深究也。余尝深察万有之幽奥，以为宇宙必有真元。宇宙者，万有之总名耳。真元，谓本体，《大易》则名之曰乾元。真元之功用必有二方面：纯粹者，其精也；精者精神。古籍言精神，或单用一精字，或单用一神字，其义则皆谓心灵也。充实者，其材也。材，犹质也。纯粹之精，含万德，立其为万德之本耳。缊众理，言其为众理之原耳。是以健动而无息，常永健动，恒不断绝，曰无息。刹那刹那顿变，而不守其故，是乃《大易》所谓乾神也。充实之材，非不有德，非不有理，而其理、其德要皆至精之德之理，遍运乎材质之中。精者精神，即上所云纯粹之精。至者赞词，言精神为微妙至极也。运者，运行。而材质乃承之，以敦其德，如其理而有以成物，敦德者，敦实其所禀于至精之德；如理者，因其所禀于至精之理，而依之以化成万物。若本无理，材质虽具，亦无法式可依以成物也。是乃《大易》所谓坤物也。

　　材质与精神恰恰相反。精是纯一，材成物即有分畛；精则粹美，材成物即重浊。然虽相反，而精以刚中之德，主动以开通乎材，则材亦顺承于纯粹之精，而与之俱化矣。总之精与材，实由乾元本体之内部乾元本体四字，作复词。法尔含缊有此二者之潜因，二者，谓精与材。否则无有功用可言。说坤为材者，（材亦云材质。）坤只是成物之材质，犹未即是感官所接触之实物，故《大传》曰"坤作成物"也。

　　德与理说为纯粹之精所含缊，而材质之有此二者，则由纯粹之精以其德与理遍运乎材质之中，故材质得禀之而有德与理也。精与材本乾元流行之二方面，不可剖为两体，而精是乾元流行之主力方面，故德与理应说是纯粹之精所固有。余由《大易》以乾主施、坤主受之原理而推之，德与理皆由纯粹之精，_{乾。}所施于材质，_{坤。}而材质乃受之，以为己有也。又有难曰：《易经》似少说到一理字。余曰：汝未曾学《易》，故作是疑。《易大传上》有曰"俯以察于地理"，此一语从来学人不深玩。其实，《易》之辞皆象也。此地字并非直就地球而说，而是以物质宇宙取象于地。_{取象，犹云取譬。}地球是具有实质的物事，故以物质宇宙取譬于地。地而曰理者，则以物质宇宙莫非众理之散著，故其云地理者，实以言万物皆是众理森然也，此非余之逞臆妄说。《易纬》最古，《乾凿度》曰："地静而理，故坤为理。"案静而理者，坤成物，即现似静止之相，_{相者，相状。}现似者，言物本非静止，但现似静止之相状耳。而有理则可寻，故曰"静而理"。《诗经》亦曰"有物有则"，皆与《大传》相印证。难者曰：先生已云理是纯粹之精所缊藏，今又说理在物，何耶？答曰：物以理成，吾既言之矣，而理非无其源，纯粹之精，理之源也。其在物者，则理之发现也。《易》学，求源之学也。穷理之源，则纯粹之精是乾元流行之主力方面，故应说理之源在是。然坤作成物，_{坤者，材质。}即一切物皆依于理而成。_{物之成也，固须有材质，而亦须有法式。《易》家皆言坤，承乾成物。承乾者，承其法式也。法式即是理。}易言之，物即是理，故穷理者，即物穷之而已。伊川说"在物为理"，朱子采之，而作《大学·格物补传》主张"即物穷理"，其说实祖《大易》。

余精力衰耗，不欲繁文，今当略提纲要，而后解难者之惑。《易大传》曰："乾坤其《易》之缊耶？"_{缊，藏也。}万变、万化、万物、万事，皆乾坤变动之所为，故知乾坤为无穷无尽的大宝藏也。坤为材，_{材，犹质也，亦可曰材质或物质。}为能，_{能者，能力。《大传》曰："坤以简能。"是明明说到能力，非余之曲解。}为理，_{后有附识。}而坤之名，正是直指材质。此何故耶？余参究之年久矣！

附识：《坤卦·文言》曰"黄中通理"，便是说坤为理，然非治汉《易》而通《易》象者，亦不知此处是说坤为理也。余于前文，引释《大传》俯察地理处，不引《坤卦》者，引之而不详解，则今后留心《易》象者更少，将莫能喻也。欲详解则牵涉太繁，汉《易》有其一套戏法，无从说起。汉《易》时存古义，确不可废，然非超悟之才，则入其圈套，玩弄戏法，而终不得明古义，从来治汉《易》者盖无不如此。古学湮绝，甚可痛。昔者尝有聚十余人修明古学之意，今则年衰，无能为矣。

吾人不能否认精神有运行乎物质与统御乎天地万物之德用，言万物，而天地人皆包含之矣。今别出天地者，只作复词看可也。统御云云，其义详在《乾卦》，他日有暇，当为《乾》《坤》二卦作疏。顾学术分派而各有所尚，遂至有反对宗教之神，而牵涉到吾人自身本有之精神，亦以为本来无是者。此中是字，为精神之代词。殊不知，宗教之神是感情之迷执而实无神也，譬如病目见空中华而实无空华也。精神则明明不是宗教之神，人之意识或思维、概念、推理以及感情意志等等作用皆精神现象也。精神是吾人五官百体之统御者，此无可否认，而且人莫不相信人类有改造世界、统御天地之权能。而胡为弗思人类所以有此权能者，正由人类之精神发展特殊，故表现奇绩耳。而胡为弗思五字，一气贯下为句。是故应知，精神是统御吾人之五官百体，实亦周遍统御乎天地万物。所以者何？精神无形体，是乃浑然纯一，无定在而无所不在。物成形体，是乃分而为多。任何物皆各有定在，而不能无所不在，物之大者如太阳系，倘非于太空中有其定所，何能不越其运行之轨道，而无互相乱冲乎？夫惟明于精神之浑一而无分也，则知统御吾人五官百体之精神，即是统御天地万物之精神，此中天地万物，作复词用。后仿此。统御天地万物之精神，亦即是统御吾人五官百体之精神，以其无在无不在故也。陶公怀人之诗曰:"情通万里外,形迹滞江山。"形谓身也。有形即有迹,非如心情之无形迹也,故为江山所滞碍。身,形之微者也;江山,形之粗者也。虽以微形履乎粗形,而形与形交,无往不碍也。惟心情遥通万里外,江河弗能隔,山岳莫能障。神以无形入有形,而有形亦失其碍。**此明精神不为空间所限也。**古诗有曰:"**人生不满百,常怀千岁忧。**"千岁忧,则非小己之私忧,乃与尽未来际,万物同忧者也。宇宙无量,不能有各方面造于圆满之一日,设有圆满之期,则将停滞于是,而不圆满之患又至矣。《大易》终于《未济》,人道不宜以《既济》而忘忧也。《春秋》终于获麟,道穷而体道者终不穷也。人生可忘千岁忧乎?然可与语此者,不亦难其人欤!**此明精神不为时间所限也。呜乎! 精神微妙。习于格物之术者,辄执物而昧于神,惟诗家不凿其天然之灵性,往往有遇焉。**言其不待思议,而与神遇也。**孟子称齐王**齐者,古齐国。其王则宣王也。**见屠者牵牛赴宰场**,宰,杀也。**牛觉之而有惨惧之态**,惨者伤惨。惧者恐惧。**王不忍而令勿杀。夫以形言,则王与牛互不相关,王何不忍于牛之死乎? 然王竟不忍者,牛之觉是牛之神也,王之不忍是王之神也。**精神,省言神。**王与牛之形虽互异,而王之神与牛之神本来浑一无分,未尝随形骸而隔截也。**隔者隔离,截者截断,使彼此互不相属。神则无可隔截。**故牛将见杀而其神动,王见牛惨惧而其神亦动,可见神者不是超越乎天地万物而独在,却是周遍潜运乎天地万物之中,而恒不失其浑一之自性,此神之所以为神也。总之天地万物,繁然散殊,**散者分散,殊者别异。**而有潜运乎繁然散殊之中,以统御之,使其不失为完整体者,则精神是也。今兹难者,乃谓精神本来无有,余诚迂固,未敢苟同。**

上来略说乾神,今次复言坤物。吾于前文已提及坤为材、为能、为理,而坤之名乃是直指材质名之,何耶? 疑久斯通,略申厥义。夫坤,从质而得名者**,坤,从何而得斯名乎? 乃从材质而得坤之名也。尊坤以配乾也。**曷为尊之? 无质则神无所托。**托者,寄托。**太空莽荡虚无,将奈何? 夫惟有质以凝神**,有材质,则精神得凝集于其中。**神不穷于运用**,神无质,则无所资以为运用之具。质不终于闭锢。质有趋于闭锢之势，得神以斡运之，则将合德于神，不终闭锢矣。坤有牝马行健之象，承乾神故也。西学一元唯心论者，僻执精神为惟一实在，而不承认物质为实有。此其大蔽，略谈以三：一、不辨体用是无本也。二、宇宙是以奇偶相反相成而发展不已，唯心论者乃偏执精神一方面，而舍去物质一方面，即使精神陷于虚无之境，不独有片面之失而已也。三、《易》之精义，坤为理决定不可摇也，若否认坤物，则穷理者将徒任主观虚造，而不知征诸物。物理不明而人事得利者，未之有也。是故知唯心论者之大蔽。则坤之以质得名，以其有实质，而得名之为坤也。承乾而成万物，圣人尊之也宜矣。

坤亦为能者，有质即有能，质惟缊聚，能则开发，敛散虽殊，要不可析之为二也。敛者缊聚；散者开发。然缊聚其本矣。尝试思之，宇宙间如无质之缊聚，能亦不会有。《大传》说"坤以简能"。坤，质也。惟有缊聚，故有开发。圣人以能之成，归本于坤质，非深于化者，莫识此旨。夫质生，即能与之俱生，虽质为能之本，而能与质是一齐俱有，故曰有质即有能。譬如说草木之根干枝叶是与其种子一齐俱有，非是种子先有，根干枝叶后有。非是二字，一气贯下。理实如此，并不希奇。余谓质能本不二而亦有分，虽分而仍不二，盖从《大易》之《坤卦》体会得来。

坤亦为理者，理，原于纯粹之精，精者，乾神也。前已说过，可覆看。而坤质则依之以成物。《诗》云"有物有则"者，则犹理也。盖物之成，未有不依于理而成也。《易大传》曰："言天下之至赜而不可恶也。此云天下，犹云宇宙间也。万变、万化、万物、万事繁赜至极矣，然皆有理则可寻，非混然淆乱也。（混然者，不可辨之貌。）无穷之变化，无量之物事，莫不依于理而成，故曰不可恶也。言天下之至动而不可乱也。"万物万事皆变动之过程，而握持其理则，乃澄静以涉乎至动，而司造化之权，何乱之有乎？余尝思古乐五音协和，如元气浑沦，周流无间，或扬而高，或抑而下，或似断而实续，或弘壮而不肆，变化万端，殆疑于神。此其所由然者，则以乐音依十二律而成故也。律，犹理也。如无律则乐音不可得成,吾观于乐而知宇宙万变万化万物万事无有不依于理而成者。余尝设想,宇宙如有造物主,则其造世界也,必将采音律之原理而造世界。古圣言乐足以动天地,格神明,格,来也。言神明来欣赏也。此非唐大之辞。唐,犹虚也。盖言音律之制作,实探造化之原,天地、神明皆无以过乎此,故或为之动,或来欣也。夫万物必依于理而成,犹乐音之必依于律而成也,故睹物而通理,犹闻乐而知律。《大易》说坤为理,坤,物也。物以理成,故说物为理。其旨深远哉!按十二律,阴阳各六,犹是《大易》乾坤相反,卒归“保合太和”之旨。音律之原理不待他求,求之于《易》而已矣。人类自今以往,担荷造物主之责任,采音律之原理以造和乐之世界,实现孔子之乐教,为期当不远也。

理之为义至宽广,如形式、规律、轨范、法则、秩序、条理等等,皆应通名之曰理也。坤为物质而不即是吾人感官所接触之万物,只是作成万物之材料而已。《大传》曰“坤作成物”,盖言坤承乾起化,方作成万物也。万物之成必须有实质为其材料,此不待言。而任何物体皆非无组织者,万物本互相对而亦互相含,一微尘含三千大千世界,三千大千世界,借用佛典语,言宇宙之广博无穷也。三千大千世界入一微尘。故微尘虽极细之物,而谛观其与一切物亦相对亦互含,谛,审也。则微尘自体非漫然无组织可知也。设问:组织如何可能?答曰:惟依于种种理则以为之耳,此佛氏所谓法尔力也。理则二字,作复词。则,犹理也。他处用此辞未及注。法尔犹云自然,解见前。种种理则如何而有?是乃不可致诘,只可曰法尔力也。依于种种理则而为组织者谁欤?此无造物主默运其间,亦只可曰法尔力也。总之物体组成必依于理则,如火炎上,水流下,皆不可易其性者;炎、流即此二类物体所由组成之理则也。方物自方,圆物自圆,皆不可变其式者;方、圆即此二类物体所由组成之理则也。圣人说坤为理,其深于格物可知矣。

附识: 有问:先生言乾乾,谓精神。含万德,缊万理。诚如此,则德不待修，理不待外求钦？答曰：善哉！子之问也。余将因来问，而明吾之意。乾是乾元流行之主力方面，故说乾含万德，缊万理。曰含，曰缊，言乾是万德之本，万理之原耳。并不是说万理万德从无始来已是一大精神谓乾。所含缊齐全也。若将含缊作此解，则吾子所云德不待修，理不待外求者，诚有此失。须知宇宙论不得不求源，以言乎源则在物之万理，不谓其原于乾元流行之主力方面不得也。人生万德，不谓其本于乾元流行之主力方面亦不得也。语言文字本属实际生活中习用之工具，颇呆笨，以为说理之工具自有甚多困难，所贵学者善会意于语文之外耳。夫乾者，纯粹之精也，故谓其含缊有德与理之种种可能，谁谓其已办就许多德许多理存在着？精神微妙至极也，何可把他看作如大囊里满贮一堆子东西在？

综前所说，乾坤本是乾元本体流行之两方面。乾元本体四字，作复词。流行者，言乾坤即是乾元本体之功用也。乾元本体非如老云虚无，亦非如佛云空寂，而是流行不已的。盖流行即是其功用也。用必有两方面，所谓乾坤是已。若惟独有乾而无坤，或惟独有坤而无乾，即不得成用。乾为神，神者，精神之省称。亦谓之知，亦谓之大明。知与大明，则从其发展既盛而言之也。坤为质，余谓之材质。亦谓之物，物者，坤承乾而化，既成万物，故说坤为物也。亦说为能，为理。为能者，有质即有能，能与质本不二也；为理者，物之成必依于理以成，故说坤为理。

乾神、坤质不可剖作两体，亦不可存乾而舍坤，或存坤而舍乾，此从《乾卦》中有坤象，《坤卦》中有乾象，而深玩之。圣人之意，的然可见也。如以乾坤为两体，则是二元论。更虚立一乾元于其上，果何取义？孔门遗言明明曰：坤之元即是乾之元，后学岂可谬解而妄叛圣言乎？乾与坤神与质。只是乾元本体之大用。大者，赞词。用不孤行，故有神质二方面。若存神而舍质，则神乃浮游无寄，如何成用？西学一元唯心论者,徒逞空想以持说,毕竟不可通,未可长迷而不悟也。唯心论亦无法否认物质,遂以物质为精神之发现,此乃祖述宗教上帝造世界之说,而稍变其词耳,甚不应理。若存质而舍神,则质之为物,本无虚灵之性。言唯物者,以为生物出现而后始有灵性发露,遂说灵性为物质之发展。然试问本无灵性之质何以忽产生灵性?毕竟无法说明。且质必分化而凝成万物,则万物纷然散殊,倘未有无定在而无所不在之精神,普遍斡运乎万物之中,斡者主领义,运者运行。则万物将失其统御,而无贞于一之道矣。贞于一,见《易大传》。贞,正而固也。万物分散,各各殊异,而万物所共有之精神,却是至一而无分的。万物以有此至一者存,所以至正而坚固,非虚幻也。若夫惟质无神,独则不化,其失与存神舍质者同。西学一元唯物之论,余亦不得无疑。

《大易》乾坤之义,名为相对而实乃互含。乾神入坤质无弗遍包,精神运于物质之中,亦包乎其外,以精神无所不在故。此明乾含坤。坤质藏乾神无有独化。乾神非离坤质而独在,坤质亦不离乾神而独存《易》言坤承乾,明夫坤之不可独化也。此明坤含乾。圣人于《乾》《坤》二卦互著其象,《乾卦》中有坤之象,《坤卦》中有乾之象,故曰互著。明夫乾坤只是二方面,不可当作两体去想。学者如悟得乾坤互相含,则一元唯心论存神舍质,固是割裂浑全之宇宙,无当于实理。而一元唯物论以实事求是为宗趣,宗趣,犹云主旨。诚无可违反,然其在哲学上之主张,则不肯承认精神为本有,毕竟存质舍神,亦不得无失也。

上来略说乾坤义,今次当答物质先在,精神后现之难。《大易》乾神坤质互相含,未有惟独有精神而无物质之时,亦未有惟独有物质而无精神之时。圣人持论如此,何耶?或曰:圣人殆不知生物未出现时本无精神现象可征,遂至纯任空想,竟以乾坤互含树义而不自知其误耳。余曰:有是哉,汝之无知而无忌惮也。《易·序卦传》曰:"有天地然后万物生焉。"据此,寥寥九字,而宇宙发展之序,圣人固已了然于胸中。天地、万物不是太初一齐俱有,故曰"有天地然后万物生焉"。由此可见,万物生于天地之后,亦不是一时并生,圣人固已知之矣。然则动物,人类未出现时,即无有知觉及最精深之思维,与超脱小己利害之道德判断等等作用,圣人何至昧于此乎?然而圣人不说物质先在,精神后现者,其必有真见矣。尝试思之,一般人不悟精神物质亦相对亦互含,本为浑沦之大流,浑沦者,不可分判为两体也。不悟二字,一气贯下。遂至坚执精神后于物质,不惜以物质吞并精神。此其错误之故,略说以二:一曰,对于精神缺乏认识。二曰,心之发现确有待于物质之组织逐渐精密。先谈第一义。

云何对于精神缺乏认识?精神是心之异名,异名,犹云别名。此夫人所知也,然亦微有辨。精神一名,则可为心的自体之专称,自体一词,注意。凡有形者即皆有自体,如笔有其自体,纸亦有其自体,他物可例知。无形者,如精神或心亦是有自体的,以其非空无,非虚幻故也。而不可为心的行相之目。目,犹名也。相者相状。行相者,谓心行于外在境物而起了解,即此了解,名为心的行相,是心取于境物所现之相故。心之一名,通常则指其行相而言,有时亦目其自体。如《管子》云:“心之在体,君之位也。”体,谓身也。言心之在身,居于君位。君犹主也,谓心是身之主。此心字,即直指心的自体而名之也。心,非视听所及,而不是空无,不是虚幻,确是实有的,故说心有自体。儒道二家虽学术不同,而以认识心体为第一着,则莫或异也。禅学直指心源,活泼泼地,(心源,犹云心体。)接引初学,殆莫妙于禅。然诸家虽同以认识心体为要,而真正能于闹市中识天子者,确不易得。人自有生而后,便有种种杂染,障蔽本心。杂染譬如闹市,本心是身之主,譬如天子。闹市中有天子,禅家先德语也。(杂染,见佛典。凡私意、私欲及不正之知见,皆杂染也。)余尝欲选集禅家语录稍加疏释,更注《论语》酌采船山《读四书大全说》附之以行。船山本有极好处,而随处存一驳佛、老之心,或不中二氏病,又失圣人意,惟多救朱门固陋,功亦不细耳。孔子总是于日常生活中指点人,令其随事择善,勿陷杂染,久之便识得自家有主在。此理惟有从生活中去体会,无可空造议论。科学纯是格物之学,格字,朱子以穷究释之,是也。为此学者,于物质宇宙中划定一领域而从事,运思之锐,方法之密,固可练达而日知其所无。若乃昭旷之神悟,则未免埋没于无何有之乡矣。虽有大天才之科学家,能于其所业之外游心宇宙人生诸大问题,而不敢持科学万能之见者,盖亦罕矣。吾言至此,似涉枝蔓。然所以枝蔓者,则以心体微妙,心体者,言心不是空无或虚幻而是实有的,故言心有自体,但此云心自体分明不是说心为宇宙本体,切忌误会。科学格物之方法无从认识心体。学者不当以科学之所不获征明者,遂断定心体本无有也。总之一般人所谓心只是克就心之行相而说为心,确不曾认识心体。吃紧。夫就心之行相而言,则动物及人类未出现时,何得有心?虽有工于诡辩者,亦无所施其技矣。然真正认识心者,却是于心之行相而透悟心体,既见心体,方是真正认识心,易言之,即是真正认识精神。世人只认取心之行相,以为即此行相。是心,而不求彻了心体,遂断定心或精神非本有,此余所期期以为不可也。周昌对汉高帝曰:“臣期期以为不可。”期期,言语謇难之状,后人每借用其词。《大易》以乾为精神,其言精神也,则取象于天行健。天体之运行,至健而迅疾,故以比喻乾神之动而健也。《大传》曰:“唯神也,故不疾而速,不行而至。”此义深微,后当略释。又曰:“辟户之谓乾。”辟者,开发义;户,昼则常开,乃阳明之象。乾神具阳明之德性,故取譬于辟户。据上诸文,则《大易》固以无形之形、无力之力、阳明、健动、开发无穷、升进不已者,谓之精神,易言之,即心体是也。吾人返己,体认自心,岂非无形之形、无力之力、阳明、健动、开发无穷、升进不已者乎?自家有此宝物而不认识,宝物为心体之形容词。乃弃之于无何有之乡,岂不惜哉?世人只识得有形之形、有力之力,而不知宇宙间至大而不可测者,莫如无形之形、无力之力者也。言不可测,则已测之矣。而曰不可测者,形容其理之深微耳。若见不可测三字,便疑为不可知论者,则浅夫难与言矣。《周易》六十四卦,三百八十四爻,起于《乾卦》初爻之潜龙。乾神,取象于龙者。初民以龙为善变之灵物,故以为心或精神之比喻。《乾卦》初爻为潜龙,以比喻心神幽隐不可睹。心神,作复词。潜之为言也,隐而未现,所谓无形之形、无力之力也。而极尽广宇悠宙之间,至显之形,至显之力,未有不由于深潜幽隐,无形之形、无力之力,斡运其间也。孔门遗言:"《易》本隐之显。"言本乎隐微,而至于显著盛大也。广大哉斯言!深远哉斯言!焉得解人而与之拈花微笑耶?夫坤物有形有力,而乾神不可以形见,不可以力称也。《大易》乃说乾神统御天地万物,岂不奇哉?夫阳明健动者,无有一物非其所在也,无有一物非其所运也。大自太空诸天体,细至一微尘,或一呼一吸之气息,孰能遗此阳明健动者,而自成为物哉?夫坤不独化,承乾始动而化成物,始,犹主也,非乾动在先,坤承于后之谓。故万物莫不禀质而含神矣。王船山曰:"咳唾皆神之所行。"非知化者,谁能语此?世人只认取心之行相,以为即此行相谓之心,而不知阳明健动,所谓纯粹之精者方是心。纯粹之精,见《乾卦·文言》。精者,即精神之省词。前文曾引过,可覆看。阳明健动者,是心之自体。心之名,依其自体而立。若夫心之行相,则必待动物及人类出现,心作用发展极盛始有行相可征。生物未出现以前,心有发展行相之可能,但潜藏未现耳。然不能说未有生物时即无有心在。心也者,神也。神者,精神之省词。乾神、坤质,法尔一齐俱有,宇宙本浑全,何可凿破而作片面观乎?

附识:刘静窗治佛家大乘学,近于《华严》《大般若》诸经颇有解悟。余喜之,劝其读《易》。静窗问:乾为神,何耶?余曰:汝且深玩阳刚二字。夫神者心也。阳与阴反,阴者暗义,阳者明义,故《乾卦》言"大明",《大传》言"乾知"。古今有些学派以为宇宙始自一团迷暗,如印度教论言勇、尘、暗三德,彼所云勇,盖近于能力。尘即物质。暗者,谓有一种迷暗的势力。三德合,而开宇宙。佛家有十二缘生论,西学生命论者言生之冲动,皆是也。此等思想殊浅薄,惟孔子作《周易》创明乾元性海,乾元性海,见本篇谈天人不二中,可覆看。而以乾元流行之主力方面,所谓乾者是具有阳刚之德性。其言阳曰大明，曰知，皆表其无迷暗也。此知字，不是通常所云知识之知，说见前。刚者，言其坚劲而上升，不至化成物。坤化成物便有下坠之趋势，乾却是上升，而不肯化为物的。古《易》家说乾是精刚自胜，宜深玩。精，即精神之省词。精至刚也，故曰精刚。精刚，故足以自胜，而不化为物。宇宙一方面是坤质，一方面是乾神。坤质成物而趋闭锢，颇有如数论之所谓暗德；乾神卒能开坤而归统一，成其大明，故人道当体乾之德以自强。

附识二：有问：先生说乾元统天，乾元者，乾之元，非乾即是元。则云此天字谓天帝。然言及乾之统御天地万物，则此天字当是指目太空诸天体，非谓天帝也。答曰：汝所说实得吾意，但有失考处，不可不疏明之耳。中国先民确是直指太空中形气之天，而认为即是上帝，故古代经籍中，形气之天即太空诸天体。与所谓上帝实无可分开。《荀子·天论》曰："大天而事之，孰与制天而用之。"读者或胡混过去。其实，先民迷信自然界之诸天体，即是上帝或大神，而敬事之，故荀子有是说也。吾在本篇言乾即心。之统御天地万物，则此天字自是太空诸天体之目，若言乾元统天，则是破初民天帝之迷执也。

云何心之发现，有待于物质组织逐渐精密？夫神、质为浑全之大流，只是两方面相反而相成，不可剖作两体，吾于前文言之屡矣。浑全者，浑然为一，不可分裂，故云浑全。地球当未有生物时，动物知觉与人类高等精神作用虽未曾发现，而阳刚之精，精者，精神之省词，亦是心之别名；阳者明义，言其非迷暗也；刚者，坚劲而升进，不化为物也。此心之方面，所以与物之方面迥异者也。要自周流六虚，上下四方曰六虚，犹云太虚。太虚本无方分，而云六者，假名之耳。无定在而无所不在。洪蒙未判，阳精固与元气俱充。阳刚之精，省曰阳精，犹云心也。俱充者，言神与气俱充塞乎太虚也。气而曰元者，此为物质与能力之端,故曰元气。无量器界凝成,阳精亦随器界遍运。诸天体或无机物,通名器界。此词,见中译佛籍。不可曰宇宙肇开,惟独有物而无心也。夫心者,大有而无形,《易》有《大有》之卦。有而曰大,尊之之词也。心本实有,而无形无碍,此其所以为大也。健动而不可以力称,《乾卦·文言》赞乾神曰:"纯粹精也。"称之曰精神而不可称之以能力者,以其有阳明、刚劲、升进之性,其德用殊特故也。《大易》于坤而言能,明夫有质即有能,物质能力混然为一。圣人之观物也深矣哉!微妙至极矣。《说卦传》曰:"神也者,妙万物而为言者也。"案申鉴曰:理微,谓之妙。神非物,而其理极深微,故神之为言,以其微妙于物也。故心之发现也,必待物质组织逐渐精密,而后得盛显其作用。盖神至微妙,神,犹言心也。则其所凭藉者,亦不得不精利。物质是精神之所凭藉。此理势必然,非有意想造作也。夫人禀质含神而生者也,既生则接乎万物而有意想。若克就神言,则神非人也,只有大明之德性而无意想。物界演进约分二层:一、质碍层。质即是碍,曰质碍层。自洪蒙始启,无量诸天体,乃至一切尘都是质碍相。此中相字,犹言自体,非相状之相。尘者,中译佛籍以物质名为尘,此言诸天体或无机物其自体皆是质碍的,故云质碍相。质碍相者,无有生命。昔人说物为重浊或沉坠者以此。印度佛家说土石等物无生命,无情识,草木亦然。外道说草木有生命,不同土石等,今当以外道说为长。余尝见空庭中孤生之木缺乏日光,墙壁有一孔穴稍通光线,而是木也特倾斜其干以向孔穴,使枝叶得近微光,是其有心甚显然。世言葵心向日,实则植物都有此觉,不独葵也。质碍层所以现似重浊,而无生活机能者,现似二字,借用中译佛籍,言其成形,则现似重浊耳,实则物质亦是流动不已。惟以组织过简,无机物亦非全无组织,只是太简耳。故精神潜伏于物质中而不得发露,《易》之《坎卦》阳陷阴中而不得出,即此象也。《大易》以乾阳为神、为心,坤阴为质、为物。《坎卦》阳陷于重阴之中,即是心神为物质所锢蔽之象。是故物界,当质碍层时期,材质渐趋凝敛,材质一词见前。而组织方式未备,精神犹难凭之以发露,故质碍层诸物,如土石等等,尚无生活机能,而心作用未发现更不待言。

308

二、生机体层。此层依质碍层而创进，即由其组织特殊而成为有生活机能之各个体，故曰生机体层。此层复分为四：曰植物机体层，生机体，省云机体。下仿此。曰低等动物机体层，曰高等动物机体层，曰人类机体层。凡后层皆依据前层而起，但后层究是创进与前层异类，此其大较也。古今浅于测化者，以为宇宙开始，只是质碍物，太空诸天体皆质碍物也，山河大地不待言。诸质碍物无有生活机能，无有心作用，由此断定心非本有，而坚持唯物之论。然而物界发展到生机体层，心作用始著见，见读现。至于人类则大明之心体益盛显，而无亏蔽矣。无亏者，如孟子劝齐王将不忍杀一牛之心扩充之，以保育四海之民，庶几大明心体无有亏缺。又如成年人推致其儿时学语、学步之知，以穷万物之理，亦是无亏也。无蔽者，推致吾心大明之德用，而实事求是，即知即行，克治私意、私欲等等障碍，是无蔽也。夫质碍层未见心，而生机体层始见心者，此非偶然也，更非物质能产生心也。如谓物质发展至高度，能产生精神，吾且试问世间何不见豆类发展至高度而产生麻乎？此等推论，余不敢认为合理。余相信宇宙间事理只有本隐之显，说见前。决不会从无生有。唯物论本不应说物质中本含有精神之德性，今若谓物质发展至高度忽然产生精神，不谓之从无生有而将何说？譬如石女无孕育之可能，如谓其生儿人皆莫之许，以其不能从无生有故也。夫精神未见于质碍层者，非本无也，特隐而未见耳。见字，皆读现。后准知。其隐而未见者何？物质之组织过于粗笨，不适于精神之运用也。物界发展至生机体层，而精神吐露渐至盛大者，此非本无今有，乃从隐之显也。本无，则今不能有，此不易之理也。若始而幽隐，则终必至于显盛，故隐而未见，不是本无。其从隐之显者何？物界进至生机体层，则物质之组织善巧至极，故精神得凭藉之以显也。善巧一词，见中译佛籍。巧而不善，非所宜也；善而不巧，亦非宜也。生机体组织善巧者何？余将略言三义：一曰，由粗大而趋适当。当字，去声。质碍层中，如太空诸天或星云，佛家皆名之为大，以其自体粗大故。夫形过大者，则将为形所累，而精神不获显矣。后来

309

生机体层出现,却是各个小物,然此层诸小物仍有巨细不齐。巨者,如崇山有大兽,海洋有水族大物。(如吞舟之鱼等类。)细者,如一切微生物类,其为视听所不及者,盖多至无量数矣。形过小,则无所容载,精神亦不显也。惟人体之在诸小物中不至过巨,亦不至甚细,此乃最适当者。物体组织之发展至此始无遗憾。然人体之粗型,确在大自然中早已出现。植物机体层已有一植物生长于土中,完全如婴儿之状,农人或掘出,好奇者购之制药,谓食此可不老。吾于三十年前,曾亲见此物。又水产动物中,有一种鱼类,完全为人之形。余童年在大江舟中看过。十余年前,四川五通桥江流中亦出现此物,亡友孙颖川购育之盆中,数日死。陆产之猿类,其为人形不待言。余好留心物质宇宙之组织方面,顾生长清世,穷而不得游学,于数学、物理、化学、生物学均未问津,无可发挥余之理想。余窃叹物体组织之发展,诚不偶然,人类为最高之灵物,其形体之构造殆经多番试验而后成功。呜呼!斯已奇矣。**二曰,由简单而趋复杂。**质碍层,如析至元子电子之小宇宙,亦可见其有组织,否则不能形成诸天体与地球等大物。然诸大物之组织毕竟简单,后来生机体出现,始见其组织非常复杂,而人类之神经系与大脑构造之精密尤奇。**三曰,由重浊而趋微妙。**诸质碍物之自体,凝结固闭,未免重浊。生机体之组织乃极精微奇妙,今日生物学之研究盖犹甚粗,未能深测其渊奥也。**综上三义,可见质碍层与生机体层之根本区别处,只是一方有殊特之组织,**谓生机体。**一方几于无组织。**谓质碍物,几于二字吃紧,非谓其全无组织也。因其太简,即近于无。几于者,犹云近之也。**在组织过简之质碍层,心则隐而未见,及至组织精利之生机体层,心乃从幽隐而出,以至显盛。《大易·离卦》阳精出阴暗而显其大明,即此象也。故知精神之发现与否,当以物质组织之利钝为衡,**质碍层,几于无组织是钝也,故精神不得发现。生机体层组织精利,精神乃发现。**不可以心未现于质碍层,遂妄断心本无也。**

宇宙从过去至现在,由现在奔趋无穷无尽之未来,正是浑然之大流,刹那刹那,舍故趋新,活跃不已,丰富无竭。吾人须知,此浑然之大流,虽变化日新,而每一变化要皆有其从出之因,任何新奇发展决不能无因,而突然幻现一绝异之怪象。此中现字,是变现义,非发现义。发现者,如某种现象昔时隐而未现,今乃发现出;变现则是变起一种现象出来,然变现必有其从出之因，非可凭空幻现也。譬如豆种不生麻，以豆种非麻之生因故也。精神物质是乾元本体流行之两方面，曰两方面，即不可作两体看。吾人不当以精神归并于物质。倘谓宇宙开始只是质碍层，元无精神现象发现，遂断定精神非本有。此说如可成立，则必先肯定物质中本含有精神之德性，否则生机体层，心作用发现便无有从出之因，余未见其说之可成也。犹复须知，物质不是固定之质，而且有质即有能，《大易》固已言之矣。然复肯定有阳明、健动、升进、开发、纯粹之精者，精，即精神之省词。见前。既是与物质混然为一，亦复统御物质，此岂是意想虚构，妄立此说耶？须知，圣人确是"近取诸身，远取诸物"，灼然真见，非臆说也。吾人五官百体明明有精神为之统御，否则与块土何异？人类有"官天地、府万物"之权能者，正以人类之机体组织得以显发精神故耳。假设有人工造作之人在此，而无可为之造精神，则此人造人终是一副机器，而欲其与自然人同样，有官天地、府万物之权能，吾诚迂陋不敢妄信也。是故统御乎吾人五官百体之精神，即是统御天地万物之精神，此理明明白白，何用狐疑？《易纬》言坤，坤，谓物质。势不能自举。物质虽亦是流动而不固定，究无大明、刚健、升进诸德，故云势不自举，须有精神统御之耳。《易纬》之说诚是。神质两方面，如存其一而去其一，则乾坤毁，宇宙灭矣。圣人破斥天帝，亦不信有幽灵，俱见前文。而于吾人及万物所共有之精神决不否认，此云万物，即天地亦在内。此佛氏所谓离增损二过也。人情之迷也，每以无为有，如迷信天帝或幽灵者是其一例，此即于本无中而妄有增益。又每以有为无，如以精神并入于物质者是其一例，此即于本有中而妄有损减。圣人实事求是，不以无为有，更不以有为无，故离增损二过。

　　物界之发展必须经过质碍层，而后有生机体层，此乃庄子所谓"恶乎然？然者，犹云如此。何为如此乎？盖设问也。然于然"也。言不可问其所由，乃其自己如此耳，非有使之然也。余考大乘有宗义，有宗者，佛家大乘之一宗也，先是龙树学派谈空，其末流多弊，无着、世亲兄弟起而谈有以救之，后世称其学为有宗。

311

质碍层对于生机体，得作五种因。五因者：一、起因，二、依因，三、随转因，四、持因，五、养因。余云质碍层，有宗则谓之大；余云生机体，有宗则谓之造色。色，犹物也，实指众生之形体而言。此乃略解，详解则甚麻烦，可不必也。起因者，谓质碍层若未起，生机体必不能起，故说质碍层为生机体作起因。为字，读卫。依因者，谓生机体依据质碍层而得生故。随转因者，谓若质碍层变异生机体亦随变异故。生物必适应环境，即此因。持因者，谓生机体刹刹故灭新生，由质碍层持之不绝故。养因者，谓由质碍层诸可资生之物，养彼生机体令其增长故。如上五因，与《易·序卦》云"有天地然后万物生焉"其大旨亦相通也。天地，质碍层之大物也，佛氏亦谓之大。万物，则无机物与有机物之总称。宇宙之发展本无有造物主作意于其间，若有造物主则宇宙将完全受造物主之支配，何有发展可言乎？此《大易》所以破天帝也。近代知识分子无复有迷信造物主者，此人智进步之必然也。若乃坚持唯物之论而不承认精神为本有，则又不得无蔽矣。神质本浑沦之大流，《周易》乾坤互含之缊，揭然著明矣。如只存物质而舍去精神，则不能不谓宇宙出自一团迷暗，而伏曼容"万事起于惑"之说，数论勇、尘、暗三德之论，皆将与唯物论桴鼓相应也。所以者何？惟精神有阳明之德，《易》以乾为精神，为心，故谓之阳。阳者阳明，无迷暗也。《乾卦·象辞》谓之"大明"。若割除精神，日月食矣。日月为大明之象。无精神即无明德，故譬之日月食。虽欲不谓之迷暗，何可得乎？数论所云三德者：曰勇、曰尘、曰暗。尘即物质，勇即能力，暗者迷暗的势力。唯物之论否认精神，而去阳明，故同于数论之所谓迷暗也。试推观宇宙发展则先有质碍层诸大物，而后生机体出现，可见万物在大用流行不已中，若隐然有前进之目的。《易大传》云"至赜而不可恶，至动而不可乱"，以其不无目的故耳。大用流行，谓神质浑沦之大流也。如《序卦》云"有天地然后万物生"，有宗言诸大，诸大，犹云天地。为生物作五因，若非诸大为生物作五因，则生物不得有。据此而推，宇宙太初，质碍层始成，则已伏有发展生物之目的矣。若谓质碍层，惟独

312

有物质而无精神,则宇宙浑是一团迷暗。万物之成也,只缘胡乱冲动之所为,余诚迂陋,未敢信其然也。

附识: 克就乾元本体之流行而言,只可赞其不已,此古义也。不已之旨,深远极矣。见到时只有身体之,说亦无可说。赞其不测,而不可问其有目的与否也。若克就万物之发展而言,则不能说万物无目的,以其禀质含神而生,自非无趣向也。

犹复当知,吾人思维与推理等等作用,析别万物而穷纤悉,综揽众理而观会通。若哲学界多超悟之诣,科学上多创见之绩,逻辑之精详严密整齐,真可谓穷大析微者矣。至于仁人志士所以与天下后世群生同忧患,而不惜舍弃一切可图之利,甚至毁生命而为之,此等超脱小己利害之道德的判断与实践,尤为崇高而难测也,倘无大明健动之源泉,能有是乎?今谓精神非本有,以固持唯物之论,恐未免太偏在。

《易》曰:"唯神也,故不疾而速,不行而至。"此正明乾神健动之实也,而其理微矣。微有二义:曰深微义,曰微妙义。庄子而后,解者鲜矣。学绝而求征于外,大乘刹那生灭义,其为《易大传》阐明健动之注疏欤。将释刹那生灭义,且先释刹那一词。佛家小乘分析时间至极短促,方名刹那,如《大毗婆沙论》卷一百三十六说:"壮士弹指顷,经六十四刹那。"其云六十四,不知如何计算,现时钟表犹无可推定刹那量,况古无计时之具乎?或曰:《毗婆沙》说不可泥解,壮士弹指猛疾,犹经六十四刹那,可见刹那量是短促至极,不可数计耳。

古今哲学家深于察变者,虽谈宇宙万象时时舍故趋新,要皆是宽泛的说法,只以很生动很警切的语句来形容事物之不守故常而已,尚未能洞彻刹那生灭义。要至佛家才单刀直入,拿定刹那义来说。刹那生灭义，省云刹那义。然佛氏是出世法，此法字，谓佛氏教理。虽明明见到刹那生灭，而实着重于灭之方面，非着重于生之方面也。余旧作《新论》，便救其失。《大易》说"不疾而速，不行而至"，分明是洞彻刹那生灭，学人如不识刹那义，则此文便无从索解。

云何说刹那生灭？刹那者，是分析时间至于极短极促而无可更析者，故名刹那。佛家分析物质至于极微，无复可析矣。分析时间至于刹那，亦无复可析矣。通常所云一瞬一息之倏然消逝，犹不足以比刹那之短促也。依佛氏说，凡物于一刹那顷才生起，即于此刹那顷便坏灭，实无有暂住者，故亦说为刹那灭。有问：倘如此说，万物于一刹那顷才生即灭，刹那，亦省云刹。他处未注者，准知。即可借用慧能禅师语"本来无一物"，云何世间现见万物森罗，宇宙是不空如来藏耶？如来者，无所从来，曰如来。藏之为言，以其含藏万有故名。不空如来藏，借佛典语，而含义不必相符。此言万物丰富，故宇宙可名不空如来藏。难者以此不信刹那灭也。答曰：天地万物自太始至现在，由现在至未来无尽期，总是刹那刹那，才生即灭。如凡物前一刹顷是才生即灭，次一刹顷仍是才生即灭，向后无量数刹那都是才生即灭。佛言刹那灭者，其义如此。但与刹那义相关者，复有二义：一曰，前后刹那相紧接，其中间无有空隙，即是前灭后生之间无空隙，所以刹那刹那、生灭灭生不断绝也。如前后刹之间有空隙，则前物灭已，即便中断，无可怀后刹密接，即无新生之物与前相续矣。故前后刹之间无空隙，是义极重要。通常的想法，由前到后，由灭到生，中间当有空隙，而此乃不然。二曰，宇宙进展不是如一条直道向前，而是多方面或旁蹊曲径。转折多端，却无碍于前进。是故前灭后生，相续之情形甚不一致。有后刹新生之物恰与前刹方灭之物极相似者，如吾人睹今日之天地以为犹是昨日之天地，实则昨日至今已经无量数刹那、天地即经无量数改易，何可曰今之天地犹是昨之天地乎？但今者新生之天地与以前之天地相似相续故，遂见为犹昨耳。举此一例，可概其余。后后之与前前，相似相续，大乘已谈到。复有后刹新生之物虽与前刹方灭之物相接续,然后刹新物与前刹方灭之物竟无相似处,而别为一类型,如淮橘成枳即是一例。物质常常由一状态转为另一状态,即后之于前,相续而不必相似。宇宙变动不居,富有日新,皆见《易大传》。万物刹那刹那、生灭灭生,其后之于前,相似相续者固不少。相似二字,吃紧,后物与前物相似耳,断无与前物完全相同者。若乃后物新生,与前相续而不相似者,更不可胜穷矣。后之于前,相续而不必相似,此乃根据《大易》富有日新义。佛氏未说及此。但所云不相似,亦举大概而谈耳。如淮橘成枳,不至成为荆棘等类,非全失橘性也。完全割断过去,究不可能。如上二义,皆为谈刹那生灭义者所不可不知。佛氏说刹那灭,而浅识者闻一灭字,或起疑怖。殊不知,刹那刹那,才生即灭,才灭即生,生灭灭生四字,上文屡见,可注意。万物不会中断,宇宙不至空无。灭者,造化之所以生生而不已,新新而不用其故也。夫何疑何怖? 余年十一,侍先父其相公游山。先父语从游者曰:齐景公与诸大夫游劳山,乐甚! 喟然曰:"使古而无死,吾可保此乐矣。"晏子对曰:"古而无死,古人之乐也,君何有焉?"先父命不肖述怀,不肖对曰:悲自古皆有死,而伤己将不得保劳山之乐,景公之昏也。因古人之死,而幸己得有旦夕之乐,晏子亦未达乎。儿所欲知者,死生之故耳。先父笑而抚吾顶。孔子语子路曰:"未知生,焉知死。"夫怖死者,小己之私也,知生则与造化为一,何死之有? 吾年五十而后,庶几有悟也。造化者,大用流行之称。

《易》云:"唯神也,不疾而速,不行而至。"余以为洞彻刹那生灭者何哉? 夫乾神健动,刹那刹那,才生即灭,才灭即生,其舍故创新之迅速如此。并非猛疾作势而然,故曰"不疾而速"。又刹那灭故,前物不曾行往于后,然由刹刹相似随转,便觉前物至后,故曰"不行而至"。余旧著《新论·转变章》有云:凡物刹刹皆才生即灭,若不遇异缘,则后刹续生者,恒与过去物相似。例如黑铁,前刹方灭,如无火为缘,则后刹续生者,仍与前黑铁极相似,是名相似随转云云。中译佛籍多训转为起,以后物之起与前物相似故,乃云随转。由随转故,便觉前物来至于后,实则前物已于前刹顷,才起即灭,本无前物行于后。今由随转,俨然前物至后,故云"不行而至"。亦复有说,前刹物虽才起即火,而当其起时,从一方面说,即便谢灭,无有停滞;从另一方面说,仍有余势引起后物,故后刹紧接前刹而有新物续生。是故前刹物既灭,本无前物行于后,而由前物余势导引后刹物生,即是"不行而至"也。后刹物之续前而生者,无论其与前物为相似或不相似,要皆为前之所导引,则无可否认。譬如水在寒热适中之气候下,则前刹水方灭,即导引后刹水似前生。若前刹水方顷,正值气候突变奇寒,即导引后刹水成坚冰,不似前水也。或谓水与冰之异,纯为气候所致。殊不知,气候只是有力之助缘,后刹水之似前水而续生者,究以前刹水之导引为主因;后刹冰之不似前水而续生者,亦是前刹水之导引为主因。无论气候若何奇寒,前刹火方灭,后刹续前而生者还是火,决不会有坚冰续前火而生,可见主因与助缘须分清。总之刹那生灭义,《大易》发明最早,印度佛家亦见得甚透,大乘更弘扬之。华梵上哲,观化之深可谓至矣! 有问:一刹顷,才起即灭,则起时即是灭时。起,犹生也。岂有此不可想像之理乎? 答曰:一刹那顷,生灭两端,如秤两头低昂时等,秤之量物,其两头一低一昂之时间,乃相齐等,无先后差别也。以此比喻,一刹顷、生灭两端之时间是相等而无先后,并不希奇。问者以为刹那生灭之理论不能成立,只是不思之过耳。何至不可想像乎?

　　复有问曰:世间共见,万物皆由积渐而至盛大,如太空无始,元气布漠,混沌未分,不知经历几许长时,分化凝结而后有诸天粲著之奇。又如生物官品、社会结构,莫不造始简单,终趋复杂,足见万物皆由渐变而至盛大。倘如《易》道及佛说万物皆是刹那刹那,才生即灭,岂不与世间共证者太违反耶? 答曰:将释汝难,当先辨儒佛异同。万物皆是刹那生灭,儒佛虽复同证,然两家密意各有侧重,则非明者莫辨也。佛氏侧重灭之方面,欲人观无常耳。儒家根本大经,即孔子《周易》,《周易》侧重生之方面,则与出世法相反矣。此法字,解见前。由《易》道而言,刹那刹那,灭灭不住,实即刹那刹那,生生不已;刹那刹那,故故不留,实即刹那刹那,新新而起。是故《大易》直说"生生之谓易",见《易大传》上。而不显揭灭字,其义深远极矣。夫《易》言生生不是从万物之自

316

相上着眼，而是从万物之共相上着眼。此云万物之自相，即指其成为个别的物而言。此云万物之共相，即克就万物所共由之以生者而言也。问：万物所共由之以生者为何？答：阳明、健动之情是生生之帅也。（精者，精神之省称。）问：云何精神是生生之帅？答：帅，犹主也。精神统御乎物质，神动而质承化，万物共由之以生。申言之，万物皆含神禀质以生也。《易经》之例，凡言精神即含有物质在，绝不是把精神看作无对的大神，亦绝不是说万物所共由之以生者，只是精神。乾神坤质互含之最高原理，学《易》者宜深切体会。总之，精神、物质同是乾元之流行。流行者，乾元之功用，而用非无对，法尔有神质两方面。万物共禀受神质浑沦之大流以生，而神实统质，故说神者，生生之帅也。此中自相、共相二名，亦与通常习用者不同旨。佛氏言：刹刹才生即灭，佛家经论，皆言刹那灭。其侧重在灭。《大易》明知刹刹才生即灭而不明言灭，乃曰生生。夫生生不已，则灭灭不住，自不待言矣。生而不灭，则生便常住；生而常住，还成不生，尚何生生可言乎？晏子对齐景之言，盖谓古而无死，即无今人之生也。晏子事，见前。《易》之"生生"一词含义深广，学者不可恃浅见而忽略过去。恃浅见者，乃所以自绝于大道也。迁固自年三十而后，誓以身心奉诸先圣，未敢恃浅见，此非自欺欺天之言也。明乎《易》之幽旨，则其所谓生生者，盖克就万物所共由之以生者而为言，即是于万物而洞彻其共相，覆看前段长注。万物之共相，即神质浑沦之大流。而神统质故，说为生生之帅，此即万物之共相，亦即是万物之真的自体。万物之自相却不是万物之真的自体也。是乃刹那刹那顿变，谲怪至极。是字，指精神，所谓生生之帅而言。每一刹顷，才生即灭。易言之，即每一刹顷都是突然起变，没有前一刹的东西留滞着。刹刹都是活跃跃的新变化，故应说万物都是刹刹顿变，圣人故曰"生生之谓易"也。庄子言变化之妙而以谲怪形容之，极有理趣。世人于物只作一一物观而遗其神，万物所共由之以生者，乃阳明健动之神也。何怪其闻刹刹顿变之论，而骇为玄谈乎？夫刹刹顿变者，即刹刹新新而起，不用其故之谓也。大海不宿死尸，而况大用流行，至刚至健，可容故物积滞乎？大海源深，其流瞬息万变，势用盛大，故死尸投之即便消灭，故云不宿。以此比喻大用流行之盛，刹刹顿变，不容故物得留也。庄子有云："变化密移，畴觉之钦。"言万物的变化

317

是于无形中密密迁移，前前灭尽，后后新起，总是迁移不住。因其过于密密，谁也不能觉得。又曰："夫藏舟于壑，藏山于泽，谓之固矣。以舟藏于深壑中，以山藏于大泽中，皆可谓藏之固也。然而夜半有力者负之而走，昧者不知也。"夜半，比喻词，犹言冥然无形也。有力者，谓变化之力，竟于无形中将山与舟皆负之而走。世人犹以为山舟皆如故，非暗昧之极乎？郭象注曰："夫无力之力，莫大于变化者也，故乃揭天地以趋新，负山岳以舍故。故不暂停，忽已涉新，世人以为有故物停留。(故物，犹云旧物。)实则万物皆刹刹顿变，决无有故物暂停者。则天地万物无时而不移也。世皆新矣，而目以为故；舟日易矣，而视之若旧；山日更矣，而视之若前。今交一臂而失之，皆在冥中去矣。故向者之我，非复今我也。我与今俱往，岂常守故哉！"案庄子之论，盖深有会于《大易》"不疾而速，不行而至"之神。庄子本以精神、元气混然流行为言，或疑其为二元论者，则误解甚矣。庄子，道家也，亦承认有本体。彼就本体之功用而分别神、气。功用不可言无对也，何可诬以二元论乎？但庄子于本体未有真见，其学驳杂，流于颓废，此不及详。郭象能达庄旨，亦《易》家之余裔也。

　　持渐变之论者，以为顿变义与渐变相违，此不思之过耳。若物创生始生曰创。而即留住，则物将成为恒常不变之物，何有渐进盛大可说？如以为物生，当有暂住，此亦不然。物若得暂住者，即大化之流，时虞停滞，万物何由渐变而至盛大乎？惟大化之行，刹刹顿变、刹刹不守其故，不穷于新，故曰生生。自每一刹那言之，固皆是顿变；若通多刹那言之，则屡积而成渐变。善哉庄子之言变化密移也。万物由微而著，由简之繁，由柔弱以至壮大，皆变化密移所致。吃紧。密移之义甚难言，浅者只知密移是渐变。殊不知，无有顿变，则无密移可说。密移之为言，刹刹舍故而新生也。若物才生便住，则未能舍故，而化几已滞，何有新生乎？故知密移之言，虽由经历多刹，而见渐变，实则每一刹皆是顿变，所以有密移可说也。

　　通常以事物之变化，由积渐而至者，谓之渐变；若夫不循渐变之轨,乃有飞跃而至者,则谓之突变。实则突变亦非不经过渐变。乳之成酪可谓突变,而在未成酪之先,确已经过无量数刹那之渐变。此一例也。余于此中谈刹那生灭是顿变义。此顿变一名,本从佛籍援引得来,而其义则《易大传》之所早已发见,但文辞过简,未畅厥旨,吾故引佛说以疏通之耳。惟顿变一名与平常习闻之突变一词,决不可视为同义。学术上之立名各依其学说之体系而定,须各从其体系以究其立名之义也。刹那生灭义,在佛籍中有多种名词,或说为一刹顷才生即灭,或说一刹顷顿起顿灭。若说刹那灭,而大乘法相宗亦偶用顿变一名。佛家言顿变,而其旨确与《大易》不同,彼乃欲明万物本不实在耳;《大易》之义虽不以物质为固定的物事,而是以物质为实在,此二家之大别也。问:物质不是固定的,亦即是不实在,其与佛说何异?答:佛家所视为不实在的意义,确别是一般,难为不解者道。吾宗主《易》义而用顿变之名,何耶?万物本是大化流行之过程,都不暂停。大化,犹云大用。申言之,凡物于初一刹顷生起,即于此刹顷谢灭,次一刹顷,新物续前而生者亦复不住。前刹物方灭,次一新物即紧接前刹而续生,非中间有空隙也。然新物亦才生即灭,故云不住。乃至向后无穷无尽之未来物,皆刹刹灭故生新,无不然者。是故佛氏于万物观其灭,而说凡物刹刹顿起顿灭,亦说刹那灭。圣人于万物观其生。《易》曰"不疾而速,不行而至",盖以万物于每一刹顷,才生即灭,正是于每一刹顷,故故不留,新新而起,于此可识大化流行不已之妙,所以说万物刹刹顿变。以其刹刹都无故物保留也。夫刹刹顿变,法尔如是,非如人之有作意,故《易》曰"不疾而速"。刹刹灭故生新,密密迁移,本无前物行于后,而万物发展,后后续于前前,未尝中断,故《易》曰"不行而至"。由《易》义而言,顿变是发展不息,渐变依此得成。佛氏虽知刹那生灭,而其本旨乃在观灭。法相宗究未离般若家修空观之根柢也。儒佛二家本源处无可融会。

圣人以"不疾而速,不行而至",明精神之动而健也。然"不疾而速"云云,是刹那顿变义。经文只此数字,幽晦难明,吾采佛说刹那灭义，以便疏释，且正佛氏观灭之失，便不相乱。自信探微，无乖圣意矣。

《易》曰："神以知来，知以藏往。"见《易大传上》。下知字，宜改作坤。虞翻曰："乾神知来，坤知藏往。"余案下知字，当是坤字，盖故时传写误作知，后遂仍之。今日抄写与排版时出错误，每易原有之字，而代以绝不相干之字，其错误出人意外者，不可胜数也。后人必谓古书字句，虽有可疑，不当擅改，亦迂谈耳。改之而存其本字，无伤也。《易》以乾为神、为知，坤为质、为物，此其根本大义而可自淆乱之乎？断不至此，且坤可说为知，则《乾卦》不当立矣。或曰：知字可训为主，谓坤主藏往耳。余曰：上云"神以知来"，神即是乾，知来之知自属乾神。下云"知以藏往"，而乾神不藏往，则下知字未可属乾神也。虞翻亦见及此，故添一坤字于知字上，而不悟坤之非知也。今汝欲以知训主，试问谁为主乎？如添一坤字，曰坤主藏往，则何不改知为坤，曰"坤以藏往"，与上神以知来相对，且免去一以字，庶几核实，而无逞臆妄改之讥矣。今审定此知字确误，宜改作坤。

李道平曰："《易》例以未来者属乾，已往者属坤。"此十三字见李氏《周易集解纂疏》。李氏于汉、魏《易》说考核详博，此必汉人所传孔门古义也，惜不可得其详。汉以来学者皆杂术数之习，以卜筮为知来，则圣学之绝也久矣。余案乾神、阳明、健动、统御乎坤质者也，故常为主动，以开导坤质而趣向于未来之未来，进进而不已，是谓乾以知来。张横渠曰："易道进进也。"知字义深，非通常所云知识之知。来者，未来。乾之导坤以进也，非如数论三德之暗，亦非如佛氏之十二缘生以无明为导首。乾以阳明之德为万物所禀之以始，始，犹言始生也。及万物之终也。终，犹死亡或毁绝也。亦完成其所禀于乾之明德，而无有亏损，故《乾卦》之《彖》曰："大明终始。"言乾神有大明之德，万物所禀之以成始而成终也。是故坤之承乾而成万物也，由微而著，如由洪蒙而至天地诸大物出现。由粗而精，如由天地大物与诸无机物，而进至生物，乃至人类。足征万物禀乾神之明德，一步一步，奔趋未来，隐有趣向,而非迷乱之动者,故曰知来也。若夫人类之观其生,及观宇宙无穷无尽之开展,灼然有正大之鹄的,又不待言矣。人类禀乾神之明德,尤能体现之,而无亏无蔽,故其对于未来有崇高之希欲活跃而不衰也。

"观其生"一语,见《大易·观卦》,其义深远。知来之知字,义味难言,谓之有趣向也可,谓之有鹄的也可,谓之有希欲也可。人生少年时,精神活跃,未来之希欲盛,可谓之未来人。及至壮年则其希欲注在现实,老衰则多回忆过去,系于俗虑。人到衰年而犹对未来有崇高的希欲者,必其神智不衰者也。人之一生常作未来人者,其惟圣人乎!志在未来人,虽有不纯亦未易得。陈白沙诗曰"斗大乾坤跌一交"[1],(乾坤,犹言天地。)跌起而已。陈同甫疏狂,未可薄也。

坤以藏往何耶?《易纬》言"坤动而退",退,故常藏已往。坤亦非不疾赴未来,其赴之也,则乾为主动,以开通之,坤乃承乾而与之俱趋于未来耳。坤之承乾而化成万物也,其先出现之物,自成一类型。后来新物起,较之前物而大进,又成一新类型。新类型之物既出,而其元始旧类型之物,犹与新类型之物俱在,并不舍弃,乃至后后,继续不断出现新物,又成层层不同的许多新类型。然最奇者,自元始物,以至后后,继续不断出现之物,即通前后层层不同类型之物无不俱在,并不因后物出现遂舍弃前物也。如生物发现时,其先出之无机物,犹与生物俱在。动物发现时,犹与植物及元始之无机物俱在,乃至动物已发展到最高最灵之人类或人类中之圣哲,而原形质以及元始无机物或块土,犹与人类或圣哲同在。故已往之一切故物,皆以坤为厚载之大舆,而未曾坏灭,《易·说卦传》,坤有大舆之象,以其任载万物故。载,犹藏也,故曰坤以藏往。往者,已往,犹云过去之一切故物。凡故物皆不灭绝者,以坤能藏载故也。夫乾,神也,其德健动,猛趋未来,万物刹刹顿变,无有一瞬暂住,皆消逝于冥中矣。夫坤,物之母也,《易》曰"坤作成物",可见坤只是材质,万物待此材质而成。譬如此桌待木而成。若无坤为材质,则万物无由成,譬如无木则此桌无由

---

[1] 整理者按:陈白沙七言律诗《寄太虚上人用旧韵》曰:"性空彼我无差别,力大乾坤可跌交。"此处所引诗句疑有误。

成，故可曰坤者，物之母也。母者，因义。其德厚载。敦厚而能容载万物，见《坤卦》。退而不先，已成为物，即重浊，沉坠。势不自举，须承乾而化，故云不先。参考《坤卦》及《易纬》。故于一切已往之故物，无不蓄藏。其于乾之猛趋未来，偏其反矣。古逸诗"偏其反而"，今易而字为矣。问：乾坤何由协和？答：一切已往之物，坤虽藏之，只不绝其类耳。如张人或李人，何得守其故我而不灭耶？只人类不绝耳。他物准知。凡物各各变化密移，密移，即是刹那生灭。则坤固承乾，而莫之违也。往物不绝其类，往物，犹云已往之物。来物不失其端。来物，犹云未来之物。端者，如丝之端，引之而愈长也。来物以往物为其端，失其端即来物迷于其所始，如何可？是以往者虽往而非断，断，犹灭绝也。往而不断，所以为来者之资也。如生物来，则无机物往而不断，而生物乃资其长养。来者愈来而无穷。凡物既来，即成已往，所以不障后来者也。此乾坤合德，所以著万物生生之盛也。故乾之知来，坤之藏往，反而相成，譬犹水火相灭，亦相生也。

有问：《周易》之宇宙论祖伏羲而谈体用，但其言宇宙本体，则字之曰乾元，元者，原也。言其为乾之元，非乾即是元。坤之元即是乾之元，非坤别有元也。而断然取消天帝，此伏羲在洪古时所不能为，而孔子创发之者也。然《易》六十四卦《乾》《坤》居首，总括大义，盖莫备于《乾》《坤》。今观二卦，二卦谓《乾》《坤》。其所发挥者，皆乾坤变化之妙，所以成万物而起万事者也。而于乾元则仅出其名，殊少置辞，然则《周易》之书似只谈用，而不曾谈体矣。《易大传》亦只言"易有太极，是生两仪"云云。案两仪，谓阴阳，即乾坤是也。生者，发现义，非如母生子之生。母子是二人，太极与阴阳非二也。太极即乾元之别名，而《大传》仅一提太极之名，复无所说。敢问孔子之意何居？答曰：善哉问也！余将因来问，发斯幽旨，释汝之疑，略说二义：一者，体用不二义。二者，即用识体义。然此二义实惟一义，而分作两方来说耳。一义者何？体用本不二，而不妨分，分者，分说体与用也。虽分而仍不二，此是第一义。汝如明了，则第二义即用识体义。可不言而喻矣。

今谈第一义。

乾元是本体之称，本体，省云体。称，犹名也。乾坤是功用之目。乾坤，亦曰阴阳。功用者，功者功能，用者作用，故合而成词。然可省言之曰用。目，亦犹名也。

问：云何说乾坤是用？答：凡现象皆本体之功用，不即是本体也。坤为质、为物、为能，皆现象灿然者也，不谓之功用而何为？乾为精神、为阳明、为健动、为心、为知，虽不可目见而反己自识，皆现象炯然者也，炯然，著明貌。不谓之功用而何谓？

问：云何知有体？答：以有功用炽然显著，非幻化故，非虚妄故，非凭空而起故，故知用必有体。幻化者，印度古代社会有行幻术者，游于通衢，幻现象为种种物，故佛经言宇宙万象不实，每以幻化为譬喻。吾童年乡居，见有幻术家自远方来，行种瓜等术，众集，而示以瓜种子置盆中，掩以土，浸以水，倏忽而种子发芽、长干，乃至开花结果，一切成就。此亦幻化也。虚妄者，如梦中意识所现境，或变态的心理作用所现境，皆虚妄也。印度古代有一种外道，以为山河大地皆是忽然而起，此即以宇宙为凭空突起。无此理也，佛家破之。

问：先生有时说精神物质都是本体之功用，有时说本体之流行名为用。二说有异否？答：不异。精神物质分明是现象，而西学一元唯心论者直将精神当作本原，一元唯物论者直将物质当作本原，实则此二宗者皆是无元之论。易言之，皆是无体论。余据《大易》衡之，故说精神物质都是本体之功用。

从来谈本体者或将本体说成立乎现象之上，或说为隐伏于现象背后，此皆误将本体推出于现象之外去，易言之，即将体用分割为二。余据《大易》正之，故说本体之流行名为用。如本体是不流行之体，便是僵固的死体，即无功用可言。惟其流行而非僵固，故说流行是用。流行必有奇偶两方面，似相对而实互相含。偶者为可分化之物质，奇者为浑一而无畛域之精神。浑一之神，统御可分化之质，是为混然活跃之大流,此乃本体之功用也。

现象与本体是为哲学上幽深至极而甚难解决之根本问题,余强力探索于此者良久,而常以探索愈深,眩惑滋甚为大苦。其经过颇繁赜,不独暮年难追忆,而语言文字亦未易曲达也。若只认现象为实在,而悍然遮拨本体,则宇宙无原,人生无原,人生本不在宇宙外,而别出言之者,以重要故。吾人若自迷其原,则昔贤所叹浮生若梦也。是以浅躁之衷,自绝于真理,余未知其可也。若置本体而不问,付之不可知,此与前者相较,"唯之与阿相去几何?"唯阿,见《老子》二十章。若以为,即万有而追原,据实事以求是。万事万物之成,未有无本原者,故言现象有原,则言之成理,吾认为是。无元之论,非老迂所知也。直承认有本体,建百家之皇极,理必穷其根,学必究其柢,百家之业各精于一部门,而不通于大道。庄生所叹"天下各得一察焉以自好"也。《尚书》曰"皇建其有极",孰谓圣学可轻弃乎? 理根二字,见郭子玄《庄注》,万理会通于一理。一理者,万物所由成,万理所由出,故曰根。是乃智者之所请事,而余之寡陋有同尚焉。余年四十后,始为求原之学,所最费寻思者,厥为本体与现象是否可析而为二,此一问题常在吾脑中。若道本体是超越现象而独在,即是立乎现象之上,便与天帝不异矣;若道本体是隐于现象背后而为众甫,众甫,见《老子》二十一章。甫字,读父,古通用。王弼注:"众甫,物之始也。"严复曰:"众甫者,一切父也。"西哲谓之第一因。案一切父者,犹云一切物之父。前辈修词务简。则隐显二层中间隔截,万物亦不需要此不相干之本体矣。本体隐伏内层,现象则显著于外层,内外之间有距离,即已隔断互不相涉也。其后潜玩《大易》,求圣人所以于乾元无所开演之意。开演一词,见中译佛籍,犹云敷宣理论也。盖思之,思之,又重思之,久而后恍然有悟于圣意。伏羲始提出体用二字,其时未便斥破天帝,故只谈用。孔子始废天帝,而明示乾坤有本体,字曰乾元,亦名太极,然犹复谈用。其于乾元无所论说者,非存而不论也。诚以体用本来不二,虽不妨分别而说,分别体与用而说也。毕竟不可以体用破析为二。由体用本来不二故,只可于乾坤变化，乾坤是本体之功用，其义屡见前文。而究尽其义缊，广为天下后世宣说，无隐无吝。大用畅通，即本体显发无余蕴，此言本体含藏万有，皆显于用。吾人能于用上畅通，则本体所有之一切皆已显发出，再无些子多余不尽之蕴也。此谓即用识体。注意。即用识体者，根本在体用不二。如体用可析而为二，则谈用只可明用，何可由用以识体乎？

问：体用有分，此义似易晓；体用不二，是义难知。奈何？答：乾坤大用是乾元自身的现起，乾坤大用四字，作复词。乾元，即本体之名。譬如粥饭是大米自身的现起。大米为乾元之比喻，粥饭为乾坤大用之比喻，以粥饭是大米的功用，可以比喻乾神坤物，是乾元的功用也。汝且由比喻，而好去悟理，但切忌执着在比喻上。乾元不可作大米一类实物去想，乾坤大用亦不可作粥饭一类实物去想，只以大米与粥饭不二来比体用不二耳。因明学言，凡喻只取少分相似，不可求其全肖也。学者宜知。

体者，对功用而得名，是功用之实体故。若无实体，则功用无由生，生者，发现义。故以实体对于功用或万物而言，即有为其本原之义。其字，为功用或万物之代词。本原，亦省言原。

用者，对体而得名，是实体之功用故。然实体完全发现而成功用，譬如大海水全现作众沤；此以大海水比喻实体，以众沤比喻功用。功用之外无有实体，譬如众沤之外无有大海水。曾航行大海者，必见大海水全现作众沤，不可离众沤以求大海水也。又复当知，功用万殊，故说万物差别。差别，犹云千形万状。而每一物皆具有大全的实体，非是于实体中得其一分，以实体不可剖分故。譬如每一个沤皆具有圆满的大海水，非是于大海水中得其一分故。是故一物所独具之乾元，实则是其与万物所同具之乾元。乾元，即实体之名。天地万物一体之义，确然昭明。言万物，即已包含天地。今特举之者，以是先儒成语作复词可耳。《论语》之仁，内圣学也。《春秋》《礼运》之公，外王学也。皆出自乾元性海，谁有慧者而忍瞒昧。

问：《大易》之究竟义，究彻根源，无有不尽，是义至极，甚深复甚深，名曰究竟义。即体即用，即用即体，已闻之矣。今复有疑者，天地万物即是大用欤？抑是由大用而生欤？答：如理而谈，如者，言其恰与理相应而无失也。万物与大用不可歧而为二，所以者何？万物非是离于大用流行而有各各独立之实自相故。万物，至此为句。非是二字，一气贯下。由此应说，万物与大用本来不二，是义决定，无复狐疑。若汝言天地万物由大用而生者，今应问汝，生字作何解？若如母生子之生，则谬误太甚。生字本有发现义，如作发现解，则大用流行，活泼泼地，而发现种种迹象，谓之万物。昔人说万物为化迹者，亦此意。大化流行之迹象，曰化迹。如此说来，则万物即是大用流行之迹象，易言之，万物即以流行不已、活泼泼地之大用为其实自相，而可说与大用为二乎？自相，犹云自体，上文未及注。凡物各为独立的个体，故说物各有其自体。如笔有其自体，张人、李人亦各有其自体，他物可准知，此乃随俗而说也。实则物之自体都不固定，如理而谈，万物皆以流行不住的大用为其实有的自体耳。

　　问：如万物与大用为一，即万物都失其自己。所以者何？万物只是化迹，何有卓尔特立的自己乎？老氏万物刍狗之叹，庄子鼠肝虫臂之论，皆融万物于大化，而使万物失其自己也。答：甚矣！汝之迷也。大用流行，宛然有象，譬如闪电一闪一闪而现红光，红光迹象也，汝以为此时电在红光外否？譬如大海水现作活跃之众沤，众沤亦迹象也，汝以为大海水在众沤外否？譬如瀑流怒涌，万千白点飞跃上下，白点亦迹象也，汝以为瀑流在白点外否？汝试思之，万物现似个体，而实以流行不已的大用为其自相。体用本不二，此云万物以大用为其自相，实即以乾元为其自相。他处未注者，准此。易言之，万物自身即是至大无外、丰富无竭之大宝藏。是乃大用遍在一一物中，非是离于一一物而有大用独存也。云何妄计融万物于大化，老、庄误矣，汝又承之而自迷，岂不惜哉！凡物各成就其自己，人各充实其自己，人必认识自家本有大宝藏，方得充实。而曰万物失其自己，有是理哉？汝自丧其本有之大宝藏，乃失自己耳，而犹不悟可乎?《易》曰万物"各正性命",汝深参去,予复何言。

本书写至此,即作结束,而所未说到之问题确不少。余神经衰弱过度,而沪上气候多变化,家居殊不静,精神疲乏,尤以常失眠为太苦,不得不结束。余有三种意思,须特别重行提出者,如后:

一、治哲学不能不深穷万物之原。此言万物,即人与天地均包含之。西洋哲人谈本体者陷于错误,此是别一问题,然不能因昔人错误,遂厌弃本体论而不复参究。谈知识论,与本体论不相关涉,流于琐碎,习于浅薄,此是哲学衰落现象,可戒也。哲学本探原之学,谈知识论者若置宇宙人生诸大问题而弗措意,则试问其为何而有知识论之研究,吾不知若辈如何作答。

二、中国哲学自伏羲提出法天之用,不法天之体,体用之分实导源于此。至孔子始废除天帝,发明体用不二,而经传遭秦火,其详不可得闻。汉人传来之《周易》,文字浑简,又不无窜乱。汉《易》家一致宗术数,变乱孔子之真,如紫夺朱,如郑声乱雅乐,故体用之义晦矣。余因研佛法,而不满其说,乃近取诸身,远取诸物,忽有悟于《大易》,旋造《新论》,始以体用不二为宗旨。故余之学实宗《易》,非逞臆妄说也。《新论》壬辰删定本仓卒付印,近来觉得犹须删改若干处,《明宗章》可不用。朱子《四书集注》竭平生之力,垂没时犹修改。先哲为学,慎思而不苟也如是,余敢轻乎?

余自悟得体用以后,始识西学只有唯心、唯物之争,要皆注意在现象,而未尝探现象之原。中国自孔子始于现象而透彻大原,肯定大原不在现象之外,所谓即体即用,即用即体是也。大海水与众沤喻,最切。体用不二义既决定,即于用上分说乾坤相反相成,是为神质浑沦之大流,亦称大用,故唯心、唯物之争自然不会有。余因考之晚周迄宋、明诸子,都无持一元唯心或一元唯物之论者。盖自孔子没后,道家崛兴,其于体用犹不改《易》之规矩。道家于用上分说阴阳,阳为精神,阴为物质,犹《易》之乾坤也。自晚周道家以外诸子,乃至宋、明诸老先生,其学或宗儒,或

327

宗道，或杂于儒道之间，皆于《大易》体用不二义未能彻悟。然阴阳变化之旨，则莫不有所领会，故不起唯心、唯物之争也。但道家于本体殊无真见，此意实难简单言之，此中亦不及论。其千差万错，皆起于此。道家在吾国学术思想界实无好影响也。

三、《大易》肯定万物为实在，人类是万物发展至最高之灵物，其为真实尤不待言。所谓乾元，只是从万物或吾人自身推出去说，以明人与物同此大原而已。大原，即是人或物之内自本因。说见前谈天人中，可覆看。不明乎此，将以本体即乾元。为客观存在，人或万物都从那里变化而始有。那里，谓本体。如此，则万物与人都失其自己，万物可以说是造化的玩具或糟粕，人类只自感藐小。天地诸大物，固皆具有大全的实体，一粒沙子亦具有大全的实体。故自实体言，一粒沙子与天地大物平等平等，而况于人乎？以人为小者，不悟体故也。哲学家之有此大谬者，岂止老、庄乎？实则此等大谬，犹自宗教传来，惟《易》之体用不二，始脱尽宗教遗习耳。人类能本其所固有之大原而极力扩充，直握造化之权，而修裁成天地、辅相万物之洪业，此人道所以自强不息也。

附　　录

六经是孔子晚年定论

此为乙未夏随笔，本无条理，今稍治芜杂，题曰《六经是孔子晚年定论》。

孔子早年当无革命与民主等思想，他还是承唐、虞、三代群圣的遗教而欲得君行道。《论语》曰："如有用我者，吾其为东周乎？"又谓颜渊曰："用之则行，舍之则藏。"又曰："天下有道则见，无道则隐。"此等言论都是君主统治下底贤士大夫的思想。由《礼运》考之，禹、汤、文、武之小康礼教，孔子不以为大道，自是其晚年见地。而彼早年确是服膺小康礼教之模范人物，在《论语》中可以找出甚多证据，兹不及详。

孔子四十岁后大概渐有革命思想，他自道"四十而不惑"，这不惑一词的里面包含无量境界，可惜他未说出来，而记者也不问。到五十学《易》后，其思想界当更起复杂的迁变，至于富有、日新，遂臻大成之境。

从五十学《易》到七十四临终共二十余年中，不独他的内圣学方面较之五十以前有很大的变化,而其外王学方面必根本改变了从前欲依靠统治阶层以求行道的想法,此在《论语》中也可考见许多证据,最显著的有二条:一、公山、佛肸两章所记的都是大夫的家臣起来叛他的主君,大夫。孔子曾想往助叛者。此二章,余于《原外王篇》已解释。二、《季氏篇》有一章云:"孔子曰:'天下有道,则礼乐征伐自天子出。天下无道,则礼乐征伐自诸侯出,盖十世希不失矣;希者,稀少。自大夫出,五世希不失矣;陪臣执国命,陪臣者,大夫之家臣。其对国君而言,则称陪臣。三世希不失矣。'"这一章记者记得不差,所谓有道者,因为多数小侯国各自即役其民互相纷争,而有贤能者起来统一之,以成立王朝,是古所云有道之世。礼者,教民、养民诸政皆本于《礼经》。乐者,导民以和。征伐,所以禁暴。"礼乐征伐自天子出",如尧、舜、禹、汤、文、武之世皆然。中国古代之开辟与发展固赖有此大一统之王朝,即天子掌礼乐征伐之大柄,以化成天下,而小民亦稍得安枕,不谓之有道不得也。然复须知,王朝既成为据有天下的统治阶层,诸侯已成为据有一国的统治阶层,大夫亦成为据有其采邑的统治阶层。是三层者,其后嗣往往昏贪相继,而天下最大多数之小民,乃长处于被侵削之地位,终有伸张义愤之一日。居上者三层统治。犹怙其积威而不知止,《易》曰"亢龙有悔,穷之灾也",谓此耳。居上而不能下,曰亢。龙以喻居上者。上之势已极,而无可自支,故穷而有祸灾也,此见《易·乾卦》。故昔之见为有道者,无几何时而实成无道已极之乱制。天子、诸侯、大夫,以少数人统治天下最大多数人,《春秋经》以此为乱制。《诗》有变雅与国风等怨诽之声,统治者无道而其势已穷,灾象著矣。夫统治者必自行崩溃,首受其灾者,惟在最上一层,天子。其处至高之地,挟无上之柄,故其穷而受灾必最先。孔子言"天下无道,则礼乐征伐自诸侯出",盖最上层与中层互相倾轧最甚。天子崩溃,即失其柄于诸侯,乃必然之势也。上层溃而中层必不可久持,故曰"自诸侯出,盖十世希不失矣"。诸侯与大夫利害之冲突益迫近,故诸侯自溃,而夺其柄者必为大夫。然上中二层皆溃,则大夫承其颓势,益无可自固,故曰"自大夫出,五世希不失矣"。大夫溃则陪臣执国命,更不可久。统治崩溃之势,自上而下,其溃日急,至于陪臣,如灯临灭,余光乍耀便尽,旧时以植物油燃灯,吾犹忆此景,后生只见电灯,当不悉此事耳。故曰"三世希不失矣"。详玩此章,可见孔子之学"明于庶物,察于人伦"。此借用孟子语。人伦,犹言人群变化之公则。其发明统治崩溃之定律,明白精确,而二千年来学者读《论语》此章都无省悟,若一字不识者然,岂不奇哉!惟记者于孔子说到陪臣之失,却不复言国之大命将执于谁,此或孔子故示幽默,或孔子更有言而记者不敢直录其词,今难断定。独明儒陈子龙曰:"陪臣之失,执国命者,庶民也。"一言而揭圣人之意,大慧哉!子龙,字卧子,明季华亭人。余尝言,宋儒倡鞭辟近里切己之学,可谓知本,惜其短于致用。阳明廓然返诸良知,无所拘滞,以致良知于事事物物,释《大学》之格物,于是学者多有独辟之虑。民主思想、民族思想、格物或实用之学,皆萌生于明季。清人虽斩其绪,而近世吸收外化,明儒实导先路,不可忽也。常欲修《明儒学案》,而暮年无能为。此章记至陪臣之失本已完结,而其下文复赘云:"天下有道,则政不在大夫。天下有道,则庶人不议。"此与上章义旨,全不相属。上章明统治崩溃,必归于民主,今言政不在大夫者,即后来商、韩辈,尊主卑臣之极权论也。言庶人不议,即商、韩反人民之私计也,此当为六国时儒生之染于商、韩而拥护君主制度者妄行增窜。惜乎二千数百年无辨其伪者,而子龙亦弗辨焉。

《论语》所记孔子言行虽甚寡,然考其学术思想之变迁,大概以四十、五十之间为其前后大分界所在。五十以前,犹有依附统治以行王道之意;五十以后,盖已决定消灭统治阶层,废私有制而倡天下为公之大道,始作六经以昭后世,是为其晚年定论,必无早岁属望统治之幻想杂于其间,此可断言。孔子告曾子与子贡,皆言"吾道一以贯之",何至作六经而以公私淆杂之论自欺,且欺后世乎?孔子豫测统治崩溃情形,盖虑之熟，见之定，非一时感叹之词。试详考中国历史，每一皇朝之溃，何尝逃得孔子之言。后世封建虽废，而权奸窃柄者，犹诸侯、大夫也。惜乎《春秋》亡，《礼运》《周官》二经都被奴儒窜乱。历代知识分子，无有以民主思想领导群众，故皇帝屡更代易姓，而统治阶层卒不荡灭，此中国社会之惨史也。后嗣自不肖，于先圣何尤？

　　六经须辨伪求真，既得真已而后将六经会通看去，则六经为一贯，不待辨而自明。先言《诗经》。孟子曰："《诗》亡，然后《春秋》作。"此言决不妄，因其时地与孔子接近故。三百篇实以小民忿怨君上之词，为主要作品，此中君上，通天子、诸侯、大夫而言。故孔子论《诗》曰："可以兴，可以观，可以群，可以怨。"均解见《原儒》上卷。此自明其删定《诗经》之本意也。夫以天下小民之哀吟，而尊之为经，昭然与天地日月同其不朽，岂是寻常意义哉！六经皆有传，孔子《诗传》虽亡，吾人犹可想见其为民主思想及社会主义之导源。此由"《诗》亡，然后《春秋》作"之言，深玩之自可见。

　　次言礼。近来大学师生与社会贤达，谈及孔子礼教无不诋为封建思想，此实承汉、宋群儒以谬伪相传，而未尝考耳。迁朽未敢苟同，拙著《原儒》断定《仪礼》创始周公，后王当有附益。汉《艺文志》只称《礼古经》，不言孔子修定，可谓无妄。后来治礼者，多欲以《仪礼》牵涉到孔子身上，不知是何用心？或者以是归功夫子欤?《礼记》一书明明集成于汉人之手，其中材料固有采录孔子新著，如《乐记》《礼运》《大学》《中庸》等篇，皆极重要，可惜都被汉人改窜。其改窜也，大抵采集六国时孝治论派儒生之著述。学者试详玩《礼记》，当知此书处处表现孝治论之精神，至其保存周室暨列国所行礼俗颇不少，其释《仪礼》者甚多，昔人亦有考证，不可据此书以议孔子也。《礼经》之为孔子创作者，惟《礼运》《周官》二经，此余所往复详究，而后敢作此判定也。二经皆根据《春秋》而作，《原儒》辨之甚明。《礼记》之赞礼也，曰：夫礼，极乎天而蟠乎地，穷高极远而测深厚，天地将为昭焉。礼乃经纬万端，其位天地、育万物之一切制作,将使天地为之昭明。此盖七十子后学赞扬孔子创造新礼之盛也。新礼,谓《礼运》《周官》。尸子为商鞅之师,其称"孔子贵公",即据《礼运》而言。谈小康一节,从"大人世及以为礼",至"礼义为纪,以正君巨,以笃父子"云云,明小康礼教,以宗法思想为主干。严又陵言:封建社会,以宗法思想居十分之七。又云"以设制度,以立田里",则痛斥天子、诸侯、大夫皆以土地为私有,而天下劳动小民无以为生。又云"以贤勇智,以功为己"云云,则揭穿统治者自固之术,而终无救于覆亡。《原儒》谓小康一段,是反封建之先声。康有为谈《礼运》只袭取大同数语,而于小康半字不提,则大同思想将是凭空幻现,无有来由,岂不谬哉!岂不悖哉!盖汉人改窜《礼运经》,虽篇首尚存大同、小康两段,而《礼记》之编辑者实以小康礼教为天经地义,孔子天下为公之新礼教,则彼所深恶而痛绝也。孔子虽斥破小康,而若辈乃昏然不知其非,反奉之为正理,为常道。故此篇毕竟将大同义姑置而弗肯深论,卒盛演小康礼教。王肃无耻,伪造《孔子家语》引《礼运》开始两段,厌小康两字而删去之,并多改变《礼运篇》原文。贱奴是何心术,不可问也。康有为剽窃三世、大同诸名义,不过在经学界寻出前人未注意之题目,以惊世炫俗而已,要其脑中犹是汉人思想一全套,即小康礼教是也。今若责其不非难小康,毋乃为康氏所蔽乎?

　　《周官经》与《礼运》互相发明,其于拨乱开治,以立太平大同之基,固已控其纲领,详其条理。《周官》的制度仅是拨乱开治时,权宜而设。《原儒》只略举大要,未及深详。《原儒》字字根据经文,无有臆说。拨乱者,拨去乱制,消灭统治,即革命之谓。《周官》义旨,广大悉备,诚难析举,不得已而提要略谈。一曰,此经规画,蟠际天地,经纬万端,其运乎万事万物而无弗在者,厥有二义:曰均,曰联。以自然界言之,万物虽有洪纤巨细等等差别,而各畅其性,各储其能,则物皆各足,是谓大均,故曰泰山非大,秋毫非小,均焉至矣。物无孤立,大至诸天,细至微尘,皆互相联系而成其为物。

世界如大网罟，百千孔目，无弗相维，未有失其维而可为物也。《周官》一切创业，一切施为，无往不本均与联之两大义贯彻去，所以理万物，成万事，而无不利，此大同社会之极则也。二曰，社会发展当由涣散而趋于结集，道家不明乎此，妄冀民至老死不相往来。《周官经》理群之道，在乎化私为公，易散为群，即以社会为互相结合而有规则的整体，此其社会组织之理想，固本乎联义。孔子远在古代有此前识，不亦异乎？ 三曰，《周官经》以六官相联，会成万事万化，而冬官尤为万化本根。汉人言《冬官篇》阙亡，后人无从想像此篇之内容。余从《天官篇》见其明定六官之职，其于冬官，则曰事职：事职者，以其专掌百工之事，职在开辟一切生产事业，故云。"以富邦国，以养万民，以生百物。"此十二字幸存，真无价宝也。无价宝，借用佛籍语。夫以富邦国、养万民、生百物之职，属诸掌百工之官，此与《易·系辞传》倡导格物学之意义，本为一贯。古云格物学，犹今之科学。近世筹国计民生，群趋于工业化，适符其旨。圣人远瞩万世，岂不奇哉！事职十余字，汉以来从无人发见。盖自汉世至于清代之社会情形，非有特达之才，实无缘了解此等文义。上来略提三要，实有挂一漏万之愆，然引申触类，是在细心耳。总之《礼经》广大，此中《礼经》，专目孔子之《礼运》与《周官》。下仿此。自食货，今云经济。以至政治之经制，教化之旨要，凡所以裁成天地、曲成万物之道，无不具在《礼经》。孔子之礼明明反小康，小康正是封建思想。而预为大同造其端。《周官经》以夏官领外交，而与冬官相联，其职方、合方诸官皆主联合大地万国，注重交通与生产及互通有无等事业，实行平等互惠，是为大同开基。严又陵不通六经，不辨三礼之孰为古制，孰为孔子创作，乃谓儒者言礼，适为君主之利器，不悟《礼运》《周官》皆消灭统治，废私有制，明文彰著。今之学者不可承严氏之陋也。礼与乐相联，《周官经》有《大司乐章》。

又次言《尚书》。汉武帝时，孔壁出之《古文尚书》，自是孔子修定之真本。然汉朝君臣始终不肯以此书行世，独秦博士伏生之书流传至今。由此可以推想，孔子之书决不利于皇帝。

又次言《春秋》。何休所述三世义，自是本诸公羊氏口义之流传，其与《公羊传》及董生《春秋繁露》所说三世义，分明无一毫相似处。《原儒》引何氏《解诂》逐句作释，并将《公羊》义与何休义列表对照，则圣人为万世开太平之旨与公羊寿师弟为汉制法之意相去何止九天九地。康有为张三世而茫然弗辨，何哉？然非独康氏，汉以来无辨之者也。何休所述者，为公羊寿先世口义之遗，寿则背其先世而拥帝也。

又次言《大易》。汉儒言《易》为五经之原，此七十子后学相承之说，而汉儒传述之也。内圣外王之学皆备于《易》。《春秋》与《礼运》《周官》虽特详外王学，要皆根于内圣学，惜其原本俱改易，不得而详矣。《礼运》犹存大同、小康二段文字，《春秋》原本便全毁，《易经》亦不无窜乱，然于其大体无损也。余由汉儒称述旧说，《易》为五经之原，而断定六经是孔子晚年定论。《论语》记载孔子五十学《易》，《史记》亦谓孔子晚而喜《易》，可见孔子作《易》确在晚年。后儒或不信孔子作《易》，然《史记·蔡泽传》泽以《乾卦》爻辞与《论语·述而篇》语合引之，而称圣人曰。圣人，谓孔子也，可证爻辞亦孔子作。旧以为周公作者皆瞽说耳。五经皆原本《大易》，则五经成于《大易》之后，又不待论。

学者诚知六经是孔子晚年定论，则经中关于外王学之义旨，虽有汉人窜乱，而《乾卦》开宗明义曰"亢龙有悔，穷之灾也"，解见前。曰"首出庶物，万国咸宁"，首，始也。物字，亦作人字用。庶物，犹言庶人或庶民。庶人久受统治阶层之压抑与侵削，今始出而革命，故曰"首出庶物"。万国庶民，以共同的意力，共理天下事，故咸宁。终之曰"群龙无首，吉"，解见《原外王》篇。大义炳然，赫如天日。《春秋》诸经与《易》义皆一贯，诸者，谓《礼运》《周官》及《诗》《书》等经。何至杂以小康礼教？又何至以拥护统治为大义乎？

异哉！汉世奴儒之说曰："仲尼殁而微言绝，李奇曰：'微言者，隐微不显之言。'七十子丧而大义乖。"不独刘歆、班固之徒持此说，实汉儒之所共承也。

其所谓大义者,即小康礼教,孟子言《春秋》诛乱臣贼子,公羊寿以所见等三世明君臣恩义,皆是也。其所谓微言者,《礼运》彰天下为公之大道,《春秋》以据乱等三世义,明拨乱,驯至太平,皆是也。刘歆等谓"仲尼殁而微言绝",直不承认六经尚存微言;谓"七十子丧而大义乖",则是孔子所授于七十子者只有大义,及七十子丧而大义亦乖矣。然则六经尚何有乎? 夫圣人作六经,有问:《易》《春秋》《礼》《乐》诸经,是圣人创作。《诗》《书》则因古史、古诗而删定之,似不可言作。答曰:圣人删定,自有取义,且必为传,以发其义,是乃以述为作。创发天下为公之大道,废除统治阶层及私有制,而极乎天下一家之盛。《春秋经》虽亡,董生私语马迁曰:贬天子,退诸侯,讨大夫。《礼运篇》尚存倡大同、斥小康诸义,《周官经》明明为民主与社会主义导先路,余于《原外王篇》处处引述经文而释其义,未有一字无据。《诗》存下民之哀吟,《书》为帝者所阴毁,《乐经》导人以和,太平之原,实在乎是。皇皇五经,同出《大易》,义海汪洋,犹堪玩索。刘歆生汉世,亲校六籍,乃避经义而不谈,妄谓仲尼生前只有隐微不显之言,垂殁而绝,其丧心病狂,竟至此极。余年十岁,始侍先父其相公于私塾。先公为诸生说孟子,有曰:"宰我、子贡、有若之徒,称孔子为生民以来所未有。"又谓其贤于尧、舜远矣,此甚可怪。自有生民以来,中夏圣哲接踵而兴,其开物成务之盛德神功,何至皆不逮孔子? 且孔子叹尧之德如天,舜有天下而不与。不与者,谓其身虽君临天下,而心与庶人同。其归仰二圣也至矣,而敢曰贤之乎? 今其弟子乃尊孔子于古圣之上,言之不怍,其必有故,否则游于圣人之门者,何谬妄乃尔。余时谨记训言,迄成年犹索解不得,后来渐通六比,乃知尧、舜虽有盛德,然其时尚不能发生民主的思想。孔子六经实为空前创见,故宰我叹其贤于尧、舜也。子贡曰:"见其礼而知其政,此言孔子虽未得位行政,然今见其创造之《礼经》,可知其天下为公之政制,将为万世法。《礼经》即《礼运》与《周官经》。闻其乐而知其德,《论语·子罕篇》,孔子自卫反鲁,始正乐。《乐经》当作于其时。孔子之外王学以礼乐为治化之本,故子贡先举孔子之礼乐。由百世之后,等百世之王,莫之能违也。等者,评定得失,犹云批判。此言孔子从百世之后,上论已往百世之王,而定其得失,当时后世之人莫能违反其论也。如删《诗》则存小民怨诗,以罪昏暴之王、侯、大夫,作《春秋》则以统治阶层为乱制,虽禹、汤、文、武之治,亦仅目为小康无当于大道。此其持论,高远而正大,孰能违反之乎? 自生民以来,未有夫子也。"由《礼》《乐》《诗》《春秋》诸经之制作,可见孔子为生民以来所未有。子贡推尊夫子之故,于此说得明白。有若言:"生民以来,未有盛于孔子。"虽未明举六经,其意当与子贡同。余观子贡等赞圣之词,可见六经天下为公之道,一扫往古百王统治遗轨,七十子服习经说者,盖亦多矣。纵云孔子早年宪章文、武,即守小康礼教,故七十子后学承其早年思想,犹奉尊君大义始终不变,此如孟、荀虽并主革除暴君而皆不言毁弃君主制度,不言消灭统治,是其明征。纵云,一气贯至此。然七十子纵不皆持六经,若其笃守所谓大义者,亦决非多数。《史记·孔子世家》称弟子三千,身通六艺者七十有二人,六经亦名六艺。其说必有所本。至战国时,七十子后学转而宗小康者或较盛,孟、荀皆于其时为大师,可以窥孔学之流变矣。孟子主张以孝治天下,故曰"尧、舜之道,孝弟而已矣",曰"人人亲其亲,长其长,而天下平",此其骨子也。荀子主张养人之欲,给人之求,虽与孟子不必同,然孟、荀皆传小康礼教则无疑。康有为以孟子属大同学,则是读孟子而未通也。

　　大义、微言本刘歆诬圣之词。孔子晚而作六经,倡明内圣外王之道,其于外王创发天下为公,当时所骇为非常异义可怪之论。此古《春秋》说。六经皆是巨典,其说靡不一贯,汉人虽多窜乱,而其真相犹可考,本无隐微不显之言。姑举《易·乾卦》为征,其曰:"亢龙有悔,穷之灾也。"又曰:"亢龙有悔,盈不可久也。"盈者满盈。势极而穷,故不可久。此为统治阶层必由之公律。曰:"首出庶物,万国咸宁。"此为革命民主之真谛。曰:"群龙无首,吉。"此为大同社会之极则。又征之《春秋》《礼运篇》曰:"故天子有田以处其子孙,王者直辖的邦内之田皆其私有。诸侯有国以处其子孙,大夫有采以处其子孙,是谓制度。"董仲舒语马迁曰:《春秋》贬天子,退诸侯,讨大夫。是故以《礼运》《春秋》相对照,而圣人倾覆统治之故,可知矣。此但略举一二,足证六经持论精详,何有隐微不显之言,如刘歆所云者乎? 至于君臣之义,为小康礼教重心所在,孔子早年未尝不以此教学者。晚年作六经主张消灭统治,岂复有尊君大义可说? 七十子杰出于三千之中,深通六经,何至以拥护君权为大义? 甚哉刘歆之污贱也。《史记》称仲尼弟子三千,通六经者只七十二人,可见六经在当时为非常异义。自刘歆唱大义、微言之伪说,汉以来因之,至清季康有为言《春秋》,复祖述刘歆,而六经之真相乃完全晦蔽,不可认识,岂不伤哉! 据歆等之说,则是孔子平生教授三千七十之徒,惟是小康大义,而微言或偶有流露,七十子犹罕闻之,况三千乎? 故六经只以大义为主,微言几乎无存。后之研六经者,亦研其大义而已。歆之作伪如是,而有不可掩者,即承认孔子于大义之外犹有隐微不显之言,微言。此隐微不显之言,固明明反大义也。孔子晚年作六经,胡为不发表其良知之所见所信为大道者,大道,详《礼运篇》。顾乃畏避当世有威权势力者之嫉忌,而不惜背良知隐大道,宣扬小康戴君之大义,而尽叛其夙昔诵《诗》学《易》,吉凶与民同患之志与学? 吉凶与民同患,见《易·系辞传》。学子而非甚不肖也,犹不必于晚年作是事,况夫生民以来未有之大圣,而忍出此哉? 昔者,余亦尝承认歆等之说,久而深思焉,吾侪不敢驳歆等者,徒以经中有大义耳。继而考见汉人窜乱之证,始毅然不为歆等奸言所乱。天下为公之大道是六经外王学一贯旨趣,尸子在战国时已明言之矣。

刘歆之说,盖本于汉初窜乱之伪经,而不惜诬孔子,然汉初之儒亦非无所承也。仲尼之门守其早年小康学而弗肯变者,当不乏人。如《史记·孔子世家》曰:"践土之会,实召周天子,而《春秋》讳之曰'天王狩于河阳'。推此类以绳当世。贬损之义,谓臣不尽臣道,则贬损之。后有王者举而开之。《春秋》之义行,则天下乱臣贼子惧焉。"据此所云,则马迁叙述孔子作《春秋》之意,与孟子恰相符合。孟子言,孔子《春秋》成,而乱臣贼子惧。孟子为七十子后学中孝治派大师。马迁所据必六国时孝治派迂儒,以其小康尊君大义而说《春秋》,实非孔子《春秋经》之本旨也。马迁此说亦见《左传》。《左氏》僖公二十八年《传》云:"晋侯召王,以诸侯见,晋侯,晋文公也。是时文公初霸,实召周天子临于践土,而率诸侯以朝见之。且使王狩,古者天子有巡狩之礼,故晋侯使王狩也。仲尼曰:'以臣召君,不可以训。'故书曰:'天王狩于河阳。'"河阳,晋地。言仲尼如此书法,则周天子为自举巡狩之典,以见非晋侯所可召致也。盖天子为诸侯共戴之大君,诸侯事天子当尽臣道,小康礼教以尊君大义为其重心,此类书法是其深意所存也。以上见《左传》。《左传》此文或系汉初人所窜入,或是六国时孝治论者所窜入,今难置断。设由汉人增窜,而其文旨亦必本于六国时孝治派之儒,此则可断言耳。惟马迁记《春秋》书天王狩河阳事,其果据《左传》乎? 抑别有所据乎? 此亦是一问题。今考《史记·十二诸侯年表序》有曰:"鲁君子左丘明","因孔子史记,具论其语,成《左氏春秋》"。序所云《左氏春秋》,即是《左传》。今玩此序,妄将孔子《春秋经》说成史书,孔子依鲁史记而作《春秋》,乃自发表其哲学思想,是经而非史。迁盖欲以其《史记》上附于孔子《春秋》,故不惜侮经。迁未闻大道,无足责也。其云鲁君子左丘明,盖因《论语·公冶长篇》有左丘明,遂逞臆说,殊难征信。迁之《史记》一书疏谬太多,此不及论。但迁既称及《左传》,则其记《春秋》书天王狩河阳事,当是据《左传》无疑。《左传》之作者为谁,自昔无可稽考,惟自唐、宋迄于清世,赵匡、王安石、郑樵、王应麟、林黄中、刘逢禄诸儒,先后考证《左传》涉及六国时事者甚多。郑樵所举八节,虽有二三处错误,而通取诸儒所考定者合观之,则可得不摇之结论有二:一曰《左传》决是六国时人作,而自六国以至汉之刘歆,传授《左传》者,时有窜乱,其称《左氏春秋》盖欲托于《论语》中左丘明。二曰汉博士驳刘歆而言左氏不传《春秋》，传者，所以解释经旨也。博士谓左氏本不是为《春秋》作传，但杂集史料之书耳。歆责博士书皆空言，实无有反攻博士之证据。博士摈斥《左传》甚是。刘逢禄《左氏春秋考证》精严无匹，足证明《左传》实不解经，与汉博士说恰合。由上两种结论而言，《左传》"天王狩河阳"一条必非孔子《春秋经》之本文。其《传》称仲尼曰"以臣召君，不可以训"云云，必是伪托孔子之言。须知孔子所作《春秋》，其经文全部无有一处不出自圣意。《左传》既是解经，何独于此处而特标仲尼曰乎？今此处特标仲尼曰，则是作伪者心劳而拙，自露其伪迹耳。马迁疏谬，轻信《左传》作于鲁君子左丘明，即以为是《论语》中之左丘明。故于《孔子世家》采录左氏"天王狩于河阳"之传文。余既否认《左传》为丘明作，而仍用左氏一词者，以彼书向称《左氏春秋》，亦称《左传》，便须沿用其名称耳。自此伪说编入世家，而《春秋经》乃完全被人误解，以为是尊君大义之书，与鲁国《史记》何所异乎？《鲁史记》当然守尊君大义，君主时代未有国史而不以尊君垂教者也。

复次，孔子晚而作《易》，其作《春秋》与《礼运》《周官》更在《易》后。《易》以《乾卦》开宗，开示其所宗主也。其于外王学明明倡言，曰"亢龙有悔，盈不可久也"，曰"首出庶物，万国咸宁"。以此征之《论语·季氏篇》"天下无道，则礼乐征伐自诸侯出"云云，其义旨皆一贯。孔子"知周万物"，见《易·系辞传》。深达群变，已发见革命、民主之大道，豫测统治阶层崩溃势速。势速一词，借用佛典。其作《春秋经》断无复张尊君大义，以维护周天子之理。齐桓、晋文皆霸业之先创者，晋文紧接齐桓而兴。《论语》云"礼乐征伐自诸侯出"，此其时也。孔子于桓、文之事，惟注意密察群变而把握其"穷则变，变则通，通则久"之定律。参考《易·系辞传》。何至挟一尊君大义作主张，而本之以裁断霸者行事，何于臣道与否，以是为能事乎？马迁《史记·自序》有曰："《春秋》采善贬恶，推三代之德，褒周室，非独刺讥而已也。"据此，可见马迁厚诬《春秋》而媚刘帝。刘帝一词，见纬书。周自武王始有天下，孔子已议其未尽善。成王托周公之烈，康王始衰，自此以至东迁，世世无令主，小民受侵削之惨，见于《变雅》与《王风》者，今犹可考。孔子删定《诗经》未尝为周室讳，其作《春秋》志在改乱制。乱制，谓天子、诸侯等统治阶层。改者，革去之谓，此古说之仅存者。而马迁乃诬《春秋》"褒周室"，岂不悖哉？"践土之会，晋侯实召王"，此从民群变动之观点而言，只是统治崩溃历程中之一节目。圣人何至于此，发生以臣召君不可为训之叹，而必本尊君大义以定其对于此事之书法，将令天下乱臣贼子惧，如马迁所云者哉？自孟子至于公羊寿、胡毋生、董仲舒、司马迁之徒，其言《春秋》皆以尊君大义为主，而于经文每一条必曲为之解，以为圣人褒善贬恶，书法谨严，将使天下乱臣贼子惧焉。书法者，书犹纪载，谓圣人书记古今君臣行事善恶，其修辞则隐寓褒贬之法，是名书法。自汉代以迄于清世，治史者皆注重于君臣个人，而于民群变化万端乃冥然不观其会通，不究其理则。理则，犹言规律。孔子六经之真相不明，而史学亦成为锢人智慧之具，此论汉以来学术者所不可忽也。《左氏》"天王狩河阳"《传》所称仲尼之言，以较《论语·季氏篇》论统治崩溃之情形，明明相违反，余敢断言其为六国时孝治论者之所伪托。自汉以后，常以君先于父、忠先于孝而为言，此从大小《戴礼》与《孝经》合究之，不难见也。明儒黄道周《孝经集传》可参考。黄氏自序云"六经之本皆出《孝经》。而《小戴记》四十有九篇，《大戴记》三十有六篇皆为《孝经》疏义"云云。黄先生此说既不解六经，亦不解二《戴礼》。《仪礼》是古《礼经》，二《戴礼》虽辑于汉人，而其材料要皆七十子后学稽古之所获。《孝经》当是汉人伪托，最早亦是六国时孝治派之儒所造，其义自是根据《仪礼》与二《戴记》。何休《公羊解诂序》以《孝经》与《春秋》并重，盖汉人利用孝治派之论，以定孔子为一尊而拥护统治。《孝经》之价值极高，影响极大，黄先生受其锢蔽而不觉，其自序所云，确足代表汉以来之所谓经学。惟余反对《孝经》以孝道与统治乱制相结合，确不是反对孝道，学者宜知。

孝治论正是小康礼教，以尊君大义为其重心。余断定《左氏》"天王狩河阳"《传》称仲尼曰云云，必为孝治派之儒所伪托。夫晋侯召王则天子崩溃之势剧矣,尊君者必不可忍,故托于孔子以义绳之也。余自信此判断为无妄。马迁《史记·自序》详述其父谈《论六家要旨》,其于儒家六经,以博而寡要、劳而无功诋之。而有特别尊崇之一点,其词曰:"若夫列君臣父子之礼,序夫妇长幼之别,虽百家弗能易也。"据此所云,谈于儒家实无所知。礼,正君臣父子,序夫妇长幼,其源甚古,《帝舜》慎徽五典即此也。禹、汤、文、武相承不替之小康礼教,以此为根本,固不待言。然此非儒家所特创,谈独归之儒家何耶? 儒学成家毕竟自孔子始。孔子早岁固服膺小康礼教,晚而作六经,则君臣一伦不得不废。至于父子宜亲,夫妇长幼有序,皆人道之当然,譬如布帛菽粟,人莫能废。儒者与百家同率由乎常道而已,何可以此为儒家所特创者乎? 然而谈独以此赞儒家者亦非无故。三千之徒承孔子早年传授,弘阐小康礼教者,当居多数,孝治论盖其最著者耳。今可考见者,如孟子、荀卿同是小康礼教,而孟子确是孝治论,荀子则以礼之本,在养人之欲,给人之求,与孟有异。谈所云正君臣父子,序夫妇长幼,即属小康礼教中孝治派之宗要。宗者主旨,要者纲要。汉初儒生所一致推演者,惟在乎是。谈固奉持惟谨,而迁亦继其父志。谈之学宗道论,虽尝受《易》,杨何术数而已,于孔子之《易》无闻焉。迁涉猎六经,闻见视其父为博,然务变乱六经真相,归于小康礼教,则与其父不异。迁受《春秋》于董生,颇闻贬天子、退诸侯、讨大夫之本义,然于此语焉而不详。本义者,谓其为孔子之真也。语焉不详者,不欲传其真也。其所特详者,则皆董生所禀诸公羊寿伪传之旨,伪传,谓《公羊传》。如曰:"《春秋》上明三王之道,三王者,禹、汤、文、武,即《礼运篇》所谓小康六君子也。以三代哲王浑称之,则曰三王。若析举之,而加成王、周公则曰六君子。详略虽异,所目无别。《公羊传》实宗小康,而不取大同,故曰上明三王之道。董生此语说得分明。下辨人事之纪、别嫌疑、明是非、定犹豫,疑而不决曰犹豫。是非明则疑事可定。善善,恶恶,贤贤,贱不肖,《公羊传》为汉制法之意在此。存亡国,继绝世,此本孔子《春秋》之旨。升平世,诸夏以平等精神互相联合，不许强者侵吞弱小。《公羊传》存此义，以其无碍于汉朝也。补敝起废，王道之大者也。"又曰："《春秋》之中弑君三十六，亡国五十二，诸侯奔走，不得保其社稷者不可胜数。察其所以，皆失其本矣。故《易》曰'失之毫厘，差以千里'，故曰'臣弑君，子弑父，非一旦一夕之故也，其渐久矣'。上文辨人事之纪、别嫌疑、明是非等语，皆从此处注意。须知，孔子《春秋》是因与庶民同患而作，'《诗》亡然后《春秋》作'，孟子固闻而知之矣。故贬天子、退诸侯、讨大夫，此孔子《春秋》真相也。《公羊传》则因弑父与君，及诸侯不得保其社稷而作，用意在维护统治。孟子早已变乱孔子之《春秋》，而公羊寿师弟扩其绪。余谓《公羊传》是以孝治论为宗，确不诬。故有国者，不可以不知《春秋》，前有谗而不见，后有贼而不知。为人臣者，不可以不知《春秋》，守经事而不知其宜，遭变事而不知其权。为人君父而不通《春秋》之义者，必蒙首恶之名。为人臣子而不通《春秋》之义者，必陷篡弑之诛，死罪之名。""夫不通礼义之旨，至于君不君，臣不臣，父不父，子不子。夫君不君则犯，颜注，为臣下所干犯。臣不臣则诛，父不父则无道，子不子则不孝。此四行者，天下之大过也。""故《春秋》者，礼义之大宗也。"以上诸文，须与《礼运篇》谈小康处参看。彼处有云"礼义以为纪，以正君臣，以笃父子，以睦兄弟，以和夫妇"。此正《公羊传》所本。"《春秋》采善贬恶，推三代之德，褒周室，非独刺讥而已也。"以上，节录马迁《史记·自序》。据马迁叙述董生之言《春秋》，仅开端提及"《春秋》贬天子，退诸侯，讨大夫"数字，其下文"夫《春秋》上明三王之道"云云，长段议论完全是小康礼教，后文复结归于"推三代之德，褒周室"，即是以小康六君子为宗主。董生阐发《公羊传》全书宗趣，可谓详尽无遗，宗趣者，宗谓宗主，趣者旨趣。结语"推三代之德，褒周室。"直将开端所述孔子贬天子、退诸侯、讨大夫之本旨完全抛弃。

　　马迁叙述董生说之一段文字，其用心甚诡，与《礼记》中《礼运篇》颇相类。改窜《礼运》之人，不能不于篇首略存孔子真相，然于叙述"天下为公"数语之后，便弃去大同，而将孔子所不许为大道之小康转奉之为宗本。详《原外王篇》。马迁受《春秋》于董生，述其所闻，亦不能不提及孔子本义，即"贬天子，退诸侯，讨大夫"。然才提便休，其宗主毕竟在三王之小康礼教。二千余年学人皆为其所欺，岂非怪事！马迁影响极大，《史记》一书为学者宗，实与六经同尊。孔子真相晦而不明，迁不得无过也。迁称董之言曰"《春秋》上明三王之道，下辨人事之纪"，其后文有曰："《春秋》者礼义之大宗也。"所谓人事之纪，即礼义是已。所谓礼义，首在正君臣，笃父子。《礼运》小康之教纲与治本均在此。《公羊传》所本者，即小康礼教。司马谈深有取于列君臣父子之礼，迁承父志，从其述董生《春秋》说征之，确然著明矣。夫父子之恩，不可不笃，人类如不灭，此礼不容毁。然以尊父与尊君相结合，遂使独夫统治天下之局特别延长，社会各方面并呈衰退之象，此研究中国古代学术者所不可不知也。

刘歆大义、微言之分，盖始于汉初之《春秋》家。歆虽欲抑《公羊传》，以立左氏，而实受《公羊》影响。公羊寿伪传本以大义为主，而微言偶见。如"贬天子，退诸侯，讨大夫"，此即歆之所谓微言。然《公羊传》中则贬词虽视讥词稍重，而两词性质全同，实不许含有革命意义，乃悍然叛圣经而不惜。董生称孔子曰："我欲载之空言，不如见之于行事之深切著明也。"马迁《自序》引此，是董生私授之者，而《春秋纬》亦有此文。此乃孔子自明其志在实行革命，徒托空言无益也。而公羊寿之徒则皆以私意曲解此文曰："夫子意谓，我如欲自立空言，不如就鲁史记所载君臣行事，而因之以褒贬是非，乃深切著明，使天下乱臣贼子惧也。"不如二字，一气贯下。此等邪解，稍有知识者亦能辨其诬圣之罪。据鲁史记二百四十二年之纪载，考其君臣行事，而褒贬之，此即后人史论一类作品耳。不是载之空言是什么？谓圣经为史论可乎？无忌惮而毁圣学，使后人不知有实践，其罪不可原也。

刘歆虽抑《公羊传》，而以《左氏春秋》为左丘明作，称其好恶与圣人同。昔人谓歆党王莽别有用意，《左传》载史墨对赵简子君臣无常位云云，足为王莽谋篡张目，此歆所以尊《左传》也。然贾逵谓左氏深于君父,其义有据。赵简子,晋之权臣,史墨盖其党。《左传》非创作人一手所定之原本,六国时人已有增窜,其中有史墨语为刘歆所私取,不足掩其全书深于君父之旨。深于者,谓其于君父之义甚深厚也。歆虽立《左氏》而排《公羊传》,实则《左》与《公羊》并无根本不同处也。且歆之排《公羊》者,其用意不在寿之伪传,而实欲否认寿之先祖受《春秋》于子夏一事,以此排斥《公羊》家有口义流行。歆言仲尼没而微言绝,其诡诈尤为公羊寿等所未有也。孔子之微言即绝,则《春秋》只有大义,由《春秋》而推之群经,即无不都是大义。严复以孔子为封建社会之圣人,以六经为封建思想,以儒家之礼为君主之利器,见严复《评点老子》。其说皆祖刘歆,与康有为同蔽也。

　　汉初人确已改窜六经,其作法则各家皆归一致。田何首传《易》,惟传术数,而不传孔子本义。马迁《自序》称其父谈受《易》于杨何。杨何,田氏再传弟子也。《史记·田敬仲完世家》赞曰"太史公马迁自称也。曰:盖孔子晚而喜《易》。《易》之为术,幽明远矣。马迁意云,人事得失,吉凶著见者,谓之明;而冥冥中有不可知者,谓之幽。幽明之故,深远至极也。非通人达才,孰能注意焉? 故周太史之卦田敬仲完,占至十世之后"云云。据此,可见田何传授之《易》,实以术数而托于孔子《易经》。马迁承其父教,茫然以孔子晚而喜《易》,即术数之《易》也,岂不冤哉? 其实周太史之卦,乃田氏谋篡齐国,造谣以惑众耳,为有占至十世以后之事乎? 汉《易》家同主象数,同出田何,同托于孔,而实反孔,亦孔之哀矣。

　　毁《春秋》而造伪,则自公羊寿与其弟子胡毋生、董仲舒始。《公羊传》本寿与胡毋合作,仲舒未参预伪传,而别为《春秋繁露》以羽翼之,且尝为文,称胡毋之德。马迁从仲舒,受寿与胡毋伪学,其《史记》一书则宣扬伪学最有力之宝笺也。

　　《易》为五经之原,此说本自七十子后学递相传授,而汉人承之。盖汉人无改变此等事迹之必要也。《春秋》仅次于《易》,以视他经,则又独尊焉。孟子

345

曰:"《诗》亡然后《春秋》作。"其言《诗》亡者,孔子晚年列国昏乱日甚,民间不得以怨声上达,故谓《诗》亡,非谓王朝旧采之诗行于世者,今已亡也,亦非谓民众无哀吟也。于是有废除统治之思而作《春秋》,《礼运》《周官》二经皆继《春秋》而作。《乐经》与《礼运》《周官》相辅而行。《诗》《书》经传当作于二礼之后。六经皆有传。孔子删定《诗》《书》二经必皆作传,惜皆亡失。二礼,谓《礼运》《周官》。孔子早年雅言《诗》《书》,见《论语》。盖欣然有祖述尧、舜,宪章文、武,梦见周公之诚。五十学《易》而后,思想大变,观察世变益深,于是作《易》、《春秋》、新礼诸经。新礼谓《礼运》《周官》。此其后,必将重理早岁《诗》《书》故业,予以改造。其删定三百篇及为《诗》传,必本《大易》"吉凶与民同患"及《春秋》改乱制之旨,故《论语》有兴、观、群、怨之言也。其删定《尚书》及为《书》传必本《礼运》天下为公之大道,不以小康为可慕也。由孔子早年思想言之,《诗》《书》为最先,先者,着重之意。下仿此。由孔子晚年定论言之,《易》《春秋》为最先。余谓《诗》《书》经传皆成于最后,决不是妄猜之谈。古籍言六经,有先举《诗》《书》者,从其早年而说也;有先举《易》《春秋》者,从其晚年而说也。

　　刘汉肇兴,孔子之《易》,乱于田何,乱者,变乱之,失其真也。然其大体犹可考辨。孔子之《春秋》亡于公羊寿师弟,则原文都无散帙可寻,惟何休三世及他处偶有单词,可资参证而已。如《春秋纬》有改乱制及"我欲载之空言,不如见之于行事"云云,马迁述董生称《春秋》贬天子、退诸侯等语。《易》《春秋》二经是《礼》《乐》《诗》《书》诸经之母,二经在汉初既已改窜,余经自无可存其真。余经,谓《礼》《乐》《诗》《书》等经。马迁《史记·自序》中,曾于六经各以一二语总括其概要,概者大概,要者要旨。二千余年来群儒治经无有异议,可见孔子六经在汉武时,已被诸老儒与博士之徒改窜都毕,成为典常。今节录马迁《自序》,分别附注,如下:

　　"《易》著天地、阴阳、四时、五行,故长于变。"注曰:此以术数言《易》者也。古代术数见于《汉书·艺文志》者,约有阴阳、历谱、五行诸家。《志》曰：阴阳家者流，"敬顺昊天，历象日月星辰，敬授民时，此其所长也。及拘者为之，则牵于禁忌，泥于小数，舍人事而任鬼神"。阴阳家虽为天文学之起源，然《志》称其多禁忌，泥小数，任鬼神，大约初民迷信天地有神异，而造一种术数以测天变。又曰："历谱者，序四时之位，正分至之节，会日月五星之辰，以考寒暑杀生之实。""又以探知五星日月之会，凶厄之患，吉隆之喜，其术皆出焉。"五行家，《志》载有三十一家，书六百五十二卷，如《黄帝阴阳》《神农大幽五行》《四时五行经》《阴阳五行时令》之类。诸书当是晚周人伪托，然其术自《系辞传》源出远古。以上略举大概，术数分派甚繁，此不及详。洪古术数之兴，盖由初民观于天地间，而兴神异之感，亦不无初步格物的知识。然究以主观的神异感为主，格物知识之成分甚少。凡推吉凶之术，皆出自神异感，此古代各种术数之概况也。术数当兴于伏羲八卦之前，为伏羲画卦之所资始，及八卦既出，虽为格物穷理之伟绩，而亦未脱尽术数之窠臼。汉《易》犹存其根柢。要至孔子作《周易》，周者，普遍义。《易》之道，无所不在也。始断绝术数而纯为哲学大典，此从现存《易》经深玩分明可见。六国衰乱，群情惶惑，术数盛行，皆托于《大易》。田何以亡齐遗民入汉，遂以术数传《易》，为汉代《易》家开山。马迁所云"《易》著天地、阴阳、四时、五行，故长于变"者，是田何术数之《易》，汉《易》皆其余裔也。迁云"长于变"，不知术数家之《易》是以主观迷情测自然之变，如五行家，以五行之序乱、五星之变作而言吉凶。此与孔子本乎伏羲仰观俯察，近取诸身，远取诸物，而知变化之道者，其为术绝无相似，是不可无辨也。

"《礼》，经纪人伦，故长于行。"注曰：迁所言之礼，古礼也。古礼精神，确是经纪人伦。人伦一词不可泛解。古代已定为五伦，帝舜慎徽五典是也。慎徽，谓居上者以五伦，敬慎而导民于好善好美也。迁之父谈所云"列君臣父子之礼，序夫妇长幼之别"，正是古礼，迁所承也。有问：谈之说似遗去朋友一伦。答曰：不然。谈言长幼，即统摄兄弟、朋友二伦。然孔子制新礼，自食货今云经济。以至政治教化等等，凡所以裁成天地、辅相万物之道，无所不包通，实不拘于五伦。五伦不可废者，如父子、夫妇、兄弟、朋友之礼，皆人道贞常，孔子何尝废之乎？人类如不绝，终无可废也。然不可拘限于此，拘便成私，人生本与天地万物同体，孔子故贵公也。迁乃避《礼运》《周官》诸经而不谈，可见汉初言《礼经》者，已废去孔子新经而复古礼。《礼运》则《戴记》削除之几尽，《周官》则武帝诋为渎乱不经，秘不流通，是其征也。

"《书》，记先王之事，故长于政。"注曰：此必孔子未修之古书也。孔子删修之书必非记事之史，如是记事之史，则亦晚世通鉴辑览一类俗物，有甚意义。秦博士伏生之书，即猎取古书而为之，聊以记事，决非孔子之书。故自汉世流通以至于今，若夫孔壁出之古文书，汉武所秘之而不行者，必孔子之书也，其不行自有故在。

"《诗》，记山川、溪谷、禽兽、草木、牝牡雌雄，故长于风。"注曰：专以考释山川草木鸟兽而治《诗》。注意专字。汉初儒生首开其端，于迁此言而征之矣。孔子删《诗》必作传以明义，孟子曰"《诗》亡然后《春秋》作"，即此可以想见孔子《诗传》，必宣达其"吉凶与民同患"之意，而汉人乃转移其志事于考据一途。古哲云："诗言志。"志气消磨于琐碎，是何足以风乎？孔子《诗传》，汉人不存一字，真可恨也。《论语》说《诗》处皆有远旨，惜乎注家不能发挥。而《阳货篇》小子章当是二章，却被编者以私意合并。其一章云："子曰：'小子，何莫学夫《诗》？迩之事父，远之事君，多识于鸟兽草木之名。'"此孔子早年教小子语也。其二章云："子曰：《诗》，可以兴，可以观，可以群，可以怨。"此孔子晚年语也。两章义旨绝不同，后章殊难为小子言，无可合在一处，从来无辨者，怪哉！

"《乐》，乐音洛所以立，故长于和。"注曰：迁能通《乐经》矣。和乐者，生生真几，吾人与天地万物之本性也。人生顺其本性发展，即离倒妄，而为能立。倒妄一词，借用佛典，有迷妄与下坠等义。失其和乐之本性，即陷倒妄，则人无以立矣。乐读岳。导人以和乐，此《乐经》所为作也。

"《春秋》辨是非,故长于治人。"注曰:此宗公羊寿之传。以大义为法守,分辨善恶,而褒贬之,是非不乱,使乱臣贼子惧也。迁之《史记》所宗在是。

迁仕武帝朝,犹是汉初人。武帝即位时,汉兴才六十年耳。观其于六经各以一二语为之提要,历二千余年,学人传习遵守,无有怀疑六经非孔子之真相者。盖自汉朝帝业初定,田何首以术数变乱孔子《易经》;公羊寿师弟首以为汉制法,完全改易孔子《春秋》;伏生以其为秦博士时所掌古书,代替孔子《书经》;《小戴礼记》将《礼运》全经改作,为记中之一篇仍以《礼运》名,仅篇首存原书义旨,不过寥寥数语,此数语中,当有变其本义者。而终归本于孔子所不许为大道之小康,以为不废江河万古流。详《原外王篇》。《礼运》废统治与私有制,实为改革旧礼教之一部大典,汉人乃毁之以复古,岂不惜哉?《周官经》本《春秋》拨乱而入升平之治法,首厄于汉武。冬官以工领商,地官以养兼教,明教养之联系。夏官以军领外交,明军政与外交之联系。故知冬官掌工,必领商也。汉人奖孝弟力田,以定民志,甚恶工商。《冬官》必为博士所毁。刘歆佐王莽篡帝位,虽欲袭此经法度以自文,然于天子礼制必欲维持,则歆于经文必有所改变,是可断言。且六国时小康之儒决不无改窜,何止刘歆,但此书大体犹足推寻,是亦不幸中之一幸耳。礼与乐交融而不可离,孔子之《礼经》既窜乱,则《乐经》自无可孤存。《诗经》与《春秋》关系密切,《春秋》既毁于公羊寿,则治《诗》者不敢存孔子《诗传》,而逃于草木禽虫之玩好,固无足怪。

今当总括作结。康有为言《春秋》祖述刘歆分别大义、微言之说,余在清季已怀疑,但尔时未欲整理六经,故置而弗究。后来游心宇宙论,此中宇宙论,是通本体与现象而言。耗力于佛家大乘之时多,喜其玄解,而恶其空想、幻想,卒谢释宗归诸自悟。六十岁左右,深有感于孔子内圣外王之道,誓以身心奉诸先圣。以为六经自汉传来,不得忽略汉儒旧说,久之发现汉人诬乱,改窜经文是谓乱,本非圣人之旨而以私见曲解是谓诬。于是回想刘歆大义、微言之分,久而不能判其然否,时或姑仍其说,以便调和冲突。如《礼运篇》小康为大义,大同为微言。《公羊传》为汉制法,自是大义,何休《解诂》特采入据乱、升平等三世义,则不得不谓之微言。为大义微言之分者,盖欲调和冲突并存不悖。然细思之,大义、微言二词只是用以表示两种绝不相同的思想,事实上决不能以此二词调和冲突。如马迁《自序》述董生《春秋》说,前面称《春秋》贬天子、退诸侯云云,此是微言;后面说《春秋》推三代之德,褒周室,此是大义,显然前后矛盾,如南极、北极不可合并一处,何可调和之令其并存不悖乎? 余惟《诗》传与出自孔壁之《书经》,汉初皆不传,幸而《大易》一经,古称为五经之原者,自汉传之,至今尚存。田何虽以术数持说,掩蔽《易经》真相,而经文改窜处似较他经为少。六经是否有大义、微言两种冲突的思想,则莫若慎思明辨以求征于《易》。《易》六十四卦,而《乾》《坤》居首。《乾卦》开宗明义,固当求征于《乾》。举网者提其纲而万目张,振衣者揽其领而千条顺,读《易》者宜知也。夫大义者,扼要言之,即维护统治;《礼运》言小康、大人世及以为礼,即不废君主制度,保持统治阶层,私有制因此而不可改,其经纪人伦之礼义,皆取其有便于统治,《礼运》说得明明白白。微言者,扼要言之,即首出庶物,消灭统治。《春秋》贬天子、退诸侯、讨大夫。《礼运》曰"大道之行也,天下为公"。又曰"天下一家"。二者本相冲突,今试求之《乾卦》,果是包含两种不可相容的思想否?《乾卦》总结六爻之辞曰:"用九:见群龙无首,吉。"无,即无(無)字。其《象传》有曰:"首出庶物,万国咸宁。"兹释如下:

　　"用九:见群龙无首,吉"者,刘瓛曰:"总六爻纯阳之义,故曰用九也。"《乾卦》六爻皆阳,故曰纯阳。数有奇偶,九者奇数。凡卦皆以奇为阳数,言九犹言阳也。《乾卦》六阳皆变动不居,盖明示乾阳即以变动为其用也,故曰用九。王弼曰:"夫以刚健而居人之首,则物之所不与也,故《乾》吉在无首。"乾,阳也,其德刚健。弼宗老子贵柔之义,故以无首为吉。此节录其文。伊川曰:"观诸阳之义，无为首则吉也。"六爻皆阳，故曰诸阳。朱子《易本义》曰："六阳皆变，刚而能柔，吉之道也。"王船山《易内传》释此处，颇嫌支蔓，而牵涉到破斥陆、王学，尤不相干。详上诸解，皆就圣人之辞而泛释其义。诸家都无民主与社会主义等思想，故云泛释其义。若依汉人所谓微言一词之内涵，以释此文，微言一词之内涵至宽，而扼要言之，是废除统治，说见前。则此文正是微言。王弼、伊川、朱子之释，虽皆空泛，而亦无悖于圣人之义。夫天子、诸侯、大夫既皆倾覆，自然是民主，自然是趣进社会主义。趣进二字，注意。《周官经》为拨乱开基之制，其作动民众自主力量，与严密地方制度，及注重各种生产事业之联系，《天官篇》有云凡小事皆有联，此语不可忽。小事有联，况大事乎？一切都是化私为公，易散为群，如何不是社会主义的造端？有难余者曰：《周官经》的制度可以说是圣人为后世悬想一个民主制度的草案，然而后世毕竟不能完全仿照他的，亦何用？余答之曰：此个草案不是要后世完全仿照，圣人只欲树一规模，唤起后人改造世界的勇气与智慧，其原理原则毕竟为后世所莫能外。社会发展到至善至美之境，即《春秋》所谓"天下之人人皆有士君子之行"。此语见董生《繁露》，引孔子《春秋》义也。太平世之人类当如是。此方是《乾卦》之纯阳，士君子之行，即是有阳刚正大之德。全人类无有一人不是士君子者，即《乾卦》六爻纯阳义。方是群龙之象。古代以龙有健德，而善变化，无滞碍，故以比喻人之有士君子之行者。群龙，则以比喻全人类皆士君子也。全人类都是士君子，都有龙德，即刚健而善变化，无滞碍之德。故彼此互相协和，互相制约，一味平等，无有首长，故其象曰"群龙无首"。王弼谓"以刚健而居人之首，则物之所不与"，其说犹未恰当。群龙之世自然无首长，固不待以刚健居人首为戒也。惟世未至于群龙，则为人群领导者，亦当冲然怀王弼之戒。伊川语较好，朱子刚而能柔之义亦足。群龙都不为首，即是于至刚之中，有柔德焉，此人类所以常保太平也。柔者，坤德也。《坤卦》曰："利永贞。"贞者，正而固，不敢且不忍以刚健而上人，要非柔靡之谓也。

《左传》：蔡墨曰："乾之坤，曰见群龙无首吉。"_{乾之坤者，谓《乾卦》六}爻皆变，则为坤也。乾刚变坤，则济以柔，故无首，此古义。朱子言刚而能柔，即本此。余谓乾坤本相反相成，故一言乎乾即知有坤在，一言乎坤即知其不离乾，不须说乾变坤，坤变乾也。王船山《易传》深明无孤阳、无独阴之理，余何敢非之？然其说乾坤皆有十二位，乾之六位皆阳者其显也，而阴之六位则幽隐；坤之六位皆阴者其显也，而阳之六位则幽隐，故说乾坤皆十二位，推之各卦皆然。船山无端于每卦加上六位，明明背经，昔之治《易》象者，皆言《乾卦》中有坤之象，《坤卦》中有乾之象。《乾》之《象》曰："乾道变化。"如《乾卦》只是孤阳，尚有变化可说乎？船山于此未细玩，便有增加六位之误。十二位之说，见船山《易内传·乾卦》，曾氏刻本有之，近见民国时俗印本删去。然《内传》发例有云"一卦之中，向者背者，六幽六明，而位亦十二也"云云。俗本犹存而未删，妄人毕竟疏漏。刻前贤书，无论为得为失皆不可删改。

依汉人大义、微言之分，则"群龙无首"为微言。

"首出庶物"云云，据汉、宋群儒众说，即皆以此为大义。刘瓛曰：阳气为万物之所始，故曰"首出庶物"；立君而天下皆宁，故曰"万国咸宁"也。刘之说简明，可以代表汉《易》众家。虞氏注同刘，但如引用其词，则彼用象数家之一套戏法，未治汉《易》者或难解。伊川《易传》曰"乾道首出庶物而万汇亨，君道尊临天位而四海从"云云。朱子《易本义》曰"圣人在上，高出于物，犹乾道之变化也"云云。船山《易内传》曰：此言圣人体乾之功用也。积纯阳之德，合一无间，无私之至，不息之诚。中略。以建元后父母之极。又曰："君用独以统群，民用众以从主，君制治而民从法，故莫要于立君以主民，而民但受治焉。"见船山《易外传》卷六，第四章。详上诸说，不过略举数家，以代表二千余年学人之共同知见，非止此数家而已。程、朱固本之汉《易》，船山则宗程、朱而兼采王弼"以寡制众"之说。王弼固非持无君论者也。是则"首出庶物"云云，依汉以来群儒众说，一致认为是维护统治之大义，明明与微言相冲突，而实并见于《大易》开宗明义之《乾卦》中。然则何可妄责汉人诬孔子耶？昔者吾尝牵扰于此，不敢轻心否认汉人大义、微言之分，久而力扫群儒传注桎梏，虚怀潜玩经旨，便随处可发现旧说之诬圣。即如上举"首出庶物，万国咸宁"，诸家并作尊君解者，尊君，即是维护统治。盖由在统治之下，习于悚权慕势，积久而不自觉，遂以污习曲解圣言。前人开之，后人安之，皆以为圣人之道果如是，信为天经地义，此圣学所由不明也。夫《易》每卦六爻，有一爻明一义者，有通六爻总明一义者，读《易》者宜善领取。《乾卦》六爻，从外王学的观点看去，正是通六爻而总明革命、民主之义。此非附会，《易》有《革》《鼎》二卦，革命一词即出《革卦》。民主义详在《周官》，犹可考。《乾》之初爻曰"潜龙"，《文言》曰："潜龙勿用，下也。"此言群众卑贱处下，不得展其用，乃受统治者压抑之象。二爻："见龙在田。"则革命潜力已发展于社会，是为见龙之象。龙始出现曰见龙，在田谓在野活动。九三："君子终日乾乾。"大功未成，不得不乾乾也。乾，健也。乾乾者，不息其健也。九四："或跃在渊。"或跃则几于倾覆统治，而夺其大柄矣，然犹未能遽遂，故曰在渊，仍处下也。九五："飞龙在天。"则大功意成，主权在人民，上下易位矣，故为飞龙在天之象。上九："亢龙有悔。"明统治崩溃，乃天则之不爽也。天则，犹云自然规律。是故通六爻而玩之，由潜而见，而乾乾，而跃，而飞，明明是庶民群起，而举革命行民主之事，无可别生曲解。而汉《易》家则以九五飞龙为圣人登天位之象；古称天子之位曰天位。于是以初爻潜龙为文王困于羑里之象；九二见龙谓圣人有君德，当上升于五；九三"君子于日乾乾"，则以终日之日字为君象；此荀爽说。古代以天上之日比人君。九五飞龙，圣人始升天位。如此说来，则通六爻纯是说天子之事，故首出庶物是大君专制于上而万国安也。然此等谬解，有决定不可通者。圣人作《乾卦》爻辞而总结之曰："用九，见群龙无首，吉。"明明言群龙，则非主张以一个圣人统治万国；明明言无首，则何有高出庶物之上而居天位者乎？圣人总六爻而下此结语，吃紧。是铁案如山，不可移动，虽有愚公，其何能为？古谚有愚公移山故事。《彖传》曰："首出庶物，万国咸宁。"《正义》曰："彖者断也。断定一卦之义也。"可见首出庶物者，是天下无数庶民，始出而共和为治，首，始也。庶物，犹言庶人或庶民。故"万国咸宁"也，此与"群龙无首"义正是一贯。而九五飞龙是群龙齐飞，不是一龙孤飞，断断乎不容疑矣。汉《易》家以初爻之潜为文王拘羑里，不知文王已三分天下有其二，何可云潜乎？拘羑但一时遭害，非潜之谓也。文王事，见《史记·周本纪》及《殷本纪》。唐李鼎祚《周易集解》录干宝说："乾初是文王在羑之爻。"李氏书集三十余家，宗郑康成，排王弼，其所集皆汉《易》家文也。荀爽以终日乾乾之日字为君象，荀氏为汉《易》名家。言象而至于此，殆类戏法。然汉人象数之业，不流于戏法者无几耳。

　　《乾卦》爻辞有两处可作圣王解。二爻"见龙在田"之下有"利见大人"语，五爻"飞龙在天"之下亦有"利见大人"语。大人古为天子之称，《礼运篇》曰"大人世及以为礼"是其征。虽士人道高德备者，亦可以此称，然不甚通用。顾亭林考之详。《乾卦·文言》于九二之大人，则言："子曰：龙德而正中者也。中略。《易》曰'见龙在田，利见大人'，君德也。"君德，谓有君人之德，即上云龙德。虞翻注曰：阳始触阴，九，阳也。二，为阴位。九居二，是阳初与阴接。当升五为君。二之阳，当上升于五而为君，盖以九五之飞龙，即九二见龙也。其于九五之大人，则言："子曰：'同声相应，张璠曰：天者阳也。君者阳也。雷风者，天之声。号令者，君之声。明君与天地相应，合德同化，动静不违也。张氏，汉《易》也。同气相求。中略。圣人作而万物睹。'"此处上下文皆从略。上引《文言》两节，可见二五两爻之大人皆说圣王，与全卦义旨忽不相类，譬如天际昭明，乍兴一团云雾，顿觉大宇变色。若将两处之"利见大人"及此两节《文言》都删去，则全卦意义一贯，绝无冲突，譬如云雾消而青天见，见读现。岂不畅哉！《文言》中，于上举两节外，犹有挽伪，却易治。余敢断言，二五两爻之"利见大人"都是战国时小康派或小康派中孝治论之儒生所增窜，必非夫子《易经》原本所有也。小康派复有分，如孟、荀皆小康学，而亦各不同。已如前说。孝治论自是小康学之一派，但其势力最普遍。韩非说"儒分为八"。八儒各自以为真孔，真孔不复生，孰定其是非？余谓孔门三千、七十之徒，其分派当不止八儒，各派皆自称为真孔，则其传授先师之经先师，谓孔子。必各以己意增窜，为其自称真孔之证，此从韩非语而深玩之，便可见。《原学统篇》已言及此。小康学派根据孔子早年之教，皆不主废君，即不肯消灭统治，但以圣王居位为希望。此迂想耳。如周自文、武、周公开基而后，历年八百，皆昏庸相继，可奈何？且人类知能日进，事变日益复杂，虽欲以一圣王居高而统治之，未有不败也。而暴君可以革除，则为警戒人君之大法，统治阶层如不消灭，庶民终不得自主。小康派以去暴君为革命，实则伯夷所谓以暴易暴耳，何足警戒人君？乱臣贼子必诛绝，则为维持君道之德律。君主制度存，乱贼终无已。余尝欲以余暇，作小康学派考，卒未及提笔也。秦、汉间儒者一致宗小康学，但已变其质。小康学在战国时已盛行。吕秦焚坑祸，儒生皆伏匿，而小康学之运动犹在民间。汉初，出而献书，及于文、景、武诸帝时，为博士或大官者，皆此辈也。马迁与其父谈分明是小康学，余不待举。汉初诸儒所传六经，当是取先秦小康派所奉经本而复有窜乱，若疑窜乱全出汉人之手决不然也。先秦，谓秦未焚书之前。见《艺文志》注。

《文言》曰："飞龙在天，上治也。"上治者，谓群龙无首为治道之最上也。汉《易》家注曰：以圣德而居高位，在上而治民也。此乃恐人不知圣王在上是治民乎？孔子何至出此蠢语？愚不肖之私意曲解，殊不足辨。

《易经》，大概六国时小康之儒有改窜，犹不忍过毁先师之真，其变乱比较易寻。六国亡象已著，人皆以《易》为卜筮之书，无有研究学理者。入秦，而吕政亦不忌。入汉，而田何以术数传《易》，为学者宗。汉人传注一致本术数家遗法与尊君大义以说《易》，传注者，汉人释经之作，或名传或名注。而经文之改窜犹不甚多，故整理《易经》，以求孔子真相，是当今第一急务。

《易》为五经之原。孔子作《易》在晚年，故知五经必作于《易经》脱笔之后。余断定六经是子晚年定论者以此。今从《易经》发见孔子之外王学，确是消灭统治，归本"群龙无首"，绝不容有小康之大义，又何可诬以微言？六经浩博，其说皆一贯，大道昭明，如日中天，岂有隐微不显之言，如汉人所诬者哉？康有为在清季犹盛演汉人之奸言，皮锡瑞亦然。亦圣学之一厄也。

汉人去圣犹近，其必于大义之外说有微言也，正可想见六经之学本与若辈所谓大义者极端相反。而若辈欲持小康大义，以变乱六经，则又未能完全消灭圣人之真也，不得已而曰圣人尚有微言，则亦可自盖其愆矣。若辈隐衷在是，而后人顾可尽受其欺欤？有问：孔子六经思想，当初或是"祖述尧、舜，宪章文、武"，如小康派所说。至于"群龙无首"及"贬天子，退诸侯，讨大夫"与"天下为公"等等，当由孔门后学之发展，有此一派新思想而搀入六经之中。公以为然否？答曰：若汝之臆说而果然也，则小康派当直声其叛师之罪，而肯以其说保存于六经中乎？此不待深思，而知其不然也。但孔门后学，决定有传授孔子晚年之六经思想者。司马谈称"六艺经传，以千万数"云云，其间虽不无小康各派著述，而发明六经新义者决不在少数，此可断言。惜乎秦、汉间儒生，怵于焚坑之祸，而凡发明六经之高文典册皆一字无存，幸而小康派之经本，犹未忍过毁先师真相。汉人承之，虽窜乱益甚，然犹稍存鳞爪，谓之微言。迄今吾人尚可追求圣意，斯亦大道自存乎人心，固不容泯绝也。今总结如下：

一、孔子早年五十岁以前。之学，确是"祖述尧、舜，宪章文、武"。易言之，即崇尚小康礼教，维护统治。其弟子守其早年之教而不变者，遂成为小康学派。

二、孔子晚年五十学《易》以后。其思想确突变，始作六经，发明"首出庶物"，《易》义。"贬天子，退诸侯，讨大夫"，《春秋》说，此即消灭统治。乃至"天下之人人有士君子之行"，《春秋》说。"群龙无首"，《易》义。天下一家，《礼运》说。是谓"大道之行，天下为公"。《礼运》。其弟子宗其晚年六经之学，而不从其早年旧说者，遂成为大道学派。

三、孔子没后，儒学发展甚盛，其分派当极多，然总括其分歧之最大处，要不外如上述大道、小康两派。

四、六经真本，大道派之学者自当世守。而小康派之学者，既不敢否认先师之六经，即不得不取六经而改窜之，以维持其本宗之说。六国时，小康学派已盛，秦、汉间儒生，小康学运动益烈。吾人可推想小康派改窜之经本，散在民间者必多。吕政焚坑之祸后，大道之学当无继人，六经真本秦火后必难得也。

五、汉人传至今日之六经，自是采用小康派之经本而更加窜乱。

六、大义、微言之分，是汉人依据改窜之六经而作是说，孔子六经真本决无小康大义之淆乱。既已明见大道，而又杂以不合大道之小康于其中，圣人作经，垂世立教，何至如斯？凡夫能自好者犹不为，而圣人为之乎？

七、汉人传来之经，保存大道者犹不少，惜乎汉、宋群儒传注，一致本大义以为说，而大道遂隐。

八、《大易》《周官》二经，犹易清理，吾有此愿，惜乎年衰。

九、孔子在未作六经之前，似无著作。《论语》记孔子曰"述而不作，信而好古"，是其早年语，非谦词也。又曰："甚矣吾衰也！久矣夫，吾不复梦见周公。"成周制度文为，皆出自周公之手。孟子称"周公思兼三王"，盖古说也。《论语·八佾篇》云："子曰：子者，孔子。'周监于二代，郁郁乎文哉！吾从周。'"孔子早年，向往周公甚切，所以见之于梦。晚而思想改变，志大道而黜小康，自然不复梦见之矣。吾谓六经是孔子晚年思想,此亦是有力之证据。然孔子早年虽未著书,而其教授门人,发挥古义,宏博精深,弟子记录成经者亦必甚多,故司马谈犹见"六艺经传,千万数也"。

　　附识：本篇曾引《孟子·公孙丑篇》子贡称夫子为生民以来所未有一段文字,而解释与朱子《集注》不同。朱注曰："言谓子贡之言也。大凡见人之礼,则可以知其政;闻人之乐,则可以知其德。是以我从百世之后,朱注言我者,设为子贡之自谓。差等百世之王,等犹判别也。判别百王之得失与短长。无有能遁其情者,朱子以为子贡自谓其批判百王之得失,而百王莫能逃遁其情实,即其得或失皆莫能自掩也。朱子以违字作遁解。而见其皆莫若夫子之盛也。"见朱熹《孟子集注》卷三。按朱子此注,其解见礼知政,闻乐知德,由百世之后,等百世之王云云,不就孔子本人之制作上索解,却要说子贡从百世之后,上观已往百世之王,由"见其礼而知其政,闻其乐而知其德",于是悉其得失,判其短长,百王皆莫能遁其情,故断言百王皆莫若夫子之盛。如此解释果不误,子贡便是狂人说疯话,所以者何? 他子贡。说"自生民以来未有夫子",不独通较尧、舜、禹、汤、文、武,即尧、舜以上之诸古圣,亦皆在其较量之中,以为皆无可与孔子匹者。然夏、殷之礼,孔子已言杞、宋不足征,子贡何由得见远故以来圣帝明王之礼,而知其政,以与无位之孔子较短长乎? 即此言之,已不待辨而明其妄。子贡决不至是,朱子自误解耳。余在本篇引孟子称子贡语,于每句下作括弧加注,写成以示程生挺。挺曰："先生注大反朱子,诚自圆其说。"余言朱注之误,挺默然而退。翌朝,来见曰："细思朱子之说,实不可通。彼云：子贡生乎百世之后,上观百王,见礼闻乐而知其政与德,以是差等百王,而令百王皆不得遁其情,故断其皆不及孔子。此等浮空夸大,而无可考正之言,何至出于子贡之口? 定是朱子误解无疑。先生发明子贡之旨，是就孔子制作《礼》《乐》《诗》《春秋》等经，昌明天下为公，群龙无首之大道，是乃万古常新也。远古以来众圣，其功德所被有限，何可侔于孔子乎？是则子贡之言诚不妄矣。朱子锢于汉以来小康大义，不识六经真相，故于子贡之说不得其解耳。"余谓挺曰：子已达吾旨矣。遂记之于此。

汉书艺文志尚书古文经四十六卷

有问：《原学统篇》不信《尚书》古文经四十六卷，恐失之专断。答曰：余写《原儒》时，欲为一小册，惟文字太简，子故疑耳。《艺文志》"《尚书》古文经四十六卷"，本注云："为五十七篇。师古曰孔安国《书序》云：'凡五十九篇，为四十六卷。承诏作传，引序各冠其篇首，定五十八篇。'郑玄《叙赞》云'后又亡其一篇'，故五十七。"余案《志》云："武帝末，鲁共王坏孔子宅"，"而得《古文尚书》及《论语》《礼记》《孝经》凡数十篇，皆古字也。中略。孔安国者，孔子后也，悉得其书，以考二十九篇，得多十六篇。二十九篇即伏生所传者，是时已立学官，此言安国考见壁中书，比已行世之二十九篇，得多十六篇也。安国献之。献此多出之十六篇。遭巫蛊事，未列于学官"。据此，则与《论衡·正说篇》所记正相反。《正说篇》云："盖《尚书》本百篇，孔子所授也。中略。至孝景帝时，鲁共王坏孔子教授堂以为殿，得百篇于墙壁中。武帝使使者取视，莫能读者，遂秘于中，外不得见。至孝成皇帝时，东海张霸案百篇之序，空造百两之篇，献之成帝。帝出所秘百篇以校之，皆不相应，于是下霸于吏。吏白霸罪当至死。成帝高其才而不诛，亦惜其文而不灭。故百两之篇传在世间。"据此，则孔子所修之书百篇，壁中所出尚为完本，六经皆有传，孔子《书传》必在百篇之内。因其为朝廷所秘匿，学者徒闻百篇之名而皆不得见,张霸乃出而作伪。《论衡》记孔壁出书之本末甚为详明。余作《原学统篇》特提出《论衡》记载武帝秘匿孔子《尚书》一事,颇觉其词微而婉,仅曰"莫能读者,遂秘于中,外不得见",盖不敢显触汉朝君臣及学人之忌。此事如盛张之,不独彰武帝之过,且将推翻伏生之书,亦可由《书经》而及他经,其影响至大。而《尚书》全部废绝,亦不忍后人绝无所知,王充之用心苦矣。余所以不信《艺文志》所载之《尚书》古文经者,班固作《志》全依刘歆《七略》。歆与其父向,窜乱五经,维护统治,是其惯技。向博而顽,歆慧而伪。姑就《春秋》为征,向主《穀梁》,歆立《左氏》,其不肯言公羊寿先世有口义之传,则一也。于《春秋》不惜以伪夺真,穀梁小书继伪《公羊传》而作,左氏不传《春秋》,故皆以伪乱真。于《尚书》必为武帝隐恶,而定伏生为真传,此其阴谋也。凡作伪者,心劳而拙,易露其迹。《志》称武帝末,鲁共王坏孔子宅,此据向、歆父子之文耳。《汉书·景十三王传》"鲁恭王恭一作共。于孝景前二年立为淮阳王,以孝景前三年徙王鲁",又云"恭王初好治宫室,坏孔子旧宅,以广其宫,于其壁中得古文经传",与《论衡》正合。据此,孔壁出《尚书》等经当是景帝时事,而《志》称武帝末明明与《恭王本传》相反。班固作《恭王传》必有确据,而其《艺文志》则班固已明言依据刘歆《七略》。歆以发孔壁为武帝末年事,班固仍之而不改,此亦见固之能谨小节也。不失向、歆父子之真是谨小节,而同其作伪,大节亏矣。歆称安国以壁中书,考较伏生之二十九篇,只是壁中书多十六篇而已,绝不言壁中书与二十九篇有甚大不同处,即肯定二十九篇为孔子之书矣。其称安国献书武帝,则武帝使使者取视一事,将无形抵消矣。又称安国承诏作传,及遭巫蛊事,未列于学官,则欲掩武帝私匿壁中书,令其废绝之大恶也。至恭王坏孔宅,本孝景前三年事,是年恭王徙王鲁,治宫室当在此年。而向、歆父子必改为武帝末者,盖欲将孔壁出书之年特移于后。庶几此事本末完全变更,而孔子《尚书》真本消灭,汉朝君臣可无虑后人谴责矣。是故以《志》所说与《论衡》所记两相对照，则《志》中无有一字一句不是为武帝秘绝《书经》真本而曲意掩蔽。王充尊疑而喜考核，甚恶伪说欺人，其记武帝私匿孔壁《尚书》事定有确据。且张霸因壁中书秘而不行，遂乘机造百两篇，可见《书经》真本不传，当时草野士类亦无不周知。《志》称安国所献之经传，当是安国与诸博士之徒所伪造，向、歆父子或亦不无增订，其材料当采集孔子所未修之古书。《汉书·儒林传》称："孔氏有《古文尚书》，而安国以今文字读之，因以起其家，逸书得十余篇。盖《尚书》滋多于是矣。"据此，可见安国所有《古文尚书》必是孔子未修之古书，故曰"滋多于是矣"。若孔子所修之书，则据《论衡》说武帝已使使者取去，安国未必有副本可存，即有之而朝廷既秘之不行，安国又何敢私藏乎？故知安国所献之书必是安国采集古书而伪造，与伏生之二十九篇同一性质，其与孔子之书绝无关系可断言也。

　　《论衡·正说篇》称晁错受书伏生，以传于倪宽。皮锡瑞因此讥《论衡》多传闻之失。然《史记·儒林传》有云："欧阳生教千乘倪宽，倪宽既通《尚书》，以文学应郡举，诣博士受业，受业孔安国。"据此文，上云"诣博士受业"，则博士非一人也；下云"受业孔安国"，盖其所归仰者在安国耳。《汉书·晁错传》："孝文帝时，天下无治《尚书》者。""太常遣晁错受《尚书》伏生所。"错还，因上书称说，师古曰："称师法而说其义。""诏以为太子舍人、门大夫"，师古曰："初为舍人，为门大夫。"迁博士。据此，晁错在文帝时尝为博士。倪宽诣博士受业时，晁错当已迁博士，非无交接之机。《史记》《汉书》并称倪宽初仕为张汤奏谳掾，能以古义，决疑难大狱，以此贵幸。晁错本学申、商刑名于张恢，倪宽受晁错熏陶亦不无征。错志不在经师，又以智囊被戮，为人所轻，倪宽终不肯称之。故《史》《汉》并言宽受业于欧阳生、孔安国而不及错，实则宽初诣博士时，错以朝命问学伏生，还为博士，宽未尝不请业于错也。错资性明敏，其受书于老儒，当能通大义，或不深造耳。余以为《论衡》之记载必非无据,锡瑞诋《论衡》传闻之失,殆未深考耳。

答　友　人

兄昨言唯物论亦承认主观能动性,及道德责任感,是则与唯心论名异而实同,名本无定者也,无足解论。余谓名无定之说甚误。《春秋繁露》曰:"《春秋》辨物之理,以正其名。名必如其真。"尹文子曰:"形以定名,形者,意象或概念也。名以定事。"事者,事物。名本声音,而声音所由发,则出于人心之意象。名之散殊,各本于意象差别。差别者,不一义。如有桌子之意象桌子之名以定,有杯子之意象而杯子之名以定。故曰"形以定名"也。然须复问:意象何自生? 意象固缘事物而生也。缘者,攀援思虑义,非无事物存在,而得凭空现起意象也。由人心缘虑一切事物,而起种种意象以是定种种名,即由如是种种名以定万殊的事物,此知识所由成,学术所由起也。事物定之以名,而名首定于缘虑事物而生的意象,一切不容淆乱,亦本来不相淆乱。如印度人声音与中华人声音虽不同,而印人杯子之名定于其缘虑杯子时之意象,则亦与中华人不异。故吾人用华文翻印度语,对于杯子其物之名,自不会翻杯子以桌子或其他物名。若不然者,则一切物或义理之名悉淆乱无准。吾人不独不可读梵文书,又何可与印人通语乎? 唯物论与唯心论各从其特殊的义旨而立名,而谓心物二名本无定,则吾所骇异而不愿闻也。

答　友　人

吾于《原外王篇》叙论《大易》《春秋》《礼运》《周官》诸经,皆引文释义,未尝臆说。圣人倡导科学及为社会主义发端,自是远瞩万世,何可埋没? 世言思想反映现实,古人不能前知未来。其实古圣识量,尽有包通万世者。包者包涵,通者远测。后来天才,随时而实事求是,精密绝伦,自是古圣所不能有,然古圣造端之功要不可没也。弟固不是说圣人多所预知,而不敢说圣人只陷于封建思想。经文具在,吾何附会?谓思想不反映现实,纯是主观的造作,吾虽顽固,亦不至此;谓思想家之思想只反映其当时所处之社会,都无超出时代的远见,吾诚愚钝,不敢苟同。

《原儒》只印百部,而见者皆谓余以社会主义说《周官》,为太附会,年高之旧好尤不谓然。《周官经》自古为儒生所不肯道,老人厌闻犹可说也,今之有新知识者犹轻《周官》,此何故耶?《周官经》以均与联,为参赞化育、造起万事之最高原则,此实为社会主义社会立定两大柱石。《周官经》要旨只是一均字。《易》云:"范围天地之化而不过,曲成万物而不遗。"其云不过不遗者,即是以大均之道,参赞化育,与《周官》同也。万物万事失其均,即败坏不可支,桌子四柱而稳定,缺其一柱即不均而倾倒矣。生产事业必通筹各方需要而得其均,否则此有余、彼不足之患立至矣。此略举一二例耳。联之义,极重要。《周官经》曰"凡小事皆有联",况大事乎?社会主义社会若非随事随处皆有联,即无由成集体也。今之知识分子不读经而妄疑,何耶?《周官》土地国有,一切生产事业皆国营,《外王篇》处处引经释义,说得明明白白。今人必欲横说《周官》制度不是社会主义之造端,盍若读经而后议哉? 兹举一二大处,已足证明余说《周官》无附会也。

答谷神老人

承示《原外王篇》,似有见于兼,无见于独。独谓分子,犹云个人。兼谓集体,旧云团体。此意自有是处,而不尽然。吾兄学综道墨,今已高龄,闭门守静。弟本不欲多言,而又不得无言。道墨二家同不悟社会发展,人只知道家欲返于太古之朴,其实,墨子之天志、明鬼、非乐、自苦等等思想,则主张后退,与老氏不异也。余向者以墨子有科学思想,不欲非之,然墨子究非哲学之才。而拼命反对孔子。二家之言盈天下,势力远超过于儒家。自西周王道溃而春秋霸业兴,春秋之季,霸业又溃,民不聊生,孔子欲救之不得,晚年始悟统治阶层不可不毁去,庶民之潜力不可不唤起。其有教无类之宏愿,致有三千之众集于门下,非偶然也。惜乎道墨及诸子一致反儒,六经之道郁而不明。卫鞅霸图遂见信任于秦孝,韩非之说又为吕政所采用,于是暴力崛起,中夏自此衰替而不进者二千余年。此余少时读史所深痛也,今不欲作蔓谈。贱年已过七十,实不能求新知,惟深玩六经而有志乎天下为公之道。吾坚信社会发展不容停滞,坚信人类必破黑暗而启光明。孔子之言社会,戒孤而尚比,孤者,人各独立,不相联系,生养各自营,无有合作,老子所慕民至老死不相往来之社会是也。孔子《大易·比卦》明万物互相比辅而生,伊川《易传》得其旨。化私而为公,《周官经》之制度,处处是要易散为群,化私为公,惜乎从来学人不求解。此种制度非推倒皇帝不能实行,从枝节处袭取则无不败者。荆公亦不悟及此。此其为万世制法之旨,至今乃可了然耳。来函谓《周官》之制未免设防而用察,民之由都市移郊外,或由郊外入居都市,皆由原住地方以书证明其无罪行,即此一端可见其多防而密察,必非圣人之书也。兄之论如此,弟窃以为过矣。夫以一切旷废为宽大,听庶民之自生自死,自好自坏,一切无所领导,无所制约,此汉以来所为积弱久衰而不可振也。《周官》之制积极领导庶民,自生产事来,以至一切政务,经纬万端,包络天地。学校之教,道与艺并重;社会之化,礼乐与读法并重。其用心之深而详,规划之大而密,根本深厚而纤悉无不顾到,吾虽欲称述之而不可得。譬如天之大,其何以称述之乎?兄不细究经义,乃疑其设防而多察。圣人作此经,本为拨乱初期权宜之制。以一向缺乏政治经验之庶民,一旦欲其舍旧而更新,倘以放任示宽大,于其行动得失,一无所防,一无所察,则不轨之民乘机而起,社会将至解纽溃败,可断言也。圣人思虑之远大而深细,兄乃不精究而妄诋之可乎? 兄习道论,故不喜察。然学道而志于用世者,鲜不用察。韩非固不足道。若诸葛公深于道,而为政亦尚察。张江陵以儒学融通佛老,其用察也尤精。吾于葛公、江陵无间然矣。

答田慕周

《大学》第十章"生财有大道,生之者众"云云,余说民众自为主人,以众志众力而生财,汝犹有疑者,盖为旧说所误耳。《大学》虽是小书,而提控圣学纲要,体制甚大,但小康之儒有窜乱,是可惜耳。此书以理财,归之平天下,显然融会《礼运》《周官》二经,有大同理想。"生之者众"自以余所说为是,旧说不可从也。

汝问《原外王篇》说《周官》泉府处,论及桑弘羊政策,弘羊恐未见《周官》也。汝所疑固是,余亦未说桑大夫曾读《周官经》,但其思想与泉府之制颇相近,故连类及之耳。汉武曾见《周官》而恶之,河间献王亦得《周官》,可见《周官》在汉初已出世,郡国老儒当有能言《周官》者,桑大夫是否闻《周官》之义今无从断定。

汝问《孔子家语》引《礼运》大同、小康之文颇有不同处,清人有据《家语》而驳《礼运》者,将何从? 此汝之过于矜慎也。今所见《家语》是王肃伪托,昔人早已考定。王肃奴儒耳,改窜《礼运》以护帝制,清人之朋王者,又不足责矣。《礼记》出于汉,不信《礼记》而信王肃之伪书,有是理乎?

答刘公纯

伏羲八卦，举八卦，即六十四卦全具，盖省文也。汉人不明乎此，乃妄生文王重卦之论。虽为哲学思想之深源，而在太古占卜盛行，余推想古《易》卦爻之取象，当采自占卜家。古《易》，谓伏羲之《易》。伏羲之于象虽寓有哲理的意义，而古《易》犹为占卜之用，可知古《易》象犹未能扫尽占卜家遗意也。至孔子作《周易》，始完全断绝术数，而纯为哲学思想之大宝藏。虽作假象以显理，假，犹藉也。显者显示。象犹譬喻，昔人已言之。孔子《周易》之作，盖假藉譬喻，以显示其无穷尽而极难言之理道。（此云理道系复词，犹言理也。）此其文体极殊特，扬子云拟之，已不无东施效颦之诮。其意则欲引人以即物穷理而自得之耳。学《易》者切忌胶滞于象。佛氏有一喻：喻者，譬喻。愚夫不识月，我为彼伸一指指月，上指字，谓手指；下指字，犹示也。欲令彼观月。欲令愚夫观月也。而彼但观指，终不观月。此喻妙极，亦痛极矣。汉《易》胶滞于象而不穷理，犹愚夫观指不观月也。故汉《易》行，而孔子之《易》亡矣。王弼扫象，伊川继之，皆有特识。而后之攻弼者，则诋以野文；短伊川者，则讥其不通象而妄扫。余以为，扫象者扫夫胶执于象，而不穷理者之锢习耳。若直谓象可扫，岂非大妄，伊川、辅嗣何至出此？孔子作《周易》明明假象以显理。如《乾》取象于天，何耶？乾为精神。精神之特征是有大明与健动诸德性，故以天为《乾》之象。易言之，即以天之昭明与行健，比喻精神。以此比喻开示人，而斯理乃可远取诸物，近取诸身，切实体会。举兹一例，他可准知。今若扫象，又何由悟孔子之《易》乎？汉人胶滞于象，流于琐碎与穿凿，真不知有穷理之事。王弼、伊川扫此锢习耳。然弼淫于老，伊川亦有未弘。《周易》一经亟须新疏。汉《易》言象，颇有可资之以推见孔子奥义者，是不可弃也。余昔有意为《大易广传》，自度老病，难以图成,尝欲集青年好学者十人左右,成一小学团,共同研究若干年,当不至无成也。奘师译佛典,译场先养众才。温公成《通鉴》,史局广征群彦。余诚不忍《易》道湮塞而弗彰,所志未逮,不能无望于来贤也。